Kohlhammer
Kunst- und
Reiseführer

Heimo Rau

Nepal

Kunst- und Reiseführer

Mit 24 Fotos von Jürgen Winkler, 29 Textplänen und zwei mehrfarbigen Übersichtskarten

Verlag W. Kohlhammer
Stuttgart Berlin Köln Mainz

CIP-Kurztitelaufnahme der Deutschen Bibliothek

Rau, Heimo:

Nepal : Kunst- u. Reiseführer / Heimo Rau. –
Stuttgart ; Berlin ; Köln ; Mainz : Kohlhammer, 1984.
(Kohlhammer-Kunst- und Reiseführer)
ISBN 3-17-007925-5

Stuttgart Berlin Köln Mainz
Verlagsort: Stuttgart
Umschlag: hace
Umschlagfoto: Viṣṇu Nārāyaṇa auf dem Schlangenbett
in Buḍhānilkaṇṭha/Jürgen Winkler, Penzberg
Gesamtherstellung:
W. Kohlhammer Druckerei GmbH + Co. Stuttgart
Printed in Germany

Inhalt

Vorwort 7
Zur Transkription und Aussprache nepalischer und indischer Wörter 8

Land im Himālaya 9

Die Menschen und wie sie leben 12

Geschichte zwischen Legende und Wirklichkeit 20

Der Staat und seine Einrichtungen heute 37

Wirtschaft und Entwicklungshilfe 44

Herrscherhäuser und Herrscher – Zeittafel 48

Das religiöse Erbe: Die Götter wohnen mitten unter uns 53

Die großen Götter des Hinduismus 53 – Die beiden Heldenlieder 56 – Yoga 57 – Tantra 59 – Tantrismus 60 – Der Buddhismus des Kleinen und des Großen Fahrzeugs 62 – Lamaismus 65 – Festkalender 67

Nepals Beitrag zur Kunstgeschichte Südasiens 68

Architektur 70

Der nepalische Stūpa 70 – Der nepalische Śikharatempel 72 – Die newarische Pagode 75 – Das newarische Wohnhaus 81 – Die Paläste der Rānāzeit 82

Stilepochen der Plastik 85 – Malerei in Nepal 92

Ratschläge für die Reise 95

Gesundheitsvorsorge 95 – Paß- und Visumvorschriften 98 – Devisenvorschriften 99 – Zollvorschriften 99 – Unterkunft 100 – Hotels im Tal von Kathmandu 101 – Luftlinien 103 – Reisebüros, Trekkingagenturen 103 – Diplomatische Vertretungen 104

Ratschläge für Wandern und Bergsteigen 106

1. Helambu-Wanderungen 109 – 2. Gosainkund-Wanderung 111 – 3. Langtang-Wanderung 112 – 4. Wanderung zum Fuße des Everest 113 – 5. Wanderung zum Rolwalingtal 116 – 6. Wanderung von Pokhara nach Kathmandu 117 – 7. Jomosom-Wanderung 118 – 8. Annapurna-Wanderungen 120 – 9. Wanderungen zwischen Pokhara und Ghachok 122 – 10. Wanderung nach Ghanpokhara 122 – 11. Wanderung Jumla – Rara See 122 – 12. Dharan-Ilam, Wanderungen in Ostnepal 123

Denkmälerkunde in alphabetischer Ordnung 125

Balaju 125 – Bandegaon 125 – Banepa 127 – Bhaktapur 127

Darbar 133 – Taumadhi Tole 141 – Tacapala Tole 144

Bishankhu 148 – Bodhnath 149 – Budhanilkantha 151 – Bungamati 152 – Chabahil 153 – Changu Narayan 154 – Chapagaon 160

Bajravarahi 160

Chandeswari 160 – Chitwan National Park 160 – Chobhar 161 – Dakshinvarahi 163 – Dakshinkali 163 – Deopatan 164 – Dhulikhel 164 – Dhumvarahi 165 – Godavari 166 – Gokarna 167 – Gorkha 168 – Guhyesvari 171 – Halchok 171 – Harisiddhi 171 – Ichangu 172 – Jaulakhel 173 – Kapilavastu 173 – Khokana 174

Kathmandu 174

Akash Bhairab 177 – Annapurna Mandir 178 – Arko Narayan 178 – Bahadur Bhawan 179 – Baku Nani 179 – Bhadra Kali Pith 179 – Bhagwan Baha 180 – Bhagwati Mandir 180 – Bhimsen Mandir 181 – Bhimsenstambha 182 – Boris in Kathmandu 182 – Darbar 184 – Denkmäler am Tundikhel 198 – Dhoka Baha 199 – Garuda Vainateya Säulen 199 – Gyaneswar Mahadev 200 – Hema Narayan Mandir 201 – Hyumata Narayan Mandir 201 – Ikhanarayan Mandir 201 – Indrachowk 202 – Indrayani Lhutiajima 202 – Itum Baha 203 – Jagannath Mandir 205 – Jaisi Deval 206 – Jwala Mai 206 – Kaisher Mahal 207 – Kankeswari Mandir 207 – Kasthamandapa 209 – Kavindrapur 213 – Kwa Baha 213 – Lakshminarayan Sattal 214 – Lakshmiswar Mahadev 214 – Lal Darbar 214 – Macchendranath 214 – Mahakala Bhairab 215 – Maitidevi 216 – Naradevi 217 – Narayan Hiti 217 – Nasa Sattal 219 – Nationalmuseum 219 – New Road 219 – Pachali 219 – Paravarta Mahavihara 222 – Radhakrishna Mandir 222 – Raktakali 222 – Ranamukteswar Mandir 222 – Rani Pokhari 223 – Royal Palace 223 – Santaneswar Mahadev 223 – Silya Sattal 224 – Singha Darbar 224 – Srigha Caitya 225 – Sundhara 226 – Swayambhunath 226 – Tara Nani 231 – Tripura Sundari Mandir 231 – Tukan Baha 232 – Tundikhel 232 – Vana Vikteswar Mahadev 233 – Vikramasila Mahavihara 233 – Yatkha Baha 233

Kirtipur 234 – Koteswar Mahadev 236 – Lubhu 237 – Lumbini 237 – Nagarjuna Forest 238 – Nagarkot 239 – Nala 239 – Panauti 239 – Pasupatinath 241 – Patan 245

Balkumari 252 – Darbar 252 – Kumbheswar 263 – Kwa Baha 263 – Macchendranath 265 – Maha Baudha 266 – Mahadeva 267 – Mahalakshmi 268 – Minanath 268 – Tvaya Baha 269 – Uku Baha 270

Pharping 270 – Pokhara 272 – Sanagaon 273 – Sankhu 274 – Sundarijal 275 – Thaibo 275 – Thankot 276 – Thecho 277 – Thimi 277 – Tiger Tops 278

Glossar 279

Bücherkunde 299

Register 302

Vorwort

Nepal ist kein Traumland, wie der im Tourismus übliche Werbespruch und gewisse Buchtitel glauben machen möchten. Neben der wahrhaft überwältigenden Größe seiner Bergwelt sorgt das Tal mit Wolken von Abgasen und schmutzigen Städten für Ernüchterung. Neben der natürlichen Liebenswürdigkeit seiner Bewohner macht sich im Gefolge der touristischen Erschließung Profitgier breit, von der, keineswegs durch Armut motivierten, Bettelei bis zur berechnenden Ausbeutung des ahnungslosen Fremden, der allerdings durch sein Auftreten solche Reaktionen herausfordert. Mit fast religiöser Ehrfurcht steht der Mensch vor den schneebedeckten Götterthronen. Den Bergwanderer erwarten unvergleichliche Naturschönheiten – über den Abfall an Blech und Plastik, den seine Vorgänger weggeworfen haben, muß er sich hinwegsetzen.
Nepal, das letzte Hindukönigreich der Welt, noch immer feudaler Struktur, geht unter einem verständigen König langsam den Weg zu modernen Gesellschaftsformen. Es fasziniert durch seine farbenfrohen Feste, seine Stūpas und Pagoden, seine Klöster und Paläste, in denen eine große Vergangenheit lebendig geblieben ist. Im Ansturm der, die Erde beherrschenden, Technologie und der mit ihr verbundenen Wirtschaftszwänge, dem es ausgesetzt ist, hat es einen schweren Stand. Es versucht, etwas von seinen eigenen Werten zu bewahren und seine jungen Bürger suchen das Gespräch mit Freunden aus anderen Teilen der Welt. Dieses Land, vielschichtig und reich als Naturerlebnis und als Kulturbegegnung, ist nicht nur eine, sondern viele Reisen wert.
Im vergangenen Jahrzehnt sind wesentliche Grundlagen für die wissenschaftliche Erschließung des bis 1951 verbotenen Landes erarbeitet worden. Die exakte kartographische Aufnahme des Hochgebirges wie auch von Kāṭhmāṇḍutal und -stadt führten der *Lehrstuhl für Kartographie* (Leitung: R. Finsterwalder) und die *Arbeitsgemeinschaft für vergleichende Hochgebirgsforschung München* (Leitung: H. Heuberger) durch. Diese wegen ihrer Zuverlässigkeit geschätzten und vom Volksmund mit dem Namen ihres Vermessers und Zeichners Schneiderkarten getauften Blätter liegen auch den beiden Vorsatzkarten und der Karte von Gorkhā zugrunde. Ohne die umfassende Dokumentation, die Carl Pruschka in seinem zweibändigen Werk *Kathmandu Valley* gegeben hat, ist heute eine Denkmälerkunde Nepals unmöglich. Ihr sind die Pläne und Grundrisse auf den Seiten 150, 155, 196, 204, 225, 227, 246, 257, 262, 267, 271 verpflichtet. Eine überaus wichtige Dimension eröffneten die Untersuchungen, die Niels Gutschow gemeinsam mit Bernhard Kölver über *Stadtraum und Ritual* durchführte. Seinem Buch dieses Titels sind die Pläne auf S. 126, 131, 135, 175, 250 entnommen. Die Zeich-

nung S.208 beruht auf R.J.Thapas Publikation *Ancient Nepal 3.* Die Stadtansichten auf S.128, 188, 254 stammen aus G.le Bon, Les Monuments de l'Inde, Paris 1893. *Nepal für Globetrotter* von Ludmilla Tüting, ein Führer mit praktischen Ratschlägen, der immer auf dem laufenden ist, ermöglichte den knappen Überblick über die Wanderwege in Nepal, der hier gegeben wird. Mit der besonderen Danksagung an die genannten Persönlichkeiten verbindet der Autor die dankbare Erinnerung an die tatkräftige Unterstützung durch His Majesty's Government, Department of Archaeology und Department of Housing, Building and Physical Planning, und die vielen Hinweise und Ratschläge, die ihm von Freunden in Nepal zuteil geworden sind.

Zur Transkription und Aussprache nepalischer und indischer Wörter

Vokale	a	i	u	r (wie ri)				kurz wie im Deutschen
	ā	ī	ū	e	ai	o	au	lang wie im Deutschen
Halbvokale	y	r	l	v				wie im Deutschen
Konsonanten		stimmlos		stimmhaft		nasal		
	Gutturale	k	kh	g	gh	ṅ		
	Palatale	c	ch	j	jh	ñ		
	Cerebrale	ṭ	ṭh	ḍ	ḍh	ṇ		
	Dentale	t	th	d	dh	n		
	Labiale	p	ph	b	bh	m	ṃ	
Zischlaute		s	stimmlos	ś	palatal	ṣ	cerebral	
Hauchlaute		h	ḥ					

Aspirierte Konsonanten haben deutlich hörbares h: kh wie Eckhaus, gh wie zaghaft, th wie Rathaus, dh wie Goldhaube, ph wie Schnapphahn, bh wie Halbheit.
c wird wie tsch gesprochen: klatschen, ch wie tsch-h: klatschhaft, j wie dsch: engl. Jonny, jh wie dsch-h, ñ wie nj: Benjamin, ṅ wie ng: ung. Bei den cerebralen Konsonanten ṭ, ṭh, ḍ, ḍh, ṇ wird die Zungenspitze zurückgebogen und berührt leicht den Gaumen.
s ist ein stimmloses ß: Maß, ś ein scharfes sch: Schild, mischen, ṣ ein volles sch: Schaf, schon, Asche.
h ist nie Dehnungszeichen, wird immer gesprochen, ḥ (visarga) nur am Wortende als tonloser Hauch.
ṃ (anusvāra) nasaliert den vorangehenden Vokal und klingt entweder wie ng: bang, oder wie ein summendes m: Chrom.

Betonung: Der Akzent liegt nie auf der letzten Silbe. Er wird zurückgezogen, bleibt auf der vorletzten liegen, wenn sie lang ist (langer Vokal oder Doppelkonsonant), geht sonst auf die drittletzte zurück: Mahā́yāna, Máṇḍala. Bei Wortzusammensetzungen behält jedes Wort seine eigene Betonung: Bódhi-sáttva, Rā́ṣṭra-páti-bhávan. Von diesen Grundregeln gibt es gelegentlich Ausnahmen.

Ortsnamen und Personennamen der jüngsten Zeit

werden normalerweise in der im täglichen Umgang üblichen Schreibweise wiedergegeben, auch wenn sie nicht mit der wissenschaftlichen Umschrift übereinstimmt. Eine einheitliche Regelung wird hierin nicht angestrebt, um die Orientierungsmöglichkeit des Reisenden nicht unnötig zu erschweren.

Land im Himālaya

Der Himālaya ist ein junges Gebirge, jünger als die Alpen. Die geologischen Vorgänge sind noch nicht zur Ruhe gekommen. Er hebt sich noch immer, und es gibt von Zeit zu Zeit tektonische Beben. Das vom 15. Januar 1933 ist mit seinen schlimmen Verheerungen im Tal von Kāṭhmāṇḍu noch in böser Erinnerung bei jedermann. Die Forschung hat auf die erdgeschichtlichen Fragen, die der Himālaya stellt, noch keine endgültigen Antworten geben können. Die Dimensionen werden deutlich, wenn man z.B. gewahr wird, wie die tibetische Platte von aus Meeresablagerungen gebildeten Sedimentgesteinen um etwa 4000 m emporgehoben wird, mit dem Himālayakerngebirge zusammenstößt und dessen Granit stellenweise überlagert. Gigantisch sind auch die Durchbruchstäler, die von Flüssen wie Kālī Gaṇḍakī in Zentralnepal und Aruṇ in Ostnepal quer durch die Hauptkette hindurchgenagt worden sind: Zwischen dem 8172 m hohen Dhaulagiri und dem 8087 m hohen Annapurṇamassiv ist das Tal der Kālī Gaṇḍakī nur 1200 m hoch und die Luftlinie zwischen beiden Bergspitzen 35 km lang. Nepal liegt am Südhang des Himālaya, das größte in der Kette von Ländern in gleicher Lage und das einzige, das ein unabhängiges Staatswesen für sich ist. Seine Form ist ein langgestrecktes Rechteck von 145 391 Quadratkilometern, etwa 800 km lang und zwischen 140 und 240 km breit. Das entspricht der Ausdehnung von Bayern, Baden-Württemberg und Nord-Rhein-Westfalen zusammen. Nepal ist ein Bergland, 10,6% liegen über 5000 m, 30% über 3000 m, 23,2% zwischen 1000 und 3000 m und 36,2% unter 1000 m. Baumgrenze 4200 m, Schneegrenze 5200 m. Nur 25 bis 32% sind bewaldet, die Erosion nimmt katastrophale Ausmaße an. Dem Bergland vorgelagert ist das Terai, eine schmale, 25 bis 80 km breite Ebene, fruchtbar und dichtbesiedelt und stellenweise von tropischem Urwald bedeckt. Besonders das unmittelbar anschließende, etwas höhere Hügelland, Dūn genannt, bietet undurchdringlichen Dschungel mit der ganzen tropischen Flora und Fauna und natürlich auch mit Malaria. Im Terai und Dūn (Inner Terai) haben sich fast alle größeren modernen Industrien niedergelassen. In dem Flachland gedeihen Reis und Weizen in großen Anbauflächen.

Mit diesem schmalen Landstrich hat Nepal Anteil an der Gaṅgāflußlandschaft, die in ihrem freundlichen Ebenmaß in lebhaftem Kontrast zur schroffen, steinigen Gebirgslandschaft steht. Unvermittelt steigen im Norden die Śivalikberge auf, 750 bis 1500 m hoch, trocken mit dürftiger Vegetation und

spärlicher Bevölkerung. Darauf folgt in der Höhenlage zwischen 1500 und 2700 m die Kette des Mahābhārata Lekh, in dessen vielfältige Schluchten tropische Täler eingeschlossen sind, während es nur drei Flüssen gelingt, ihren Querriegel in schmaler Klamm zu druchbrechen. Der Hauptkamm des Himālaya erhebt sich über 3000 m und gipfelt in acht Achttausendern: Sāgarmātha (Everest) 8848 m, Kanchanjunga 8598 m, Lhotse 8571 m, Makālu 8481 m, Dhaulagiri I 8172 m, Manāslu 8156 m, Cho Oyu 8153 m und Annapūrṇa I 8091 m. Nicht nur die Höhe, auch die Menge der Berge ist unvergleichbar: 22 über 7000 m, 250 über 6500 m.
Zwischen dem Mahābhārata Lekh und der Hauptkette des Himālaya liegt ein breites Band von Bergen und Tälern, die von Flüssen durchfurcht sind, die Pahārzone (pahāḍ – Berg), das Herzland Nepals, in dem sich seine Geschichte abgespielt hat. Dort liegen auch die wenigen geräumigen Hochtäler, die Raum zur Entwicklung größerer Siedlungen boten, das Tal von Kāṭhmāṇḍu mit seinem Nachbartal von Banepā und das Tal von Pokharā. Nepals Hauptstadt hat rund 150 000 Einwohner und liegt mit 27° 40′ nördlicher Breite auf der Höhe von Kuwait oder Florida und nur knapp südlich von New Delhi.
Entsprechend der Vielfältigkeit seiner landschaftlichen Gegebenheiten sind die klimatischen Verhältnisse in Nepal sehr verschieden. Im Terai ist feuchtheißes Klima vorherrschend, vor allem im Monsun. In der mittleren Pahārzone ist das Klima subtropisch, im Norden alpin zu nennen. In Kāṭhmāṇḍu steigt die Temperatur im Sommer bis zu 35° und fällt im Winter bis unter 0°. Insgesamt sind die Monate Dezember, Januar bis Mitte Februar kühl und klar mit wenigen Regentagen, die Monate Juni, Juli, August warm und durch den Monsun mit reichen Regenschauern bedacht. Zwischen diesen beiden Polen pendelt das Jahr.
Die Verschiedenartigkeit des Pflanzenwuchses ergibt sich in Nepal aus den großen Höhenunterschieden auf engstem Raum. Regelrechten Dschungel bieten die Urwälder im Terai auf 70 m Meereshöhe. Śālabäume (shorea robusta), Lianen und Orchideen finden dort die Bedingungen für ihr Wachstum und im Übergang zum offenen Land Elefantengras. Bambus erstreckt sich über Berg und Tal mit seinen charakteristischen Hainen von meterhohen Büscheln, die in Abständen stehen und sich oben zu einem bewegten Gewölbe zusammenschließen. Ebenso ist der Pippalabaum (ficus religiosa) mit seinen herzförmigen, langstieligen Blättern und der mächtigen Krone aus der Landschaft vom Terai bis hoch hinauf in die Pahārzone nicht wegzudenken. Als einzelstehender Baumriese bezeichnet und behütet er heilige Orte und Tempel und wird selbst als heiliger Baum angesehen; unter ihm erlangte Buddha seine Erleuchtung, daher heißt er auch Bodhibaum. Eichen gibt es ebenfalls landein landaus in verschiedenen Formen, die sich durch die An-

passung an Wind und Wetter ausbilden. Nadelhölzer und Pinien bedecken die Hänge noch in 3000 m Höhe, dort finden sich aber auch meterhohe Rhododendren mit aller Blütenpracht. Bei 4200 m liegt dann die Baumgrenze. Durch wachsenden Bedarf der Bewohner hat die Abholzung ein verheerendes Ausmaß angenommen. Die Erosion schreitet fort und bedroht den Wasserhaushalt nicht nur Nepals, sondern auch Indiens. So ist die subtropische Pflanzenwelt Nepals, das um den 28. Grad nördlicher Breite liegt, durch die Erdformationen und die Niederschlagsmengen von vielfältigster Variationsbreite.

Ähnliches gilt für die Tierwelt. Im Terai gibt es neben den Affen und Schlangen Tiger und Leoparden, Nashörner, Krokodile und Elefanten. Antilopen und Gazellen bevölkern auch die Mittelzone, genau wie die Affen. Überaus reich ist die Vogelwelt. 80 Arten finden sich im Kāṭhmāṇḍutal. Im Norden leben Schneeleoparden, Himālayabären, Himālayaziegen, vor allem der Yak, ohne den Tibeter, Sherpās und andere Bergstämme nicht überleben könnten. Yakherden sind in Höhen über 3000 m zuhause und kommen selten in tiefer gelegene Täler.

Die Menschen und wie sie leben

Nepal hat rund zwölfeinhalb Millionen Einwohner, nur 5% davon leben im Tal von Kāṭhmāṇḍu (ca. 620 000), dessen Größe (560 km^2) etwa der Fläche des Bodensees entspricht. Im ganzen Land sind 93% in der Landwirtschaft tätig. Wenn man fast 20 000 Siedlungen bis zu 5000 Einwohnern als Dörfer bezeichnet und 16 Wohngebiete mit mehr als 5000 Einwohnern als Städte, dann bedeutet das nicht, daß in den Städten keine Landwirtschaft betrieben würde. Selbst in der Hauptstadt Kāṭhmāṇḍu mit rund 150 000 Einwohnern leben und arbeiten viele Bauern. Nur 10 Ortschaften haben mehr als 10 000 Bewohner aufzuweisen. Sie liegen im Terai: Birganj (13 000), Hitaura (17 000), Bhairava (18 000), Dharan (21 000), Nepalganj (24 000), Biratnagar (45 000); im zentralnepalischen Hochtal: Pokhara (20 000); im Kāṭhmāṇḍutal: Bhaktapur (40 000), Pāṭaṇ (60 000), Kāṭhmāṇḍu (rund 150 000), im Tal insgesamt 620 000.
Die Menschen werden durchschnittlich 45 Jahre alt. Es gibt doppelt soviel Wiegen (4%) wie Särge (2%). Allerdings ist die Kindersterblichkeit mit 16% immer noch hoch. 8% etwa fallen unter 5 Jahren einer Krankheit zum Opfer. Das ist keine Frage der Unterernährung, sondern allein der Unzahl von Ansteckungsmöglichkeiten in einer bazillenverseuchten Umgebung zuzuschreiben, denen das Kleinkind herkömmlicherweise im Schmutz der Straße ausgesetzt wird.
In einem Land wie Nepal sind alle statistischen Angaben interpretationsbedürftig, soweit sie überhaupt im Hinblick auf die praktizierten Befragungsmethoden zuverlässig sind. So liegt zwar die Bevölkerungsdichte des Landes bei 90 Bewohner je Quadratkilometer, in den Gassen einer Stadt wie Kāṭhmāṇḍu oder Pāṭan kann sie sich aber leicht verhundertfachen.
Verwirrend ist in Nepal die Vielfalt der Bevölkerungsgruppen und Sprachen. Darin spiegeln sich Wanderungen und Einflußnahmen, die nur zum Teil durch historische Quellen belegbar sind, Einflüsse, die aus der nordindischen Ebene die Täler hinaufzogen, und Einflüsse, die von Norden über die Berge kamen. Diese Nord-Süd-Spannung wird bereits in den beiden großen Sprachgruppen und ihrer Differenzierung sichtbar.
Zur tibeto-birmanischen Gruppe zählen die Sprachen der Newār, Guruṅg, Limbu, Magar, Rāi, der Bhote, Sherpā, Thakālī; zur indogermanischen Gruppe gehören die vom Sanskrit abgeleiteten Sprachen, die im Süden, im Terai, beheimatet sind und von den aus Indien zugewanderten Kasten der

Brahmanen und Kṣatriyas gesprochen werden, und allen voran, die Nationalsprache Nepali.
In der mittleren, subtropisch gemäßigten Zone zwischen dem Mahābhārata Lekh und der Hauptkette des Himālaya, der sog. Pahārzone, leben die Stämme und Volksgruppen, die für sich beanspruchen dürfen, daß sie am längsten ihre Wohnsitze im Lande Nepal haben und den Kern seines Volkes darstellen. Es sind dies die Guruṅg, Magar, Limbu, Rāi, Yakha und Sunuwār in den Bergen und die Newār als größte Gruppe im Tal von Kāṭhmāṇḍu. Die Hauptstadt und das umgebende Tal sind natürlich heute ein Schmelztiegel geworden, wo man Angehörigen von allen in Nepal vertretenen Volksgruppen begegnet, so weit auch ihre eigentliche Heimat entfernt sein mag.
Aus West- und Zentralnepal stammen die Magar, die dort weit verstreut vom Terai bis hoch hinauf in die Himālayatäler leben und eine beachtliche Fähigkeit entwickelt haben, sich allen geographischen, kulturellen und religiösen Verhältnissen anzupassen, ohne ihre tibeto-birmanische Herkunft zu verleugnen. Hauptsächlich sind sie Bauern, die Reis, Mais, Weizen, Hirse, Kartoffeln anbauen, was immer der Boden hergibt.
Die Guruṅg haben ihr Siedlungsgebiet weiter östlich im Stromgebiet der Kālī Gaṇḍakī. Sie leben höher in den Bergen, haben aber sonst viele Ähnlichkeiten mit den Magar in ihrer Integrationsfähigkeit. In erster Linie sind sie Schafhirten. Jede Familie besitzt etwa ein Dutzend Schafe. Das ergibt für ein Dorf eine Herde von zwei- bis dreihundert Tieren. Von April bis September weiden sie, begleitet von halbwilden Hunden, hoch im Gebirge. Im Oktober zum Dasaiṃ-Herbstfest sind sie daheim im Dorf. Dann ziehen sie hügelabwärts manchmal bis in die Dūnzone. Die im September geschorene Wolle wird gewaschen, aber nicht gefärbt, und in diesem Naturzustand zu den traditionellen Geweben verarbeitet. Die Auf- und Abtriebe der Herden werden von wenigen Hirten bewerkstelligt. Die meisten Guruṅg bleiben in ihren Dörfern sitzen, wo sie Kartoffeln, Mais, Hirse und Senfkorn bauen und Kühe und Büffel halten.
In den Bergen von Ostnepal leben die Stämme der Limbu, Rāi, Sunuwār und Yakha ganz ähnlich wie die Magar und Guruṅg weiter im Westen als Bauern und Hirten, und wie diese lassen sie sich nicht ungern als Soldaten anwerben. Das mag einer seit alters verfolgbaren kriegerischen Neigung der Stämme entsprechen, bringt aber auch Ansehen und einen vollen Geldbeutel mit sich. Ihnen allen wird der Name Gurkha beigelegt. Das ist kein Stammesname, obwohl abgeleitet von dem kleinen Fürstentum Gorkha, halbwegs zwischen Kāṭhmāṇḍu und Pokharā. So nennt man die Krieger, die Pṛthvinārāyaṇa Shāh gegen die Newaristädte im Tal von Kāṭhmāṇḍu führte, und so nennt man die angeworbenen Söldner, die unter britischer Fahne seit Beginn des 19. Jahrhunderts dienten und in den beiden Weltkriegen mitkämpften. Ei-

nem Newar dagegen war es seit der Niederlage der Mallafürsten und der Machtübernahme der Shāhdynastie verboten, Soldat zu werden. Von ihnen als den Bewohnern des Tales von Kāṭhmāṇḍu und wichtigsten Kulturträgern Nepals wird am Ende dieses Kapitels die Rede sein.

In den oberen Tälern des Himālaya nördlich von der mittleren Pahārzone leben Stämme, die in ihren Lebensgewohnheiten bereits stark den Tibetern ähneln. Am bekanntesten unter ihnen sind die Sherpā, die in den Hochgebirgszonen Mittel- und Ostnepals zu finden sind. Ihre Siedlungen klammern sich an Felsenriffe und Berglehnen. Der Name ist fast gleichbedeutend mit Bergführer geworden. Doch ist dieser Beruf eine verhältnismäßig junge Errungenschaft und oft auch nur zusätzliche Beschäftigung von Berghirten, die ihre Yakherden zu führen gewohnt sind. Es sind besonders die Sherpā der Everestgegend, die von der Gipfelstürmerei ebenso profitieren wie vom sog. Trekking des Massentourismus. Der malerische Anblick von Ortschaften an der Südgrenze der Himālayazone wie Jomosom, Marpha, Phaplu u. a. darf nicht darüber hinwegtäuschen, daß die spärlichen Siedlungen weiter nördlich äußerst harte Lebensbedingungen in tiefster Einsamkeit auferlegen und zu größter Beweglichkeit in Handel und Wandel erziehen, um das Überleben zu ermöglichen. Ein Beispiel geben die Bewohner von Mustang, sechs- bis siebentausend, die in ihrer von kalten Winden heimgesuchten rotbraunen Felsenwüste nur an geschützten Flecken ihr Korn und ihre Kartoffeln anbauen. Handel über weite Strecken gehört zu den Lebensgrundlagen dieser Stämme, und es kam einer Katastrophe gleich, als in den sechziger Jahren nach der Machtergreifung der Chinesen der Handel mit Tibet praktisch zum Erliegen kam. Je härter der Alltag, desto ausgiebiger darf gefeiert werden. Immer sind es religiöse Feste, um Tempel und Klöster zentriert und von den Lāmās zelebriert. Tanz und Musik und Chaṅgtrinken gehören dazu. So werden im Sommer die Vollmondnächte gefeiert. Und zu den großen Festen ziehen Tausende, zum Yartungfest nach Muktināth, zu den Dumje und Mani Rimdu Feiern der Sherpā von Solu-Khumbu, zum Dyokyabsifest von Mustang.

An der oberen Kālī Gaṇḍakī siedeln die Thakālī, meistens kleine Bauern, die Gerste und Kartoffeln anbauen und Yaks halten, deren Milch zu Käse verarbeitet wird und aus deren Wolle und Fell Kleidung und Zelte hergestellt werden. Marpha ist ein typisches Dorf, das mit seinen um Höfe angeordneten flachen weißen Lehmhäusern ein Muster von Planung und Sauberkeit darstellt und durch seine Wasserversorgung besonders bemerkenswert ist. Die Thakālīs haben Hinduismus und Buddhismus mit ihrer eigenen Stammesreligion verschmolzen. Ihre Offenheit für alles Neue, ihre Lernfreude und Unternehmungslust haben sie zum Erfolg auf allen Gebieten des Lebens geführt. Er fing mit dem Salzhandel zwischen Indien und Tibet an und erstreckt sich heute tief ins Geschäftsleben und in die Politik Nepals hinein, aber auch in Kunst und Literatur. Das Geheimnis dieses Erfolges ist der Dighur: Eine Gruppe von Freunden tut ihr Geld in einen Topf. Jeder von ihnen arbeitet ein Jahr lang damit. Wenn jeder an der Reihe war, löst sich der Dighur auf, der ganz auf gegenseitigem Vertrauen beruht. Zinsen gibt es keine. Die Thakālīs haben sich damit in Nepal einen Namen gemacht.

Mit den Tamāṅg ist ein Stamm angesprochen, der in der nördlichen Nachbarschaft des Kāṭhmāṇḍutales lebt. Im Straßenbild fallen seine Mitglieder dadurch auf, daß sie ihre Lasten in Körben auf dem Rücken mit Hilfe eines breiten Stirnbandes tragen. Sie sind Kleinbauern, Träger, Handwerker, besonders in der Holzverarbeitung und im Flechten tüchtig. Sie sind Buddhisten wie die meisten Stämme im Norden Nepals. Jedes größere Dorf hat ein Kloster (gompa), tibetisch im Stil wie ihre Kulte und Feste, ihre Stūpas und Malereien. Wie die meisten nepalischen Volksgruppen haben sie neben dem Lāmā einen Schamanen (jhankri), der aus der vorbuddhistischen Volksreligion (Bonpo) stammt. Schamanen vollziehen Riten für das Wohlergehen und die Gesundheit des Einzelnen und der Gemeinschaft. Zu den kultischen Vorgängen gehört die Trance des Zelebrierenden, der sich damit zum Werkzeug von Wesen einer höheren Wirklichkeit macht, die exorzistische Austreibung von bösen Geistern, die eine Krankheit verursacht haben. Dazu sind Feldbegehungen und Opfer nötig, um eine gute Ernte zu erlangen. Vieles von der magischen Wirkungswelt des Bonpo ist in den Tantrismus übergegangen.

Auch im Terai leben noch Stämme, die zur ältesten Bevölkerungsschicht in Nepal gehören. Das sind vor allem die Tharu, die eine halbe Million Mitglieder haben. Ihre Dörfer liegen hauptsächlich im westlichen Terai und im östlichen mehr entlang der Nordgrenze. Dort sind auch noch kleinere Gruppen anderer Stämme zu finden, der Danuwār, Demai und Majhi. Die Bodo, Dhimal, Satar dagegen sind ganz im Osten des Terai in der Gegend von Morang und Jhapa angesiedelt. Im Tal der Deobhuri in Westnepal haben die Tharu ein gut funktionierendes Bewässerungssystem aufgebaut. Sie sind bescheidene Bauern und wohnen in ziemlich geräumigen Häusern, die mit Holzgitterwerk und Fisch- und Tierzeichnungen verziert sind. Sie jagen mit Pfeil und Bogen und fischen mit Jutenetzen. Im Haus haben sie nur ein paar Schafe und Ziegen.

Mit dem Buddhismus konnten sich die Stämme tibeto-birmanischer Sprache und zentralasiatischer Herkunft ohne Schwierigkeiten befreunden, er veränderte ihre Gesellschaft nicht. Der Hinduismus dagegen brachte das Kastenwesen.

Da kamen die Brahmanen als Priester und Ratgeber und die Kṣatriya aus dem traditionellen Kriegerstand als Adelige, die sich meist mit Hilfe der Prie-

ster, die den Willen der Götter vermittelten, im bestehenden sozialen Gefüge dort festsetzten, wo Einfluß und Macht auszuüben waren. Nach indischem Vorbild beanspruchten diese beiden Stände die obersten Plätze in der gesellschaftlichen Rangordnung. Die Stämme, die in sich auch eine Gliederung besaßen, rückten als Ganzes in die verbleibenden unteren Kasten ein. So entstand eine soziale Gliederung, bei der zuoberst die beiden Kastennamen Brahmanen und Chetri (Kṣatriya) figurieren und darunter die Stammesnamen wie Magar, Guruṅg, Sherpā usw. Obwohl dabei dem Wesen und der Herkunft nach verschiedene Dinge in einen Topf geworfen werden, hat sich diese Ordnung festgeschrieben. Glücklicherweise entbehrt sie der rigorosen Unerbittlichkeit, die der indischen Kastenordnung anhaftete. Brahmanen und Chetri vertreten den indischen Kultureinfluß, der alle Gebiete des Lebens durchdrungen oder wenigstens berührt hat, sind aber selbst nicht eigentlich kulturschöpferisch hervorgetreten. Das vom Sanskrit genauso wie Hindi oder Bengali abgeleitete Nepali ist ihre Sprache. Es ist Staatssprache geworden, hat aber nicht die Stammessprachen verdrängt. Es tritt bei den Stämmen neben die Muttersprache. Pṛthvinārāyaṇa war ein Rājpute, d.h. ein Chetri. Durch seine Machtergreifung in Kāṭhmāṇḍu bekamen die eigentlichen Nepali das Übergewicht in der politischen Macht über die Newaridynastie der Malla, die im Tal eine bis heute fortlebende blühende Kultur newarischer Prägung geschaffen hatten.
Das Tal von Kāṭhmāṇḍu ist eine Oase flachen Landes in einem Bergstaat, wo es sonst nur Auf und Ab gibt. Wirtschaftlich gestützt durch die Fruchtbarkeit des ehemaligen Seebodens, entwickelten sich dort die Siedlungen der Newars zu kompakten kleinen Städtchen. Sie liegen über den an den Hängen terrassenförmig angelegten Feldern, die einmal im Jahr Wasserreis tragen und danach eine zweite Ernte von Weizen erbringen, erhöht auf den langgezogenen Hügelkämmen zwischen den Flußtälern. Im Zentrum befinden sich Tempel und Kultstätten. Drumherum und anschließend wohnen die Familienklans entsprechend ihrer sozialen Rangordnung.
Die Häuser kleben aneinander, auch wenn es sich nur um ein kleines Dorf handelt. Sie sind aus Ziegeln errichtet, die nahe dem Bauplatz gestochen und gebrannt werden. Die Türme mit Feuergängen und einem transportablen hohen Schornstein sind allenthalben in der Landschaft zu sehen. Leider nehmen neuerdings die Betonhäuser überhand, deren häßliche Klötze Dorf und Land entstellen. Bei dem engen Zusammenleben, das dem Einzelnen das Gefühl von Behütetsein und Nestwärme gibt, bildet die Familie den Kern. In ihr spielt sich das Leben des Menschen von Geburt bis zum Tode ab. Geburt ist ein festliches, freudiges Ereignis im Hause. Die Hebamme der Gemeinde be-

Lhotse (8571 m) und Sāgarmātha (Mt. Everest 8848 m) → S. 113–115 ▷

treut die Gebärende, durchschneidet die Nabelschnur und salbt dann das Neugeborene wie die Mutter mit Senfkornöl. Mindestens bis zum siebenten Monat wird es gestillt. Dann erfolgt der Übergang zu fester Nahrung mit der religiösen Zeremonie der Reisfütterung. In Gegenwart der ganzen Familie und des Priesters wird die erste winzige Reismahlzeit auf einer Münze gereicht. Dann hält man dem Kind ein Tablett hin, auf dem die verschiedensten Gegenstände ausgebreitet sind: Ungeschälter Reis, ein Häufchen Erdkrumen, Ringe, Spielzeug, Feder, Tinte, ein Buch. Sein künftiger Beruf wird vorausgesagt, je nach dem Ding, das es zuerst ergreift. Das Kind wächst in engster körperlicher Berührung mit der Mutter auf. Festgebunden auf ihrem Rücken, nimmt es an allem teil, was sie tut, ob sie nun den Boden fegt, auf dem Feld arbeitet oder die Mahlzeit für die Familie bereitet. Sobald es laufen kann, übernimmt eine ältere Schwester oder ein älterer Bruder die Fürsorge und schleppt das Kleinste überall mit sich herum. Das glückliche unbefangene Leben der Kinder findet auf der mehr oder weniger schmutzigen Straße statt, mit den phantasievollen Spielen, die von den Kindern in aller Welt auf erstaunlich ähnliche Weise gespielt werden, und ohne das Blech- und Kunststoffspielzeug, das bei uns die Kinderstuben füllt. Ein besonderer Spaß ist für klein und groß das Drachensteigenlassen, ein gefährlicher Spaß, weil die Kinder auf die Dächer klettern, um den Wind zu fangen, und nur zu oft durch einen Fehltritt abstürzen. Der spätere Ernst wirft seinen Schatten in spielerischer Weise voraus, die doch von tiefer Bedeutung erfüllt ist. Noch vor der Pubertät wird das Mädchen mit dem Gotte Nārāyaṇa vermählt, mit allen Riten und Gebräuchen der wirklichen Hochzeit, die später stattfindet. Im Tempel des Gaṇeśa, den auch der kleinste Ort besitzt und von dem eine größere Stadt viele aufzuweisen hat, wird es dem Gotte angetraut und sein Scheitel rotgefärbt. Der Knabe aus den Hindukasten der Brahmanen und Chetri erhält im Pubertätsalter die heilige Schnur, die er Tag und Nacht über der Schulter tragen soll, und die nur einmal im Jahr zum Julivollmond erneuert wird. Der buddhistische Knabe wird zum Mönch geweiht, erhält die Safranrobe und lebt für kurze Zeit das Leben eines Bettelmönches.

Die Hochzeit der herangewachsenen jungen Leute wird herkömmlicherweise von den Eltern arrangiert. Mehr und mehr drängen aber heute besonders die Gebildeten auf die eigene freie Wahl des Ehepartners. Davon unberührt bleibt der Verlauf der Zeremonien. Die Eltern des Bräutigams schicken den Eltern der Braut Betel. Diese zieren sich, worauf die Eltern des Bräutigams die Tugenden ihres Sohnes in glühenden Worten preisen. Nach dieser mit Humor und Heiterkeit gewürzten Szene erfolgt die Annahme der Werbung

Mahābodhi Mandir in Pāṭan, nach dem Vorbild des Mahābodhi Mandir in Bodhgayā erbaut 1601 n. Chr. ◁ → *S. 266, 267*

und die Festsetzung des Hochzeitstermines. Da hat der astrologiekundige Priester das entscheidende Wort mitzureden. Als besonders glückbringend gilt die Frühjahrszeit, dann klingen die Gassen einer kleinen oder großen Stadt von den Schalmeien und Trommeln der Hochzeitszüge wieder. Die Hochzeit dauert mehrere Tage. Der Bräutigam schickt der Brautmutter ein Gefäß mit Milch als symbolische Rückerstattung der Milch, die das Mädchen als Säugling konsumiert hat. Von Musik begleitet zieht der Bräutigam zum Hause der Braut, früher in einer Sänfte, heute im geschmückten Auto. Die Braut bleibt unsichtbar, erst am nächsten Tag betritt sie das Haus des Bräutigams und nimmt zeremoniell das erste gemeinsame Mahl mit ihm ein. Diesmal kehrt sie für die Nacht ins Haus ihrer Eltern zurück. Die Feiern gehen noch Tage weiter, und erst nach dem letzten Abend wird die Ehe vollzogen. Am Tage darauf findet der große Hochzeitsempfang statt, zu dem alle Freunde des jungen Paares und seiner Eltern erscheinen, mit Glückwünschen und Geschenken. Von der Braut wird erwartet, daß sie Trauer wegen der Trennung von den Eltern zum Ausdruck bringt. Die Problematik der Mitgift, die in Indien zu furchtbaren Auswüchsen geführt hat, ist Nepal glücklicherweise erspart geblieben.

Das Durchschnittsalter des Mannes beträgt in Nepal 44 Jahre, das der Frau 47 Jahre. Wer darüber hinaus ist, wird als alt betrachtet. Dem Alter aber gilt nicht nur Fürsorge, selbstverständlich innerhalb der Familie und nicht anonym in einem Altenheim, ihm gilt auch Verehrung. Sie gipfelt in einer Feier, die denen zuteil wird, die das mythische Alter von siebenundsiebzig Jahren, sieben Monaten und sieben Tagen erreichen. Auf einem kleinen, reich geschmückten Thronsitz auf niedrigen Rädern wird der Urahn durch die Straßen des Dorfes oder der Stadt gefahren. Ein langes Seil ist an der Vorderachse befestigt, alle männlichen Nachkommen fassen an und ziehen. Es folgt die Urahnin auf einem Gefährt gleicher Art, das von allen weiblichen Nachkommen gezogen wird. Dem Beobachter aus dem Westen gehen die Augen über, wenn er die schier unfaßbare Größe der Nachkommenschaft eines einzigen Paares abzuschätzen versucht. Der Priester segnet das Paar und wiederholt die kultischen Handlungen, die für das Kind von sieben Monaten vollzogen wurden. So schließt sich der Ring des Lebens. Der Tod ist nicht das dunkle Tor zu einem ungewissen Jenseits, sondern die Pforte zu neuem Dasein. Auf einer Bambusbahre wird die Leiche zum nächsten Fluß getragen, dort findet auf den Ghāṭs die Verbrennung statt, morgens nach Sonnenaufgang, wenn der Tod während der Nacht, abends bei Sonnenuntergang, wenn er während des Tages eingetreten ist. Die Leiche wird zur Vorbereitung für die Verbrennung mit heiligem Wasser besprengt und mit Butterschmalz (ghī) beträufelt. Der Kopf wird sorgfältig in dicke Holzklötze eingebaut. Der Priester begleitet alle rituellen Handlungen mit Sanskritmantras. Der älteste

Sohn oder sonst der nächste Verwandte entzündet den Holzstoß. Wenn schließlich die Flammen noch emporschlagen, dann ergreift jeden das Gefühl der Befreiung, mit dem sich die unsterbliche Seele vom Körper löst. Die nächsten männlichen Angehörigen nehmen ein rituelles Bad, lassen sich kahl scheren und legen weiße Kleider an. Die Asche wird den Elementen zurückgegeben, in den Fluß gestreut. Die Seele wird von den Angehörigen durch wiederholte rituelle Handlungen noch ein Jahr lang auf ihren Wegen begleitet. Die Stationen des Lebens sind für alle Menschen gleich. Und so fragt auch der Priester, der die Kulte vollzieht, nicht nach der Kaste und nicht, ob Hindu oder Buddhist. Das Brauchtum, das das Leben des Menschen im Tal von Kāṭhmāṇḍu begleitet, ist als Beispiel für die Eigenart der Stämme geschildert worden, die den Grund für die Kultur Nepals gelegt haben. Jedem Besucher des Tales wird es auf Schritt und Tritt begegnen. Dieses reichbegabte Volk von Bauern, Handwerkern und Händlern schuf die Pagoden mit ihren gestaffelten Dächern und die roten Ziegelhäuser mit den schwarzen, kunstvoll geschnitzten Holzfenstern und -erkern, die Klöster mit ihren Buddhabildern und die Paläste mit den goldenen Toren. Ihre Priester und Gelehrten schufen eine vielseitige Literatur, die nur zum kleinsten Teil erforscht ist. Die Könige ließen Theater spielen und beteiligten sich selbst an der Abfassung von Stücken. Es gab Musik und Tanz eigener Prägung im kultischen wie im höfischen Bereich. Was davon geblieben ist, obwohl ein Schatten einstiger Größe, belohnt den, der sich damit befaßt, noch immer mit unerwarteten Kostbarkeiten. Die Geschichte des Tales von Kāṭhmāṇḍu ist die Geschichte Nepals.

Geschichte zwischen Legende und Wirklichkeit

In der Geschichtslosigkeit eines nicht nach Jahrhunderten und Jahrtausenden meßbaren Zeitalters, in dem Götter und Naturgewalten regierten und die Menschen ein bescheidenes Dasein in den Tälern des Hochgebirges führten, machte ein Naturereignis bedeutenden Ausmaßes Epoche. Als mythische Erzählung wird der Bericht darüber weitergegeben und schließlich aufgeschrieben. So ist im Svayambhūpurāṇa und im Nepālmahātmya zu lesen, daß sich im Tal, in dem heute Kāṭhmāṇḍu liegt, ein See ohne Abfluß befand, Nāgahrada, See der schlangengestaltigen Wasserwesen mit Namen. Im Satyayuga, im Goldenen Zeitalter, erwuchs eine Lotusblume inmitten des Sees, auf der sich der Ādi-Buddha in zeitloser Meditation als der »durch sich selbst seiende« Svayambhū offenbarte. Im nächsten Weltalter, dem Zeitalter der Dreiheit, Tretāyuga, kam der Bodhisattva Mañjuśrī aus China, um Svayambhū seine Verehrung darzubringen. Er spaltete den Felsenriegel im Süden des Sees. Das Wasser floß ab. Das Tal wurde bewohnbar. Was hier im mythischen Gewande überliefert ist, wird von der geologischen Forschung bestätigt. Die Klamm der Bāgmati bei Cobhār ist die sichtbare Spur des »Schwertstreiches«. Durch sie fließt der Hauptstrom des Tales in die nordindische Ebene, um in die Gaṅgā zu münden. Nachdem die Wasser des Nāgahrada abgeflossen waren, blieb Mañjuśrī noch so lange, bis er für die Bauern, die aus den Nachbartälern herbeigekommen waren, die erste Siedlung gegründet hatte. Sie zog sich vom Hügel des Svayambhū, auf dem bis heute die Verehrung dieses Höchsten Wesens fortgesetzt wird, bis nach Guhyeśvarī hin, wo die Bāgmati innerhalb des Tales ebenfalls einen Felsenriegel in einer Klamm durchbricht, an deren Ausgang heute das Heiligtum des Paśupati liegt. Bevor er nach China zurückkehrte, hinterließ er seinen Begleiter Dharmakāra als ersten König des Tales, der in der nach dem Bodhisattva Mañjupaṭṭana genannten Stadt residierte. Ihm als dem »Gesetzgeber« folgte der »Gesetzeswächter« Dharmapāla. Er war ein Jünger des Krakucchanda Buddha. Und so folgt später in Fortführung der buddhistischen Legendentradition als Jünger des Kanakamuni Buddha der König Pracaṇḍadeva aus Gaur, der die Schreine Vāsupura, Agnipura, Vāyupura, Nāgapura und Śāntipura im Umkreis des Svayambhūnāth gegründet haben soll. Aus diesen Legenden wird deutlich, wie die buddhistische Überlieferung die Geschichte Nepals in ihre eigene geistige Weltordnung einbezieht.

Für die eigentliche säkulare Geschichte der Herrscherhäuser und ihrer Taten im Tal von Kāṭhmāṇḍu steht eine reiche Chronikliteratur zur Verfügung, die

Vaṃśāvalī, die von den, den Höfen nahestehenden Pandits in Sanskrit oder Newari, in jüngerer Zeit in Nepali aufgeschrieben wurden, von Brahmins mehr in hinduistischer Färbung, von Bajrācāryas in buddhistischer. Sehr unterschiedlich ist ihr Quellenwert für die historische Forschung, die das Tatsachenmaterial aus der mythologisch-sagenhaften Verkleidung herausschälen muß. Zwei Hauptgruppen lassen sich unterscheiden, eine frühe unter den Mallas im 15. Jahrhundert, die andere um 1800 am Beginn der Gurkhaherrschaft. Am bekanntesten als Geschichtsquellen sind die Gopālarājavaṃśāvalī, Bhāśavaṃśāvalī, Gorkhavaṃśāvalī.

Als erstes Herrscherhaus wird oft das der *Gopāla* genannt, doch sind die Nachrichten so ungewiß und widersprechend, daß Zweifel berechtigt sind, ob es überhaupt eine historische Realität besessen hat. Auch bei der *Kirāti*dynastie, die der Tradition nach als zweites Herrscherhaus genannt wird, ist die Quellenlage noch unsicher genug. Ihr erster König, von 29 Herrschern insgesamt, *Yalambar* soll aus seiner Heimat im östlichen Nepal aufgebrochen sein und das Kāṭhmāṇḍutal erobert haben. Er sei ein Zeitgenosse der Pāṇḍavas und Kauravas gewesen, und als die im Mahābhārata geschilderte Schlacht von Kurukṣetra entbrannte, sei auch Yalambar auf dem Schlachtfeld erschienen, um die Partei der Kauravas zu ergreifen. Kṛṣṇa selbst habe ihm das Haupt abgeschlagen. Die Kirātidynastie, die danach fast ein Jahrtausend lang geherrscht haben müßte, wird auch mit Gautama Buddha († 483 v. Chr.) und mit Aśoka (263–233) in Verbindung gebracht. Unter ihrem siebenten König sei Gautama Buddha selbst, der in der Mitte des 6. Jahrhunderts v. Chr. als Sohn des Śākyakönigs Śuddhodana von Kapilavastu am Fuße der Himālayaberge in Lumbinī geboren worden war, in die Berge Nepals hinaufgestiegen. Desweiteren berichtet die allgemein verbreitete Legende, um 250 v. Chr. sei Aśoka ins Tal von Kāṭhmāṇḍu gekommen und habe in der Stadt Pāṭan die vier Stūpas angelegt, die bezogen auf einen fünften in der Mitte der Stadt die vier Himmelsrichtungen bezeichnen. Bisher gibt es keinerlei historische oder archäologische Evidenz dafür, daß dieser Besuch wirklich stattgefunden hat. Die Legende spinnt den Faden weiter: Er habe seine Tochter Cārumatī die ihn begleitete, mit dem Kṣatriyafürsten Devapāla verheiratet. Das Cārumatīkloster in Cābahil wird auf sie zurückgeführt, ebenso die Gründung der Ortschaft Devapāṭan. Das alles wird in die Regierungszeit des 14. Kirātiherrschers Sthuṅko verlegt. Die letzten Kirātis sollen ihre Residenz in Gokarna gehabt haben. Inschriften, welche die Glaubhaftigkeit der legendären Überlieferungen untermauern könnten, gibt es nicht. Immerhin erwähnen beide Epen, Mahābhārata und Rāmāyaṇa, die Kirāta, die heutzutage mit den Limbu und Rai in Ostnepal in Zusammenhang gebracht werden.

Auf gesichertem historischem Boden steht erst das Herrscherhaus der *Lic-*

chavi, das dritte in der Reihe der landläufigen Überlieferung, das mit Recht oder Unrecht von den Fürsten gleichen Namens abstammen soll, die in der Stadt Vaiśālī im heutigen Bezirk Muzaffarpur, Bihār, beheimatet sind. Sein bedeutendster Vertreter, zugleich die erste große Figur der nepalischen Geschichte, war Mānadeva (464–491). Sein Vater starb früh. Die Mutter Rājyabaṭī, verzichtete darauf, eine Satī zu werden, um ihren unmündigen Sohn zu erziehen und ihm den Thron zu erhalten. Die Thākurīstämme im Osten Nepals sahen die Gelegenheit gekommen, sich unabhängig zu machen, wurden aber von Mānadeva überwunden. Ebenso besiegte er die Mallas im Westen und festigte sein Reich, das von der Gaṇḍakī im Westen bis zur Kośī im Osten reichte. Das alles ist einer Inschrift auf der Skulptur des Garuḍa in Cāṅgunārāyaṇa zu entnehmen, die ins Jahr 467 v.Chr. datiert ist. Als Verehrer Viṣṇus stattete er dieses Heiligtum, das für den Viṣṇuismus eine ähnliche zentrale Stellung im Tal einnimmt wie Paśupatināth für den Śivaismus, mit Hilfe seiner hochqualifizierten Bauhütte neu aus. Viele weitere Tempel errichtete er, die er immer aus Dankbarkeit inschriftlich mit dem Namen seiner Mutter in Verbindung brachte. Er war religiös tolerant und förderte den Buddhismus, dessen Kunst in dieser Epoche ebenfalls ihren klassischen Höhepunkt erreichte. Seine Residenz Mānagṛha muß in der Gegend von Gokarna gelegen haben. Wirtschaftlich blühte das Land durch den Handel zwischen Indien und Tibet. In den folgenden beiden Jahrhunderten regierten Mahīdeva, Vasantadeva, Udayadeva, Guṇakāmadeva.
Unter *Śivadeva* ging die tatsächliche Macht aus den Händen des Königs an einen Mann namens *Aṃśuvarma* aus dem Thākurīstamme über, der sich Mahārājadhirāja titulierte und seit 598 n.Chr. eigene Münzen schlug. Der König erkannte seine Fähigkeiten an und gab ihm die eigene Tochter zur Frau. Der chinesische Pilger Hsüan Tsang ist voller Preis für den Palast Śivadevas, den neunstöckigen Kailāśakūṭa Bhavana, der in Gokarna stand und das Zentrum der Regierung wurde. Es gelang Aṃśuvarma die Unabhängigkeit Nepals zwischen zwei mächtigen und expansiven Nachbarn zu sichern.
Im Süden herrschte Harṣavardhana von Kanauj (606–647) und in Tibet Srong-btsan Sgam-po. Ihm gab er nach tibetischer Überlieferung seine Tochter Bhṛkuṭī (Bribsun) zur Ehe, die den Buddhismus in Tibet verbreitete. Sie brachte Kultbilder von Akṣobhya, Maitreya und Tārā mit. Die andere Gattin Sgampos war die chinesische Prinzessin Wen-ch'ong. Die Tibeter verehrten die beiden Königinnen als Tārās, die nepalische, die möglicherweise die Schwester Narendradevas war, als grüne Tārā, die chinesische als weiße Tārā. Diese Doppelheirat befestigte die Stellung Tibets und Nepals als unabhängige Durchgangsländer zwischen Indien und China. Das galt nicht nur für den Handel, sondern zugleich für die vielfältigen religiösen und kulturellen Einflüsse beiderseits.

Aṃśuvarma starb 616 n. Chr. Nach seinem Tode kam eine unruhige Zeit für Nepal. Udayadeva II., Śivadevas ältester Sohn, wurde vertrieben und flüchtete nach Tibet. Sein Bruder Dhruvadeva wurde nominell Herrscher. In Wirklichkeit lag die Macht in den Händen eines Emporkömmlings, Viṣṇu Gupta. Klare Machtverhältnisse und Ruhe kehrten erst mit Udayadevas Sohn *Narendradeva* zurück, der mit Hilfe von Srong-btsan Sgam-po den Usurpator besiegte. Unter seiner Regierung (643–690) setzte sich ein halbes Jahrhundert lang die klassische Blütezeit fort, die unter Mānadeva und Aṃśuvarma begonnen hatte. Nepal genoß die Vorteile der Unabhängigkeit zwischen den Reichen Harṣavardhanas in Indien, Sgam-pos in Tibet und der T'angdynastie in China. Die Berichte der chinesischen Botschafter an seinem Hof und der chinesischen Pilger, die durch sein Land nach Indien zogen, geben farbenprächtige Schilderungen der politischen, wirtschaftlichen und kulturellen Verhältnisse, die durch die Nachbarschaft der drei genannten Großmächte mitbestimmt waren. Der Buddhismus war im Lande weit verbreitet. Die Könige selbst waren Hindus. Sanskrit war die Sprache des Hofes wie gleichzeitig an den anderen Höfen Südasiens. Das Volk sprach hauptsächlich Newāri. Daneben gab es viele Stammesdialekte. In seiner Blütezeit war der Hof der Licchavis ein Musenhof mit Dichtern und Schauspielern, Tänzerinnen und Musikern, und zugleich eine Stätte von Wissenschaften wie Medizin, Astrologie, Theologie. Er stand durchaus auf der Höhe anderer klassischer Musenhöfe wie Pāṭaliputra oder Ujjain. Unvermindert setzte sich diese Blüte unter Śivadeva II. und seinem Sohn Jayadeva II. fort, der wie viele seiner Zeit- und Standesgenossen selbst als Dichter und Wissenschaftler Rang und Namen hatte. Mit seinem Tode im Jahre 740 n. Chr. erlischt der Glanz und die Macht dieses Herrscherhauses.

Gegen 800 n. Chr. erfuhr der Hinduismus einen Aufschwung durch die Wirksamkeit von Śaṅkarācārya in Nepal. Da war keine Rede von Toleranz. Vielerorts wurden buddhistische Schriften verbrannt. Zahlreiche gelehrte Mönche suchten in Tibet Zuflucht. Nachdem die Welle von Gewalttätigkeiten vorüber war, kehrten sie nach Nepal zurück und brachten aus Tibet den tantrischen Buddhismus mit, der sich dann Seite an Seite mit dem Hinduismus entwickelte.

Das vierte Herrscherhaus, das nach den Licchavis die Regierungsgewalt ergriff, waren die *Thākurīs,* aller Wahrscheinlichkeit nach Rājputen. Spätere Vaṃśāvalī teilen sie in drei dynastische Linien ein. Eine sei im Jahre 602 n. Chr. von Aṃśuvarma gegründet worden. Sie regierte bis 1043. Ihr folgten die Vaiśya Thākurīs von Nuvakoṭ nur bis 1082 unter Bhāskaradevavarma. Die dritte Rājputendynastie gründete Brahmādeva, sie blieb an der Macht von 1082 bis 1310 n. Chr. Wie es sich mit diesen drei Dynastien im Einzelnen verhält, bleibt unklar, da es kein Inschriftenmaterial gibt bis 879 n. Chr., dem

Jahre der Inschrift des Königs *Rāghavadeva*, mit dem die Nepalära beginnt. Andere Namen von Thākurīherrschern sind nur aus den Kolophonen von Handschriften bekannt. Es sind Könige darunter, deren Taten und Einrichtungen bis heute nachwirken. So gilt im 10. Jahrhundert *Guṇakāmadeva* als Gründer von Kāntipur, einer Vorgängerin Kāṭhmāṇḍus, und als der Inaugurator von Matsyndranāthjātrā, Kṛṣṇajātrā, Lākhejātrā und Indrajātrā, Festen, die noch immer den Jahreslauf und das Leben in der Stadt Kāṭhmāṇḍu gliedern. Von Einfällen fremder Herrscher ins Tal wird auch unter den Thākurīs berichtet, so des Mukundasena von Palpa und des Nanyadeva, eines Karṇāṭakafürsten. Doch scheint es sich dabei schwerlich um Ereignisse größeren Ausmaßes gehandelt zu haben. Bedeutend aber war in dieser Epoche der Austausch von gelehrten Mönchen und ihre Wanderungen zwischen Indien und Tibet über Nepal. Lalitapaṭṭana (Pāṭan) gewann als Zentrum des Buddhismus an Gewicht als Folge der Zerstörung der buddhistischen Klöster in Ostindien. Politisch hatte es sich gegen Bhaktapur zu behaupten. Der Tantrismus faßte festen Fuß in dieser Zeit und breitete sich in Nepal aus. Die Rolle Tibets dabei wäre im Einzelnen noch zu klären. So sehr die Gelehrsamkeit blühte, so wenig ist von Dichtern und Schriftstellern in dieser Zeit zu berichten, in der Sanskrit als Hof- und Bildungssprache weiterhin gepflegt wurde. Mit Someśvaradeva, der im Jahre 1182 n. Chr. starb, endet die Macht des Herrscherhauses der Thākurī.

Mit *Arimalla* beginnt im Jahre 1200 n. Chr. die Mallaherrschaft, die bis 1768 n. Chr. dauerte, und damit ein halbes Jahrtausend nepālischer Geschichte bestimmte. Der Name Malla tritt bereits in den Zeiten Gautama Buddhas auf. Mallas lebten im 6. Jahrhundert v. Chr. in Kuśināgara und in der Nähe von Vaiśālī. Buddha selbst spricht mit seinem Lieblingsschüler Ananda über die Bedeutung dieses Fürstengeschlechtes. Aus der Inschrift des Mānadeva Licchavi von 467 n. Chr. in Cāṅgunārāyaṇa geht hervor, daß die Mallas westlich der Gaṇḍakī wohnten. Dorthin führte der König seinen siegreichen Feldzug gegen Mallapuri, wie es in der Inschrift heißt. Die Cāḷukyas (624–1061) im Dekkhan und die Pallavas (325–897) in Südindien verwendeten den Namen Malla als Beinamen in seiner wörtlichen Sanskritbedeutung »Ringer«. So kam es zu der Volksetymologie, Arideva, der erste Mallafürst im Kāṭhmāṇḍutal, habe den Namen Malla angenommen, weil er als passionierter Ringer die Nachricht von der Geburt seines ersten Sohnes während eines Ringkampfes erhielt. Auch bei den Mallas haben wir es nicht mit einer einheitlichen Linie zu tun, sondern mit drei Zweigen des Herrscherhauses. Der erste begann 1200 n. Chr. mit Arimalla und endete mit Jayārimalla im Jahre 1344. Den zweiten begründete Jayabhīmadeva im Jahre 1258, er erlosch 1382. Dann fängt mit Jayasthitimalla die große Zeit der Dynastie an, die von 1382 bis 1768 dauerte.

Das 13. und 14. Jahrhundert brachte Ereignisse, die sich schwer zu einem einheitlichen Bild zusammenschließen lassen. Die Mission des Arniko nach Tibet und China im Jahre 1260 unter Jayabhīmadeva erweckt den Eindruck, als ob hier ein gefestigter und geeinigter Staat diplomatische Beziehungen zu seinen nördlichen Nachbarn aufnimmt. Und das, nachdem 1255 ein verheerendes Erdbeben das Tal heimgesucht hatte, dem ein Drittel der Bewohner zum Opfer fiel, den König Abhayamalla eingeschlossen, der sechs Tage danach starb. Gegen die Jahrhundertwende hin aber häufen sich räuberische Einfälle. So zerstörte 1288 der Khasiyakönig Jayatāri von Jumla aus die Ortschaften des Tales, das damals von Anantamalla (ca. 1274–1310) regiert wurde. 1294 kam er wieder, verband jedoch die Brandschatzung mit der Pūjā von Paśupati, Svayambhū und dem roten Matsyendranāth. 1311 plünderte der Herrscher von Tirhut Stadt und Klöster in Pāṭan, und 1313 kam ein anderer Khasiyafürst, Ripumalla, Neffe von Jayatāri, um achtzehn Tage lang dem roten Matsyandranāth seine Verehrung darzubringen. Aus seiner Hauptstadt Siṃrāoṅgarh durch Ghiyās-ud-dīn Tughluq vertrieben, suchte 1325 Harisiṃha von Tirhut Asyl, 1326 weilte er in Deopāṭan und danach einige Zeit in Bhaktapur. Er kam nicht, um zu herrschen. Seine Bedeutung liegt darin, daß er die Göttin Taleju (Tulajā) mitbrachte, die zur Schutzherrin des Tales emporstieg. 1328 fiel als dritter Khasiyafürst Ādityamalla, Jayatāris Sohn, über Nuvakoṭ und Pharping ins Tal ein und besetzte vorübergehend Pāṭan. Alle diese spärlichen Nachrichten, die uns schriftlich oder inschriftlich erreichen, weisen darauf hin, daß es damals keine zentrale Herrschaftsgewalt gab, sondern daß die Macht mehr oder weniger in den Händen des Adels lag, bei Figuren wie Jayarudramalla von Bhaktapur (1295–1326) etwa, die durch geschicktes Intrigenspiel zu Einfluß kamen. Jedenfalls bot das Tal in der Mitte des 14. Jahrhunderts ein Bild hoffnungsloser Zerrissenheit. Es hatte dem Einfall der Moslems unter Shams-ud dīn Ilyās von Bengalen 1349/1350 nach dem Tode des Jayārimalla von Pāṭan (1344) wenig Widerstand entgegenzusetzen. Frühere Usurpatoren hatten die Heiligtümer geschont, ja, sie hatten es sogar selten versäumt, den großen Göttern des Tales ihre Verehrung zu erweisen. Die Moslems aber hatten es besonders auf die Tempel und die Götterbilder abgesehen. Das Kultbild des Paśupati wurde ebenso zerstört wie der Dharmadhātustūpa von Svayambhūnāth. Zum Bleiben aber richteten sich die Plünderer nicht ein. Fast wären sie wiedergekommen. Niemand im Tal hätte es verhindern können: Pharping, Pāṭan, Nuvakoṭ waren unter den lokalen Adelsfamilien selbständig geworden, ebenso Banepā im Nachbartal.

Einen Wandel schuf erst *Jayasthitimalla.* 1372 ergriff er die Macht in Pāṭan unter dem schwachen König Jayārjunadeva (1361–1382). Nach dessen Tod wurde er Herr des ganzen Tales mit der Hauptstadt im altehrwürdigen

Bhaktapur, wo die Göttin Taleju als göttliche Schutzmacht residierte. Von hier aus gelang es ihm, das zerfallene Tal zu einigen, die widerspenstigen Lokalherren zu zähmen und eine Dynastie zu begründen, die Nepal vierhundert Jahre regieren sollte. Jayasthitimalla (1372–1395) ist als eine Art Nationalheros mit einem Glorienschein umgeben worden. Nahezu alles, was bis heute die Grundordnung der Gesellschaft in Nepal bestimmt, soll auf ihn zurückgehen. Gewiß war er ein großer Gesetzgeber, aber die Kastenordnung hat er sicher nicht eingeführt. Die bestand schon vorher. Aber er hat festgeschrieben, was er vorfand, und hat die gesellschaftliche Struktur in geordnete und rechtlich fundierte Bahnen gelenkt. Dazu dienten ihm fünf Pandits als Berater. Einen Berater aus den Reihen des Buddhismus hatte er offensichtlich nicht. Dennoch läßt sich nicht feststellen, daß er die Buddhisten benachteiligt hätte. Persönlich war er ein Verehrer Viṣṇus und Śivas und hatte Māneśvarī als seine Schutzgöttin. So schuf er in seinem Reich eine neue Sozialordnung, in der alle Bevölkerungsteile und Religionen ihren Platz hatten. Er regelte damit das Bürgerliche Recht insgesamt, besonders in Bezug auf Landbesitz und Staats- und Privateigentum. Rechte und Pflichten des Einzelnen wurden je nach seiner Zugehörigkeit zu einer gesellschaftlichen Gruppe definiert. Diese von ihm begründete Sozialordnung überdauerte ihn großenteils bis zum heutigen Tag. Die politische Einheit jedoch, die er zustande gebracht hatte, zerbrach unter seinem schwachen Nachfolger sehr bald.
Erst *Jayayakṣamalla* (1428–1482) brachte die Feudalherren, die sich selbständig gemacht hatten, wieder unter die Kontrolle der Zentralregierung. Seine Regierung begann kriegerisch, mit einer Reihe von Feldzügen und Eroberungen. Sie gipfelte jedoch in bleibenden Kulturleistungen auf den Gebieten der Kunst und Literatur. In dem halben Jahrhundert seiner Herrschaft wurden die von den Moslems zerstörten Tempel und Heiligtümer wiederhergestellt. So bestellte er Bhaṭṭabrahmanen aus Südindien als Verwalter des Paśupatināthtempels. Den Dattātreyatempel in Bhaktapur ließ er renovieren. Wasserleitungen und Brunnen wurden angelegt. Epochenmachend war die Einführung von Newari als Hofsprache. Unglücklicherweise teilte er noch vor seinem Tode sein Reich unter seinen Kindern auf und schuf damit von neuem Zersplitterung und Streit, allerdings auch eine friedliche Rivalität im Wetteifer um die Verschönerung der Residenzstädte und ihren Schmuck mit Bauwerken. Die drei Fürstentümer der Mallas, die sich von nun an nebeneinander entwickelten, sind Bhaktapur oder Bhādgāoṅ, Lalitpur oder Pāṭan und Kāṭhmāṇḍu. Ihre Geschichte wird im Folgenden gesondert in der angegebenen Reihenfolge dargestellt. Dabei wird das Schwergewicht auf die Charakterisierung der bedeutenden Herrscherpersönlichkeiten gelegt, die mit ihren Taten und kulturellen Schöpfungen bis heute nachwirken.
In Bhaktapur ist als erster zu nennen *Viśvamalla* (c. 1547–1560). Er erweiter-

te den Dattātreyatempel und errichtete den Pūjāhārīmātha daneben, der 1971/1972 von deutscher Seite als Hochzeitgeschenk für König Birendra restauriert wurde, die erste ausländische Sanierung, die dann den Anstoß zu dem sog. Bhaktapurprojekt gab. Von ihm wird ferner berichtet, daß er an den vier Seiten des Paśupatināth vier Statuen des Nārāyaṇa errichten ließ.

Jagatjyotirmalla (c. 1613–1637) war ein großer Freund des Theaters und verfaßte selbst ein Drama Haragaurīvivāha (»Die Hochzeit von Śiva und Pārvatī«), dessen Aufführung für das Jahr 1629 bezeugt ist. Auch sonst betätigte er sich als Schriftsteller. In seinem Palast ließ er die Wandgemälde ausführen, die heute im Bhaktapurmuseum zu betrachten sind. In Bhaktapur und Thimi richtete er die Bhairavajātrā ein.

Auch *Jitamitramalla* (c. 1673–1696) war ein literarisch hoch gebildeter Fürst. Von ihm stammt das Sanskritdrama Aśvamedhanāṭaka (»Pferdeopferdrama«).

Am berühmtesten in dieser Reihe musischer Mallafürsten ist *Bhūpatīndramalla* (1696–1722). Unter ihm wurde der Palast der Fünfundfünfzig Fenster am Darbārplatz 1697 vollendet, und für die Göttin Siddhilakṣmī errichtete er 1703 die fünfstöckige Nyātapolapagode. Kein Wunder, daß die Sage von ihm berichtet, er sei als Junge von einem Holzschnitzer aufgezogen worden. Seine Regierungszeit muß für Bhaktapur die Blüte der Baukunst und Schnitzerei gebracht haben, die noch heute bei einem Gang durch die Gassen zu bewundern ist. Hoch muß auch der Wohlstand jener Tage gewesen sein.

Unter den Königen von Pāṭan ist *Siddhinarasiṃha* (c. 1618–1658) als Mystiker bekannt. Als Kṛṣṇa-Anhänger baute er den Kṛṣṇatempel auf dem Darbārplatz, der seinen berühmten Vers eingeritzt trägt: »Solange dieser Kṛṣṇatempel hier steht, betrachtet mich als am Leben«. In einem Jahr soll er 250 000 Pfund Reis an Brahmanen und Bettler verteilt haben. Als Bauherr erweiterte er auch den Palast, restaurierte den Degutaletempel und ließ zur Erinnerung an seine Mutter Lālamatī vor der Stadt einen großen Teich ausheben (heute im Zoo-Jaulākhel). Außenpolitisch hatte er kriegerische Auseinandersetzungen mit dem unmittelbar benachbarten Kāṭhmāṇḍu und freundliche Beziehungen zum fernen Gorkhā. Innenpolitisch trat er als Friedensstifter zwischen zerstrittenen buddhistischen Gemeinden in seiner Hauptstadt auf und ermutigte neue Siedler, nach Pāṭan zu kommen. Der Tibethandel blühte unter ihm, und die Kaufleute Pāṭans nahmen daran teil.

Śrinivāsamalla (1660–1684) war der jüngere Bruder des Herrschers von Kāṭhmāṇḍu Pratāpamalla (1641–1674). Als Bauherr errichtete er den Bhīmsentempel und besserte den Matsyendranāth und den Degutaletempel

aus. 1662 kamen die Jesuiten Johannes Grüber und Albert d'Orville als erste Europäer nach Nepal und waren bei beiden Brüdern zu Gast.
Als er abdankte, um den Thron noch bei Lebzeiten dem Sohn *Yoganarendramalla* (1684–1705) zu überlassen, kam es zu einer Machtprobe mit dem einflußreichen Minister Bhagīratha Bhaiyā, der die dreistöckige Śivapagode beim Palast hatte bauen dürfen. Sie endete mit der Entlassung des Ministers. Auch Yoganarendramalla ist von einem mystischen Schimmer umgeben. Er sorgte für die Erhaltung des Maṇimaṇḍapa, wo sich Priester und Astrologen versammelten. Er verrichtete regelmäßig seine Pūjā im Paśupatināth. Zu Fuß begleitete er die Prozession des roten Matsyendranāth von Pāṭan bis Buṅgamati. Er verzichtete darauf, mit Jitāmitramalla zu streiten, solange der Harisiddhitanz in Bhaktapur im Gange sei. Und so ist auch sein Ende in mystisches Zwielicht getaucht. Er starb wahrscheinlich an einer Vergiftung in Caṅgunārāyaṇa. Seine einundzwanzig Frauen folgten ihm auf dem Scheiterhaufen in den Tod und wurden Satīs. Die Legende aber vermeldet, er habe seine Umgebung wissen lassen, daß er am Leben sei, solange der Vogel auf dem Kopf seiner Statue nicht weggeflogen sei. So wurde für ihn in einer Halle seines Palastes durch die Jahrhunderte ein Lager bereit gehalten, jeden Abend, und das Fenster geöffnet, in der Erwartung seiner Wiederkehr.
Auf ihn folgte eine unruhige Zeit von Kinderkönigen und Königmachern. Viele Epidemien verheerten das Land, so daß selbst das Holz für die Verbrennung der Leichen rar wurde. Fünf Jahre lang von 1717 bis 1722 waren Pāṭan und Kāṭhmāṇḍu unter dem Szepter des Mahendrasiṃha vereinigt. Danach sind die Namen der Herrscher in Pāṭan Yogaprakāśamalla (1722–1729), Viṣṇumalla (1729–1745), Rājyaprakāśamalla (1745–1758). Ihre Macht verfiel mehr und mehr zugunsten ehrgeiziger Adliger. Als letzter nominell unabhängiger König regierte Tejanarasiṃha (1765–1768). Er versteckte sich im Tempel der Taleju, als die Gurkhas kamen, und floh dann nach Bhaktapur.
In Kāṭhmāṇḍu ist unter den Nachfolgern des Jayayakṣamalla bemerkenswert *Ratnamalla* (1484–1520). Er setzte sich gegen zwölf Thākurs durch, die an die Macht gelangt waren, indem er einen Minister überredete, sie zu vergiften, und danach sich des Mörders selbst entledigte. Erfolgreiche Kriege führte er 1491 gegen die Thākurīs in Nuvakoṭ und gegen Eindringlinge aus Tibet unter Kuku. Er erlaubte es Angehörigen der Khas und der Magar, die ihm dabei geholfen hatten, im Tal zu siedeln. Moslems durften zum ersten Mal seßhaft werden. Kupferminen wurden abgebaut und Kupfermünzen geschlagen. Seine besondere Fürsorge galt Paśupatināth. Dort ließ er Kultbilder der Aṣṭamātṛkās aufstellen. Dorthin berief er den Svamī Somaśekharānanda aus Indien. Amaramalla, sein Sohn, und Sūryamalla regierten zwischen 1520 und 1560. Amaramalla war offensichtlich ein großer Freund

von Prozessionen und kultischen Tänzen. Auf ihn gehen zurück die Kaṅkeśvarījātrā, die Harisiddhijātrā und die Triśūlijātrā. Sūryamalla, der sechs Jahre lang in Sāṅkhu residierte, richtete dort die Vajrayoginījātrā ein.

Der Name des *Mahendramalla* (1560–1579) ist an den Münzen hängen geblieben, die unter der Bezeichnung Mahendramalli im Umlauf waren. Nach dem Muster der gleichzeitigen Moghulmünzen geschlagen, geben sie ein Bild von den Wirtschaftsbeziehungen des 16. und 17. Jahrhunderts und der Rolle Nepals als Durchgangsland. Sie wurden in Tibet akzeptiert und zeigten in ihren frühesten Stücken auf der einen Seite Lhāsā, auf der anderen Name, Titel und Emblem des Herrschers von Kāṭhmāṇḍu. Dabei sei erwähnt, daß Kāṭhmāṇḍu als Münzemblem ein Schwert hatte, Pāṭan einen Dreizack und Bhaktapur eine Muschel. Auch die Grundrisse der drei Städte seien diesen Symbolen entsprechend angelegt, sagt die Legende. Mahendramalla erbaute nach einem Besuch bei Trailokyamalla in Bhaktapur, wo die Göttin ihren Sitz hatte, den Talejutempel in Kāṭhmāṇḍu. Er wurde 1594 vollendet und war mit Abstand das höchste Bauwerk der Stadt. Seitdem erlaubte es die Baupolizei, daß auch die Bürger höhere Häuser errichten durften.

Sadāśivamalla (1580–1589) wurde durch seine Exzesse berüchtigt. Wo immer er sie fand, ließ er hübsche Mädchen rauben und in seinen Palast bringen. Seine Pferde ließ er grasen, wo immer es ihm paßte. Vor dem Zorn seiner Untertanen floh er nach Bhaktapur. Dort wurde er im Sadāśivacok im Palast seines Vetters gefangen gehalten.

Aus der Regierungszeit des *Śivasiṃhamalla* (1589–1618) wird berichtet, daß seine Gemahlin Gaṅgādevī den von Termiten zerstörten Tempel von Paśupatināth neu errichten ließ. Auch berief sie den südindischen Brahmanen Nityānanda dorthin als Priester. Sie legte den Rānīvana genannten Park an (im heutigen Stadteil Lainchaur nördlich der Indischen Botschaft).

Unter *Lakṣmīnarasiṃhamalla* (1618–1641) entwickelten sich besonders enge Beziehungen zu Tibet, ein Verdienst des Ministers Bhīmamalla, der dafür mit dem Tode büßen mußte, da sein König ihm den Erfolg nicht gönnte.

Das mag schon ein Anzeichen des Wahnsinns gewesen sein, dessentwegen er von seinem Sohn *Pratāpamalla* (1641–1674) abgelöst wurde. Dieser führte eine der glänzendsten Epochen der Mallazeit herauf, die auch dadurch nicht getrübt wird, daß seine Denkmäler von ruhmredigen Inschriften und eigenen schlechten Versen begleitet werden. Ihm standen vier geistliche Berater zur Seite, die er sich bestellt hatte: Lamba Karṇa Bhaṭṭa, ein Brahmane aus Mahārāṣṭra, Svamī Jñānānanda vom Dekkhan, den er zum Priester am Paśupatināth machte, Narasiṃha Thākura, ein Brahmane aus Tirhut, schließlich ein buddhistischer Priester mit Namen Jamana. Es folgt hier ein Auszug aus der

langen Liste seiner Bauten und Stiftungen: Seinen Palast erweiterte er durch Mohancok, Sundarīcok, Nāsalcok, Hanumānḍhokā. Links neben dem Palasteingang stellte er die Statue Hanumāns auf. Er ließ eine Skulptur des auf der Weltenschlange ruhenden Viṣṇu im Palast aufstellen und füllte den umgebenden Teich mit Wasser aus Buḍhanilkaṇṭha, wo sich das heilige Original befindet. Von ihm stammt das Verbot für den König des Tales, dort einen Besuch abzustatten, das von allen Herrschern bis heute befolgt worden ist. Den Nṛtyanāth restaurierte er und baute in dessen Nähe das Rasthaus Kavindrapur. Dem Svayambhunāth stiftete er den riesigen Vajra am oberen Ende der Pilgertreppe, und in der geheimnisvollen Höhle von Śāntipur deponierte er ein von ihm geschriebenes Buch betitelt Vṛṣṭicintāmaṇīstotra. Man schrieb ihm magische tantrische Kräfte zu. Er verband Paśupatināth mit seinem Palast durch einen Faden. Den zornig blickenden Bhairava bei seinem Palast machte er lächeln. Seine Gemahlinnen stammten beide aus Cooch Bihar, er hatte fünf Söhne. Von vieren ließ er zur Probe jeden ein Jahr regieren. Zum Trost für die Mutter beim Tode des einen ließ er Rānīpokhari ausheben, den quadratischen Teich mit einem Tempelchen in der Mitte.
Nach ihm kam niemand mehr von Bedeutung. Jayaprakāśamalla (1734–1768) der letzte Malla von Kāṭhmāṇḍu, feierte Indrajātrā, als die Truppen des Pṛthvīnārāyaṇa Shāh die ahnungslose Stadt betraten.
Die Geschichte der drei Stadtstaaten von 1482 bis 1768/1769 umfaßt die Blüte der Newarkultur. Wirtschaftliche Grundlage war der Handel. Die ursprüngliche Hauptstadt des Tales Pāṭan verlor immer mehr an Bedeutung und Einfluß. Lag sie doch im Süden des Tales ohne die Möglichkeit, die Handelsstraßen von Indien nach Tibet zu kontrollieren. Bhaktapur dagegen profitierte von seiner Lage an der alten Pilger- und Karawanenroute, die aus dem Tal nach Osten ins Nachbartal von Banepā und von dort weiter nach Kodāri und schließlich nach Lhāsā führte, eine Route, der auch heute wieder die moderne, von den Chinesen erbaute Tibetstraße folgt, die vor der Eröffnung steht. Der erstaunliche Wohlstand der Stadt unter ihren elf Mallakönigen, der sich in ihren Tempeln und Bürgerpalästen vor aller Augen ausbreitete, hat darin seine Grundlage. Die Schließung der tibetischen Grenze dagegen führte zur Stagnation des wirtschaftlichen Lebens und zum Niedergang. Von diesem Gesichtspunkt aus kommt Kāṭhmāṇḍu ein noch größeres Gewicht zu. Unter seinen siebzehn Königen überflügelte es die beiden Schwesterstädte und wurde nicht zufällig von den Gurkhas zur Hauptstadt erkoren, als sie das Tal in Besitz nahmen. Kāṭhmāṇḍus Macht erwuchs aus der Lage an den beiden Handelswegen nach Tibet einerseits und aus der Kontrolle der Indienstraße, die über Thankoṭ nach Westen führte. Diese Nutzung der entscheidend wichtigen Fernstraßen verschaffte der Stadt internationale Bedeutung, die im 17. Jahrhundert durch einen Vertrag mit Tibet

und die Annahme der in Kāṭhmāṇḍu geprägten Silbermünzen Mahendramalli als Leitwährung ihren Höhepunkt erreicht.
Die letzte Epoche der Geschichte Nepals wird durch die sog. Shāhdynastie der Gurkhafürsten bestimmt. Drei Abschnitte sind erkennbar. Der erste ist durch kriegerische Auseinandersetzungen geprägt. Die mit List und Gewalt durchgeführte Eroberung des Tales und die weitere Ausdehnung des Gurkhareiches, die zu Konflikten mit China, Tibet und der Britisch-Ostindischen Kompanie führen mußte, endet mit der Konsolidierung des Staates Nepal in seinen jetzigen Grenzen. Der zweite Abschnitt ist das Jahrhundert der Rāṇāfamilie, die als eine Art Hausmeier selbstherrlich regierte, von 1846 an, als Jaṅg Bahādur Kunwār Ministerpräsident wurde, bis 1951, dem Jahre der Wiederherstellung der königlichen Macht durch Tribhuvan. Der dritte Abschnitt führt Nepal in die moderne Welt des 20. Jahrhunderts und setzt es dem Kräftespiel der Großmächte ebenso aus wie dem überwältigenden Einbruch der Technik und ihrer, Wirtschaft und Gesellschaft verändernden, Dynamik.
Das Herrscherhaus der Gurkhas geht auf eine Rājputenfamilie zurück, die vor den Moghulheeren aus Udaipur geflohen war und sich von ihrer Burg in den Bergen des heutigen Mittelnepal aus ein Fürstentum erobert hatte. Dabei schufen sich die kriegerischen Herren ein kleines, doch wohldiszipliniertes Heer und eine straffe, durchorganisierte Verwaltung. Beides machte sie ihren Nachbarn überlegen. Als *Pṛthvī Nārāyaṇa Shāh* (1742–1775) den Thron bestieg, war es soweit, daß sie den Griff nach dem reichen, hochkultivierten Newarland im Tal von Kāṭhmāṇḍu wagen konnten. Die politische Uneinigkeit und der ständige Zwist der Städte untereinander versprachen dem Eroberer leichte Beute. Dennoch dauerte es fünfundzwanzig Jahre, bis Pṛthvī Nārāyaṇa sein Ziel erreichte. Bereits 1744 nahm er die Bergfestung Nuvakoṭ an der Triśūli in Besitz und hatte damit den Schlüssel zum Tal von Kāṭhmāṇḍu in der Hand. Doch die Bergstadt Kirtipur, von der aus es ein Leichtes ist, nach Kāṭhmāṇḍu und nach Pāṭan hinunterzusteigen, berannte er 1757 und 1764 vergeblich, und erst 1766/1767 gelang ihm der Sturm. Vom Widerstand erbittert und als Warnung für die künftigen Opfer der Aggression ließ er allen Männern die Nasen abschneiden. Nun saß er in oder besser über dem Tal. Jayaprakāśamalla rief die Britisch-Ostindische Kompanie zuhilfe. Deren Expiditionskorps wurde 1767 zurückgeschlagen. Am 25. September 1768 während des Indrajātrāfestes drang Pṛthvī Nārāyaṇa in die Stadt Kāṭhmāṇḍu ein, und noch im gleichen Jahre fiel auch Pāṭan. Bhaktapur wehrte sich verzweifelt, als die Gurkhas zum Sturm auf die dritte Mallastadt ein Jahr später ansetzten. 2000 Bürger wurden getötet, 500 Häuser zerstört. Als er auch den Palast eingenommen hatte, fand er darin nicht nur Rāṇājitmalla, den letzten König von Bhaktapur, sondern auch Tejanarasiṃha von Pāṭan

und Jayaprakāśamalla von Kāṭhmāṇḍu, die sich dorthin geflüchtet hatten, und brach bei ihrem Anblick in schallendes Gelächter aus. Dies geschah am 13. November 1769. Damit war Pṛthvī Nārāyaṇa im Besitz des ganzen Tales. Es konnte nur eine Frage der Zeit sein, bis die neue Shāhdynastie ihre Macht weiter ausdehnte. Er selbst führte sein Heer noch bis Sikkim.

Erobert wurde dieses Nachbarland von seinem Sohn Siṅgha Pratāpa Shāh (1775–1777) und seinem Enkel Rāṇā Bahādur Shāh (1777–1799). Zugleich marschierten ihre Heere nach Westnepal und 1788 und 1791 weiter nach Tibet. Sie kamen aber nur bis Shigatse. Dann schlug sie eine chinesische Streitmacht in die Flucht und verfolgte sie bis Nuvakoṭ. 1792 wurde dort zwischen den Heeren ein Vertrag geschlossen, der Nepal zu Tributzahlungen an Peking in fünfjährigem Abstand verpflichtete. Eine tatsächliche Einflußnahme Chinas auf Nepal und seine Politik fand jedoch in der Folge nicht statt. Immerhin war dem Expansionsdrang der Gurkhas nach Norden hin eine Grenze gesetzt. Daher marschierten sie 1794 nach Westen bis an die Grenzen Kaśmīrs und besetzten Teile der nördlichen Gaṅgāebene. Dann wollten sie das Kāṅgratal erobern. Vor dem Widerstand der Sikhs unter ihrem Mahārāja Rāṇājita Siṅgh (1763–1805) mußten sie zurückweichen. Damit gelangten sie auch im Westen an die Grenzen ihrer Macht. Blieb nur der Süden. Dort herrschte bereits die Britisch-Ostindische Kompanie. Es kam 1814–1816 zum Krieg. Im Frieden von Segauli erkannten beide Teile die Grenzen ihrer Expansionsmöglichkeiten an. Die Engländer verzichteten auf weiteres Vordringen in ein unwegsames und von den tapferen Gurkhas verteidigtes Bergland. Die Gurkhas ihrerseits fühlten sich der britischen Militärmacht letztenendes doch nicht gewachsen. Sie gaben Sikkim und Darjeeling und die eroberten Gebiete im Westen und Süden zurück und gestanden sogar zu, daß England einen Residenten nach Kāṭhmāṇḍu entsandte. Das bedeutete viel, denn bereits Pṛthvī Nārāyaṇa Shāh hatte das Land für alle Ausländer verboten, da er in ihnen pauschal die Schrittmacher der Kolonisation sah, und hatte folgerichtig auch die wenigen Kapuzinermönche, die seit 1715 im Tal eine bescheidene Mission betrieben, ausgewiesen. Der Frieden von Segauli gab Nepal die Grenzen, die es bis heute besitzt.

Die Abneigung gegen England dauerte fort. Sie abzubauen, war eine wichtige Aufgabe des britischen Residenten. Vor allem Brian H. Hodgson (1829–1843) war darin erfolgreich. Auf ihn geht die bis heute geübte Anwerbung von Gurkhasoldaten für die britische Armee zurück. Das Königtum, erschüttert durch die Rückschläge und Mißerfolge und ausgehöhlt durch mehrere Regentschaften für minderjährige Throninhaber, verlor zusehens

Inschrift, die sich tausendfach an Weg und Steg eingemeißelt findet, die Anrufung des Bodhisattva Avalokiteśvara: Oṃ maṇipadme hūṃ – OṂ Juwel, im Lotos HŪṂ ▷

an Macht und mußte den steigenden Einfluß der Adelsgeschlechter (Kṣatriya) der Basnyāt, Kunwār, Pānde und Thāpā hinnehmen. Die Schalthebel der Macht gingen immer mehr in die Hände des Mukhtiyar über, der seit 1843 Premierminister hieß. Dieses ausschlaggebende Amt wechselte zwischen 1801 und 1845 zwischen den Pānde 1801–1805, Thāpā 1806–1837, Pānde 1839–1841, Thāpā 1843–1845.

Der Kampf um die Macht im Staat gipfelte in der Ermordung des Premierministers Matbar Siṅgh Thāpā im Jahre 1845, die auf Befehl des Königs geschah. Der Mörder *Jaṅg Bahādur Kunwār* (später Rāṇā) war ein Neffe des Ermordeten. Er wurde mit dem Rang eines kommandierenden Generals belohnt und schuf sich als solcher eine überlegene, einsatzbereite Elitetruppe. Schon ein Jahr später kam seine Stunde. König Rājendra hatte die Regentschaft seiner Gemahlin Lakṣmī Devī übergeben, die sie mit ihrem Günstling und Geliebten Gagan Siṅgh teilte. Als dieser ermordet wurde, berief die Königin am 15. September 1846 auf dem Koṭ genannten öffentlichen Platz eine Versammlung aller Höheren Beamten und Militärs ein, um über den Mörder Gericht zu halten. Auch Jaṅg Bahādur kam, inmitten seiner Soldaten. Dem Blutbad, das sie veranstalteten, fielen alle anwesenden Mitglieder der Familien Pānde und Thāpā zum Opfer. Am Tage darauf berief die Königin Jaṅg Bahādur zum Premierminister.

Mit diesem blutigen Geschehen beginnt die sog. Rāṇāzeit (1846–1951), die ihre Spuren in die wirtschaftliche und gesellschaftliche Entwicklung des Volkes so tief und nachhaltig eingegraben hat, wie sie bis heute durch ihre weißgekalkten pseudobarocken Paläste das Bild des Tales entscheidend mitbestimmt. Schritt für Schritt drängten diese Hausmeier den Einfluß und die Entscheidungsmöglichkeiten des Königs zurück, bis er wenig mehr als eine Puppe im religiösen und höfischen Zeremoniell war.

Die Macht, über die *Jaṅg Bahādur* nach seiner Ernennung zum Premierminister verfügte, war unbegrenzt, und er übte sie dreißig Jahre lang ungemindert aus (1846–1877). König Rājendra setzte er ab und gab den Thron an seiner Stelle dem Kronprinzen Sūrendra. Die Königin, die ihm durch ihre Intrigen gefährlich werden konnte, verwies er des Landes. In seiner Politik erwies er sich als Staatsmann von Format. Innenpolitisch führte er längst fällige Reformen in Verwaltung und Rechtssprechung und im Heere durch. Außenpolitisch gab er den englandfeindlichen Kurs auf und machte Nepal zu einem zuverlässigen Freund der britischen Indienherrschaft. Er tat dies vor allem, um etwaige Okkupationsgelüste, die angesichts der schwindenden Macht Chinas hätten aufkommen können, im Keim zu ersticken. So galt sein erster ausländischer Staatsbesuch im Jahre 1850 England und Frankreich.

◁ *Padmapāṇi. Steinskulptur, 8. Jh., Śrīgha Caitya, Kāṭhmāṇḍu*

Beim Sepoyaufstand 1857 kam er den Engländern an der Spitze eines Gurkhakontingentes von 8000 Soldaten zu Hilfe. Grenzberichtigungen an der Südgrenze waren englischerseits eine Geste des Dankes. Als die europäischen Großmächte mit dem Krimkrieg und China mit dem Taipingaufstand alle Hände voll zu tun hatten, nutzte er die Gelegenheit, die Schlappe von 1792 auszuwetzen, marschierte in Tibet ein und errang 1854–1856 einen vollständigen Sieg, der Lhāsā die Zustimmung zur Errichtung einer nepalischen Handelsmission, Zollfreiheit für Güter aus Nepal und jährliche Tributzahlungen kostete. Nepal hingegen verpflichtete sich, Tibet gegen militärische Angriffe zu schützen, löste aber dieses Versprechen nie ein, nicht bei der englischen Tibetexpedition 1903/1904 und schon gar nicht bei den chinesischen Besetzungen von 1910 und von 1950. Der Triumph über Tibet machte Jaṅg Bahādur so stark, daß er seine autoritäre Stellung in der Verfassung festschreiben konnte. Die Königskrone war ihm suspekt. Viel lieber ließ er sich durch königliches Dekret vom 6. August 1856 zum Mahārāja von Kāski und Lamjung, zwei an sich unbedeutenden mittelnepalischen Fürstentümern, machen. Als solcher war er dem König ebenbürtig und konnte sich zum erblichen Diktator Nepals ernennen lassen, der Gesetze erlassen und Ämter besetzen und über Leben und Tod aller Untertanen befinden konnte, der darüber hinaus aus eigener Machtvollkommenheit Kriege führen und völkerrechtlich bindende Verträge unterschreiben durfte. Das Dekret ordnete auch die Erbfolge des Amtes des Mahārāja, das jeweils vom älteren auf den jüngeren Bruder übergehen sollte, und genauso auch durch die Generationen.

Diese Bestimmung programmierte unaufhörlichen Streit vor, der bis zum Verwandtenmord gehen konnte. Ansonsten blieb diese doppelgipflige Verfassung mit König und Mahārāja bis zum Jahre 1951 in Kraft.

Nachfolger Jaṅg Bahādurs wurde 1877, wie es das Dekret vorsah, der nächstjüngere Bruder Udip Siṅgh. Acht Jahre danach wurde er von den Söhnen des jüngsten Bruders Dhir Shamsher (Śamsér), also von seinen Neffen, ermordet. Einer von diesen, Bir Shamsher (1885–1901), wurde Mahārāja. Sein Nachfolger Dev Shamsher regierte nur wenige Monate. Er wollte das Feudalsystem Nepals reformieren, Schulen und Universitäten schaffen und die Sklaverei aufheben. Das wollten seine Brüder nicht dulden. Er mußte das Land verlassen. Chandra Shamsher (Candra Śamsér) trat an seine Stelle.

Mit *Chandra Shamsher* (1901–1929) übernimmt die zweite bedeutende Persönlichkeit aus dem Rāṇāhause das Amt des Mahārāja. Innenpolitisch ging er zögernd daran, die krassesten sozialen Mißstände abzuschaffen, aber erst 1924 die Sklaverei. Er richtete ein Diesel-Elektrizitätswerk in Kāthmāṇḍu ein und baute eine Drahtseilbahn für Lastenverkehr – die ersten Schritte zur Industrialisierung des Landes. Die Außenpolitik blieb beim englandfreundli-

chen Kurs. Anstatt sich seinen militärischen Aktionen zu widersetzen, wozu er vertraglich verpflichtet gewesen wäre, ermutigte Nepal Lord Curzon, 1903/1904 die gewaltsame Öffnung Tibets durch Entsendung eines Expeditionskorps zu erzwingen und russischen Einflüssen zuvorzukommen. Nepals Stellung in Lhāsā wurde durch den Feldzug jedoch nicht verbessert. Kāṭhmāṇḍu, früher der einzige große Umschlagplatz im indischen Tibethandel, rückte durch die Aufwertung Kalimpongs und die Eröffnung der Sikkim-Chumbi-Straße auf den dritten Platz.
1912 konnte es noch einmal seinen Einfluß politisch geltend machen, als die Verhandlungen über den Rückzug der 1910 in Tibet eingefallenen Chinesen über seine Mission in Lhāsā liefen. Zur Konferenz von Śimla wurde Nepal jedoch nicht mehr eingeladen. Der Staatsbesuch Chandra Shamshers in London im Jahre 1908 und die Gegeneinladung Georgs V. zur Tigerjagd im Terai 1911 wurden zu Freundschaftsbekundungen. 1885 schon hatte der Mahārāja die Rekrutierung von Gurkhas für die indische Armee gesetzlich untermauert. Und so kämpften im Ersten Weltkrieg 55 000 Gurkhas unter englischer Fahne gegen Deutschland. Auf der Gegenseite versuchte die deutsche Diplomatie, Nepal zu militärischen Übergriffen an Indiens Nordgrenze zu überreden. Chandra Shamsher blieb unzugänglich und handelte sich dafür 1923 einen Freundschaftsvertrag mit Großbritannien ein, der die Aufwertung des Residenten in Kāṭhmāṇḍu zum Gesandten in sich schloß. Nepals Wunsch aber nach Rückgabe der im Vertrag von Segauli abgetretenen indischen Gebiete fand in London taube Ohren. Eine nepalische Gesandtschaft in London wurde erst 1934 eingerichtet.
Mit China hatte Chandra Shamsher keine politischen Probleme. Die vereinbarten Zahlungen wurden bis 1908 fortgesetzt. Doch verloren sie mehr und mehr den Charakter des Tributes und wurden in den Ausgleich beiderseitiger Handelsinteressen einbezogen. Als 1912 in China die Republik den Sohn des Himmels vom Throne stürzte, stellte Nepal die Zahlungen ein. Und als 1913 die chinesischen Truppen Tibet wieder verließen, bestanden für Chandra Shamsher keine Gründe, engere Beziehungen zu Peking zu pflegen. Er richtete sich auf Tibet und Indien als seine unmittelbaren Partner in der Außenpolitik ein.
Über der großen Politik darf eine wichtige familienpolitische Entscheidung Chandra Shamshers nicht vergessen werden. Die Rāṇāfamilien waren sehr kinderreich. Die Zahl vermehrte sich noch beträchtlich durch die Kinder der vielen Nebenfrauen. Die daraus resultierenden Probleme löste er durch eine Unterteilung der Familie in eine A-, B- und C-Klasse. Nur Söhne der A-Klasse, die aus der ehelichen Verbindung mit einer Frau gleicher Kaste stammten, konnten kommandierende Generäle und damit Anwärter auf das Amt des Mahārāja werden.

Auf Chandra Shamsher folgte Bhim (Bhīma) Shamsher (1929–1932) nur für die Dauer von drei Jahren. Dann übernahm als dritte bedeutende Rāṇāpersönlichkeit *Juddha Shamsher* (1932–1945) die Regierung. Innenpolitisch suchte er nach Möglichkeiten, den feudalen Agrarstaat Nepal modernen Erfordernissen anzunähern. Kleinindustrien schienen ihm dafür geeignet. Eine bessere Verkehrsverbindung zu Indien hielt er für unbedingt erforderlich. Die Freundschaft mit England, Grundpfeiler auch seiner Außenpolitik, hatte dazu geführt, daß nicht weniger als 200000 Gurkhas im Zweiten Weltkrieg an den Fronten standen. Nach Kriegsende dankte er ab und zog sich zurück, um sein Leben in Meditation zu beschließen. Die Hinrichtung von vier nepalischen Revolutionären, die sein Regime 1941 beseitigen wollten, habe sein Gewissen nicht ruhen lassen. Die letzten beiden Mahārājas Padma Shamsher (1945–1948) und Mohan Shamsher (1948–1951) beschleunigten das Ende des dualistischen Systems, das ein Jahrhundert überdauert hatte, indem sie sich gegen alle Versuche verwahrten, Reformen auch nur ins Auge zu fassen. Doch mußten mehrere außenpolitische Umstände zusammenwirken, um den Sturz des Rāṇāregimes zu bewerkstelligen.
Am 7. Oktober 1950 marschierten chinesische Truppen in Tibet ein. Unmittelbar darauf suchte der nepalische König Tribhuvan (1911–1955) Asyl und Zuflucht in der indischen Botschaft in Kāṭhmāṇḍu, die an die Stelle der englischen auch insofern getreten war, als sie sich am gleichen Platz und in denselben Gebäuden niedergelassen hatte, die sie nun mit der britischen Botschaft teilte. Wenig später war er in Delhi. Mit indischer Hilfe hatten auch einige Aufstände im Lande Erfolg. König Tribhuvan konnte bereits am 15. Februar 1951 wieder in seinen Palast in Kāṭhmāṇḍu einziehen. Diese Ereignisse, die sich durch die historisch gegebenen Umstände so rasch abspielen konnten, kamen dennoch nicht von ungefähr. Die Rāṇās hatten durch ihr autoritäres Regime zwei Kräfte in Fesseln zu legen versucht, die Masse des Volkes und das Königtum. Um ihre Gewaltherrschaft nicht zu gefährden, hielten sie alle fremden Einflüsse, die Aufklärung hätten bringen können, vom Lande fern. Sie ließen das geknechtete Volk in Unwissenheit dahindämmern, indem sie jede höhere Erziehung verboten. Den König hielten sie sich als notwendige, aber machtlose Symbolfigur auf einem Elfenbeinturm gefangen. Was Wunder, daß die beiden Gefangenen zueinanderfanden und die Revolution des Volkes gemeinsam mit dem König gegen die Gewaltherrschaft des Adels stattfand. Voraussetzung dafür, daß der Funke übersprang, war der Umstand, daß sich nach dem Zweiten Weltkrieg wieder Großmächte im Norden und Süden des nepalischen Territoriums gegenüberstanden: Indien befreit von der englischen Kolonialherrschaft und voller Selbstbewußtsein und das China Maos, das Tibet erobert hatte und direkt an der Nordgrenze stand.

Der Staat und seine Einrichtungen heute

Der nun folgende jüngste Abschnitt nepalischer Geschichte stellt an die Führung des kleinen Staates die Anforderung, sich zwischen den Riesen Indien und China auf friedliches Überleben einzurichten und innenpolitisch im Ausgleich der Gegensätze von Thron und Volk schrittweise Demokratie zu verwirklichen. Am Anfang steht König *Tribhuvans* (1911–1955) gutgemeinter Versuch, Jahrhunderte überspringend, in dem Bergkönigtum Nepal eine konstitutionelle Monarchie englischen Musters einzuführen, wobei Indien, das dem Westminster-Ideal huldigte, Hilfestellung leisten konnte. Für Februar 1959 wurden die ersten allgemeinen Wahlen des nepalischen Volkes, das zum weitaus überwiegenden Teil aus Analphabeten bestand, festgesetzt. Es gab einen Sieg der Nepal Kongress Partei, einer Tochter des indischen Kongresses, mit 38% der Stimmen. Die Rechtspartei Gorkha Parishad erhielt 17%, die United Democratic Party 10% und die Kommunistische Partei 7%. Eine neue Verfassung nach englischem Vorbild wurde geschaffen. König *Mahendra* (1955–1972) beauftragte nach den gültigen Spielregeln den Führer des Nepal Kongresses, B.P. Koirala, mit der Regierungsbildung. Wie kaum anders zu erwarten, lief nicht alles so am Schnürchen wie in einer routinierten Demokratie. Außerdem zog als dunkle Wolke über Nepal der indisch-chinesische Konflikt herauf. Jedenfalls hielt König Mahendra den Versuch für gescheitert. Am 15. Dezember 1960 erfolgte die Auflösung der Regierung und gleichzeitig die Suspendierung der Verfassung und das Verbot aller Parteien. B.P. Koirala wurde verhaftet. Wer von den anderen Führern der Kongreßpartei in der Lage war, suchte dem gleichen Schicksal durch die Flucht nach Indien zu entgehen.

Die neue Verfassung König Mahendras von 1961 beruft sich nach dem gescheiterten Versuch einer parlamentarischen, auf Parteien beruhenden Regierung auf das von Mahātma Gandhi entwickelte Panchayatsystem (pañcāyata). Dabei handelt es sich um ein pyramidenförmig aufsteigendes Ordnungs- und Wahlprinzip ohne Parteien. Nur auf der untersten Stufe, im Dorf, werden die fünf Räte direkt gewählt (pañcāyata). Die Dorfräte (gāoṅpañcāyata) und Stadträte (nagarpañcāyata) von 75 Distrikten wählen dann die Abgeordneten für den Distriktsrat (zīlāpañcāyata) aus ihrer Versammlung. Aus den Distriktsräten wiederum rekrutieren sich durch den gleichen Wahlvorgang die Zonenräte (añcalasabhā). Die Anchal Sabhas der vierzehn Zonen Nepals endlich wählen die Abgeordneten für den Nationalrat (rāṣṭrīyapañcāyata). Diese höchste Volksvertretung besteht aus 90 auf die geschilderte Weise nach oben gewählten Abgeordneten, aus 15 Vertretern der fünf sog. Klassenorganisationen, d.h. Bauern-, Arbeiter-, Frauen-, Jugend-, Veteranen-Organisation, aus vier Vertretern der akademisch Gebildeten und aus 15 direkt vom König ernannten Mitgliedern. Dieser Nationalrat beschließt Gesetze. Sie benötigen die Zustimmung des Palastes. Die Regierung hängt nicht vom Vertrauen dieser Volksvertretung ab, sondern vom König und seinen Beratern (Palast). Als König Mahendra im Jahre 1972 unerwartet starb, war sein Sohn *Birendra* achtundzwanzig Jahre alt. Seine Krönung (1975) nach uraltem Hinduritual war ein glanzvolles Ereignis von einmaliger Pracht. Der König ritt auf seinem Elefanten ohne Leibwache mitten durch sein Volk, das die Straßen, Fenster und Dächer füllte. Und er versprach in seiner Botschaft, die Stagnation in der technischen Erschließung und im wirtschaftlichen Fortschritt, die durchs ganze Land spürbar geworden war, und den niedrigen Lebensstandard zu beheben, dessen sich die Bürger Nepals im Vergleich zu anderen Völkern bewußt geworden waren. Das Frühjahr 1979 schon brachte als Antwort auf mangelnde Taten der Regierung den ersten massiven Protest des Volkes, der vor allem von den Studenten getragen wurde. Rapide steigende Preise, ungenügende Versorgung mit Grundnahrungsmitteln wie Reis und mit Trinkwasser und elektrischem Strom ließen die lange schwelende Mißstimmung über die wuchernde, bis in höchste Regierungskreise reichende Korruption zum Durchbruch kommen. Zum ersten Mal seit Menschengedenken äußerte sie sich in Demonstrationen großen Ausmaßes, die nicht auf die Hauptstadt beschränkt blieben, und am 23. April 1979 in Gewalttätigkeiten, die sich u.a. gegen die regierungseigene Zeitungen Rising Nepal und Gorkhapatra richteten und dazu führten, daß in deren Druckereien Feuer gelegt wurde. Polizei und Armee blieben schließlich Herr der Lage. Die Erstmaligkeit eines solchen Ausbruchs und sein Ausmaß veranlaßten den König, am nächsten Morgen über den Rundfunk zu seinem Volk zu sprechen und eine Volksabstimmung über die Verfassung anzukündigen. Das Volk sollte selbst direkt entscheiden, ob das Panchayatsystem beibehalten oder eine parlamentarische Demokratie mit Parteien eingeführt werden sollte. Das Versprechen des Königs brachte sofort Frieden und Ruhe im Land. Es folgte eine beträchtliche Liberalisierung der Presse und des Versammlungsrechtes. Der ehemalige Premierminister B.P. Koirala wurde als Führer der Opposition anerkannt und leitete die Wahlkampagne für die Wiederherstellung einer Parteiendemokratie mit vollem Einsatz seiner Umsicht und Energie, obwohl er schwer krebsleidend war. Das Referendum fand im Mai 1980 statt und brachte eine Mehrheit von 55% für die Beibehaltung des bisherigen Panchayatsystems. Es war nicht ohne Bedeutung, daß der König bereits vor der Wahl erklärt hatte, wie immer die

Entscheidung ausfiele, ob für oder gegen die Parteiendemokratie, der Nationalrat (rāṣṭrīyapañcāyata) würde auf jeden Fall seine Zusammensetzung in direkter allgemeiner Wahl erhalten. So geschah es denn auch im Mai 1981 in der ersten allgemeinen Wahl des Panchayatsystems. Allerdings behielt sich der König das Recht vor, ein Fünftel der Mitglieder der Volksvertretung persönlich zu ernennen. Andererseits traten eine Reihe von Liberalisierungsmaßnahmen in Kraft. Dazu gehört, daß seit 1982 der Nationalrat öffentlich tagt. Die Zeitungen nehmen seitdem ausgiebig die Möglichkeit wahr, durch die Berichterstattung über die Sitzungen und die Wiedergabe der Diskussionen mit oft oppositionellen Reden eine kritische Meinungsbildung zu fördern. Angesichts der chaotischen Zustände, die in anderen Kleinstaaten der indisch-chinesisch-russischen Pufferzone Asiens herrschen, ist Radikalismus in Nepal nicht gefragt. Der König hat seinen guten Willen, mehr Freiheiten zu gewähren, bewiesen. Er hat dabei seine starke monarchische Position bewahrt und ist und bleibt die höchste Autorität im Staat. Ein Volksentscheid eigener Art war die ungeheure Beteiligung des Bürgertums in Kāṭhmāṇḍu an den Trauerfeierlichkeiten beim Tode von B.P. Koirala, der im August 1982 seinem Leiden erlegen war. Auch die hochherzigen Worte, mit denen der König selbst diesen großen Sohn seines Volkes auf dem Totenbette würdigte, sind unvergessen.

Das letzte Hindukönigreich Nepal hat einen religiösen Aspekt, der sich darin ausspricht, daß der König wie seit Jahrhunderten als Inkarnation des höchsten Gottes Viṣṇu angesehen wird. Es hat einen säkularen Aspekt, der besagt, daß es seine staatliche Ordnung auf Beamtentum, Armee und Polizei gründet. Wenig Freiheitsraum ist für die Entfaltung der informierenden Medien, für Erziehung und Kultur gegeben. Alles liegt in der Hand des Staates. Alles wird verwaltet. Radio Nepal wurde 1968 gegründet. Es sendet 85 Stunden in der Woche, englische Nachrichten morgens um 8 Uhr, abends um 8.30 Uhr, jeweils fünf Minuten. Es besteht Zusammenarbeit mit der Deutschen Welle in Köln. An Freitag- und Samstagabenden gibt es um 9.30 Uhr Klassische Musik von Schallplatten aus dem Westen. Der Rundfunk ist ein wichtiges Organ der Regierung. Sie erreicht mit ihm auch die fernsten Täler. Der Transistor, meist japanischer Provenienz, ist Statussymbol. Fernsehen gibt es noch nicht. Seine Einführung mit französischer und japanischer Hilfe ist für 1984 angekündigt.

Eine staatliche Nachrichtenagentur ist für die Information zuständig. RSS (Rāṣṭrīya Sāmācār Samiti) befindet sich an der breiten Verbindungsstraße zwischen Siṅgha Darbār und dem Heiligtum der Bhadrakālī. Zusammenarbeit besteht mit AFP, AP, SinhuaNews Agency (Beijing), TASS. Das russische Büro hat einen ständigen Vertreter in Kāthmāṇḍu.

Es gibt eine ganze Reihe von Blättchen (45?) in Kāṭhmāṇḍu, vier Seiten in kleinem Format, das wichtigste und auch kritischste heißt Motherland. Es gibt nur eine Zeitung in Englisch, die den Namen verdient, und eine in Nepāli, Rising Nepāl und Gorkhapatra, praktisch eine Übersetzung der englischen Ausgabe. Rising Nepāl hat einen Umfang von 6 bis 10 Seiten, auf der ersten Seite Hofberichterstattung, d.h. Pflichtmeldungen über das, was der König oder Mitglieder der königlichen Familie am Vortage getan und gesagt haben, in Absolvierung all der kleinen Höflichkeitsvisiten. Dazu kommen die entsprechenden, aber meist inhaltsreicheren Aktivitäten der Regierungsmitglieder. Es folgen wichtige Nachrichten aus aller Welt, auch aus Europa, die den Leser in der Tat mit den notwendigsten Informationen versorgen. Im Generalanzeigerstil, ohne Stellungnahme. Die Zeitung hat sich in positivem Sinne weiterentwickelt und auch an Umfang zugenommen. Es gibt interessante Wochenendbeilagen, die über religiöse Feste und kulturelle Ereignisse gut unterrichten. Auch der Leitartikel auf der zweiten Seite hat an Umfang und Konturen zugenommen. Die tägliche Auflage liegt bei 5000. Das Blatt erscheint jetzt pünktlich, seine Verteilung in der Hauptstadt, im Tal und mittels Flugverkehr im ganzen Land wird durchorganisiert. Obwohl es Organ der Regierung ist, kommen nicht selten auch kritische Kommentatoren zu Wort.

Zur ausführlicheren Information stehen dem des Englischen kundigen Leser die indischen Tageszeitungen zur Verfügung sowie die amerikanischen Magazine Newsweek und Time. Deutsche Zeitungen kann man im Goethe-Institut lesen.

Nach dem Bildungsvakuum der Rāṇāzeit, als nur die Söhne der privilegierten Adelsschicht einer Erziehung teilhaftig wurden, die dann meistens im Ausland stattfand, vorzugsweise in Indien, verordnete der neue Staat allgemeine Schulpflicht. Wie in Indien wurde vergessen, daß zur Durchführung des Gesetzes eine genügend große Anzahl qualifizierter Lehrer zur Verfügung stehen muß. Mit deren Ausbildung liegt es ebenso im Argen wie mit ihrer Bezahlung. Entsprechend niedrig ist das Ansehen, das der Lehrerberuf genießt. Im Gegensatz zur Personalfrage bietet die räumliche Unterbringung wenig Probleme. Es gibt genügend leerstehende Klöster und Nebengebäude bei Tempeln. Auch ein Banyanbaum tut es zuweilen. Ansprüche werden da keine gestellt. Zum Glück gibt es auch Lehrer, die ihren Beruf gern haben und ihn trotz der miserablen Vergütung ausüben, weil sie wissen, daß die Zukunft ihres Landes davon abhängt, daß sich unter der heranwachsenden Generation genügend qualifizierte Facharbeiter, Ingenieure, Lehrer, Ärzte befinden. Nur langsam setzt sich die Erkenntnis, daß man ohne Schulbildung nicht weiterkommt, auch in breiteren Volksschichten durch. Immer noch verlassen viele Kinder die Schule nach wenigen Jahren, weil sie zum Mitverdienen in der Familie gebraucht werden. Auf der anderen Seite sind Schulen

wie die in Jaulākhel bei Pāṭan von amerikanischen Jesuiten eingerichteten und betreuten St. Xavierś und St. Maryś, wo deutsche Schwestern unterrichten, so überlaufen, daß die Eltern alles Mögliche unternehmen, um ihre Kinder dort unterzubringen. Im Hinblick auf die Lernziele ist festzuhalten, daß auf allen Ebenen der Erwerb von Wissen als Gedächtnisleistung gilt. Die Erziehung zum selbständigen Denken, mit dessen Hilfe sich der Wissensstoff erschließt, wird nicht geübt. Prüfungsstoff wird schlicht auswendig gelernt, und die Lernenden sind oft nicht in der Lage, das Exemplarische zu erfassen und es auf andere Fälle anzuwenden. So gibt es immer wieder bei Prüfungen Proteste, weil Aufgaben, die vorbereitet waren, nicht genauso vorgelegt werden, sondern in Abwandlungen. Daß ein solches Verhalten gerade bei Universitätsstudenten weit verbreitet ist, wirft ein Licht auf das Niveau der Bildungseinrichtungen.
Das Angebot des Staates an Bildungsmöglichkeiten umfaßt

eine Volksschule (Primary School) 1.–3. Klasse
(nur 25% der Kinder kommen überhaupt zur Schule),
eine Mittelschule (Lower Secondary School) 4.–7. Klasse
(nur 10% bleiben über die 5. Klasse hinaus),
eine höhere Schule (High School) 8.–10. Klasse.

Dabei ist anzumerken, daß das Kind gewöhnlich mit vier Jahren eingeschult wird. Schon in diesem frühen Alter, wo es eigentlich noch spielen sollte, wird es dem erbarmungslosen Prüfungsmechanismus ausgesetzt, der dieses Schulsystem beherrscht. Mit dem Intermediate Certificate nach der 10. Klasse ist der Besuch eines Colleges möglich, das mit dem Erwerb des Baccalaureates (B.A., B.Sc., B.M.) abgeschlossen wird. Dann steht die Universität für weitere Studien offen. In Nepal gibt es nur eine Universität, die Tribhuvan University in Kirtipur bei Kāṭhmāṇḍu. Ihr sind viele Colleges angeschlossen. Wie diese sind auch die Fakultäten (Campus) über das ganze Stadtgebiet einschließlich Pāṭan verstreut, z.B. liegt die Medizinische Fakultät in Mahārājganj A9, das College für Āyurvedische Medizin in Naradevi G4, das Sanskritcollege und die School of International Languages am Exhibition Road (Bhṛkuṭimaṇḍapa Mārg) H7. In Kirtipur wurde der Universität am Nordhang unterhalb der Stadt ein riesiges Gelände zur Verfügung gestellt, ursprünglich Reisfelder von Bauern (jyāpu) der Stadt, die sich daraufhin nach anderem Broterwerb umsehen mußten. Es ist auf Zukunft berechnet. Auffallend sind Baukomplexe wie das Gebäude der CEDA, der wirtschaftswissenschaftlichen Fakultät, nach den Plänen des österreichischen Architekten Carl Pruscha. Er versuchte mit diesem und zahlreichen anderen Bauten dem heimischen Ziegelbau neue Anregungen zu geben, um dem überhandnehmenden Betonbau Einhalt zu gebieten. Seine Bestrebungen waren von Erfolg begleitet. Seine Modelle fanden viele Nachahmer. Von dem weiten, noch lange nicht ausgenutzten, aufsteigenden Gelände der Universität eröffnet sich ein großartiger Ausblick über das Tal hinweg auf die Zentralkette des Himālaya. Die jüngere Generation von Hochschullehrern sucht den Anschluß an die internationale Wissenschaft zu gewinnen und wird bei diesem Bemühen von der Gegenseite nach Kräften unterstützt. Es ist eine sehr junge Universität, erst 1967 gegründet, sie hat eine Zukunft vor sich. Bei einer Analphabetenrate von 86,25% (76% Männer, 96% Frauen) sind es nur einige Tausend Studenten, die zur Hochschulreife über die Colleges hinaus aufsteigen, eine fluktuierende Zahl. Wie überall in der Welt sind sie von Arbeitslosigkeit bedroht, wenn sie sich nicht entschließen, in die Täler zu den Bauern auf die Dörfer zu gehen. Das täte bitter not. Aber wer kann sich unter den obwaltenden wirtschaftlichen Verhältnissen dazu entschließen.

Wie mit der Tribhuvan University für die Wissenschaften, so hat der Staat in der Royal Nepal Academy eine Institution geschaffen, die den Künsten dienen soll. Es gibt eine beachtliche Literatur in Nepāli und in Newāri, ältere und moderne, die kaum übersetzt worden ist. Es gibt Maler, solche, die ihre ererbte Miniaturmalerei so minutiös weiterpflegen wie nur möglich, und andere, die ihre Studienjahre in Paris verbracht haben. Theater und Musik, die über den folkloristischen Rahmen hinausgewachsen wären, gibt es noch nicht, auch wenn ein Gebäude am Rānī Pokhari den stolzen Namen National Theater trägt. Der Reiz der dramatischen Vorführungen auf Straßen und Plätzen, der Tänze und Maskentänze, die bei Festen innerhalb und außerhalb der Tempel vorgeführt werden, liegt gerade darin, daß sie noch nicht säkularisiert sind. Die im Rahmen der Touristenbetreuung laufenden Veranstaltungen sind unterschiedlicher Qualität. Die Nepāli sind ein sehr musikalisches Volk. Es gibt Zirkel, die sich allabendlich zusammenfinden, um Bhajan zu singen, hingebungsvolle, an eine Gottheit, besonders Kṛṣṇa, gerichtete Gesänge, die uns an Marienlieder erinnern. Zuhörer sind immer willkommen, man geht auf der Bazarstraße in Kāṭhmāṇḍu dem Ohre nach. Das alte kultische Kulturerbe ist auch hier bedroht, u.a. durch den indischen Film, der die kommerzielle Szene beherrscht. In den wenigen Filmtheatern herrscht immer drangvolle Enge. Die Versuche, nepalischerseits eigene Filme zu drehen, stecken noch in den Kinderschuhen.

Kunstausstellungen gibt es alljährlich in den Räumen der NAFA (Nepal Artists Federation); dabei wird die ganze Breite der Fortführung traditioneller Techniken und die vielfältige Nachahmung moderner westlicher Stilrichtungen sichtbar. In jüngster Zeit versuchen sich ein paar kleine Privatgalerien.

Aus allem wird deutlich: Dieses Land hat Zeit und es braucht noch viel Zeit. Doch da hängt das Schwert des Damokles darüber, daß die anderen in der

Welt keine Zeit haben, wenigstens glauben sie es. Der Vorschlag des Königs, sein Land in eine Friedenszone einzubeziehen, von China unterstützt, von Indien verworfen, hat tiefere Gründe als nur außenpolitische. Auf allen Gebieten braucht Nepal eine ruhige, kontinuierliche, eben friedliche Entwicklung, um seine inneren und äußeren Probleme langsam einer Lösung zuzuführen. Ganz besonders sicherlich auf dem wirtschaftlichen Sektor.

Wirtschaft und Entwicklungshilfe

Bis zur Mitte dieses Jahrhunderts war Nepal ein reiner Agrarstaat. In den Tälern, im hügeligen Gelände, an den Berghängen führte der Bauer seit Jahrtausenden einen zähen Kampf um jeden Meter kultivierbaren Landes. Die Terrassen, die er anlegte, nutzen jeden Fußbreit, so schmal sind sie, wenn nötig. Zur Bearbeitung dient noch heute die Hacke in ihrer uralten Form. Zwei Ernten verstehen sich von selbst, in der wasserreichen Monsunzeit wächst Reis, im trockenen Winter Weizen auf demselben Feld. 93% der Bevölkerung sind Bauern. Höher hinauf weiden die Schaf- und Yakherden. Aber auch dort noch wird jede geschützte Ecke zum Anbau verwendet. Da spielt dann auch die Kartoffel eine Rolle. Im Landesdurchschnitt sind nur 10% der Gesamtfläche zum Feldbau geeignet. Da sind für die Ernährungsgrundlage in Eigenproduktion Grenzen gesetzt, die bei einem jährlichen Geburtenwachstum von 2,6% bereits spürbar werden. Fällt die Ernte schlecht aus, dann sind Importe unumgänglich. Im Jahrhundert der Rāṇāherrschaft bis 1951 waren rund 450 Familien Eigentümer von Grund und Boden im gesamten Königreich Nepal. So war es nicht der eigene Boden, den der Bauer bearbeitete. Er zahlte Pacht in Naturalien und war durch Generationen hindurch verschuldet. Nicht wenige Landarbeiter waren Sklaven, erst 1924 entschloß sich der herrschende Adel, der Aufhebung der Leibeigenschaft zuzustimmen. Als es mit den Rāṇās zu Ende ging, war eine Landreform überfällig. 1955 begann der Versuch, das überkommene Erbe abzubauen. Die Höhe der Pacht wurde auf 50% der Ernte begrenzt, Unterverpachtung verboten und Maßnahmen ergriffen, die Schuldenlast aufzulösen und Rücklagen durch Ersparnisse zur Pflicht zu machen. 1964 folgte das Gesetz über die Begrenzung des Landbesitzes, im Terai bis zu 17 ha, im Tal von Kāṭhmāṇḍu bis zu 2,67 ha, im übrigen Hügelund Bergland bis zu 4,11 ha. Es wurde vielfach umgangen, indem der Grundbesitz unter Familienmitglieder aufgeteilt wurde. Überhaupt ging es mit der Landreform nur langsam voran. Und immer noch sind zahlreiche Bauern (79%) in den Händen der Geldverleiher, meist indischer Provenienz, aus denen sie sich ihr Leben lang nicht befreien können, anstatt die Hilfe neugegründeter Entwicklungsbanken in Anspruch zu nehmen. Seit 1976 können in den Dörfern Genossenschaften (sajha) eingerichtet werden. In einem Land, in dem noch Tradition und überkommene Lebens- und Verhaltensweisen alles gelten, ist die Integration von Ungewohntem ein langwieriger Prozeß. Bei so langsamer Entwicklung

wird jeder Fortschritt sofort wieder durch den Bevölkerungszuwachs von 270 000 im Jahr zunichte gemacht.
Bodenschätze, die abzubauen wären, besitzt Nepal so gut wie keine. Sein Reichtum an Wasserkraft ist auf 70 000 Megawatt geschätzt worden, auf den Kopf der Bevölkerung umgerechnet, wahrscheinlich einer der höchsten der Welt. Bisher sind aber nur vier Kraftwerke aufgebaut worden, die 80 Megawatt produzieren. 1982 kam das Kulekhaniprojekt dazu, nahe bei Kaṭhmāṇḍu, das bis zu 60 Megawatt erzeugen kann und der Hauptstadt das Wunder beschert hat, daß es 24 Stunden lang Strom gibt. Weitere Wasserkraftwerke sind in Angriff genommen. Die Ausführung der Planung begann absichtlich mit einem kleinen, größere folgen. Industrie hat sich vorwiegend im Terai angesiedelt. Südlich von Kāṭhmāṇḍu verschmutzt und verschandelt ein Zementwerk das Tal der Bāgmatī, das nördliche Industriegebiet in Bālāju umfaßt eine Reihe von Betrieben, vor allem der Textil- und Nahrungsmittelindustrie, die keine Beeinträchtigung der Landschaft bedeuten. Ländliche Kleinindustrie (Cottage Industry) scheint in den Augen vieler Planer das in Nepal am ehesten Machbare. Dafür lassen sich viele gute Gründe anführen, u.a. auch die große handwerkliche Begabung des Volkes. Im Export steht Jute mit 90% an der Spitze. Einen Aufschwung genommen hat die serienmäßige Herstellung von Devotionalien in Bronze und Messing für Tourismus und Export (sog. New Antiques) und Massenkopien von Malereien. Sichtbare Fortschritte hat das Verkehrswesen aufzuweisen. Mit Chinas Hilfe wurden rund dreitausend Kilometer Straße gebaut, dazu gehört die Ringstraße, die Kāṭhmāṇḍu und sein Tal umrundet. Auf der Straße nach Bhaktapur fahren Trolleybusse aus Shanghai dreimal in der Stunde. Vierzig Flugplätze wurden im ganzen Land angelegt.
Als einer der wichtigsten und ertragreichsten Wirtschaftszweige wird der Tourismus oder die Fremdenindustrie betrachtet. Es geht dabei nicht um die Verwirklichung von Idealen wie Völkerfreundschaft und Kulturbegegnung, sondern um wirtschaftliche Transaktionen. Auch die kulturellen Werte werden unter dem Gesichtspunkt betrachtet, wie sie sich am besten verkaufen. Der Tourismus bringt Devisen, er verschlingt aber im gleichen Augenblick einen sehr beträchtlichen Teil davon wieder selbst für teure Importe und all den Aufwand, der nötig erscheint, um einen sog. internationalen Standard aufrecht zu erhalten. Außerdem haben die Großverdiener im Tourismusgeschäft die Neigung, ihr hartes Geld auf sicheren Konten im Ausland zu horten. So ist auch in Nepal der finanzielle Ertrag des Tourismus für die nationale Volkswirtschaft bescheiden. Dazu kommt jetzt das Abebben der Reisewelle. Nach einem enormen Aufschwung, den der Fremdenverkehr in den sechziger und siebziger Jahren mit bis zu 160 000 Besuchern im Jahr genommen hatte, war im Jahre 1981 zum ersten Mal seit 1955 die Bewegung

rückläufig. Der Ausfall beträgt 1982 im Jahresdurchschnitt rund 20%. Die Hotels mit fünf und vier Sternen haben eine kurze Saison von wenigen Monaten und versuchen, wenigstens die laufenden Kosten übers Jahr hin einzunehmen, indem sie indische Touristen zu verbilligten Preisen anlocken. Am wenigsten berührt von dem Rückgang ist zunächst noch der Strom der Einzelreisenden, die mit Billigflügen kommen und in billigen Hotels wohnen. Sie gelten auch als diejenigen, die ein tieferes Verständnis für die fremde Kultur suchen und sich mit den Menschen im Lande befreunden. Insgesamt werden nach einem Vierteljahrhundert Fremdenindustrie – es begann mit dem Royal Hotel des Weißrussen Boris – die unerfreulichen Auswirkungen deutlicher und deutlicher. Eigentlich spielt sich der Fremdenverkehr im Lande auf exterritorialem Gebiet ab, zu dem der normale Bürger Nepals keinen Zutritt hat. Die Barriere ist finanzieller Art, und so erscheinen die Vertreter des Auslandes immens reich, sie geben das Geld mit vollen Händen aus. Dem Beobachter hinter dem Zaun gilt es als ausgemacht, daß diese Leute mit sehr wenig Mühe sehr viel Geld verdienen. Geschäftemacher die es ihnen nachtun wollen, siedeln sich rings um den Fremdenverkehr an. Und wie ein unterirdisches Pilzgeflecht durchsetzt solche Gesinnung die Gesellschaft, der ganz andere Wertvorstellungen zugrunde lagen. So kann es auch nicht ausbleiben, daß eine bisher unbekannte Welle von Kriminalität Stadt und Land erfaßt, die sich von Diebstählen zu Raub und Raubmord gesteigert hat. Manche weiteren Komponenten kommen dazu, um schließlich ein völlig verzerrtes Bild des Westens entstehen zu lassen. Dazu gehören im Augenblick gerade die Videofilme, die Porno und Brutalität verherrlichen und ein denkbar großes Publikum finden. Es ist die Technik und von der Kultur nur Abfallsprodukte, mit denen sich der Westen vorstellt. Und ein neues Götterpaar hat sich mit seiner Hilfe im Lande inthronisiert, die Rupie und der Dollar.

Ein etwas differenziertes Bild ergibt sich bei der Betrachtung der Entwicklungshilfe, die Nepal von allen Seiten erhält. Es handelt sich dabei um eine Vielzahl von Projekten verschiedenster Art. Ihr Erfolg läßt sich erst beurteilen, wenn die ausländischen Berater das Land verlassen haben und das Projekt in nepalische Hände übergegangen ist. Einen sichtbaren Erfolg stellt das von der Schweiz betreute Molkereiprojekt dar. Es hat dem Lande u.a. die bis dahin unbekannte Käseherstellung gebracht und den Milchverkauf in maschinell gefüllten und geschlossenen Flaschen. Ein deutsches Projekt hat sich der Straßenreinigung und der Abfallbeseitigung und -verwertung in der Hauptstadt Kāṭhmāṇḍu angenommen. Teilerfolge sind wahrnehmbar. Die entscheidende Frage tritt auf, wenn die Haushalte die Kosten der Sauberkeit selbst übernehmen müssen, die nur zum Teil durch die Müllverwertung gedeckt werden können. Vor einer ähnlichen Situation steht die Stadtverwaltung von Bhaktapur, wenn sie nach der bevorstehenden Abberufung der deutschen Berater allein weiterführen muß, was sich ein Jahrzehnt lang in gemeinsamer Planung entwickelt hat. Hier handelt es sich nicht nur um Wasserversorgung und -entsorgung, weitere Tiefbaumaßnahmen und um den Schutz des historischen Stadtbildes, es handelt sich über solche Teilaufgaben hinaus um die Gesamtplanung des ausgewogenen wirtschaftlichen und sozialen Lebensraumes der städtisch-ländlichen Gemeinde. In dieser Art erhält das kleine Land im Himālaya die Hilfestellung befreundeter Nationen, um der verheerenden Entwaldung mit vielseitigen Maßnahmen Einhalt zu gebieten, um neue Wasserkraftwerke aufzubauen, um Brunnen zu bohren und Brücken über Gebirgstäler zu spannen. Bei diesen und zahlreichen anderen Unternehmen ist es noch nicht möglich, auf die Mithilfe ausländischer Berater zu verzichten. Auch das amerikanische Peace Corps und der deutsche Entwicklungsdienst haben junge Mitarbeiter auf den verschiedensten Gebieten eingesetzt. Da entsteht echte Partnerschaft. Nepal kann aber auch nicht auf das mit den Entwicklungsprojekten verbundene Kapital verzichten. Denn selten kann mit ihm gewinnbringend produziert werden. Oft ist Geld zur Aufrechterhaltung von lebensnotwendig gewordenen Einrichtungen früherer Projekte vonnöten. In nepalischen Kreisen kritisiert man einerseits die hohen Eigenkosten ausländischer Projekte, die im Geberland bei Vorbereitung und Entsendung der Berater entstehen und nicht dem Empfängerlande zugute kommen; auf der anderen Seite ist ein Gefühl der Abhängigkeit vom ausländischen Kapital entstanden, besonders im Hinblick darauf, daß sie eine Einbuße der eigenen Suveränität bedeuten kann. Es ergeht Nepal ähnlich wie einem verwöhnten Kind, das von allen Seiten Geschenke erhält. Die Aufforderung, auf eigenen Füßen zu stehen und durch eigene Leistung nach Unabhängigkeit zu streben, ist sogar aus dem Munde des Königs an seine Bürger ergangen. Wie weit sie gehört wird und verwirklicht werden kann, muß die Zukunft erweisen.

Herrscherhäuser und Herrscher

Indien		*Tibet, China*
	Gopāla	
	Kirāti	
Schlacht bei Kurukṣetra um 1100 v. Chr.	Yalambar Erster Herrscher von 29, fällt in Kurukṣetra	
Gautama Buddha c. 563–483		
Aśoka 268–233	Sthuṅko 14. Herrscher	
Gupta 320–455	Licchavi 464–740 Mānadeva 464–491 Mahādeva Vasantadeva Udayadeva Guṇakāmadeva	
Harṣavardhana 606–647	Śivadeva Amśuvarma stirbt 616 Viṣṇu Gupta Udayadeva II. Narendradeva 643–690 Śivadeva II. Jayadeva II. stirbt 740	Sroṅg-btsan Sgambo stirbt um 650 Hsüan Tsang 600–664
	Thākurī 602–1182 gegründet von Amśuvarma? 602–1043	

Śaṅkarācārya um 800	Rāghavadeva Inschrift von 879 Beginn der Nepālära Gunakāmadeva 2. Hälfte 10. Jh. Vaiśya Thākurī von Nuvakoṭ König Bhāskaradevavarma 1043–1082 Brahmādeva begründet 3. Thākurīdynastie 1082–1182 (–1310?) Someśvaradeva stirbt 1182	
	Malla 1200–1768	
Sulṭāṇat von Delhi begründet 1206 von Qutb-ud-dīn Aibak	Arideva bis Jayāri 1200–1344 Abhaya stirbt nach dem Erdbeben von 1255	
	Jayabhīmadeva seit 1258	Mission des Arniko nach Tibet und China 1260
	Ananta c. 1274–1310	
Sulṭāṇat von Delhi Tughlūq-Dynastie 1320–1388	Harisimha von Tirhut bringt Göttin Taleju nach Bhaktapur 1325	
Sulṭāṇat von Bengalen Shams-ud-dīn Ilyās 1349/1350	Einfall ins Tal von Kāṭhmāṇḍu Jayārjunadeva von Pāṭan 1361–1382 Jayasthiti 1382–1395	
Sulṭāṇat Delhi Lodi-Dynastie 1451–1526	Jayayakṣa 1428–1482 Malla der drei Städte 1482–1768	
Moghul-Dynastie 1526 begründet von Babur		

Akbar 1556–1605	
Jahangir 1605–1627	
Shāhjahān 1628–1666 (1658)	
Aurangzeb 1658–1707	
	Shāh-Dynastie 1768 bis heute

Die Epoche der Mallafürsten

Pāṭan		Kāṭhmāṇḍu	Bhaktapur
Jayārjunadeva 1361–1382			
	Jayasthiti 1372–1395		seit 1382 Hauptstadt
		Jayayakṣa 1428–1482	
	teilt unter seine drei Söhne auf		
		Ratna 1484–1520	
		Amara und Sūrya 1520–1560	Viśva c. 1547–1560
		Sadāśiva 1580–1589	
		Śivasiṃha 1589–1618	
Siddhinarasiṃha c. 1618–1658		Lakṣmīnarasiṃha 1618–1641	Jagatjyotir c. 1613–1637
Śrinivāsa 1660–1684		Pratāpa 1641–1674	
			Jitamitra c. 1673–1696
	Mahendrasiṃha 1717–1722		Bhūpatīndra 1696–1722
Yogaprakāśa 1722–1729			
Viṣṇu 1729–1745			

Rājyaprakāśa 1745–1758		
Tejanarasiṃha 1765–1768	Jayaprakāśa 1734–1768	Rāṇājita 1722–1768

Die Epoche der Shāhkönige

Indien, England		Tibet, China
	1. Eroberungen und Feldzüge	
	Prthvīnārāyaṇa 1768–1775 Siṅghapratāpa 1775–1777 Rāṇābahādur 1777–1799	Frieden mit den bis dorthin vorgedrungenen Chinesen Nuvakoṭ 1792
Britisch-nepalischer Krieg, Grenzziehung bis heute im Frieden von Segauli 1814–1816		
	2. Herrschaft der Hausmeier: *Rāṇāzeit. 1846–1951*	
Sepoyaufstand 1857	Jang Bahadur (Jaṅg Bahādur) 1846–1877	Tibetfeldzug erfolgreich 1854–1856
	Udip Singh (Udipa Siṅgh) 1877–1885 Bir Shamsher (Bīr Śamśer) 1885–1901 Dev Shamsher (Deva Śamśer) 1901	
Englische Tibetexpedition 1903–1904	Chandra Shamsher (Candra Śamśer) 1901–1929	Englische Tibetexpedition 1903–1904 China besetzt Tibet 1910–1912
Freundschaftsvertrag England-Nepal 1923	Bhim Shamsher (Bhīma Śamśer) 1929–1932	

Erste Gesandtschaft Nepals in London 1934	Juddha Shamsher (Juddha Śamśer) 1932–1945	
	Padma Shamsher (Padma Śamśer) 1945–1948	
	Mohan Shamsher (Mohan Śamśer) 1948–1951	China besetzt Tibet 1950

3. Nepal heute

Tribhuvan (Tribhuvan) (1911) 1951–1955	plant konstitutionelle Monarchie
Mahendra (Māhendra) 1955–1972	Erste Wahlen 1959 Mahendras Panchayat seit 1961
Birendra (Bīrendra) seit 1972	Volksentscheid für Panchayat 1980 B.P. Koirala stirbt 1982

Das religiöse Erbe: Die Götter wohnen mitten unter uns

Nicht in irgendwelchen Himmelshöhen oder fernen Paradiesen wohnen die Götter Nepals, sondern im Gewimmel der Gassen so gut wie am Flußufer, unter einem Pipallabaum oder auf Bergeshöhen. Gott ist auch nicht im Prozeß einer immer dünneren Abstraktion zu einem Neutrum der Allmacht, Allweisheit, Allgüte geworden, sondern er lebt anschaubar und höchst real wie ein Wesen aus Fleisch und Blut als unser Nachbar. Er hat seine Launen, kann zornig oder gnädig sein. Wir können mit ihm reden, ihn überreden, uns zu helfen, wir können ihm Geschenke geben, auf daß er uns mit seinen Gaben segne. Dies alles zeigt die tägliche Beobachtung. Morgens, bevor die Arbeit beginnt, bilden sich vor vielen Heiligtümern alter Volksgottheiten, denen später unterschiedliche Namen beigelegt worden sind, lange Schlangen von Männern und Frauen. Die meisten kommen und berühren das Kultobjekt, um höchst körperlich den göttlichen Segen auf sich zu übertragen. Viele bringen der Gottheit ein kleines Frühstück mit, von allem, was sie selbst verzehren, ein klein wenig, um die Kommunion zu vollziehen und mit dem Gott von einem gemeinsamen Teller zu essen. Es sind gar nicht so sehr die großen Götter, die mit der Regierung der Welt und des Menschengeschlechtes beschäftigt sind, es sind die kleinen göttlichen Begleiter, die ihm in den Höhen und Tiefen des alltäglichen persönlichen Lebens zur Seite stehen. Und es wiegt wenig, ob einer sich zum Hinduismus oder zum Buddhismus bekennt. Dieser tägliche Verkehr mit den Göttern mitten unter uns ist konfessionslos.

Die großen Götter des Hinduismus

Das Götterpantheon der Hindus ist keineswegs so wohlgeordnet und von Familienbanden durchflochten wie das olympische. Die Gestalten sind vieldeutig und variabel, die Erzählungen bunt und oft schwer überschaubar. Die folgende Aufzählung nennt die wichtigsten, ist aber keineswegs erschöpfend, auch insofern nicht, als es unmöglich ist, die zahlreichen verschiedenen Aspekte der großen Götter in Kürze vollständig zu beschreiben.

Die vedische Epoche (ca. 1200–600 v. Chr.) verehrte andere Götter als der spätere eigentliche Hinduismus, den die Brahmanen im ersten nachchristlichen Jahrtausend ausbildeten und der den Buddhismus aus Indien verdrängte. Die vier Veden *(Ṛgveda, Sāmaveda, Yajurveda, Altharvaveda)* enthalten Hymnen und Gebete, in denen bestimmte Götter angerufen werden. Allen voran *Indra*, der sich in Blitz, Donner und Regengüssen offenbart und auf einem Elephanten *(airāvata)* reitet, den Donnerkeil *(vajra)* in der Hand. *Varuna*, der Herr der Weltengesetzlichkeit *(ṛta)*, sowohl physikalisch wie ethisch gemeint, hat das krokodilähnliche Fabeltier *Makara* als Fahrzeug *(vāhana)*, das ihn mit den himmlischen Wassern verbindet. *Agni*, langbärtig und in rotem Gewande, reitet als der Gott des Feuers auf einem Widder, während der Windgott *Vāyu* auf einer Antilope dahineilt. *Sūrya* ist der strahlende Sonnengott mit Lotusblumen wie Sonnenrädern in den Händen. Er fährt auf einem Wagen, der von sieben Pferden gezogen wird. *Candra*, der Mondgott (auch *Soma*), hat Lotus und Keule *(gadā)* in den Händen und wird auf einem Wagen von zehn Pferden gezogen. *Yama*, der Todesgott, reitet mit Schlinge *(pāśa)* und Keule auf einem Büffel, *Kubera*, reichgeschmückt und dickbäuchig, kommt auf einem Pferde daher. *Kāma*, der Liebesgott, sitzt auf einem Papageien und ist mit einem Bogen bewehrt, mit dem er liebeweckende Blumenpfeile verschießt. Götter dieser Art treten in Religion und Kunst des Hinduismus in den Hintergrund vor Viṣṇu und Śiva und der verwirrenden Vielfalt ihrer Aspekte.

Viṣṇu kam der Menschheit zu Hilfe, wenn sie in die Gewalt der Dämonen geriet und unterzugehen drohte. Zehnmal stieg er in verschiedener Gestalt in die Erdenwelt herab. Von diesen zehn *Avatāras* sind die am häufigsten dargestellten Erscheinungen: Fisch *(matsya)*, Schildkröte *(kūrma)*, Eber *(varāha)*, Mannlöwe *(narasiṃha)*, Zwerg *(vāmana)*, Paraśurāma; seine Taten in dem menschengestaltigen Avatāra als *Rāma* werden in dem Epos Rāmāyaṇa besungen, und in dem Avatāra als Hirtenknaben *Kṛṣṇa* umkränzen ihn unzählige Legenden aus seinem Leben mit den Gopis am Ufer der Yamunā. Da wird er am häufigsten mit der Flöte dargestellt oder im Kampf gegen die riesige Wasserschlange *Kāliya*, auf deren Häuptern tanzend; aber auch im Mahābhārata, dem anderen Heldenepos der Inder, tritt Kṛṣṇa auf als Wagenlenker des *Arjuna*, der sich in der Bhagavadgītā in seiner vollen göttlichen Herrlichkeit und Allmacht offenbart. Auch den *Buddha* faßt der Hinduismus als einen Avatāra des Viṣṇu auf. In Zukunft wird er hoch zu Roß als Retter der Menschheit unter dem Namen Kalki erscheinen.

In den Zeiten zwischen den Weltschöpfungen, wenn ein Äon zu Ende gegangen und die nächste Schöpfung noch nicht in Erscheinung getreten ist, ruht er auf der Weltenschlange. *Śeṣa*, die wie ein Boot auf dem Weltenozean treibt, betreut von seiner Gemahlin *Lakṣmī*, der Göttin des Glücks und

Wohlstandes. Aus seinem Nabel entspringt eine Lotusblume, auf der *Brahmā* thront mit seinen vier Gesichtern, in Erwartung des neuen Schöpfungszyklus. Es entspricht den landläufigen Vorstellungen, wenn vielfach von einer Götterdreiheit gesprochen wird und dabei *Brahmā* als Schöpfer, *Viṣṇu* als Erhalter und *Śiva* als Zerstörer klassifiziert werden. Brahmā ist deutlich untergeordnet, auch was die Verehrung in Tempeln betrifft. Aber er ist der Hauspriester der Götter, der für sie die zeremoniellen Riten vollzieht. Seine Gemahlin ist *Sarasvatī*, Göttin der Wissenschaften und Künste.
Neben Viṣṇu ist *Śiva* die andere große Gottheit. Er offenbart sich auf dem Berge Kailāsa, wo er mit seiner Gemahlin *Pārvatī* in himmlischem Glanze lebt. Wenn der Dämon *Rāvaṇa* (zehnköpfig und mit zwanzig Armen) ihn zu stören versucht, dann stillt er sein Toben mit der Bewegung einer einzigen Zehe. Die ursprüngliche Einheit alles Seins stellt sich dar, wenn Śiva androgyn als *Ardhanārīśvara* erscheint, eine Gestalt, deren rechte Körperhälfte männlich, deren linke weiblich gebildet ist. An die antiken Darstellungen der Hochzeit des Zeus mit der Hera erinnern die Darstellungen der Hochzeit des Śiva mit Pārvatī, der Tochter des Bergkönigs *Himālaya*. Als Dämonentöter tritt er auf mit der Haut eines Elephanten angetan. Er tanzt als *Naṭarāja* den Taṇḍava-Tanz der Weltenschöpfung und -zerstörung und -neuschöpfung. Er meditiert in tiefster Bergeseinsamkeit als *Yogīśvara*, als Herr und Meister aller Yogīs. Seine Söhne sind *Gaṇeśa*, der elephantenköpfige Gott, der die Hindernisse aus dem Wege räumt und ein treuer Helfer in allen Lebensnöten ist, und *Skanda* oder *Kārttikeya*, auch *Subrahmaṇiya* oder schlicht *Kumāra* (Sohn) genannt, der Kriegsgott, der auf dem Pfau reitet, während sein Bruder Gaṇeśa mit einer Ratte vorliebnimmt.
An Bedeutung steht den beiden großen Göttern einzig die aus uralter Vergangenheit stammende *Magna Mater* zur Seite, die als *Durgā* oder *Kālī* auftritt und als Śivas Gemahlin gilt. Unter den Gläubigen, die einer philosophischen Religion zuneigen, wird man nicht wenige finden, die alle Göttergestalten nur als Aspekte des einen Göttlichen auffassen, das der Welt zugrunde liegt. Śiva verkörpert die Dynamik alles Weltgeschehens, das *Stirb und Werde*, Viṣṇu dagegen den Aspekt des Absoluten, *das Bleibende in der Erscheinungen Flucht*, die Göttin, ob die kämpferische Durgā oder die grausige, blutbefleckte Kālī, die den Tod besiegende ewige Schöpferkraft; *ohne Tod keine Neugeburt*. Wer keine umfassenden Gesichtspunkte kennt, läuft Gefahr, in einem Wust von Aberglauben unterzugehen.

Die beiden Heldenlieder

1. Das *Mahābhārata* erhielt die endgültige Form, in der es uns heute vorliegt, zwischen 400 v.Chr. und 400 n.Chr.; es bezieht sich auf Ereignisse, die bei der indo-arischen Einwanderung nach der Mitte des 2. Jahrtausends stattfanden. Zwei Gruppen von Helden stehen im Kampf miteinander, die Pāṇḍavas und die Kauravas. Die Söhne des Paṇḍu, König von Hastinapur an der Gaṅgā, fünf an der Zahl, sind Yudhiṣṭhira, Bhīma, Arjuna, und die Zwillinge Nakula und Sahadeva. Ihr Vater überließ sein Reich dem älteren blinden Bruder Dhṛtarāṣṭra, dessen Söhne sind die Kauravas. Sie zwangen ihre Vettern, das Land zu verlassen. In der Verbannung zogen sie durch ganz Indien und vollbrachten Heldentaten, die das Epos berichtet. Gemeinsam vermählten sie sich mit Draupadī, der Tochter des Pañchala-Königs Drupada. Zurückgekehrt, erhielten sie die südliche Hälfte des väterlichen Reiches mit der Hauptstadt Indrapraṣṭha an der Yamunā, auf dem Gebiete des heutigen New Delhi gelegen, dort, wo sich die Mauern des Purāṇa Qila erheben. Beim Spiel verloren sie ihr Reich von neuem und mußten zwölf weitere Jahre im Exil verbringen. Dann kehrten sie mit einem Heer zurück und verlangten fünf Dörfer ihres früheren Reiches. Die Entscheidungsschlacht in Kurukṣetra nördlich von Delhi tobte achtzehn Tage und endete mit dem Tode fast aller Kauravas. Die fünf Brüder residierten fortan wieder in Indrapraṣṭha. Yudhiṣṭhira zelebrierte das vedische Pferdeopfer (Aśvamedha), um sich als Weltenherrscher auszuweisen.
In diese Haupthandlung des Epos sind zahlreiche Episoden eingefügt, so die Geschichten von Nala und Damayantī und von der gattentreuen Sāvitrī. Am Vorabend der Schlacht wird das theologische Lehrgedicht Bhagavadgītā, das Gespräch zwischen Arjuna und seinem Wagenlenker Kṛṣṇa, eingefügt, der sich als Viṣṇu der Weltenherr selbst offenbart.
2. Während sich mit dem Mahābhārata der Name des Vyāsa verbindet, wurde das *Rāmāyaṇa* dem Vālmīki zugeschrieben und wahrscheinlich im 6.–5. Jh. v.Chr. in die endgültige Form gebracht. Rāma war der Sohn des Königs von Avadha, geboren in Ayodhya, wurde aber vom Vater verbannt, weil er den anderen Sohn Bharata als Thronfolger vorzog. Er verbrachte sein Exil in der Einsiedelei des Eremiten Vālmīki. Dort wurde seine Frau Sītā von Rāvaṇa, dem König von Laṅka (Ceylon) geraubt. Er gewann sie zurück mit Hilfe eines Affenheeres unter der Führung von Hanumāna.
Dieses Heldenepos, voll von Kämpfen und Abenteuern, wurde im 16. Jh. von Tulsīdās (begonnen 1575) in Hindi umgedichtet als Rāmacāritamānasa, Meer der Taten Rāmas. Dabei entstand eine mystische Dichtung im Sinne des Bhaktiyoga. Rāma wird als Avatāra des höchsten Gottes gefeiert, dem

sich alle Zuneigung der menschlichen Seele inbrünstig zuwendet. So wurde es eine Volksdichtung, die noch heute voll lebendig ist. Umgestaltet in dramatischen Szenen wird sie in den Rām-Līlā-Spielen alljährlich in Nordindien dargestellt. Beide Epen sind Volksgut, aus dem noch heute Muster des moralischen Verhaltens im Menschenleben abgeleitet werden. Sie sind unzählige Male auf langen Friesen in den Tempeln Indiens dargestellt worden. Sie sind auch nach Südostasien gewandert, wo sie sowohl an den Tempelwänden von Angkor in Kambodja oder am Prambanan auf Java als auch in den Schattenspielen Indonesiens eine hervorragende Rolle spielen.

Yoga

Wer sich intensiver mit den göttlichen Kräften befassen will, die in der Menschenseele und im Weltenganzen walten, kann sich einer Schulung unterziehen, unter Anleitung eines Guru.

Der Inder gebraucht in diesem Zusammenhang die Bezeichnung Yoga. Abendländer übernehmen sie, ohne sich genaue Vorstellungen davon machen zu können. Denn bereits in Indien ist das Wort vieldeutig. Einige verstehen darunter einen Weg, der den Geist des Menschen zur Vereinigung mit der Weltengeistigkeit führt. Für andere bedeuten Yogaübungen ein Mittel, sich an Leib und Seele gesund zu erhalten. Für die meisten bietet Yoga eine bequeme Möglichkeit, durch körperliche Übungen ein seelisches Wohlbefinden zu erzeugen. Es tut not, sich auf seine Grundlagen zu besinnen. Das Wort *Yoga* (m.) bedeutet *Anschirrung.* Es kommt von der Sanskrit-Wurzel *yug,* die in der indogermanischen Sprachfamilie mit dem griechischen *zygon,* dem lateinischen *iugum,* dem deutschen *Joch* verwandt ist. Der Yoga-Übende spannt Atem, Sinne, Gedanken ins Joch, so daß sie nicht irrlichtern, sondern so gehen, wie es dem Ziel des Übenden entspricht, der seinerseits als Yogī oder Yogin bezeichnet wird. In dieser Bedeutung kommt das Wort Yoga zum ersten Mal in der Kāthaka-Upaniṣad vor (6. Jh. v. Chr.).

Die umfassendste und klarste Darstellung des geistigen Schulungsweges, der in Indien mit diesem Worte bezeichnet wird, findet sich im *Yoga-Sūtra des Patañjali* (wahrscheinlich nicht um 200 v. Chr., sondern etwa 5. Jh. n. Chr.). Darin ist der achtgliedrige Pfad des klassischen Yoga systematisiert, wie er sich in den letzten Jahrhunderten vor Christus ausgebildet hatte. Die acht Glieder des Pfades sind:

1. Festigung der moralischen Grundlagen *(yama):* Schädige nichts und niemanden – Lüge nicht – Stiehl nicht – Sei keusch – Sei nicht geizig.
2. Grundübung der Seelenhaltung *(niyama):* Reinhaltung der Seele, – Innere Gelassenheit und Ruhe – Enthaltsamkeit – Lesen heiliger Texte und Sprü-

che – Bedingungslos vertrauende Hingabe an Gott und den Lehrer *(guru).*
3. Sitz- und Gliederhaltung *(āsana).*
4. Lenkung des Atmens *(prānāyāma).*
5. Zurücknahme des Sinneswahrnehmens *(pratyāhāra).*
Mit diesen fünf Stufen befindet sich der Übende noch im Vorfeld. Er tritt erst mit den nächsten drei Gliedern des Pfades in die zentrale geistige Schulung ein.
6. Konzentration *(dhāranā).*
7. Meditation *(dhyāna).*
8. Erleuchtung *(samādhi).*
Eine weitere Quelle, sich über den Yoga zu informieren, bietet die *Bhagavadgītā,* eine religiöse Dichtung, die dem Riesenepos des Mahābhārata (VI, 25–42) eingefügt worden ist. Sie genießt in Indien unter allen heiligen Schriften das höchste Ansehen. Ihre Entstehungszeit wird ins 2. Jh. v. Chr. gesetzt und die endgültige Fassung in der überlieferten Form an den Anfang des 3. Jh. n. Chr. Ihr Inhalt:
Die Auseinandersetzung zwischen den Heldengeschlechtern der Pāṇḍavas und der Kauravas, Söhne von Brüdern, ist auf den Höhepunkt gelangt. Die beiden Heere stehen sich auf dem Kurukṣetra (bei Delhi) zur Entscheidungsschlacht gegenüber. Da entsinkt Arjuna, dem Führer der Pāṇḍavas, der Bogen, nicht aus Furcht, sondern weil ihn die heftigsten Gewissensskrupel befallen: Er weigert sich, die gegenüber aufmarschierten Feinde, seine Verwandten, zu töten. Da empfängt er die Belehrung des höchsten Gottes, der in seinem eigenen Wagenlenker Kṛṣṇa verkörpert ist, und wird sogar der Vision seiner den ganzen Kosmos umfassenden Allgestalt gewürdigt. Kṛṣṇa lehrt ihn die Unsterblichkeit des menschlichen Geistes, der von Verkörperung zu Verkörperung geht, ohne daß er durch Eisen, Feuer, Wind oder irgend etwas anderes getötet werden könnte. Er lehrt ihn, daß es seine Pflicht als Krieger sei, zu kämpfen und zu töten, denn die göttliche Weltordnung habe ihn auf diesen Platz gestellt. In der Unterweisung gibt der höchste Gott auch die drei Yoga-Wege an, die zu ihm führen: 1. den Yoga des Denkens *(jñānayoga,* auch *rājayoga* genannt), so wie er bei Patañjali beschrieben ist; 2. den Yoga der Gottesliebe *(bhaktiyoga),* bei dem Hingabe des Herzens zum Ziele führt; 3. den Yoga des selbstlosen Handelns *(karmayoga),* der durch unegoistisches Tun um der Sache willen, ohne Sympathie und Antipathie, die Vereinigung mit Gott vorbereitet.
Spätere Yoga-Schulen haben sich auf einzelne Glieder des klassischen Yoga-Pfades spezialisiert, die zur Vorbereitung dienen. So Hathayoga, im Westen aufgenommen im autogenen Training von J. H. Schultz, und Layayoga, in der Tiefenpsychologie von C. G. Jung verarbeitet, auf die im Vorfeld der

zentralen geistigen Schulung liegende Anwendung von Körperhaltungen und Atemregelungen.
Eine Erneuerung des Yoga bewirkte im 19. Jh. Svāmī Vivekananda, der zusammen mit Ramakrishna eine Rationalisierung des Hinduismus beabsichtigte, um ihn für die Intelligenz des 19. Jh. annehmbar zu machen, und der als erster Prophet des Yoga im Westen, besonders in den USA, auftrat. Für die Gegenwart bedeutet der Integrale Yoga des Śrī Aurobindo eine Angleichung des indischen Geisteserbes an die Denkgewohnheiten und Erkenntnisbedürfnisse des 20. Jh. Verglichen mit diesen modernen Versuchen entbehren die in jüngster Zeit auftretenden und über den amerikanischen Westen eingeführten Massenbewegungen, kommerzialisierte Sekten, die sich mit dem Yoga-Namen schmücken, der geistigen Tiefe und Ernsthaftigkeit. Betont werden sollte, daß dem Yoga indischer Herkunft kein Monopol in geistiger Schulung zukommt, sondern daß das Abendland selbst eigene Schulungswege anzubieten hat, die dem Bewußtsein des westlichen Menschen zuträglicher sind als die Importe aus dem Osten.
Der Reisende wird in den großen Städten Indiens Yoga-Schulen finden, auf dem Lande draußen Ashrams, wo man nicht nur gemeinsam lernt, sondern auch gemeinsam lebt. Mittelpunkt des geistigen Lebens dieser Art sind im Norden Hardwar (Haridvāra) und Rishikesh (Ṛṣikeśa), altehrwürdige Stätten an der Stelle, wo die Gaṅgā taufrisch und kristallklar aus dem Gebirge in die Ebene tritt, und im Süden das französische Städtchen Pondicherry mit dem Aurobindo-Ashram und dem geplanten Kulturzentrum in Auroville, um nur die bekanntesten zu nennen. Nicht wenige Ashrams bieten sich im Himālaya an.

Tantra

Verschieden von den Anweisungen, die in den 194 Sprüchen des Yoga-Sūtra niedergelegt sind, und ausgesprochen gegensätzlich zu ihnen, ist der Weg zu geistigen Erfahrungen, den das *Tantra* lehrt. Das Wort bedeutet *Webstuhl* und darüber hinaus *Gewebe*. Es steht für eine sehr große, noch lange nicht durchforschte Sammlung von Texten und wird von den indischen Vertretern der klassischen Yoga-Tradition mit kritischen Augen betrachtet. Es wird von den meisten als »linkshändig« abgelehnt. Im Tantra zählt nicht die Meditation und die Versenkung, sondern das Ritual, das magische Wirkungen hervorrufen soll. Die Riten können sich auf den Tempelkult und die Verehrung von Götterbildern beziehen, dabei spielt das Sprechen von Mantras eine Rolle, Silben von geheimnisvoller Bedeutung, die wie Zaubersprüche mit Notwendigkeit die gewünschten Folgen hervorrufen sollen. Denn sie stellen in sich die Konzentration und Manifestation transzendenter Kräfte dar. Zu solchen öffentlichen Ritualen treten als besonderes Kennzeichen des Tantra geheime Kulthandlungen, genannt *Cakrapūjā, Verehrung innerhalb eines Kreises.* Dieses esoterische Ritual findet nächtlicher Weile statt. Es nehmen Männer und Frauen in gleicher Zahl ohne Rücksicht auf Kastenschranken teil, die sich paarweise im Kreis niedersetzen. Angerufen wird die Śakti als Urkraft der Welt, ohne deren zeugende Entfaltung es weder Götter noch Menschen noch die Welt gäbe. Die Anrufung allein aber genügt nicht. Damit ein Śakti-Mantra eine Wirkung hervorruft, so sagt das Mahānirvāna-Tantra im fünften Kapitel, muß der Verehrer sich dem Genuß von fünf Dingen hingeben, dem rituellen Pañcatattva, das auch als die fünf Ma-kāras umschrieben wird, da die Namen dieser fünf Dinge alle mit dem Buchstaben M beginnen: *Mada,* Wein, *Matsya,* Fisch, *Mānsa,* Fleisch, *Mudrā,* gedörrte Körner, *Maithuna,* Geschlechtsverkehr. Ohne das Pañcatattva gedeiht die Verehrung ebensowenig, wie ein Sproß, der auf nacktem Felsboden wächst. Die Nahrungsaufnahme von normalerweise verbotenen Speisen und der sakrale Beischlaf sollen bewirken, daß Begierden und Triebe, die den Menschen ins Tierische hinabziehen, durch den rituellen Vollzug zu Leidenschaftslosigkeit und Erlösung erhoben werden. Die orgiastische Cakrapūjā führt nach dieser Auffassung zur unmittelbaren Vereinigung mit der schöpferischen Urgewalt selbst. Nicht dadurch sucht der Mensch den Zugang zur Erfahrung der geistigen Wirklichkeiten, daß er seine Seelenkräfte in Zucht (Yoga) nimmt und bewußt lenkt. Vielmehr bedient er sich des tantrischen Rituals, um unter Aufbietung seiner ungeläuterten Willenskräfte einen Erlebnisakt von einmaliger Intensität hervorzurufen und durch ihn das Tor aufzubrechen. In allen südasiatischen Religionen steht seit mehr als anderthalb Jahrtausenden demjenigen, der Einweihung sucht, der Weg des Yoga oder der Weg des Tantra offen. Beides gehört zum esoterischen Erbe Indiens.

Tantrismus

Wo immer der wissenschaftlich noch sehr wenig durchforschte Tantrismus seine Ursprünge hat – es kann nicht übersehen werden, daß er in Tibet und Nepal seine Lebenskraft bis heute aus der vorbuddhistischen und vorhinduistischen Volksreligion zieht, aus dem Schamanentum und aus dem magischen Animismus, die bei den Stämmen tibeto-birmanischer Herkunft uraltes

Erbe sind. Die Erfahrung des Göttlichen steht nicht am Ende eines mühevollen Schulungsweges, sondern sie ist Erlebnis und überwältigende Begegnung an bestimmten Orten und unter bestimmten Bedingungen des Kalenders und irdisch-kosmischer Koinzidenz, bei Vollmond etwa. So werden Felsbrocken verehrt als irdisch sichtbare Verdichtung göttlicher Wirkungskraft und Ausstrahlung. Ein später hinzugesetztes Kultbild bleibt zweitrangig und wird nur nebenher in die Pūjā einbezogen, die nach wie vor der göttlichen Kraft gilt, die sich in dem anikonischen, naturgewachsenen Petrofakt manifestiert. Ebenso wirkt die Verehrung des uralt-heiligen Pippalabaumes fort, der untrennbar zu den Heiligtümern einer ungebrochenen geistigen Wirklichkeit gehört. Die Kulte, die darin wurzeln, sind magisch und gehören tieferen Seinsschichten an als den Gedankengebäuden und den ikonischen Bilderwänden, die das Priestertum des Hinduismus und Buddhismus ausgestaltet hat. Sie greifen tief ins Unbewußte und bewegen und aktivieren schlafende Willenskräfte mit Zaubergewalt. Sie versuchen, das Unberechenbare durch die magische Formel des Mantra und das tantrische wirkungsgeladene Zeichen zu bannen oder zumindest zu bändigen. Sie finden sich als esoterische Zirkel (cakra) innerhalb der exoterischen Religionen des Hinduismus und des Buddhismus.

Die Gottheiten, die zu dieser dunklen, von Myterien umwitterten Welt gehören, sind die »Mütter« (mātṛkās), die geheimnisvoll in den Tiefen des Seins und der Seele wirkenden Urkräfte, die alles Werden bewirken und den Todeskräften tief verwandt sind, da jeder Neugeburt das Sterben vorausgehen muß. Zu ihnen gehören als männliche Ergänzung die Bhairavas. Achtfach (aṣṭa) ist diese Welt gegliedert, die gleichzeitig auch die Himmelsrichtungen und ihre zugehörigen Bezirke qualitativ differenziert. Die Qualitäten werden durch die Vāhanas in Tiergestalt zu bildhafter Darstellung gebracht, auf denen die Muttergöttinnen stehen und die gleichzeitig die Verwandtschaft mit den Großen Gottheiten bezeichnen, die auch im Namen erkennbar sind.

Astamātrkās und Aṣṭabhairvavas

Mātṛkā	Vāhana	Bhairava	
Indrāyaṇī	Elefant	Kapālīsa	W
Vārāhī	Büffel	Unmatta	
Mahālakṣmī	Löwe	Saṃbāra	N
Mahākālī	Leiche	Bhīśaṇa	
Maheśvarī	Stier	Ruru	O
Brahmāyaṇī	Haṃsa	Aṣṭāṅga	
Vaiṣṇavī	Garuḍa	Krodha	S
Kaumārī	Pfau	Caṇḍa	

Diese dunklen Gottheiten begehren blutige Opfer, früher Menschen, jetzt noch immer Büffelstiere, Schafe, Ziegen. Es gehört zum Ritus, daß das Haupt des Stieres mit einem Streiche fallen muß und das strömende Blut frisch aus der Schlagader getrunken wird.

Der Buddhismus des Kleinen und des Großen Fahrzeuges

Der Hinduismus ist eine Religion ohne Stifter. Er ist nicht nur Religion, sondern zugleich Sozialordnung. Das Kastenwesen ist mit ihm untrennbar verbunden. Der gläubige Hindu weiß, daß er in die Kaste hineingeboren ist, die er sich selbst in seinem früheren Leben durch sein Tun und Lassen verdient hat. Ganz anderer Art ist der *Buddhismus.* Er hat seinen Stifter, und er wendet sich gegen die von den Brahmanen beherrschte Kastenhierarchie. Das 6. Jahrhundert v. Chr. war in Südasien wie anderswo eine Epoche der Neuwertung und des Umbruchs. Eine Art Reformationsgesinnung ließ die traditionellen Formen der Gesellschaftsordnung und die überlieferten Kulte als unzureichend für die Bedürfnisse und die Erlösung des Einzelmenschen erscheinen. So wurde die Kastenordnung von Buddha, der in der zweiten Hälfte des 6. vorchristlichen Jahrhunderts seine Wirksamkeit entfaltete und bis zu seinem Tode im Jahre 483 v. Chr. fortsetzte, striktest verworfen. Zugleich wurde die alte mythische Weltschau von dem zu größerem Selbstbewußtsein erwachten Individuum abgelehnt. Ein verstärktes Vertrauen in die Kraft des eigenen Verstandes führte zu einem neuen Fragen und voraussetzungslosen Suchen.

Der Mann, der später den Namen *Buddha,* der Erleuchtete, annahm, war der Fürstensohn *Siddhārtha* aus dem *Śākya*-Geschlecht. Mit kritischer Skepsis trat der junge Prinz den überlieferten priesterlichen Glaubenslehren, aber auch den selbsterlebten Zusammenhängen von Leben und Welt gegenüber. Er kam zu der Überzeugung, daß weder die Götter noch die menschliche Persönlichkeit festen Bestand habe. Aus bitteren Erfahrungen lernte er, wie mühselig das Dasein des Menschen ist und gelangte zu der Einsicht, daß alle Existenz von Grund auf leidvoll sei. Nur das Freiwerden von ihr, das vollständige Abstreifen aller Daseinsqualitäten vermag den leidvollen Kreislauf von Geburt, Tod und Wiedergeburt zu unterbrechen, der seine tiefste Ursache im Durst nach Dasein hat. Ein Zustand absoluter Befreiung vom Ichsein, vom persönlichen Wollen und Fühlen wird durch den Tod allein nicht erreicht. Denn der Durst nach Dasein stirbt damit nicht. Durch die Weiterwirkung seiner Taten ist der Mensch gebunden an das Rad des *Saṃsāra,* der un-

unterbrochenen Folge leidvoller Existenzen. Was vermag zu befreien? Buddha setzt das Rad seiner Lehre in Bewegung und antwortet: Nicht die Askese, die Abtötung aller Neigungen und Wünsche, bringt die Befreiung, sondern Einsicht, das Wissen vom unlöslichen Zusammenhang zwischen Leiden und dem Wunsch nach Dasein. Erst die Erkenntnis, das Beschreiten des edlen achtfachen Pfades, läßt den Durst verlöschen. Die Religion des Buddha war am Anfang eine Lehre des Denkens und Meditierens.

Unbefriedigt, ja angewidert vom Luxus des fürstlichen Lebens, mit dem ihn sein Vater, ein kleiner Mahārāja, in seinem Palast in Kapilavastu am Fuße der Himālaya-Berge umgeben hatte, verließ der junge *Siddhārtha* das gesicherte, bequeme Leben. Er hatte in vier Ausfahrten in die Stadt menschliches Leid kennengelernt, das ihm zuvor fremd geblieben war. Er hatte einen Kranken gesehen, einen hinfälligen Greis und einen Toten. Schließlich war ihm ein Mönch begegnet, der sich aus den normalen Lebenszusammenhängen gelöst und damit über das Leiden des Menschen erhoben hatte. Unter dem Namen *Gautama* lebte er als Asket in der Wildnis, bis er erkannte, daß die Selbstabtötung nicht zum erwünschten Ziel der Befreiung führte. Er wählte den *mittleren Pfad.* Unter einem Feigenbaume *pippala, ficus religiosa)* erreichte er in tiefer Meditation die *Bodhi,* die Erleuchtung, in *Uruvelā,* das später die Bezeichnung *Bodhgaya* erhielt. Er trat damit aus dem Stande eines *Bodhisattva,* der nach Erleuchtung strebt, in die Vollendung des *Buddhatums* ein, war dem Kreislauf entronnen. In *Sārnāth,* im Tierpark von Varaṇāsi, verkündete er bald darauf seine Lehre in der ersten Predigt, mit der er das Rad der Lehre in Bewegung setzte *(dharmacakrapravartana).* Dieses Rad der Lehre *(dharmacakra)* wurde damit zum Grundsymbol seiner Religion. Die heiligsten Stätten des Buddhismus, Ziel ungezählter Pilgerfahrten, sind demnach *Lumbinī bei Kapilavastu,* der Geburtsort, *Bodhgaya,* der Ort seiner Erleuchtung, *Sārnāth,* der Ort der ersten Predigt, und schließlich *Kuśīnagara,* der Ort an dem Buddha ins *Nirvāṇa* einging, wo sein *Parinirvāṇa* stattfand.

Die Lehre des Buddha ist eine Erlösungsreligion ohne Gottheit. Die überlieferten und von Buddha beibehaltenen Götter in ihren himmlischen Wohnungen sind ebenso wie die Menschen und alle anderen Wesen dem Kreislauf von Werden, Vergehen und Neuwerden unterworfen. Sie können trotz aller göttlichen Macht dem Menschen auf dem Wege zur Erkenntnis und zum Freiwerden von dem Kreislauf der Existenzen nicht helfen. Jeder einzelne muß diesen Weg ganz aus eigener Kraft finden. Hilfe bieten lediglich die Buddhas, die in jedem Weltalter als Lehrer und Weise auftreten. Sie setzen das Vorbild, dem jeder auf Erlösung Hoffende folgen muß. Das Ziel der Lehre ist letztlich, einen jeden Menschen früher oder später zum Bodhisattva und dann zum Buddha werden zu lassen. Die Buddhas sind nicht Götter,

sondern auch nur Menschen, denen es im Laufe vieler Existenzen gelang, die Erleuchtung zu erlangen und frei zu werden.
So bedarf die Lehre des Buddha keiner spekulativen Elemente. Sie konzentriert sich auf Meditationspraxis, auf die Möglichkeiten, durch eigene innere Anstrengungen zur Erlösung zu gelangen. Freilich gehört dazu die Lehre von der Kette der *Wiedergeburten* und vom *Karma*, der Vergeltung der guten und bösen Taten von einem Leben zum anderen, die er übernahm und neu formulierte. Mit der ihm eigenen Gedankenkraft und unbeirrbaren Logik dachte er seine Beobachtungen am menschlichen Leben und an der unentrinnbaren Auflösung aller Wesen und Daseinsformen bis zur letzten Konsequenz durch. Er fußte dabei auf älterem indischem Weisheitsgut, faßte aber die Bewertung und die Rückschlüsse neu.
Als eine *Mönchsreligion* führte der Buddhismus nach dem Parinirvāṇa seines Begründers im Jahre 483 v. Chr. durch zwei Jahrhunderte ein stilles Dasein. Das änderte sich durch den Mauryakönig *Aśoka* (268–233). Er erhob die Lehre des Buddha zum Ethos seines fast ganz Indien umfassenden Staates und begründete eine buddhistische Kirche, der die Massen seiner Untertanen zuströmten. Seine Bekehrung geschah ohne Zweifel aus echter religiöser Ergriffenheit nach jahrelangen blutigen Kriegen und Eroberungen. Gleichwohl stellte er die neue Religion in den Dienst seiner Staatsgründung. Seine Herrschermacht erhielt einen moralischen Rückhalt. Über die Grenzen des Landes, in dem der Buddha gelebt und gewirkt hatte, Magadha in Nordindien, breitete sich der Buddhismus erst durch die planmäßige Missionierung des Aśoka aus.

		Amoghasiddhi (grün) auf dem Garuḍa in Abhayamudrā N		
Amitābha (rot) auf dem Pfau in Dhyānamudrā	W	Vairocana (weiß) auf dem Löwen in Dharmacakramudrā	O	Akṣobhya (blau) auf dem Elefanten in Bhūmīsparśamudrā
		S Ratnasambhava (gelb) auf dem Pferd in Varadamudrā		

Mit der Erhebung zur *Staatsreligion* verlor die Lehre des Buddha den ursprünglichen Charakter einer Meditationsanweisung und geistigen Schulung der Mönchsgemeinde. Aus einer im engsten Kreise gepflegten, ans Denken appellierenden Weisheitslehre wurde eine Religion, die zahlreiche Elemente des Volksglaubens in sich aufnahm. Es wurden Verehrungsstätten für die Massen der Gläubigen geschaffen. Die Kultformen entwickelten sich. Die buddhistische Kunst nahm ihren Anfang und erhielt sogleich durch die Bautätigkeit Aśokas einen unerhörten Auftrieb. Die Mönchsreligion des sog. *Hīnayāna*, des kleinen Fahrzeugs, erweiterte sich um Christi Geburt zum *Mahāyāna*, dem *großen Fahrzeug*. Damit wurde der Buddhismus zu einer Erlösungsreligion für alle, die guten Willens waren und sich den Erlösergestalten anvertrauten. Der Gautama Buddha offenbarte sich als der letzte menschengestaltige Abgesandte eines ganzen Götterhimmels von Buddhas und Bodhisattvas. Als rein geistige Wesen und Regenten der Welt und der Menschheit thronten in den Höhen die *Transzendenten Buddhas* (nicht zutreffend oft als Dhyāni-Buddhas bezeichnet). Im Osten wirkt *Akṣobhya* (blau), im Süden *Ratnasambhava* (gelb), im Norden *Amoghasiddhi* (grün), im Westen *Amitābha* (rot). Im Mittelpunkt der Welt thront *Vairocana*, der wie die Sonne glänzt. Die Verbindung zu der Menschheit aufrecht zu erhalten, ist die Aufgabe der *Bodhisattvas*, die den transzendenten Buddhas zugeordnet sind und zwischen ihren geistigen Höhen und der Erdenwelt vermitteln. Eine Gestalt, die Gnade und grenzenloses Erbarmen ausströmt, ist der Bodhisattva *Avalokiteśvara*. Er hat darauf verzichtet, zum Buddha aufzusteigen, solange noch Menschen oder andere Wesen der Schöpfung unerlöst geblieben sind. Ihm gilt der Anruf *om maṇi padme huṃ*. Mit dieser Gebetsformel O *du Kleinod in der Lotosblüte* stellt sich der Gläubige in seinen Schutz. Er geleitet die Seelen ins *Westliche Paradies*, in dem Amitābha seinen Sitz hat. Dies ist auch die Welt des Gautama, der von dort als Mensch gewordener Buddha herabgestiegen ist, um dem gegenwärtigen Weltalter die Lehre zu verkünden. Andere Buddhas lehrten die Menschen in früheren Weltaltern. Das Heil des nächsten Weltalters kommt von Amoghasiddhi im Norden in der Gestalt des zukünftigen Menschen-Buddhas *Maitreya*. Mit diesem alle Zeiten und alle Räume umfassenden Weltbild sind wir im Bereich des *Borobudur*. In ihm ist der ungeheure Versuch unternommen worden, diese geistige Weltordnung des Mahāyāna im Abbild auf Erden darzustellen.

Lamaismus

Nach dem tibetischen Namen für einen Priester, der alle Weihen erhalten hat (Lāmā = der Obere), erhielt die Spätform des Mahāyānabuddhismus, die sich mit den magischen Gebräuchen, Zeichen und Formeln der heimischen Bon-Religion vermischt hatte, den Namen Lāmāismus. Nach der Überlieferung soll er 632 n.Chr. in Tibet eingeführt worden sein. Dem großen indischen Weisen Padmasambhava (8.Jh.) wird die letzte Ausformung und die Ausbreitung in Tibet zugeschrieben. Die Priesterhierarchie, nach der Kopfbedeckung Rotmützen genannt, übernahm von dem dekadenten Königshaus die Macht und herrschte bis um 1400 n.Chr. in zunehmender Verweltlichung des Priestertums. Dagegen setzte Tsong-kha-pa (1356–1419) mit seinen Anhängern, den Gelbmützen, eine Reform durch. Er entmachtete die Rotmützen und begründete die Gelbe Kirche. Diese Kirche umfaßte das tibetische Volk unter einem Priesterkönig bis zum Einmarsch der Chinesen im Jahre 1950. Sie hält auch die Tibeter im Exil zusammen. Ihr Einfluß beruht auf dem Glauben, daß die obersten Priester in der Hierarchie Verkörperungen von Transzendenten Buddhas und Bodhisattvas seien, insbesondere der Dalai Lāmā (Avalokiteśvara) und der Pañcen Lāmā (Amitābha). Aber die Zahl dieser sog. Rimpoces ist viel größer. Auch die Himālayaländer Bhutan, Sikkim, Ladakh haben den Lāmāismus übernommen, nicht jedoch Nepal, das seine eigene religiöse Welt zwischen Indien und Tibet entwickelt und behalten hat. Sie kann als eine vom Tantrismus durchdrungene Symbiose von Hinduismus und Mahāyānabuddhismus bezeichnet werden, die sich durch die Jahrhunderte in schweren religiösen und machtpolitischen Auseinandersetzungen gebildet hat und bis heute nicht frei von unversöhnlichen Spannungen ist. Wer angesichts der Vielgestaltigkeit religiöser Ausdrucksformen und ihres Nebeneinanders von Toleranz spricht, sieht nur die Oberfläche.

	9.	Pauṣa	
Januar	10.	Māgha	
Februar	11.	Phālgun	Śivarātrī Caturdaśī
März	12.	Caitra	Holi Piśāca Caturdaśī Caitra Dasaiṃ Rāma Navamī
April	1.	Vaiśākha	Akṣaya Tṛtīyā Matsyendranāth Jātrā Buddha Jayanti
Mai	2.	Jeṣṭha	
Juni	3.	Āṣāḍha	
Juli	4.	Śrāvana	Ghaṇṭākarna Jātrā Nāga Pañcamī
August	5.	Bhādra	Kṛṣṇa Aṣṭamī Gaṇeśa Caturthī
September	6.	Āśvina	Indra Jātrā Vijayā Daśamī Dasaiṃ
Oktober	7.	Kārtika	Lakṣmī Caturdaśī
November	8.	Mansīra	Bālā Caturdaśī
Dezember	9.	Pauṣa	

Nepals Beitrag zur Kunstgeschichte Südasiens

Nepal ist für die Kunstgeschichte ein Neuland, in dem es noch vieles zu entdecken gibt. Wer durch die Städte und Dörfer wandert, fühlt sich von einem oft verwirrenden Zaubergarten umgeben. Jede Biegung des Weges kann neue Überraschungen bringen. Eine Welt ist hier im Rückzugsgebiet der Hochtäler des Himālayagebirges bewahrt geblieben, die anderswo längst dem Untergang verfallen ist. Sylvain Levi meinte in seinem 1905 bis 1908 in Paris erschienenen dreibändigen Werk »Le Nepal«, dieses Land sei immer noch eine authentische Replik von einem Indien, das verschwunden ist. Damit hat er insofern recht, als uns im Tal von Kāṭhmāṇḍu Denkmäler Südasiens aus vergangenen Zeiten lebendig und gegenwärtig entgegentreten. Eine Replik Indiens braucht Kunst und Kultur Nepals deswegen nicht zu sein. Denn wo immer indische Züge im Himālayaland auftauchen, sind sie so stark verwandelt, daß die Eigenart der Bergvölker sich mehr durchsetzt als ein indisches Erbe, wie es zur Zeit der Ausbreitung des Buddhismus und des Hinduismus so vielen asiatischen Völkern bis nach dem fernen Osten und Südosten des Mutterkontinents zuteil geworden ist. Gewiß hat die Kunst Nepals mancherlei Einflüsse aus Nord und Süd verarbeitet, doch unverkennbar bleibt der nepalische Stempel, der allen Denkmälern aufgedrückt ist.

Das rund 1350 m hoch gelegene Tal von Kāṭhmāṇḍu taucht erst mit der Dynastie der Licchavi (464 bis 740 n.Chr.) aus einer unkonturierten Frühzeit auf. Noch aber bleiben Nachrichten und Inschriften sporadisch. Erst mit den Mallafürsten, die in den drei Stadtstaaten Kāṭhmāṇḍu, Lālitpur (Pāṭan) und Bhaktapur (Bhadgaon) von 1482 bis 1768 regierten, fließen die Quellen reicher und kontinuierlicher. Für diese Jahrhunderte liegt auch genügend Inschriftenmaterial vor. Und so bleibt es auch für die folgende Epoche von der Machtübernahme der Gurkhas (1768) bis zur Gegenwart. Was an Kunstdenkmälern erhalten ist, stammt demnach ebenfalls zum allergrößten Teil aus diesen letzten Jahrhunderten, zumindest in ihrer gegenwärtigen Gestalt.

Verantwortlich dafür, daß sich die älteren Bauten mit ihrem plastischen und malerischen Schmuck nicht bis in unsere Tage erhalten haben, ist im Falle Nepals nicht die Zerstörung und Vernichtung durch Kriege und Eroberungen wie in Nordindien, wo sie ganze Epochen der Kunstgeschichte ausgelöscht haben. Nur ein einziges Mal stieg ein moslemisches Heer unter dem Bengalensulṭāṇ Shams-ud-dīn-Ilyās im Jahre 1349 n.Chr. in das Tal hinauf.

Sonst blieb der Frieden von außen ungestört, wenn es auch nicht an Fehden zwischen den Stadtstaaten und kleinen Fürstentümern mangelte. Dafür richteten die von Zeit zu Zeit wiederkehrenden Erdbeben beträchtlichen Schaden an den Kunstdenkmälern an, zuletzt das Beben von 1933, das zahlreiche Tempel und Häuser zum Einsturz brachte. Am schädlichsten aber wirkte die Bauweise der meisten Denkmäler selbst, die den Keim eines raschen Verfalls in sich barg.

Ziegel und Holz sind die vorherrschenden Materialien. Ziegelmauern sind dann bedroht, wenn nur die äußeren Lagen aus gebrannten (sog. Telia-) Ziegeln bestehen, die inneren dagegen aus den billigeren luftgetrockneten. Als Bindemittel dient einfacher Lehm. Im Laufe der Zeit zerbröckelt er und bildet außerdem den Nährboden für unerwünschten Pflanzenwuchs. Besonders ungünstig wirkt es sich aus, daß eine solche Lehmschicht von drei bis fünf Zentimeter Dicke bei den Dächern als Zwischenschicht zwischen Holz und Dachziegel verwendet wird. Ein Isolierungsschutz gegen das eindringende Wasser ist dabei nicht vorgesehen. Das von der Feuchtigkeit eingeleitete Zerstörungswerk wird von dem Pflanzenwuchs fortgesetzt, der sich bald in dichtem Teppich auf den Dächern ausbreitet. Kein Wunder, daß unter solchen Umständen die von Natur aus begrenzte Lebensdauer des Bauholzes noch weiter eingeschränkt wird. Es ist ohnehin vom Verfall durch Fäulnis und Insektenfraß bedroht. Dasselbe Schicksal erwartet die reichgeschnitzten Stützbalken der Dächer, die Umrahmung der Fenster und Türen, die insgesamt den Bauwerken ihren besonderen Reiz und künstlerischen Wert verleihen. So war ständig eine große Schar von Handwerkern damit beschäftigt, brüchige Mauern auszubessern und schadhafte Holzteile durch neue zu ersetzen. Auch die geschnitzten und bemalten Holzbalken der nepalischen Tempel wurden so im Laufe der Generationen immer wieder ausgewechselt. Die hochstehende Holzschnitzkunst des Landes ist dadurch in ständiger Übung geblieben. In das Alter der Holz-Ziegel-Bauten ist also von vornherein keine hohe Erwartung zu setzen, während sich zum Beispiel in einem Stūpa sehr frühe Schichten finden können.

Unabhängig von der Kontinuität der Bauten selbst durch die Jahrhunderte ist die Überlieferung von Bautypen und Formvorlieben von Generation zu Generation. In den Hochtälern Nepals, an denen der Strom der Geschichte vorüberrauschte, konnten sich Baugewohnheiten halten, die in den großen Flußtälern und Ebenen Südasiens neuen Moden Platz machten oder von kriegerischen Ereignissen weggewischt wurden. Ein solches Rückzugsgebiet kann einen Formenschatz aufbewahren, der dem Historiker manche wertvollen Aufschlüsse geben und ihm helfen kann, durch Zerstörungen bedingte Lücken zu schließen.

Architektur

Auch in Nepal hat die Darstellung der Kunstgeschichte des Landes von der Baukunst auszugehen. Sie bietet den Rahmen, in dem alle anderen Künste zur Entfaltung kommen. In der sakralen Architektur finden drei Typen von Heiligtümern, unterschiedlich in Eigenart und Herkunft, Verwendung: Stūpa, Śikhara und Pagode. Das Wohnhaus und seine Weiterentwicklung im Palastbau bildet ein viertes Kapitel.

Der nepalische Stūpa

Die Grundform des in Indien entwickelten buddhistischen Stūpa besteht aus einer halbkugeligen, durch einen Ziegel- oder Steinmantel befestigten massiven Aufschüttung, dem sog. aṇḍa (Ei), über einer niedrigen zylindrischen Trommel (medhi). Dieses schlichte kultische Denkmal wird in ritueller Umwandlung im Uhrzeigersinn (pradakśiṇa) verehrt. Den Umwandlungspfad umgibt kreisförmig ein Zaun, ursprünglich aus Holz gezimmert, später in Stein gehauen, der sich mit vier Toren nach allen Himmelsrichtungen öffnet. Auf dem Gipfel des halbkugeligen Hügels steht eine Steinkiste mit quadratischem Grundriß (harmikā). Darüber erhebt sich ein Mast mit drei nach oben zu kleiner werdenden Schirmen. Der Überlieferung nach war es Aśoka (268–233) selbst, der den Buddhismus und damit auch den Stūpa ins Hochtal von Kāṭhmāṇḍu gebracht habe. In Lumbinī, wo die Königin Māyā ihren Sohn Siddhartha gebar, der später zum Buddha wurde, steht am Fuße der Berge im Angesicht des Dhaulagiri die Gedenksäule, die Aśoka bei seinem Besuch errichten ließ. Ob er von dort ins Gebirge stieg, bleibt ungewiß. Im Hochtal von Kāṭhmāṇḍu gibt es weder eine Säule noch eine Inschrift des großen Kaisers. Die Legende berichtet nur, er habe in der Stadt Lālitpur (Pāṭan) fünf Stūpas errichtet, einen in der Mitte und vier am Stadtrand nach allen vier Himmelsrichtungen. Er hätte damit das im einzelnen Stūpa veranlagte Ordnungsprinzip auf eine Stūpengruppe und zugleich damit auf die ganze Stadt angewendet. Die vier Stūpas an der Peripherie stehen noch heute an den Ausfallstraßen, die die Stadt durchkreuzen. Der Stūpa im Zentrum ist noch nicht lokalisiert. Wahrscheinlich bezeichnet der kleine Hügel inmitten der Häuser südwestlich vom Bhīmsenmandir seinen Ort. Die vier sog. Aśokastūpas wirken altertümlich, vor allem durch ihre Flachheit. Die Datierung ins 3. Jh. v. Chr. bleibt unwahrscheinlich, eine Grabung, die allein Sicherheit geben könnte, ließ sich bisher nicht einleiten. Auf Aśoka zurück führt die Legende auch mit ebensowenig Wahrscheinlichkeit den Stūpa von

Cābahil, der an der Straße von Kāṭhmāṇḍu nach Bodhnāth liegt, im Mittelpunkt eines Klosters (Mañjuvihāra), das Aśoka für seine Tochter Cārumatī gestiftet haben soll. Hier ist die Eigentümlichkeit ausgebildet, die den nepalischen Stūpa vor allen anderen auszeichnet. Aus der Harmikā ist ein kleiner massiver Turm auf quadratischem Grundriß geworden, dessen dachartiger steiler Oberbau aus dreizehn sich verjüngenden Stufen besteht, die in einem Gelbgußensemble von Gajūra und Schirm gipfeln. Auf die Wände des Turms sind an allen vier Seiten riesige Augenpaare aufgemalt. Sie folgen dem Pilger, der die rituelle Umwandlung vollzieht und machen zugleich die Allgegenwart des Buddha sinnfällig, der alles durchschaut und dem nichts entgeht. Zaun und Tore besitzt der nepalische Stūpa nicht. Doch hat er am Umwandlungspfad kapellenartige Nischen nach den Himmelsrichtungen ausgebildet, in denen die transszendenten Buddhas thronen: Akṣobhya in Bhūsparśamudrā im Osten, Ratnasambhava in Varadamudrā im Süden, Amitābha in Dhyānamudrā im Westen, Amoghasiddhi in Abhayamudrā im Norden. Vairocana in Dharmacakramudrā, der in der Mitte thronend vorgestellt wird, hat seine Kapelle im Osten neben Akṣobhya. Der neue Baugedanke, den die nepalische Bauhütte dem indischen Prototyp hinzufügte, besteht aus dem augengeschmückten Turm. Es muß dabei offenbleiben, ob sich schon anderswo, etwa in dem turmgeschmückten Klosterbezirk von Nālandā, Vorstufen dazu befunden haben. Im Rückzugsgebiet des Tales von Kāṭhmāṇḍu jedenfalls ist diese Kombination von Stūpa und Turm aus alten Zeiten bis heute aufbewahrt geblieben. Eine Alternative zu dem massiven dreizehnstufig aufgemauerten Dachprisma bildet die verwandte Lösung, an einem senkrecht aufgerichteten Mast dreizehn vergoldete Kupferscheiben aufzureihen, die sich nach oben verjüngen. Diese kostbare Spitze erhöhte natürlich den Reiz beim Anblick des Heiligtums, denn sie fing das erste Aufleuchten und das letzte Verglühen der Sonne auf. Beim Svayambhūnāth steigert sich diese Wirkung noch, da dieser weit größere Stūpa auf seinem legendenumwobenen Hügel das Tal weithin beherrscht. Der riesige Bodhnāthstūpa an der Straße nach Tibet in der Talebene gelegen, markiert die heilige Stätte mit seinem hochragenden, aufgemauerten dreizehnstufigen Dachprisma. Bei ihm beobachten wir eine andere Besonderheit, die er mit einer Reihe weiterer Stūpas im Tale teilt. Er ist auf einem imposanten Terrassenunterbau mit Treppenläufen, Umgängen und Bildergalerien aufgewölbt, die ihn zu einem kleineren Bruder des Borobudur auf Java machen, ohne daß eine Beziehung festzustellen wäre. Die Zahl der Stūpas in Nepal, die dem Vorbild von Svayambhūnāth und Bodhnāth folgen, ist groß. In Kāṭhmāṇḍu selbst sind u. a. Śrīghabahāl (G 5) und Yaṭkhābahāl (G 5) zu beachten, in Pāṭan Yatālibicaitya. Auch Kirtipur besitzt im Cilañcuvihāra fünf Stūpas, und auf dem Wege von dort nach Cobhār steht in der Senke des Hügelkammes ein halbfertiger.

Weitere Beispiele sind über das ganze Land verteilt. Auch die zahllosen Corten, die im Gebirge Weg und Steg begleiten, folgen im Kleinen ihrem Vorbild. Die klösterlichen Bauhütten von Svayambhūnāth und Bodhnāth haben damit eine vom indischen Stūpa abgeleitete Sonderform geschaffen, die mit dem Buddhismus bis nach Tibet wanderte.

Der nepalische Śikharatempel

Der nordindische Śikharatempel, der sich in der nachklassischen Zeit entwickelt hat, wirkte auch in das Hochtal von Kāṭhmāṇḍu hinauf. Wechselseitige Beziehungen zwischen dem Guptareich in der Gaṅgāebene und den Tälern des Himālaya müssen durch all die Jahrhunderte bestanden haben. So hören wir, daß Candragupta I. in Pāṭaliputra die nepalische Prinzessin Kumārādevī aus dem Licchavihause zur Gattin nahm. Die Auswirkung des klassischen Reichsstiles der Guptaperiode auf die Steinplastik der Licchavi (464–740) ist an einer ganzen Reihe gut erhaltener Beispiele etwa in Cāṅgu Nārāyaṇa deutlich zu beobachten. Śikharatempel lassen sich freilich in so früher Zeit auf nepalischem Boden nicht nachweisen. Erst unter den Mallas finden sich diese Tempeltürme. Die repräsentativen Beispiele auf den Darbārplätzen sind sauber aus unverputzten Hausteinen aufgerichtet, so in Bhaktapur der Tempel der Vatsalādevī oder in Lālitpur die beiden Kṛṣṇamandirs. Daneben gibt es viele Beispiele, die aus Ziegeln aufgemauert sind und von denen manche, durchaus nicht alle, mit Mörtel verputzt sind oder waren. Der Macchendranāth in Buṅgamati ist in dieser Hinsicht anzuführen.

Beim Vergleich mit den nordindischen Śikharatempeln ergeben sich für Nepal charakteristische stilistische Unterschiede. Aus dem komplizierteren Längsbau ist ein echter Turmtempel geworden, der sich auf einem mehr oder weniger hohen Podium erhebt. Die Horizontale der Ostwestrichtung ist aufgehoben. Es gibt weder Vorhalle noch Halle. Der Turm steht zentral für sich und ist von allen Seiten gleichmäßig zugänglich. Die Cella mit dem Kultbild öffnet sich unmittelbar in die freie Luft. Wiederum zeigt sich eine besondere Vorliebe für die reine Turmgestalt. Der Śikharaturm ist wie ein Stūpa nach allen vier Himmelsrichtungen orientiert. Es sind vier an seinen Fuß angelehnte Kapellen mit Götterbildern, die diese Einordnung ins Achsenkreuz bewirken. Sie gleichen den Kapellen am Fuße des Stūpas, und wenn man nur sie und den Körper des Turmes in Betracht zieht, läßt sich der Vergleich mit einem in die Höhe gezogenen Stūpa gestaltlich schwer abweisen. Zwischen den Seitenkapellen treten aber vier turmähnliche Gebilde hinzu, die den Hauptturm verkleinert abspiegeln. Zusammen mit den Kapellentürmen sind es nun acht, die den großen Śikhara umringen, ihn in die Mitte nehmen und seinen steilen, konvex gekrümmten Anstieg stützen. Hier stellt sich auch die Erinnerung an die Uruṣṛṅgas im fortentwickelten nordindischen Tempelbau ein.

Bei einer Reihe von Denkmälern verbindet sich der zentrale Baugedanke noch mit einem anderen Element, mit der Pfeilerhalle. Es scheint, daß die hölzerne Pfeilerhalle mit vielen aneinandergereihten Stützen sich seit alters in Nepal großer Beliebtheit erfreute. Eines der historisch ältesten Bauwerke Kāṭhmāṇḍus, der Kāṣṭhamaṇḍapa, besteht im Erdgeschoß aus einer geräumigen Pfeilerhalle mit vier hölzernen Stützen. Beim Macchendranāth in Buṅgamati ist eine einfache Pfeilerhalle um den Śikharaturm herumgelegt, sogar aus Holzpfeilern. Beim Vatsalādevitempel in Bhaktapur u. a. sind die Pfeiler in Stein übersetzt. Der Kṛṣṇamandir in Lālitpur, den König Siddhinarasiṃha Malla 1637 n. Chr. errichtet hat, zeigt den nepalischen Śikharastil im vollen Reichtum seiner Entfaltung. Auf dem terrassenförmig hochgezogenen massiven Sockel steht im Erdgeschoß eine vieljochige steinerne Pfeilerhalle. Im Stockwerk darüber entfaltet sich eine zweite, und auch im dritten Stockwerk wirkt die Pfeilerhalle noch nach, indem sie die acht, den Hauptturm umgebenden Nebentürme zu offenen Pavillons verwandelt. Dann erst steigt der Śikhara, von den drei Pfeilergeschossen emporgetragen, als Bekrönung des luftigen Bauwerks in die Höhe. Der Steinturm ist dabei aller Schwere verlustig gegangen. Er wirkt kleiner und zierlicher und, gegenüber der üppigen Entfaltung der Pfeilerhallen in eine mehr dekorative Rolle gedrängt, wie ein Zierat auf dem Dache.

Aber noch eine weitere Verwandtschaft kommt ins Spiel, auf die schon Waldschmidt in seinem Katalog der Ausstellung Kunst aus Nepal, Recklinghausen 1967, hingewiesen hat. Indische Wohnbauten und Paläste, wie sie sich in dem steinernen Museum Akbars in Fatehpur Sikri erhalten haben, setzten sich im 16. Jahrhundert ebenfalls aus Pfeilerhallen zusammen. Besonders ist dabei an das fünfstöckige Pañcmahal in Akbars verlassener Stadt zu denken, wo beim Aufeinandersetzen der Stockwerke ein ähnlicher Eindruck entsteht wie beim Kṛṣṇamandir in Lālitpur. Ein solcher Einfluß aus der nordindischen Ebene zur Moghulzeit wäre keine singuläre Erscheinung. Die Stifterfiguren zeigen allenthalben, wie die Moden des Moghulhofes an der vornehmen Welt Nepals nicht vorübergegangen sind. Vielleicht ist es aber auch abwegig, einen solchen direkten Einfluß anzunehmen. Es würde dann genügen, auf die im profanen Hausbau beheimatete newarische Pfeilerhalle als die Quelle solcher Stockwerksbauten hinzuweisen.

Bei der Verschmelzung von Śikharaturm und Pfeilerhalle, wie wir sie neben den angeführten Beispielen noch in verwandten Spielarten vielerorts in den Residenzstädten finden, werden Struktur und Funktion des Śikharaturmes

Pagode vom Paśupathināth-Typ (Zeichnung: H. Kradolfer)

völlig verändert. Es entsteht ein zentral angelegter Tempelbau, bei dem die aufsteigende Tendenz des in konvexer Krümmung emporwachsenden Śikhara mit der breiten Horizontallagerung der Pfeilerhallen in eine spannungsreiche Beziehung tritt. Außerdem verliert er sozusagen den Boden unter den Füßen, wodurch seine vegetative Wachstumskraft unglaubwürdig wird. Eine newarische Abart des Śikharatempels ist damit entstanden, die als Sonderentwicklung ihr eigenes Recht beanspruchen darf.

Die newarische Pagode

Philologische Herkunft und wörtliche Bedeutung des Wortes Pagode haben sich noch nicht aufspüren lassen. Im herkömmlichen Sprachgebrauch bezeichnet der architektonische Begriff ein turmähnliches Gebäude mit zurückgesetzten Stockwerken und vervielfachten Dächern. Nicht selten ist die Pagode vom Stūpa abgeleitet worden. Dabei wurde geltend gemacht, daß der Schirm, oberster Teil des Stūpa und der Bedeutung nach Zeichen für die reale Gegenwart des Erleuchteten, Hauptteil des Heiligtums geworden sei. Während gleichzeitig der plastische Körper des Stūpa (aṇḍa) zusammengeschrumpft und schließlich fast ganz verschwunden sei, habe sich die Spitze mit einer Vielzahl sich verjüngender Schirme gestreckt und sei höher und höher gewachsen. Die schwache Stelle solcher Argumentation liegt in dem Umstand, daß der Schirm, wenn auch sinnbildlich bedeutend, am Bauwerk nur ein Dekorationsstück darstellt, dem keinerlei architektonische Funktion zukommt. Strukturell ist die in dieser Theorie vorgeschlagene Umkehrung des funktionalen Schwergewichtes nicht vollziehbar. Der Stūpa, ein massiver halbrunder Hügel aus Erde oder Ziegel und Mörtel, kann nicht in einen Turm umgewandelt werden, der aus hölzernen Pfosten und Balken zusammengezimmert wird. Der Ursprung einer solchen Konstruktion muß dem Rohstoff nach im Holzbau und der Technik nach im Ständerbau gesucht werden.

Was in anderen Gegenden der Erde möglich ist, erscheint unmöglich in Südasien, daß sich nämlich Reste von Holzbauten unter der Erde erhalten haben könnten. Nur in seltenen Ausnahmefällen ist der Spaten des Ausgräbers auf Pfosten gestoßen, wie etwa in Pāṭaliputra, im Allgemeinen haben die ungünstigen klimatischen Bedingungen mit Monsunregen und feuchter Hitze Holzbauwerke vergangener Jahrhunderte vollständig zerstört. Andererseits zeigen die erhaltenen Steindenkmäler der Maurya-, Śuṅga-, Sātavāhana- und Kusāṇāzeit, dadurch daß sie Holzbauten imitieren, welchen Reichtum von Bauformen es in diesem vergänglichen Material gegeben hat. Da sind die Zäune und Tore, die um Stūpas und Baumheiligtümer aufgerichtet wurden, die Dächer und Fassaden der Caityahallen und Wohnhäuser, die Stadtmauern und Stadttore. Die Steinreliefs bieten geradezu ein Bilderbuch dar, das aufs Lebendigste illustriert, wie Dörfer und Städte damals aussahen und mit welcher Meisterschaft die Werkstätten der Zimmerleute und Schnitzer ihren Aufgaben gerecht wurden, überall dort in Südasien, wo damals noch riesige Wälder, die seither verbraucht sind, das Bauholz in Fülle lieferten. Man kann bedauern, daß im Laufe der Geschichte gerade in Nordindien hunderttausende von Bauwerken und ganze Städte von Eroberern niedergebrannt wurden. Man kann sich aber auch damit trösten, daß auch ohne diese zerstörerischen Gewaltakte die hölzernen Säulen, Pfosten und Balken durch Fäulnis und Insektenfraß dem Verfall anheimgegeben waren.

Was nun den Ursprung und die Frühgeschichte der aus Holz und Ziegeln errichteten Pagode angeht, so können drei Wege aufschlußreich sein.

Erstens läßt sich das beschriebene steinerne Bilderbuch als Nachschlagewerk benutzen. Es ergibt, daß sich seit Christi Geburt hölzerne Türme nachweisen lassen. Sie haben mehrere, meist zurückgesetzte Stockwerke, aber keine vorkragenden Dächer. Bekannt sind besonders die Abbildungen auf den Steinzäunen von Mathurā und Amarāvatī. Dazu kommen Terrakottaplaketten wie die von Kumrāhār in Pāṭaliputra.

Zweitens lassen sich Augenzeugenberichte heranziehen, so der des chinesischen Pilgers Sung Yün, der im Jahre 518 n. Chr. von der Wei-Kaiserin Tai-Hau ausgesandt wurde, in die westlichen Länder zu reisen und dort buddhistische Schriften zu erwerben. Er beschreibt einen von König Kaṇiṣka (um 100 n. Chr.) aus allen Arten von Holz errichteten, dreizehn Stockwerke hohen Turm, der bei Peshawar an einem Platz stand, der heute den Namen Shah-ji-ki-Dheri trägt: »Für das gesamte Gebäude benutzte er geschnitztes Holz. Er baute Treppen, die zur Spitze führten. Insgesamt waren es dreizehn Stockwerke, darüber ein eiserner Mast, drei (wohl richtiger: dreißig) Fuß hoch, mit dreizehn vergoldeten Scheiben. Alles in allem betrug die Höhe vom Erdboden an siebenhundert Fuß ... Die Tsioh-li-Pagode ist seit ihrer Errichtung dreimal vom Blitz zerstört worden, aber die Könige des Landes haben sie jedesmal wiederhergestellt. Die Alten sagen: Wenn diese Pagode endgültig vom Blitz zerstört wird, dann wird auch die Lehre Buddhas untergehen ... Bei Sonnenaufgang entzünden sich die vergoldeten Scheiben des Schirmes mit überwältigendem Glanz, während der sanfte Morgenwind die kostbaren Glocken, die von den Dächern herabhängen, mit lieblichem Geläute bewegt. Von allen Pagoden der westlichen Welt ist dies bei weitem die erste im Rang nach Größe und Bedeutung«. – Von den hier angesprochenen übrigen Tempeln in Pagodenform, deren Zahl nicht klein gewesen sein mag, ist in den von Völkerstürmen durchpflügten Ebenen Indiens nichts erhalten geblieben. Dagegen sind die Gebirgstäler des Himālaya der alten Form des hölzernen Turmtempels treu geblieben. Im Hochtal von Kāṭhmāṇḍu allein sind sie durch die prachtliebenden Newarifürsten mit solchem Prunk ausgestattet worden, daß manche von ihnen schier dem Glanz, wenn auch nicht der Höhe, der Kaṇiṣkapagode gleichkommen.

Damit ist bereits die dritte Möglichkeit angesprochen: Hölzerne Gebäude späterer Zeit erlauben Rückschlüsse auf Bauformen früherer Zeit. Das ist nur denkbar in Gegenden, wo bis zum heutigen Tag Holzhäuser und Holztempel gebaut werden und wo sich daher die älteren Formen trotz ständiger Erneuerung und Auswechselung der Einzelteile bewahrt haben. So kann ein Holztempel in Struktur und Form als Ganzes älter sein als die Teile, aus denen er zusammengesetzt ist. Es ist die bekannte Geschichte von Urgroßvaters Axt: Großvater ersetzte den Stiel, Vater die eigentliche Eisenaxt, beide übernahmen bei der Erneuerung die alte Form haargenau. Und so ist es immer noch Urgroßvaters Axt, die der Sohn und der Enkel handhabt.

Damit ist Nepal und besonders das Hochtal von Kāṭhmāṇḍu mit seinen mehr als dreihundert Pagoden angesprochen. Es bietet dem Kunstforscher auch dadurch besondere Aufschlüsse, daß bis heute religiöse und profane Architektur nebeneinander steht. Im Stil sind beide nicht verschieden voneinander. Städte und Dörfer bilden immer noch ein organisches Ganzes und sind nicht zerrissen in moderne Häuser, die den Bürgern als Wohnung dienen, und alte Monumente, in denen die Götter wohnen. Dieser glückliche Umstand erlaubt es, die Beziehungen zwischen beiden an Ort un Stelle zu studieren. In dieser lebendigen Einheit lassen sich durch Strukturanalyse und stilistischen Vergleich Schichten verschiedener Herkunft und verschiedenen Alters feststellen. Und damit tauchen auch die Spuren auf, welche die Pagode im Verlauf ihrer Entwicklung hinterlassen hat.

Zunächst ist festzuhalten, daß die Pagoden so, wie sie in den letzten drei Jahrhunderten gebaut worden sind, nicht nur aus Holz bestehen. Im Kern des Bauwerks steckt ein Ziegelturm auf quadratischer, seltener rechteckiger, vereinzelt auch achteckiger, sechseckiger oder runder Basis. Aus Holz gezimmert ist natürlich der Dachstuhl mit seinen vorkragenden Sparren und reichgeschnitzten und bemalten Stützbalken. Wenn es einen Umgang um die Cella außenherum gibt, dann bestehen die Pfeiler meistens aus Holz. Die Dächer sind mit flachen Ziegeln gedeckt und bei reicheren Heiligtümern mit Metallplatten aus Messing, Kupfer und vergoldetem Kupfer, je nach Vermögen. In Metall getrieben sind auch die figurenreichen Tympana über den Türen. Ältere sind aus Holz geschnitzt und bemalt. Auf der Spitze des obersten Daches blitzt ein Gajūra in Glockenform mit Messingschirm. Ärmere Gemeinden müssen sich mit einem schlichten Mörtelgajūra begnügen.

Die Newaripagode entsteht aus dem landesüblichen Wohnhaus mit zurückgesetzten Stockwerken und mehreren Dächern. Sie findet ihre erste monumentale Ausgestaltung in Mehrzweckhäusern im Siedlungskern, die als Versammlungsort der dörflichen oder halbstädtischen Gemeinschaft dienen zur Beratung sowohl als zum gemeinsamen Singen und Musizieren. Ihre geräumigen Hallen sind ferner als Unterkunft für durchreisende Kaufleute und Pilger bestimmt. Natürlich gibt es darin auch das Kultbild einer Gottheit, die alle beschützt und segnet, die sich in diesem Hause versammeln. Es ist auch nicht ungewöhnlich, wenn der umgebende Markt in das Erdgeschoß eindringt, vorübergehend oder mit Einrichtung bleibender Läden. Die oberen Stockwerke sind durch Treppen oder Leitern zugänglich. Nach außen sind sie von balkonartigen Umgängen mit niedrigen Geländern umgeben. Diese Gebäude, die bis unters Dach von Menschen bewohnt sind, gleichen noch gar nicht schlanken, emporstrebenden Türmen, sondern sind breit in die Horizontale gelagert, und ihre weit vorkragenden großen Dächer, auch sie von Stockwerk zu Stockwerk zurückgesetzt, bieten Schutz gegen Sonne und Regen und erfüllen damit eine vordringliche Aufgabe im Sinne der vielfältigen Zwecke, für die das Haus bestimmt ist. Auch buddhistische Klöster haben diese Form von Wohntürmen nicht selten übernommen. Das älteste und größte Beispiel und bis heute als Versammlungs- und Unterkunftshaus im Gebrauch ist der Kāṣṭhamaṇḍapa, der mit drei weiteren alten Rasthäusern am Maḍutole in Kāṭhmāṇḍu liegt, ferner gehört in diesen Zusammenhang der nicht weit davon gelegene Lakṣmīnārāyaṇamandir, dessen Erdgeschoß von Läden eingenommen wird und der in dieser, Menschen und Göttern gemeinsamen, Behausung ein Sanctum für das Kultbild im Norden vorgebaut hat. Einen ebensolchen Vorbau vor dem alten Versammlungshaus zeigt der Dattātreyamandir im Ostteil von Bhaktapur.

Aus dieser ersten Gruppe von bewohnbaren Versammlungs- und Rasthäusern mit offenen, nur durch Geländer gesicherten Stockwerken entwickelt sich eine zweite, deren Stockwerke ringsherum durch einfache Holzgitter geschlossen werden, die in vielen Fällen bei Bedarf entfernt werden können. Sie sehen aus wie hölzerne Käfige oder Körbe und sind desselben Ursprungs wie die vergitterten Balkons, die für die Straßenfront eines Newarihauses charakteristisch sind und die Gassen der Städte so reizvoll machen. In ihnen kann man schräg auf den Bänken liegen und durch das Gitterwerk beobachten, was auf der Straße vorgeht, ohne selbst gesehen zu werden. Kleine Gitterkäfige oder Gitterkörbe dieser Art finden sich auf vielen Wohnhausdächern, darin wird aufbewahrt, was trockenbleiben soll und frische Luft braucht. Diese Architektureinheiten, sich verjüngend übereinander getürmt, ergeben bewohnbare Pagoden, deren Stockwerke durch Treppen oder Leitern miteinander verbunden sind. Auch Götter können darin wohnen. Zuweilen dienen die unteren Stockwerke den Menschen, die oberen den Göttern als Behausung. Paśupatināth als höchstes Hinduheiligtum des Tales baut sich aus zwei solchen Einheiten auf und dient damit vielen anderen als Vorbild.

Eine dritte Gruppe gibt ein überzeugendes Bild der formalen Entwicklung. Dabei handelt es sich um Wohnhäuser, deren Dach von mehrstöckigen Pagodentürmen bekrönt wird. Balkons mit Holzgitterfenstern bilden den

Übergang von der breiten, horizontal gelagerten Baumasse des Wohnhauses zu den emporsteigenden und sich nach oben verjüngenden Stockwerken des Turmes. Sein erstes Stockwerk nimmt gewöhnlich das Motiv der Holzgitterfenster auf. Das zweite und dritte jedoch verzichtet darauf und stellt die zu geschnitzten und bemalten Götterbildern umgestalteten Stützbalken der Dächer ohne verbindendes Gitterwerk frei zur Schau. Über der Behausung der Sterblichen schwingt sich die Wohnstätte der Götter empor, die nach innen keiner Treppen und Leitern und nach außen keiner Fenstergitter bedarf. Auch über den Palästen der Stadtfürsten erheben sich solche Göttertürme. Sie verweisen auch den sterblichen Fürsten in die unteren Ränge, schützen und segnen ihn aber zugleich aus göttlichen Höhen. Vasantapurbhavan in Kaṭhmāṇḍu allerdings ist ein reiner Wohnturm im menschlichen Bereich, mit vier Dächern und insgesamt neun Stockwerken von außergewöhnlicher Höhe. Er wurde im Jahre 1769 von Pṛthvīnārāyaṇa Shāh erbaut, um seinen Sieg über die Mallafürsten des Tales zu feiern, und stellt den Stolz des Eroberers und sein Machtgefühl überzeugend dar. Die Höhe dieses profanen Bauwerks kommt dem Tempel der Talejubhavānī nahe, dem höchsten Heiligtum des Tales, das sich an der entgegengesetzten Seite des Hanumāndhokāpalastes erhebt. Charakteristischerweise nimmt dieser »Zwingturm« des Eroberers das archaische Motiv des vergitterten Holzkäfigs viermal auf und führt es bis unter das oberste Dach fort. Er feiert seinen Triumph mit den Mitteln der traditionellen Newariarchitektur, deren Errungenschaften er nichts Vergleichbares entgegenzusetzen oder hinzuzufügen hat.

Den Übergang zur letzten Gruppe in der Entwicklung der Newaripagode, die jede Erinnerung an die geschlossenen Stockwerke menschlicher Wohnungen abgelegt hat, bilden in großer Anzahl die Pagodentürme, bei denen das untere, selten das oberste, Stockwerk die vergitterte Wohnform bewahrt, während die anderen mit freien Dachstützen den Göttern als himmlischer Aufenthalt dienen. Das bedeutendste Beispiel für diese vierte Gruppe ist der Tempel der Talejubhavānī in Kāṭhmāṇḍu mit drei Stockwerken. Er wurde im Jahre 1576 n. Chr. von Mahendramalla auf sieben abgestuften Ziegelterrassen errichtet, um seine Unabhängigkeit von Bhaktapur zur Schau zu stellen. Von dort hatte Ratnamalla die mächtige tantrische Göttin, die das ganze Tal und das Herrschergeschlecht der Mallafürsten beschützte, entführt und nach Kāṭhmāṇḍu gebracht. Obwohl der Tempel drei Stockwerke hat, verglichen mit nur zweien beim Tempel des Paśupatināth, folgt er denselben gedrungenen Proportionen archaischen Charakters, die sich bei zentral bedeutsamen Heiligtümern forterben.

Die fünfte und letzte Gruppe in diesem Zusammenhang umfaßt all die Pagoden in Nepal, bei denen das mit Holzgittern geschlossene Stockwerk verschwunden ist und nur noch die Stützbalken geblieben sind, die durch

Schnitzerei und Malerei göttliche Gestalt angenommen haben. Zugleich werden die Proportionen in die Höhe gezogen und Schlankheit und Turmartigkeit des Heiligtums betont. Im Inneren ist als Verbindung der Stockwerke höchstens Luke und Leiter vorgesehen. Menschen wohnen hier nicht mehr, sondern allein die Götter, deren Bildwerke das Heiligtum umkreisen. Ursprünglich war wohl bei den Pagoden Zweistöckigkeit die Regel und das dritte Stockwerk bereits eine ungewöhnliche Steigerung. Mit der Tendenz zur Betonung der Senkrechte und der immateriellen Luftigkeit eines himmelan strebenden Turmes wächst auch die Zahl der sich verjüngenden gestaffelten Dächer. Doch bleiben Fünfstöckige Ausnahme und Höhepunkt. Das Wachstum durch mehrere Bauperioden hindurch über dem von Gitterwerk geschlossenen untersten Stockwerk von 1392 läßt sich am ältesten Tempel in Pāṭan, dem Kumbheśvara, verfolgen. Der andere große Fünfstöckige, der Nyātapola in Bkaktapur, ist dagegen mit der Perfektion der Bauhütte des Bhūpatīndramalla 1702 in einem Guß errichtet worden. Davon legt das stetige Zurückweichen der Dächer und die klassische Harmonie der Proportionen Zeugnis ab.
Pagoden gibt es auch in Südindien, in China und Indochina. Bisher ist es nicht gelungen, sie alle auf einen Ursprung zurückzuführen. Dagegen läßt sich Wachstum und Entwicklung in den einzelnen Gebieten verfolgen. So ist die Newaripagode in Nepal durchaus als eine originale Schöpfung des eigenen Landes und Volks zu verstehen, ohne fremde Einflüsse von außen anzunehmen. Sie ist ein Glied in der Kette der Holzpagoden, die sich in den einst waldreichen Himālayabergen noch erhalten haben. Die dort heimische Bauform ist von den Mallafürsten zu einmaliger Pracht und Kostbarkeit entwikkelt worden, nicht zuletzt durch den impulsierenden Wettbewerb der drei Städte.
Der in der letzten Phase (um 1700) der Entwicklung wirksame Höhendrang des Pagodenturmes bezieht auch die Basis des Tempels ein, die sich anfangs mit zwei bis drei niedrigen Stufen beschied. Unter den Mallas wird daraus eine Stufenpyramide mit vielen Terrassen, die den Tempelturm hoch über die Dächer der Stadt emporhebt und ihn damit auch weithin ins Land sichtbar macht. Die vieltürmige Stadtsilhuoette war auch im Tal von Nepal nicht ein Zufallsergebnis, sondern beabsichtigt, und sie war Anlaß zum Wettbewerb der Städte, deren Herren daraus Selbstbewußtsein und Stolz schöpften. Über diesem barocken Geltungsbedürfnis sollte aber die religiöse Komponente nicht vergessen werden. Soweit z. B. die Pagode der Talejubhavānī im Tal sichtbar war, soweit reichte auch augenfällig ihr Schutz.

Bodhnāth Stūpa in Bauddha, gegründet von Mānadeva Licchavi (464–491) ▷

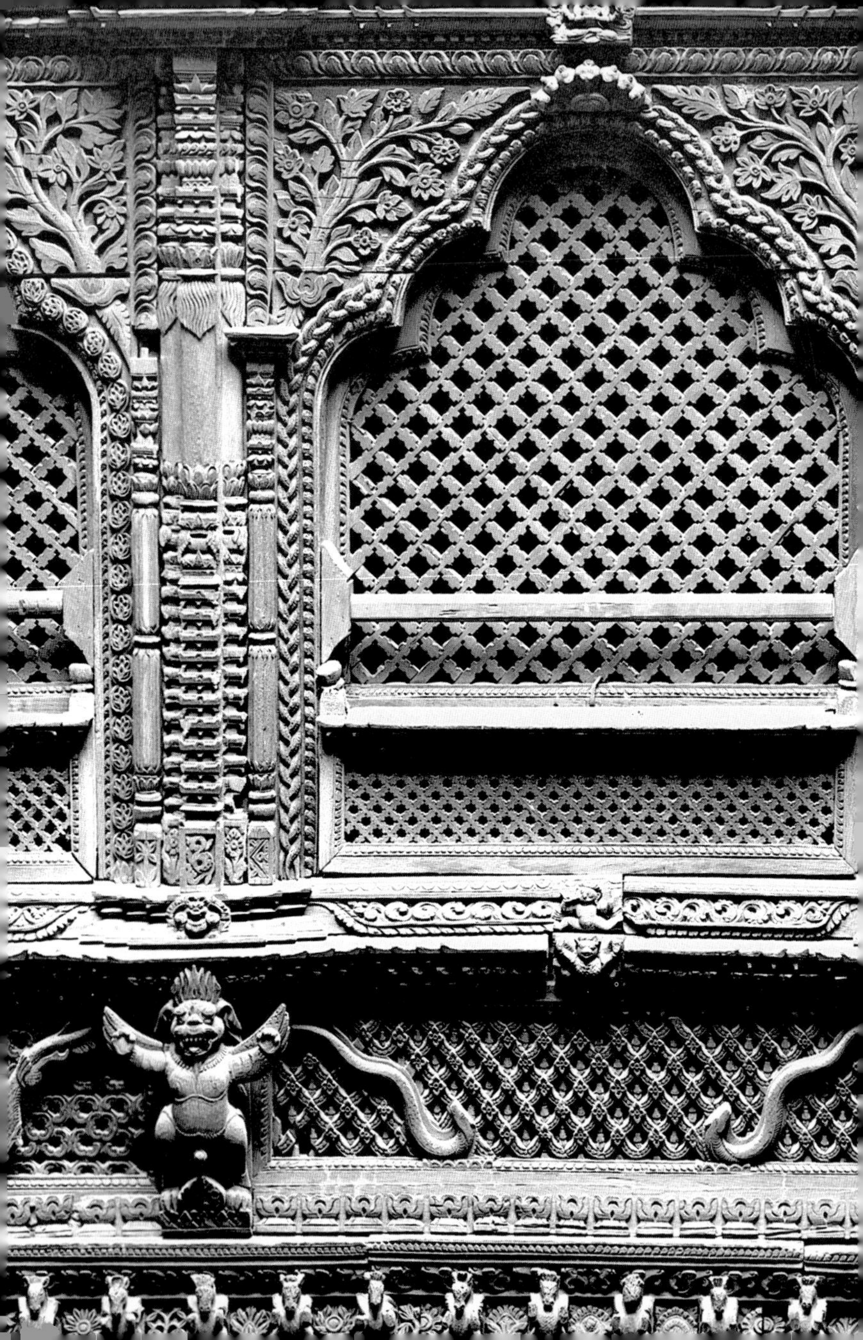

Das newarische Wohnhaus

Auch das Wohnhaus der newarischen Gesellschaft ist ein Bau aus Ziegeln und Holz. Die Straßen der Siedlungen sind durch das Rot der Mauern und das Schwarz des gebeizten Holzes an Fenstern, Erkern und Türen charakterisiert, in Dorf und Stadt. Denn auch das Dorf neigt zu geschlossener Bauweise Haus an Haus und vermeidet das Einzelgehöft. Die Straße wird ebenfalls mit Ziegeln gepflastert. Dadurch erhöht sich der Eindruck der Geschlossenheit bei einer Siedlung. Der Ziegel-Holz-Bau der Pagode fügt sich als Glied vom gleichen Stamme organisch ins Wohngebiet ein. Als Fremdkörper wirken dagegen die steinernen Śikharatempel und schon gar die Bauten der Rāṇāzeit mit ihrem in Stuck ausgeführten, importierten Formenkanon. Als Zerstörung aller gewachsenen Zusammenhänge setzen sich die toten Betonklötze dazwischen, die, aus fehlgeleiteter Modernisierungssucht entstanden, bereits viel Unheil angerichtet haben.
Das newarische Haus hat ein intensives Innenleben, nach außen zeigt es sich eher abweisend. Alle Räume öffnen sich mit Türen und Fenstern auf den Innenhof. Dort spielt sich das Leben der (Groß-)Familie ab. Im Erdgeschoß läuft ein schattenspendender und vor Regen schützender Umgang ums Hofquadrat. Holzpfeiler, oft reich geschnitzt, stützen die balkonartige Galerie des darüber liegenden Stockwerkes, das seinerseits wiederum dem nächsthöheren eine Stützenreihe anbietet. Im Hofe lebt auch die Gottheit, die das Haus schützt: Magisches Kultobjekt ein steinernes Lotusrelief oder ein natürlicher Felsbrocken. Die Pūjā gehört zu den selbstverständlichen Tagesgeschäften der Bewohner. Nach außen, nach der Gasse zu, läßt die glatte Ziegelmauer nicht ahnen, was im Innern vorgeht. Für den Bewohner jedoch gibt es Fenster mit Holzgittern. Glas ist eine sehr späte Errungenschaft. Für Bhūpatīndramalla (1696–1722) war es eine Kostbarkeit, die er stolz in seinem Palast in Bhaktapur vorzeigte – man bedenke, eine Scheibe! Und das erste Haus mit Glasfenstern, an der diagonalen Bazarstraße in Kāṭhmāṇḍu, zu erkennen an dem Relieffries marschierender Soldaten, war eine Sensation im Jahre 1848. Durchs Holzgitter blickt man durch, ohne selbst gesehen zu werden. Geräumig sind die großen holzgeschnitzten Erker an den Fassaden, die nach der Hauptstraße oder einem Platz zu reicher ausgestattet werden. Bänke sind darin, auf denen man sitzen, lehnen oder liegen kann, nicht zuletzt, um das Leben und Treiben auf der Straße und bei den Nachbarn zu beobachten. In einer solchen enggedrängten Siedlung, in der sich Neigung und Vorliebe der entsprechenden Gesellschaft ausdrückt, bleibt nichts verborgen. Und jeder fühlt sich außerhalb seines Hauses von Augen beobachtet, die er selbst nicht sieht.

◁ *Holzfenster im Hof B des Pūjārī Maṭha zu Bhaktapur. 18. Jh.* *→ S. 146, 147*

Die Paläste der Rāṇāzeit

Die feudalen Großgrundbesitzer aus Rājputenadel, die Nepal seit dem Ausgang des 18. Jahrhunderts beherrschten, und insbesondere die zu ihm gehörige Rāṇāfamilie, die das Land ein Jahrhundert lang in einem beispiellosen Absolutismus autokratisch und rücksichtslos regierte, setzten sich bewußt und deutlich von der bodenständigen Newarkultur ab. Sie suchten es den Mahārājas im benachbarten Nordindien, mit denen sie verwandt und verschwägert waren, und den nicht minder prachtliebenden moslemischen Nawābs gleichzutun. Dort war als letzte Phase des Moghulreichsstiles, der schon immer seinen Einfluß auf das Hochtal von Kāṭhmāṇḍu geltend gemacht hatte, eine Architektur entstanden, die sich in Fortführung ihres indoislamischen Mischstiles in steigendem Maße europäisierende Versatzstücke einverleibte. Sie gebärdete sich mit islamisierenden Kuppeln, jonischen und korinthischen Säulen von imponierender Höhe und barocken Treppenfluchten herrscherlich monumental und machte nicht viel Aufhebens davon, daß die ganze schneeweiße Pracht aus Ziegeln und Mörtel bestand. Ohne Zweifel zu bewundern sind die Baumeister und Stukkateure, die das fertigbrachten. Lucknow, die Hauptstadt der Nawābs von Oudh, erlebte im 19. Jahrhundert einen Höhepunkt der Bautätigkeit, und was da prunkvoll an den Ufern der Gumtī entstand, konnte seinen Eindruck auf die Rāṇās nicht verfehlen. Sie wollten sich in ihrem entlegenen Hochtal der »Großen Welt« zugehörig fühlen, die für sie über Lucknow und Calcutta bis nach London reichte.

Der erste, der den Wunsch verwirklichte, sich aus der verachteten mittelalterlichen Welt der newarischen Dörfer und Städte in den traumhaften Luxus eines Palastes der anderen Welt zurückzuziehen, umgeben von riesigen Parks voll exotischer Bäume und Pflanzen, war Bhīmsen Thāpā. Er ließ sich in Dhārahara nicht weit von der Stelle, wo er später 1825 seinen einsamen Turm errichtete, einen Palast bauen, der nicht nur die zeitgenössische Moghularchitektur, sondern auch die tiefe Bewunderung für Shāhjahans Tāj Mahal widerspiegelte, die der Bauherr hegte. Neben dem Eingang war ein lebender Tiger in einem Eisenkäfig untergebracht. Nach ihm hieß der Palast ursprünglich Bāgh Darbār. Ein Park von 7 ha gehörte dazu. Der Palast ging durch verschiedene Hände. 1940 wurde er die Residenz von Hari Shumsher und seitdem als Hari Bhavan bezeichnet. Vom ursprünglichen Bestand war nach seiner Zerstörung durch das Erdbeben von 1933 nicht viel übrig geblieben. Neuerdings war darin der Sitz der Indian Mission, und nach dem Brand des Siṅgha Darbār 1973 wurde das Finanzministerium hierher evakuiert. Ein weiteres Bauwerk Bhīmsen Thāpās aus dem Jahre 1819 ist reizvoll durch seinen Mischstil: Es übernimmt das vorkragende Dach mit Holzstützen und die

Erker vom traditionellen Newarstil und verbindet dieses Erbe mit drei Reihen von Bogenfenstern unter einem flachen klassistischen Dreiecksgiebel. Es handelt sich dabei um das »Waffenarsenal« oder Zeughaus Silkhānā, das später zum Nationalmuseum ausgebaut worden ist. Unter den frühen Beispielen des Rāṇāstiles findet sich des öfteren die Kombination von Holzpfeilern, geschnitzten Erkern, Fenstern und Türen aus den überlebenden Newariwerkstätten mit Fassaden und Stuckdekor der neuen Mode. Handwerker aus Nordindien haben sicherlich eine Rolle gespielt, bis die neuen Techniken an heimische Werkstätten weitergegeben werden konnten. Natürlich gab es eine Menge eigenwilliger Lösungen.
Erwähnt werden soll unter der wachsenden Anzahl von Palästen, die in der Ausdehnung der sie umgebenden Parks und in der Anzahl der Zimmer, die sie enthalten, sich unaufhörlich steigern, der vom ersten Rāṇā Premierminister Jāṅg Bahādur im Jahre 1847 für seinen Bruder Rāṇodip errichtete Nārāyaṇa Hiṭi Darbār, an einer durch diese Brunnenanlage altgeheiligten Stätte. Der Palast brilliert mit einer Fassade von sechs jonischen Säulen, die erst im oberen Stockwerk ansetzen und zu einer Vorhalle von insgesamt zwölf Säulen gehören, zu der beiderseits je eine Treppenflucht im Viertelbogen emporführt. 1889 wurde der Palast die Residenz der Könige von Nepal, bis König Mahendra 1969 auf demselben Grund und Boden durch den Schweizer Architekten Weise einen neuen Palast errichten ließ.
Pälastebauen wurde unter den Rāṇās zur Sucht. Das Tal füllte sich mit den weißgekalkten, immer palladesker werdenden Architekturstücken. Unter Chandra Shumsher wurde um 1900 ein Höhepunkt erreicht. Ihm träumte von einem Riesenbau, in dem nicht nur sein üppiges Privatleben Platz genug zur vollen Entfaltung hätte, sondern auch die gesamte Regierung des Landes, die sich nach seiner Auffassung in seiner Person darstellte. Eine grandiose Visualisierung des *L état c'est moi.* Chandra Shumsher beauftragte die Brüder Kumar und Kishor Narshing, die sich bereits bei mehreren Palastbauten bewährt hatten. Die Vorarbeiten waren beträchtlich, ganze Hügel mußten abgetragen werden. Es übertraf aber auch alles, was bisher dagewesen war: Ein Park von 50 ha und ein Gebäude von sieben Höfen, um die mehr als 1000 Zimmer angeordnet waren, dazu ein Theatersaal und eine Empfangshalle von bisher ungekannten Dimensionen. Das Bauwerk war in wenig mehr als zwei Jahren fertig und hielt den Rekord, das größte Gebäude in Südostasien zu sein. Auch als die Rāṇās gehen mußten, blieb es Sitz der Regierung. Doch mit dem Neid der Götter hatte man nicht gerechnet: 1973 fiel die ganze Pracht einem Brand zum Opfer, der durch Fahrlässigkeit entstanden war. Die breite Frontfassade mit korinthischen Säulenpaaren, die sich bei der Anfahrt in einem Teiche spiegeln, blieb stehen. Seit einem Jahrzehnt ist der Wiederaufbau im Gange.

Chandra Shumsher schrieb sich in die Baugeschichte des Tales mit markanten Lettern ein. Für seine Söhne Krishna und Mohan ließ er dicht beieinander im Norden der Stadt in Maharajganj (Mahārājgañj) je einen Palast bauen. Für Mohan baute der Architekt Dilli Jang Thapa nach dem Vorbild des Siṅgha Darbār im Jahre 1925 Lakṣmī Nivās mit 300 Zimmern und einem Park von 12 ha. 1961 wurde das Hauptquartier der Fallschirmtruppen Nepals darin untergebracht. Gegenüber steht Śital Nivās, der für Krishna bestimmte Palast, mit 200 Zimmern und einem Park von 14 ha. 1923 wurde er von Kumar Narshing erbaut und nach der Zerstörung durch das Erdbeben 1933 von dem Bruder Kishor Narshing wiederhergestellt. Heute dient der Palast der Regierung Seiner Majestät als Gästehaus. Beide Paläste spielen bei königlichen Hochzeiten eine Rolle. Vorübergehend wird dann der eine zum Hause der Braut erklärt, der andere zum Hause des Bräutigams, damit die Hochzeitsriten ihren Verlauf in althergebrachter Weise nehmen können.

Dies sind nur Beispiele aus der jüngsten Phase nepalischer Baugeschichte. Manche Paläste wie die genannten erfüllen heute noch eine Funktion oder sind von Institutionen übernommen, die sie pflegen und vor der Zerstörung schützen. Die Mehrzahl verfällt hoffnungslos. Zu verlockend sind die dicken Mauern als Beschaffungsstelle für billiges Baumaterial. Die Rāṇāzeit genießt beim Volke wenig Sympathien, und so sind die stehengebliebenen Symbole ihrer Zwingherrschaft der Zerstörung anheimgegeben. Natürlich schockieren sie auch oft den unvoreingenommenen ausländischen Betrachter, etwa mit ihren Anbauten an die Paläste im Darbār von Kāṭhmāṇḍu und Bhaktapur. Und doch sollte die Denkmalpflege des Landes den Dingen nicht ihren Lauf lassen. Kein Volk kann eine ihm mißliebige Epoche aus seiner Geschichte tilgen. Die Spuren eines Jahrhunderts feudaler Adelsherrschaft lassen sich nicht einfach wegwischen. Mit wachsendem zeitlichen Abstand werden auch diese hybriden Architekturstücke in den gegebenen Grenzen ihre Würdigung finden. Es wäre schlimm, wenn sie bis dahin alle das Zeitliche gesegnet hätten.

Stilepochen der Plastik

Wie bei der Baukunst ist es auch bei der Platik von Bedeutung für die Beurteilung und Erhaltung eines Kunstdenkmales, aus welchem Rohstoff es hergestellt ist. Mit Holzschnitzereien läßt sich in älteren Zeiten nicht rechnen, wohl aber mit Steinbildwerken, Metallgüssen und Keramik. Aus den letzten Jahrhunderten haben sich in Nepal Holzbilder in Massen erhalten. Der Schluß liegt nahe, daß dies auch früher so war. Dann wäre neben den wenigen Stein-, Metall- und Keramikdenkmälern, die der Zerstörung entgangen sind, eine Überzahl von Holzschnitzereien anzunehmen, die unwiderbringlich verloren sind. Erst seit dem 14. Jahrhundert sind Holzbildwerke nachzuweisen, wenige zuerst, dann aber von Jahrhundert zu Jahrhundert in steigender Zahl.

Die Einteilung der Stilepochen folgt herkömmlicherweise der Geschichte der Dynastien. Das ist ein bequemes, jedoch methodisch anfechtbares Verfahren. Denn die Fürsten kommen höchstens als Auftraggeber ins Spiel. Die schöpferischen Mittelpunkte jedoch, die Stile schufen und in denen sich Stilwandel unter den Händen der Schaffenden vollzog, waren die Bauhütten, in denen Zimmerleute, Maurer, Schnitzer, Steinmetzen, Schmiede, Maler, kurz alle Handwerker zusammenwirkten, die mit dem Bauen zu tun hatten. Erst bei den späten Mallas der drei Städte nach 1482 werden sie Fürstendiener, die mit ihren Bauten auch dem Ehrgeiz und dem Geltungsbedürfnis der Herrscher Rechnung tragen mußten. In früheren Jahrhunderten der klassischen und nachklassischen Stilepoche arbeiteten sie weit mehr für Klöster und Heiligtümer, Adlige und wohlhabende Bürger. Erst zum darauffolgenden Barock gehört es, daß die Funktion der Kunst als Repräsentation in den Vordergrund tritt. So entspricht es mehr den Realitäten der Stilentwicklung, wenn folgende Einteilung vorgeschlagen wird:

1. Archaische Stilepoche vor 400 n. Chr.	in der Vor-Licchavizeit.
2. Klassische Stilepoche 5. bis 8. Jh.	in der Licchavizeit.
3. Nachklassische Stilepoche 9. bis 13. Jh.	in der Zwischenzeit zwischen Licchavis und Mallas mit ungeklärten dynastischen Verhältnissen.
4. Barocke Stilepoche 14. bis 18. Jh.	beherrscht von der Hofkunst der Mallas, die ihren »Reichsstil« entwickelten, wie die benachbarten Moghuln.
5. Stilimitationen und -mischungen	in Shāh- und Rāṇāzeit.

Die Eigenständigkeit der Newarkunst ist nicht zu bestreiten. Jedoch befindet sich Nepal in keiner anderen Lage wie Kaśmīr, Kaṅgra- und Kūlūtal, Kumāon, Sikkim oder Bhūtan. Sie alle zehren von dem gemeinsamen Erbe Südasiens, nehmen daher an den Wandlungen, die es im Laufe der Geschichte erfährt, tätigen Anteil, auch als schwer zugängliche Bergländer, und so geht auch der Stilwandel der südasiatischen Kunst nicht an ihnen vorüber. Nepals Stilepochen entsprechen den Zeitströmungen im gesamten südasiatischen Raum.

Recht wenig weiß man von der archaischen Stilepoche, und man sollte das ruhig eingestehen. Um die Lücke zu füllen, werden Keramiken vorgezeigt. Doch sie stammen aus dem Terai und sind nicht eigentlich nepalisch. Auch die Statuette eines sog. Kirātakönigs im Nationalmuseum läßt sich nicht ohne Bedenken als einsames Paradestück in eine sonst noch gestaltlose Vorzeit zurückdatieren. Ernstzunehmen ist dagegen G. Bangdels Versuch, in einer Untersuchung von zahlreichen, bisher wenig beachteten Reliefs und Plastiken archaische Stilelemente herauszuarbeiten, die mit den entsprechenden Stilstufen Südasiens korrespondieren. Doch diesem ersten Schritt in eine *terra incognita* müssen noch viele folgen. Nicht ausgeschlossen, daß sie zu überraschenden Entdeckungen führen. Denn die klassische Plastik der Newaris präsentiert sich in kraftvoller Reife, die das Ergebnis längerer Entwicklung sein muß.

Die Stileigentümlichkeiten der Klassik zeigen sich in der ausgeglichenen Harmonie der Proportionen bei Architektur, Plastik und Malerei, in der Auffassung alles Körperlichen als einer fließend lebendigen, transparenten Erscheinung, schlank und anmutig in der Bewegung, in der Vorliebe für gedämpfte, zusammenklingende Farbigkeit. In einem solchen allgemeinen Zeitstil zeigt Nepal sein eigenes Gesicht, das die Formensprache des Newarikünstlers vom Stile der Guptas, Cāḷukyas und Pallavas, um nur die am meisten verbreiteten zu nennen, die in Indien gleichzeitig blühen, deutlich unterscheidet. Eines der Leitbilder newarischer Plastik ist Jalaśāyana Nārāyaṇa, die Darstellung von Viṣṇu, der auf dem Schlangenbette ruht und im Gewoge des Weltenozeans zwischen zwei Schöpfungszyklen dahintreibt. Zur Plastik gehört das Wasser des Teichs, das sie in Natur umgibt. Das Geflecht des Schlangenleibes bildet die Zwischenzone und leitet über zum weichen Leib des Gottes und seinen, dem wässerigen Element angeglichenen, knochenlosen Gliedern. Die Einbeziehung der Natur ist vollkommen gelungen, auch die Spiegelung des steinernen Schlangenbootes im Wasser ist vom Künstler einkalkuliert. Gleich dreimal ist das Motiv im Tal von Kāṭhmāṇḍu erhalten geblieben, in → Buḍhanīlkaṇṭha, in → Bālāju und im → Bhaṇḍārkāl genannten Garten des Hanumānḍhokā. In ähnlicher naturhafter Kraft präsentiert sich Viṣṇu als Eber in → Dhumvārāhī, während er die junge Erde aus der Gewalt der Dämonen befreit, die sie in die verderbliche Tiefe hinabgezogen hatten. Von ähnlicher verhaltener Dynamik sind die Steinbilder auf dem

Hügel von → Cāṅgunārāyaṇa erfüllt. So der die drei Welten mit gewaltigem Schritt durchmessende Viṣṇu, oder seine Offenbarung in der Allgestalt der Schöpfung, und unvergleichlich als ein Meisterwerk voll angespannter Energie und Lebenskraft, von wahrhaft »großer Form«, der Viṣṇu, der seinen Garuḍa reitet (Garuḍāsana). Ihm zur Seite stehen von gleicher Qualität der Form und des Ausdrucks die → Garuḍa-Vainateya-Bildwerke des 5. Jahrhunderts, das vor dem Cāṅgu Nārāyaṇa Mandir erhaltene von 467 n. Chr., das gleich alte, im Straßenpflaster versunkene, nördlich vom Taleju Mandir und schließlich das vor dem Nārāyaṇa Hiṭi Mandir. Sie haben viele Jahrhunderte nachgewirkt, da die zahlreichen Geruḍadarstellungen mit den porträthaften Zügen des Stifters immer wieder nachahmend auf diese Vorbilder der klassischen Zeit zurückgriffen. Aus den Beispielen wird deutlich, daß die Klassik eine Epoche der Viṣṇuverehrung war. Doch auch der Buddha tritt uns in diesen Jahrhunderten in Steinstatuen entgegen, die den schlanken, transparenten Körper mit Hilfe des durchscheinenden Gewandes zu einer schwerelosen Erscheinung des Geistes verwandeln, der den Stoff geläutert und durchdrungen hat. Am Ufer der Bāgmati gleich unterhalb von Paśupatināth steht ein typisches Originalbildwerk dieser Art. Augenfällig ist daran die nahe Beziehung zur Werkstatt von Sārnāth, die zur gleichen Zeit ähnliche Buddhabilder schuf. Von dort kommt die Weichheit und Schmiegsamkeit. Die gleichzeitige Werkstatt von Mathurā ist kräftiger und härter und hat eine Vorliebe für schnurartige Faltennetze, die der Werkstatt von Sārnāth abgeht. Sie hat auf die newarische Werkstatt klassischen Stiles keinen Einfluß genommen. Auch diese klassischen Buddhastatuen dienten nachfolgenden Jahrhunderten als Vorbild, eine Tatsache, die zu manch einer Fehldatierung geführt hat. Die Meisterwerke der klassischen Plastik in Nepal sind fast alle ortsgebunden. Weder Ausstellungen noch Museen können von ihrem Reichtum und ihrer Originalität einen Eindruck vermitteln.

In den Jahrhunderten der Nachklassik tritt eine Vorliebe für überschlanke Figuren an den Tag. Die Glätte ihrer Oberfläche, die wie ein schimmerndes, oft maskenhaft starres Kleid wirkt, paart sich mit Bewegungen, die bis zur Geziertheit gesteigert sind. Unübersehbar ist ihre Verwandtschaft mit der Pāla-Sena-Werkstatt in Bihār, einem Durchgangsland, dem Nepal auch sonst Entscheidendes verdankt. Ein Beispiel von hoher Qualität ist die Darstellung der Māyā unter dem Śālabaum bei der Geburt des künftigen Buddha im Nationalmuseum. In dieser auch im geschichtlichen Zusammenhang schwer überschaubaren Epoche läßt sich eine Entwicklung der Künste nicht darstellen. Doch finden sich hervorragende Einzelstücke, manche in Museen, die meisten *in situ*, oft als Kultbilder. Danach zu urteilen hat das handwerkliche Können seinen hohen Stand aufrechterhalten. Die Kompositionen sind jetzt dynamisch bewegt. Auch die Einzelfigur steigert sich zu dramatischen Effekten. Der viṣṇuitischen Bildwelt tritt Śiva zur Seite mit dem ganzen Szenarium seiner Aspekte. Sehr häufig wird die siegreiche Streiterin Durgā Mahiṣamardiṇī dargestellt, wie sie den überwundenen Büffeldämon unter ihre Füße tritt.

Nach dem Einbruch des moslemischen Scharen unter Shams-ud-dīn-Ilyās 1349 n. Chr. und den Zerstörungen, die sie angerichtet hatten, beginnt die barocke Stilepoche in der Newarikunst mit dem Wiederaufbau und den Wiederherstellungen. Diese Restauration ist untrennbar verknüpft mit der Persönlichkeit des Jayasthitiṃalla (1382–1395) und seiner Gesellschaftsreform. Wenn er die bestehende Kastenordnung erneuerte, so betraf das auch die Handwerker, ihre Bauhütten und Werkstätten. Zusätzlich ist mit nicht wenigen Emigranten zu rechnen, Architekten, Fachkräften wie Bildhauern, Schnitzern, Metallgießern, die durch die Islamisierung Nordindiens arbeitslos wurden und im Hochtal eine neue Heimat fanden. In der Periode des Wiederaufbaues gab es für sie Arbeit in Hülle und Fülle. Wie Jayasthitimalla nach dem Zusammenbruch die Stunde Null dazu benutzte, die gesamte Newargesellschaft und ihre Kultur in neue Bahnen zu lenken, so prägten auch die Bauhütten unter ihm und unter der langen Regierung des Yakṣamalla (1428–1482), vom Aufwind eines Neubeginns ergriffen, die Form des typischen Tempels und seiner wiederholbaren Teile für die kommenden Jahrhunderte der Mallaherrschaft. Das betrifft besonders Aufbau und Ausstattung der Newaripagode. So wird der Typus festgeschrieben, erstens für das Tor zur Cella, zweitens für die Gestaltung der Dachstützen.

Der Schwellenübergang von der Außenwelt des Alltags ins Allerheiligste der Cella wird durch aufsteigende oder absteigende Treppenstufen und durch Tierpaare vorbereitet, die sie als Wächter flankieren. Die Tür selbst ist links, rechts und oben von Gestalten umgeben, die die Schwelle hüten. Es sind holzgeschnitzte Reliefs, die in die Ziegelmauern eingelassen sind oder über der Tür aufgehängt werden. Reichere Tempel ersetzen das einfache bemalte Holz durch vergoldete Treibarbeiten in Kupfer oder Bronze. Formal verändert sich dadurch gar nichts. Es gibt zahlreiche Tempel z. B. den Kaṅkeśvarī Mandir in Kāṭhmāṇḍu, wo ein Holzrelief einem später gestifteten vergoldeten Metallrelief Platz gemacht hat, d. h. es wurde an einer anderen Seite desselben Tempels aufgehängt. Sie gleichen sich wie ein Ei dem anderen. Selten ist die Ausführung dieser Schwellenreliefs in Stein. Dargestellt werden zu beiden Seiten der Tür immer, gegenständig nach rechts und links ausschwingend, Göttinnen auf Makaras, die sich mit ihren Krokodilsrachen von den unteren Ecken her emporrecken. Gemeint sind nach offenbar uralter südasiatischer Überlieferung die Flußgöttinnen Gaṅgā und Yamunā. Bleibt man bei dieser Deutung, dann hat man die Schwierigkeit in Kauf zu nehmen, daß zur Gaṅgā zwar das Makara wie dargestellt gehört, zur Yamunā aber die

Schildkröte treten müßte, auf der sie nach hinduistischer Ikonographie steht. Bei den Türreliefs an den Tempeln Nepals wird dieser Unterschied nicht gemacht. Kleiner dargestellt treten wechselnd andere Gottheiten als Schwellenhüter hinzu, auf jeden Fall immer Bhairavas, schreckliche Formen Śivas, die alle Dämonen vertreiben. Zuweilen wird auch ein Band mit den acht Glückszeichen (→ aṣṭamaṅgalas) hinzugefügt. Älteste Beispiele für diese seitliche Ausstattung der Schwellenregion bieten der Indreśvarī Mandir in Panauti oder der Kumbheśvara Mandir von 1392 in Pāṭan.

Über der Tür zur Cella hängt halbkreisförmig und gewöhnlich oben leicht nach vorne geneigt ein Tympanon. Das Sanskritwort Toraṇa läßt sich eher für die Gesamtumrahmung der Tür einschließlich des Tympanons anwenden. Das Tympanon hat eine charakteristische, stets wiederkehrende Rahmung, in der von diesem Rahmen umschlossenen Lünette erscheint die Darstellung eines oder mehrerer Gottheiten. Wer immer die Schwelle überschreitet, blickt nach oben und schaut dort die Offenbarung dessen, der im Allerheiligsten des Tempels wohnt und zu dem er eintritt, nachdem er sich zuvor durch Anschlagen der Tempelglocke angemeldet hat. Im Halbkreis des Rahmens fliegt der Vogel Garuḍa als Scheitelfigur. Seine traditionellen Feinde, die Schlangen (Nāgas), winden sich in seinen Fängen und bilden beiderseits die Bogenviertel, die zu je einem Makara mit Krokodilsrachen hinunterführen. Dieser Garuḍa-Nāga-Makara-Halbkreis wölbt sich als Rahmen des Tympanons über jeder Tempeltür. Damit ist der obere Abschluß des Schwellenbereiches gekennzeichnet. Seine einmal festgelegte Ikonographie hat sich im Verlaufe der Mallazeit nicht geändert. Formal machen die Fabelwesen die Entwicklung von lebendiger Plastizität zu allmählicher schematischer Erstarrung und zunehmender Verarmung durch, der die ganze barokke Stilepoche unterliegt.

Auch die Schnitzfigur an den Dachstützen erfährt eine typische Normierung. Material ist das Holz, nur bei wenigen besonders bedeutenden und wohlhabenden Tempeln wird es von vergoldeter Treibarbeit überzogen. Ihrer Gestalt nach sind diese Figuren Pfeilerfiguren, wie sie an archaischen Stūpen- oder Tempelzäunen in Holz oder Stein üblich waren. Als Dachstützen werden sie schräggestellt, meist mit einer Neigung von 60°. Gleichzeitig werden sie in die Höhe gehoben und können von unten angeschaut werden. Auch die Länge des Bildfeldes teilen sie mit den Pfeilerfiguren. Doch schlanker müssen sie sein, da Holzbalken gewöhnlich schmäler ausfallen als Steinpfeiler. Das langgezogene Bildfeld ist dreigeteilt. Das Hauptfeld in der Mitte wird von der Figur eingenommen. Das kleinere obere Feld füllen die Zweige eines Baumes mit ornamental angeordnetem Laubschlag. Das untere Feld besteht aus kantig wiedergegebenem Gestein. Darauf hockt ein Gnom oder ein Mithunapaar. Oder es spielt sich in kleinen Figuren eine ganze Szene ab, eine Höllenstrafe etwa oder ein Exempel erotischer Paarung. An Stelle des Gesteins kann auch eine Lotusblume treten. Die Dreiteiligkeit mit Felsboden und Baumschlag leitet sich offensichtlich von den frühesten Darstellungen her, wie sie sich im Ukubahāl in Pāṭan und im Itum- und im Yaṭkhābahāl in Kāṭhmāṇḍu erhalten haben. Es sind Baumnymphen (Śālabhañjikā), nur mit Schmuck und durchsichtigem Stoff bekleidet, schlank, oft überschlank. Länge und Schmalheit der Dachstützen kommen dieser Eigentümlichkeit entgegen. Die Nymphe greift in die Zweige über ihrem Haupt. Unter ihren Füßen kauert ein Gnom. Ihr weich plastizierter, in den (»dreifach gebrochenen«) Kurven der Tribhaṅga-Pose schwingender Körper ist eines mit den sprießenden Wachstumskräften, die sich über ihr in der Fülle des Laubwerks entfalten. Der kauernde Dämon unter ihr ist dagegen knorrig wie Wurzelwerk. Ihre Schönheit blüht empor aus dem Wirrwarr häßlicher Verzerrungen. Während sich unten die plastischen Formen verknöchern und verkrampfen, befreien sie sich nach oben in fließender Gelöstheit. Zu der sich ergänzenden Gegensätzlichkeit gehört es auch, daß im unteren Drittel des Bildfeldes harte, kristallinische Gesteinsformen vorherrschen, während im oberen Drittel weiche, runde Stengel mit spitzovalen Blättern ein lebendiges Pflanzendikkicht bilden. Anstelle der Baumnymphe traten andere Figuren. Die Dreiteiligkeit mit Blattwerk und Gestein blieb. Die Götter und Könige, die an der Stelle der Nymphe in die Komposition eintreten, greifen sogar ohne jeden Grund mit einer Hand über sich ins Gezweig und ahmen ihre Tribhaṅga-Pose nach. Dies scheint eine Schnitzwerkstatt gewesen zu sein, die von Anfang an maßgebenden Einfluß auf die Entwicklung genommen hat. Mit guten Gründen wird sie ins 14. Jh. datiert. Eine andere Schnitzwerkstatt scheint zur gleichen Zeit mehr für die Tempel tantrischer Gottheiten gearbeitet zu haben. Da finden sich breite Holzplanken statt schmaler Balken und gedrungene untersetzte Figuren, starr frontal ohne Körperwendungen wirken sie als flache Reliefs mit graphisch geritzten Umrissen. Der Laubschlag im oberen Drittel ist ein Teppich von nebeneinander geordneten Blättern geworden. Im unteren Drittel wächst eine Lotusblüte, auf der das der Gottheit zugeordnete Tier ruht. Die Mātṛkās und Bhairavas, die so dargestellt werden, rücken wie Visionen in eine unkörperliche Ferne. Beide Tendenzen, die weich plastizierende, fließend bewegte Körperhaftigkeit und die harte, eckige zeichnerisch-graphische Flächigkeit haben beim Werden der barocken Stilphase im 14. und 15. Jh. eine Rolle gespielt. Aus gegensätzlichen Werkstatttraditionen, die eine mehr von indischen Verwandtschaften bestimmt, die andere von lokaler newarischer Eigenart, sind die Grundlagen für die Hofkunst der Mallas entstanden.

Buddhistische Heiligtümer hatten vorwiegend die Form von vierflügeligen quadratischen Höfen, in deren Mitte ein Stūpa errichtet war. Die an Innen-

und Außenseite vorkragenden Dächer wurden von geschnitzten Holzstützen getragen, die, nach den ältesten erhaltenen Resten zu urteilen, die Gestalt von Baumnymphen (Śālabhañjikās) hatten. Die Talejuheiligtümer in Bhaktapur (nach 1326) und Pāṭan (1666), Mūlcok genannt, waren ebenfalls quadratische Höfe, mit einer Fläche von einer Ropiṇī (526 qm), mit Götterbildern als Dachstützen. Śiva Paśupatināth dagegen hatte eine Pagode als Heiligtum. Der heutige zweigeschossige Bau stammt von 1696, soll aber nach der Tradition in den alten Maßen und Proportionen neuerrichtet worden sein. Der Bau wirkt jedenfalls in der Architekturgeschichte des Tales wie ein Urbild der Pagode schlechthin. Immer wenn es darum ging, einem Heiligtum besonderer Art eine hohe archaische Würde zu verleihen, wurde die zweigeschossige Paśupatināthpagode als Vorbild benutzt. Ihre kubische Grundform setzt sich aus geschmückten, aber nicht aufgelösten Mauerflächen zusammen. Der Umgang um das Caturmukhaliṅga befindet sich im Inneren der Cella. Die mächtigen, breiten Dächer fügen sich durch Betonung der Horizontale in die gedrungenden Proportionen der archaisierenden Gesamterscheinung ein. Dem Vorbild folgte Yakṣamalla (1428–1482) bei der Errichtung des Yakṣeśvara Mandir, dem ältesten Pagodentempel im Darbārbezirkes von Bhaktapur. Es spiegelt sich auch im Cāṅgu Nārāyaṇa Mandir und im Jagannāth Mandir von Kāṭhmāṇḍu. Der älteste Tempel auf dem Darbārplatz von Pāṭan, der Cārnārāyaṇa Mandir von 1565, gehört ebenfalls zu dieser Gruppe. Die Vorliebe für gedrungene Proportionen scheint das 16. Jahrhundert über anzuhalten. Das gilt für Architektur und Plastik. Verbunden damit ist eine gewisse Zurückhaltung im Dekor. Im 17. Jahrhundert entfaltet sich dagegen die plastische Schmuckfreude zu voller Höhe, wie es der Viśvanāth Mandir von 1626 in Pāṭan und der benachbarte Hariśankar Mandir aus der gleichen Werkstatt in bestmöglicher Qualität zeigen. Die plastizierende Fülle des Details bewirkt eine Auflockerung des gesamten Bauwerks, beginnend mit den geschnitzten und bemalten Bogenreihen im Erdgeschoß, die nun außenherum laufen, und von da aufsteigen und alle Bauglieder organisch verbinden. Damit ist der Höhepunkt der barocken Stilepoche erreicht. Im 18. Jahrhundert kündigt bereits Manierismus und Schematismus zusammen mit der einsetzenden Massenproduktion das Ende der schöpferischen Kräfte an. In Kāṭhmāṇḍu und Bhaktapur beginnt ein Wettstreit, wer die höchste Pagode zustande brächte, mit dem Jaisi Deval von 1688, dem Trailokya Mohan Mandir von 1690 und dem Māju Dega von 1692 in Kāṭhmāṇḍu und dem Nyātapola von 1703 in Bhaktapur. Stufenberge tragen die Dächer der Pagoden empor, so daß sie in den Stadtsilhouetten der Newarstädte sichtbar werden wie die Kirchtürme einer mittelalterlichen europäischen Stadt. Man steckt die Grenzen des Möglichen so weit, wie man gerade noch mit dem Können nachzukommen vermag. Auch die Plastik wird vom Hang zur Virtuosität ergriffen. Ein letzter Aufschwung, bevor die Kräfte nachlassen und immer weniger Figurentypen immer häufiger wiederholt werden. In der Architektur des 19. und 20. Jahrhunderts spielt dann die Plastik keine Rolle mehr. Ihre Höhepunkte waren die klassische und die barocke Stilepoche.

Malerei in Nepal

Mit der Wandmalerei steht es auch in Nepal nicht anders wie in ganz Südasien. Die Farbe hält sich in Monsunländern nicht lange, zumal die echte Freskotechnik unbekannt war. Es handelt sich um Mineralfarben, die, gerieben und pulverisiert, mit einem leimartigen Bindemittel auf die Wand aufgetragen wurden. Die Umrisse der Figuren und Gegenstände wurden vorgezeichnet. Es war eine reine Flächenkunst im Nebeneinander und Übereinander. Gesichter erscheinen mit Vorliebe im Profil, doch mit großem, nach vorn gerichtetem Auge. Auch die breite Fläche reiner Vorderansicht kommt zur Geltung, doch gibt es keine Wendungen dazwischen. Dabei würde die Figur aus der Fläche herausfallen. Die dritte Dimension, als vorgetäuschte Raumtiefe, tauchte in der Moghulmalerei unter dem Einfluß europäischer Bilder auf, brachte jedoch kein reines Glück. Das Tal von Kāṭhmāṇḍu blieb bis zum 19./20. Jahrhundert unberührt davon. Die Wandmalereien im Palast von Bhaktapur aus dem 17. Jh. lassen sich mit denen im Palast des Mahārāja von Sulṭānpur (Kūlū) vergleichen. Sie gehören inhaltlich und gegenständlich in den großen Bereich breiter epischer Erzählungen, denen wir auch in den langen Reliefstreifen an den Außenwänden von Tempeln begegnen, etwa am Bhīmsentempel oder am Gopāl-Kṛṣṇa-Tempel in Pāṭan. Eine biblia pauperum. Kämpfende Helden wechseln mit Göttererscheinungen. Heere ziehen vorbei. Herrscher thronen inmitten ihres Hofstaates. Andere Stoffe bietet der Buddhismus, etwa die 108 Epiphanien des Avalokiteśvara, die jeden Macchendranāthtempel schmücken. Zusammengesetzt sind diese Friese aus einer begrenzten Zahl von Gestalten und Versatzstücken, die der Maler auswendig kennt oder mit Hilfe von Schablonen auf den Wänden umreißt. Die Grenze zwischen Relief und Wandmalerei ist fließend, da auch die Reliefs farbig angelegt wurden.

Miniaturen schmücken auch Handschriften, die in Nepal geschrieben wurden. Sie verbildlichen die Erscheinungen der Gottheiten, der Buddhas und Bodhisattvas, bieten Meditationsvorlagen und erzählen Szenen aus den Legenden. Formal ist ihre Herkunft aus der blühenden Schule der Pāla-Sena-

Malerei auf den ersten Blick zu erkennen. Nālanda war Hochschule buddhistischer Wissenschaften, war aber auch Kunstakademie. In beiden Richtungen wirkte sein Einfluß tief und nachhaltig auf Nepal und Tibet. Doch gibt es daneben auch sehr lebendige Illustrationen zum Mahābhārata, die den Darstellungen in Reliefs und Malerei an den Wänden zur Seite treten. Soweit gliedert sich die Malerei Nepals in die künstlerische Tradition Südasiens ein.

Das Hängebild (Sanskrit: taṅkā, Newari: paubhā) dagegen ist in Ostasien zuhause, kam über Tibet nach Nepal und hat hier seine lokale Fortbildung gefunden. Gemalt wird mit mineralischen Farben und Gold auf präparierten Baumwollstoff. Seidenstoffe dienen zur Einfassung. Oben und unten werden Rundstäbe angebracht. Das Bild wird eingerollt und so aufbewahrt. Aufgerollt wird es, wenn es zur Betrachtung vorgezeigt oder an die Wand gehängt werden soll. Es ist vor allem zur häuslichen Andacht bestimmt und kann als Meditationsvorlage Verwendung finden. Auch Klöster und Tempel haben daran Bedarf und nehmen Stiftungen dieser nicht selten kostbaren Gemälde entgegen. Eine vorzügliche Sammlung besitzt die National Art Gallery im Palast von Bhaktapur.

Bemerkenswert ist dort die in flammendem Rot gehaltene visionäre Darstellung des Śiva in Allgestalt (Viśvarūpa) als Tänzer (Ṇrteśvara) mit seiner Śakti, fünfköpfig und zwanzigarmig, in einer Aureole von Feuer. Das Zusammenspiel der Glieder des weißen Śiva und seiner roten Śakti, die seinen Körper verdeckt, ist kontrapunktisch meisterhaft durchgeführt. Diese rein flächige Begegnung und Verflechtung gibt dem Gemälde seinen Rang in der Kunst des 17. Jahrhunderts, dessen Stil in der Spannung zwischen Gegensätzen und ihrem lebendigen Ausgleich seine Vollendung findet. Dieses in jeder Hinsicht brillante Virtuosenstück des Pinsels (94,5 × 54,6 cm) wurde im Jahre 1659 von König Jayapratāpamalla in Auftrag gegeben, wie die Inschrift in Sanskrit und Newari mitteilt.

Ein buddhistisches Gegenstück zu der tantrischen Szene besitzt die National Art Gallery in der Darstellung des Transzendenten Buddha Amitābha in seinem Paradies Sukhāvatī. Auf grünem Grund steigt der rote Pagodenturm auf, vor dem Amitābha in vielfarbiger Aura und rotgelbem Gewande auf einer Lotusblume thront, die Bettelschale im Schoß, verehrt von Bodhisattvas und Sīddhas, die ihn als kleine Figuren umgeben (62,5 × 43,5 cm). Im kompositionellen statischen Aufbau wie in der kühlen grün-gold-roten Farbstimmung strömt das Bild tiefe Ruhe aus. Die Inschrift in Newari nennt den Stifter Kulavanta Siṃha Tūladhāra, das Jahr 1823 und den Anlaß, zur Erinnerung an ein Fasten nach der Rückkehr aus Lhāsā.

Die hohe Kunst der Taṅkāmalerei, die eine meditative Grundhaltung beim Malen und bei der minutiösen Pinseltechnik unendliche Geduld, Sorgfalt und Zeit erfordert, ist leider im Aussterben begriffen. Auch im Handel ist kaum noch künstlerisch Wertvolles erhältlich. Die für den Tourismus hergestellte Massenware erfüllt die Voraussetzung für die Ausfuhr, daß kein Gegenstand älter als fünfzig Jahre sein darf. Auf der anderen Seite befreunden sich begabte Maler mit den verschiedenen Richtungen westlichen Malens. Einige von ihnen habe es darin auch in Europa zur Anerkennung gebracht. Es lohnt sich für den Interessierten, einen Besuch in der Royal Academy oder bei dem nepalischen Künstlerbund NAFA zu machen. In jüngster Zeit haben sich auch ein paar kleine Privatgalerien aufgetan, die man an den Hauptstraßen der kleinen Stadt unschwer findet.

Ratschläge für die Reise

Bei den folgenden Ratschlägen handelt es sich um unverbindliche Mitteilungen, die auf persönlicher Erfahrung beruhen. Die wichtigste Erfahrung sei gleich am Anfang des Kapitels vorweggenommen: Vorschriften und umfassendere gesetzliche Regelungen können sich von heute auf morgen ändern; wirtschaftliche und kulturelle Verhältnisse befinden sich in der Entwicklung und sind damit ebenfalls raschen und oft unvorhersehbaren Entwicklungen unterworfen. Es empfiehlt sich, vor und während der Reise laufend Erkundigungen einzuziehen, bei amtlichen Vertretungen, Reisebüros und Mitreisenden, wenn man ein umfangreicheres Programm durchführen möchte. Für die Planung ist es wichtig zu wissen, daß in Nepal nicht der Sonntag, sondern der Samstag geheiligt wird, und daß es darüber hinaus zahlreiche vorgesehene und unvorhergesehene Feiertage gibt. Mit der Tageszeit ist Nepal 4 Stunden und 40 Minuten im Vorsprung, gegenüber der Mitteleuropäischen Normalzeit.

Gesundheitsvorsorge

Wer gesund ist, wird ungewohnte Belastungen durch Klimawechsel ohne Schwierigkeiten meistern. Wer an Herz- und Kreislaufschwäche oder chronischen Funktionsstörungen eines anderen Organes leidet, sollte vor der Planung der Reise seinen Arzt konsultieren. Unwohlsein, Verdauungsstörungen und Erkältungen, die einen jeden anfallen und ihm die Reise- und Urlaubsfreude vergällen können, lassen sich vermeiden oder auf ein Mindestmaß beschränken, wenn man folgende Ratschläge beachtet: Essen kann man ohne Bedenken nur, was gekocht oder gebraten ist, und rohes Obst, wenn man es selbst geschält hat, also Äpfel, Orangen, Bananen, Pampelmusen, Melonen, Papayas, Mangos u. ä. Auf Salat sollte man verzichten, auch wenn er chemisch behandelt ist oder wenn jemand sagt, er stamme aus dem eigenen Garten. Denn auch dort wird mit Latrinenwasser gedüngt. Trinken sollte man nur, was in verschlossenen Flaschen angeboten wird. Abgekochtes und gefiltertes Wasser ist gefahrlos. Nur kann man sich auch im Luxushotel nicht darauf verlassen, daß das angeblich abgekochte Wasser auch wirklich lange genug gekocht hat. Diener und Kellner werden immer das sagen, was der Gast hören möchte. Sie werden das gar nicht als Lüge empfinden. Das Tal von Kāṭhmāṇḍu ist hochgradig von Bakterien aller Art verseucht. Auf den Straßen werden noch immer täglich die Fäkalien abgesetzt und vermischen sich bei Trockenheit mit dem Staub, bei Nässe mit dem Regenwasser, so daß die Bakterien ihren Kreislauf unmittelbar fortsetzen können. Gefürchtet ist besonders die *infektiöse Hepatitis*, die sehr weit verbreitet ist, und die *Tuberkulose.* Die gefährlichsten Ansteckungsquellen sind unabgekochtes Wasser und Salat. Am besten stillt man seinen Durst mit Tee, der nebenbei auch noch eine wohltuende Wirkung auf das normale Funktionieren von Magen und Darm ausübt. Auch die Angewohnheit, eiskalte Getränke mit möglichst vielen Eisstücken zu schlürfen, ist der Gesundheit abträglich, zumal diese Eisstücke so gut wie immer aus Wasser hergestellt werden, das nicht durch Abkochen und Filtern keimfrei gemacht worden ist. Bedenkenlos werden vielerorts die Eisbarren verwendet, die von der Eisfabrik auf offenen Karren angeliefert werden und nur zum äußeren Kühlen, aber keinesfalls zum Genuß taugen. Auch bei Speise-Eis ist Vorsicht geboten, selbst in Hotels westlichen Stiles.

Impfungen werden neuerdings nicht mehr verlangt. Einerseits gelten Infektionskrankheiten wie die Pocken als erloschen oder wie Typhus und Cholera als beherrschbar, zumal die Weltgesundheitsbehörde festgestellt hat, daß die Schutzimpfungen keinen absoluten Schutz boten. In einem Lande wie Nepal wird es für den ausländischen Touristen kaum irgendwo eine Ansteckungsgefahr für die genannten Krankheiten geben. Drei Krankheiten aber sind für ihn akute Bedrohungen, die schon genannte infektiöse Hepatitis, Malaria und die Höhenkrankheit. Bei allen dreien stellt sich nicht die Frage einer Impfung, sondern die Forderung an den Reisenden, durch sein eigenes Verhalten einer Erkrankung vorzubeugen. Von der Hepatitis und ihrer Vermeidung war schon die Rede. Gegen *Malaria* sind vorbeugende Medikamente bereits vor der Reise und auch noch nach der Reise einzunehmen. Zwar wird man sich im Tal von Kāṭhmāṇḍu und höher hinauf in den Bergen nicht anstecken können, sobald man aber einen Ausflug ins Terai unternimmt, z. B. in den Naturschutzpark von Chitwan und das dort gelegene Tiger Tops, ist die Gefahr gegeben. Da es sich bei den Vorbeugungsmitteln um ein Dauermedikament handelt, sind die Nebenwirkungen, die den meisten von ihnen anhaften, sorgfältig in Betracht zu ziehen. Nicht jedes Medikament, das zur Behandlung der akuten Erkrankung wirksam ist, eignet sich auch als wochenlang einzunehmendes Vorbeugungsmittel. Es wird empfohlen, sich bei einem Tropeninstitut nach dem günstigsten Mittel entsprechend dem neuesten Stand der Forschung zu erkundigen. Nur bei diesen Spezialinstituten sind die Voraussetzungen für einen zuverlässigen Rat gegeben.

Die *Höhenkrankheit* verläuft in Nepal vor allem deshalb so häufig tödlich, weil es unter den gegebenen Umständen oft sehr schwierig ist, die notwendi-

Tukche im Tal der Kālī Gaṇḍakī → Jomosom-Wanderung S. 118, 119 ▷

gen Hilfsmaßnahmen rechtzeitig einzuleiten. Da es aber in die Hand des Reisenden selbst gelegt ist, ob er die nötige Vorsicht bei der Überwindung großer Höhenunterschiede walten läßt oder nicht, läßt sie sich mit dem notwendigen Verantwortungsbewußtsein vermeiden. Wenig oder nichts hat der zu befürchten, der bei langsamem Aufstieg seinen Körper allmählich an die veränderten Umstände gewöhnt. Wer aber in weniger als einer Stunde vom Tal von Kāṭhmāṇḍu in Höhen über dreitausend Meter hinauffliegt, muß damit rechnen, daß sein Körper derartigen Belastungen nicht gewachsen ist. Wer meint, ihm könnte das nicht passieren, möge bedenken, daß er durch sein leichtfertiges Verhalten nicht nur das eigene Leben und die eigene Gesundheit aufs Spiel setzt, sondern die Gesundheit vieler anderer, die ihm im Notfall zu Hilfe kommen werden, ohne sich selbst zu schonen. Im Gegensatz zum Aufflug bietet der Abflug aus großen Höhen ins Tal hinunter keine Gefahren.

Es ist ratsam, vor Antritt der Reise diesen ganzen Fragenkomplex mit dem Hausarzt durchzusprechen. Mit ihm zusammen wird man dann auch die Entscheidung treffen, ob man sich außer gegen Typhus und Cholera Impfungen gegen Tetanus, Polio u. a. gesundheitliche Risiken zumuten will, die ja immer, besonders wenn sie sich häufen, eine ‚Belastung des Organismus' darstellen. Den besten Schutz gegen Krankheiten unterwegs bieten ein stabiler Gesundheitszustand, der die nötigen Abwehrkräfte entwickelt, und ein Reisestil ohne Hetze und Überanstrengung. Der wirksamste Schutz gegen Erkältungen liegt in einer dem Zweck und der Situation entsprechenden Kleidung. Baumwollene und wollene Unterkleidung ohne Kunstfaser im Sommer, wollene im Winter. Buschhemd und leichte Hose für den Herrn, Bluse und Hose oder besser lange baumwollene Röcke, im Land erhältlich, für die Dame. Shorts werden beim Herrn belächelt, bei einer Dame als anstößig empfunden. Eine Wolljacke braucht man immer, auch im Sommer des Abends, im Winter auch gefütterte Oberkleidung.

Die ärztliche Versorgung in Kāṭhmāṇḍu selbst hat sich dadurch verbessert, daß sich ein in Deutschland ausgebildeter und deutschsprechender Arzt niedergelassen hat. Seine Praxis befindet sich nicht weit vom Kāṭhmāṇḍu Guesthouse an der Nordgrenze des Stadtteils Chetrapati: Dr. Basant Lal Shrestha. Sprechstunden (außer Samstag) 17–19 Uhr. Tel. 2-1 27 27 (Praxis), 5-2 27 91 (privat). Erweist sich die Einweisung in ein Krankenhaus als notwendig, dann wird der Ausländer das Pāṭan Hospital, Lagankhel, Tel. 5-2 22 86, 5-2 22 66, 5-2 10 34, vorziehen. Zur Wahl steht außerdem das Bīr Hospital, Kāntipath, Kāṭhmāṇḍu, Tel. 2-1 18 00, 2-1 50 24. Dort arbeitet auch die deutsche Schwester Christine auf der Unfallstation. Sie ist immer hilfsbereit.

◁ *In der Khumba Himāl-Region*

Paß- und Visumvorschriften

Jeder Ausländer darf in Nepal nur mit einem gültigen Reisepaß einreisen. Als Ausländer gelten nicht die Staatsangehörigen von Indien und Bhutan. Das Touristenvisum ist gültig für das Tal von Kāṭhmāṇḍu und das Nachbartal von Banepa, für Pokhara, für den Nationalpark Chitwan mit Tiger Tops und die dorthin führenden Zufahrtswege. Es gilt ebenfalls für die sog. Chinesische Straße bis zur chinesischen Grenze in Kodari. Für alle anderen Bezirke des Königreichs Nepal ist zusätzlich ein *Trekking Permit* erforderlich, das nur in Kāṭhmāṇḍu beim Immigration Office, jetzt im Dillibazar an der „Alten Straße zum Flugplatz" (geöffnet sonntags bis freitags 10–16, im Sommer bis 17 Uhr) erhältlich ist. Manche Bezirke sind aus politischen Gründen überhaupt für Ausländer gesperrt.
Ein Touristenvisum stellen aus die Botschaften und Konsulate im Ausland mit einer Gültigkeitsdauer von vier Wochen. In der Bundesrepublik Deutschland kostet es zur Zeit DM 23.–. Die Ausstellung ist aber auch bei der Einreise am Grenzübergang oder am Flughafen möglich. Dann ist es nur eine Woche gültig und kostet US-Dollars 10.–. Es kann beim Immigration Office kostenlos auf einen Monat verlängert werden.
Wer sich das Visum vor Antritt der Reise in Europa besorgt, muß bei der nächsten diplomatischen Vertretung einen Visumsantrag anfordern. Den schickt er ausgefüllt mit Paß, Paßfoto, einer finanziellen Garantie einer Bank oder des Arbeitgebers, 3.– DM in Briefmarken und adressiertem Briefumschlag und mit 23.– DM Gebühren zurück. An Stelle der finanziellen Garantie genügt auch der Nachweis, daß der Antragsteller im Besitz eines Rückflugtickets ist. Die Ausstellung dauert normalerweise zwei Tage. Nach drei Monaten wird das Visum ungültig. Bei der Botschaft Nepals in New Delhi 110001, Barakhamba Road, Tel. 47568, geöffnet wochentags 9–14 Uhr, bei dem Konsulat Nepals in Calcutta, 19 Woodlands Sterndale, Tel. 452824, geöffnet wochentags 9–14 Uhr, ist das Touristenvisum auch ohne finanzielle Garantie erhältlich. Zwei Paßfotos sind notwendig. Gebühr: Gegenwert von 10.– US-Dollars. Ausstellung dauert einen Tag. Ebenso bei der Botschaft Nepals in Bangkok, 209 Sukkumvit 21, Tel. 912885.
Am bequemsten ist es, das Visum am Flughafen in Kāṭhmāṇḍu zu besorgen, besonders wenn man nicht länger als zehn Tage zu bleiben beabsichtigt. Die Verlängerung des Visums ist im ersten Monat gebührenfrei. Für einen zweiten Monat kostet sie je Woche 100 Nepalische Rupies, für den dritten Monat 200 Rps. pro Woche. Weitere Verlängerung des Touristenvisums wird nicht gewährt. Als Tourist kann man nur drei Monate bleiben. Diese Handhabung und die hohen Gebühren sind zu verstehen als Versuch des nepalischen Behörden, den unerwünschten Zustrom von Hippies einzudämmen, die jahre-

lang zwischen Goa und Nepal hin- und herzupendeln pflegten, indem sie den Winter in Goa und den Sommer in Nepāl verbrachten. Tatsächlich ist die Zahl der Hippies in den letzten Jahren zurückgegangen, vor allem wohl deswegen, weil die Bewegung weltweit im Abflauen begriffen ist.
Wer länger als drei Monate in Nepal bleiben möchte, braucht ein Aufenthaltsvisum. Darüber ist am besten die Auskunft des nächsten Konsulates im Ausland einzuholen, da die Bestimmungen sich kurzfristig ändern können.

Desivenvorschriften

Nepalische Rupien dürfen weder ein- noch ausgeführt werden. Es empfiehlt sich, Reiseschecks mitzunehmen, die auf US-Dollars ausgestellt sind. Die lassen sich überall wechseln. Mit anderen harten Währungen wie Schweizer Franken, Deutscher Mark, Englischem Pfund gibt es manchmal Schwierigkeiten. Die Wechselkurse werden jeden Tag in der Zeitung Rising Nepal veröffentlicht. Der Dollarkurs wird über längere Zeiträume festgesetzt, daher ist die »grüne« Dollarnote ein Zahlungsmittel, das auch im fernsten Tal des Gebirges umzusetzen ist. Deshalb sollte man neben Reiseschecks auch immer Dollarnoten mitnehmen. Es gab eine Zeit, da konnten sogar Euroschecks bei den Banken eingelöst werden. Heutzutage weigern sich auch die Zentralstellen der Banken entschieden, das zu tun. Es ist auch nicht ratsam, sich Geld überweisen zu lassen, weil dieser Vorgang eine unberechenbar lange Zeit in Anspruch nimmt. Keinesfalls sollte man Geld in Briefen schicken. Schon beim normalen Briefverkehr gibt es immer wieder einmal Verluste.
Die nepalische Rupie bildet eine Währungseinheit mit der indischen Rupie. Die festgesetzte Umtauschrate beträgt zur Zeit: 100 Indische = 145 Nepalische Rupien. Für indische und nepalische Staatsangehörige ist der Umtausch überall ohne Formalitäten möglich. Vom Ausländer verlangt man, daß er seine nepalischen Rupien gegen harte Währung erwirbt.

Zollvorschriften

Verboten ist Ein- und Ausfuhr von Drogen, Funkgeräten, Waffen und Munition. Zollfrei sind bei der Einfuhr ein Fotoapparat, eine Filmkamera, die allerdings registriert werden muß, 18 Filme, eine Reiseschreibmaschine, ein Tonbandgerät, 260 Zigaretten oder 20 Zigarren oder eine entsprechende Menge Tabak, zwölf Flaschen Bier, drei Flaschen Wein oder Whisky oder

andere Alkoholika. Die Kontrolle des Gepäcks ist gründlich, da sich die Regierung des Landes gegen den Schmuggel an Drogen, Edelmetall und technischen Geräten, der überhand genommen hat, energisch zur Wehr setzt und dabei die Touristen nicht ausnehmen kann.
Bei der Ausfuhr wird jedes Gepäckstück geprüft, besonders im Hinblick auf Drogen und Kunst- oder Kunstgewerbegegenstände, die älter als fünfzig Jahre sind. Im Zweifeslfalle besorge man sich eine Ausfuhrgenehmigung beim Department of Archaeology, National Archives, Ram Shah Path, geöffnet 10–16 Uhr außer am Wochenende. Man kann größere Sachen auch unbedenklich schicken lassen, dann besorgt das Geschäft, wo sie gekauft sind, oder ein Spediteur das Notwendige. Es ist sehr mühsam und zeitraubend, selbst ein Paket ins Ausland beim Postamt aufzugeben, nicht weniger übrigens eins aus dem Ausland in Empfang zu nehmen. Verboten ist ferner die Ausfuhr von Tieren und Tierfellen, von Gold, Silber und Edelsteinen.

Unterkunft

Hotelpaläste der Luxusklasse gibt es in Nepal wie überall in der Welt, wo der Massentourismus als staatlich geförderter Wirtschaftszweig Fuß gefaßt hat. Die Preise in diesen Hotels bewegen sich auf einem international festgesetzten sehr hohen Niveau und stehen in gar keinem Verhältnis zu den bescheidenen Einkommensverhältnissen der Hotelangestellten und zu der Wirtschaftsstruktur des Landes insgesamt. Nicht selten entspricht die Qualität des Wohnens und Essens den anspruchsvollen Preisen durchaus nicht. Dagegen gibt es mittlere und kleine Hotels bescheideneren Zuschnitts, in denen man bei mäßigen Preisen sehr gut aufgehoben ist. Die Veranstalter von Gruppenreisen machen ihre Verträge mit den Luxushotels und bringen ihre Gäste dort zu verbilligten Preisen unter. Einzelreisende suchen sich in Kāṭhmāṇḍu und Pokhara gewöhnlich ein weniger anspruchsvolles Hotel. So hat sich in Kāṭhmāṇḍu im Stadtviertel Thamel am nördlichen Rande der Altstadt um das Kathmandu Guesthouse herum eine Gruppe von kleinen Hotels und Restaurants angesiedelt, die solchen Bedürfnisen entgegenkommen und sich über Mangel an Zuspruch nicht beklagen. Sie können fast das genze Jahr über mit ausreichender Belegung rechnen, während die großen Hotels sich nur während der kurzen Stoßzeiten des Massenverkehrs einigermaßen füllen. Viele Besucher werden den Hotels den Vorzug geben, die so gelegen sind, daß die Altstadt mit ihren Gassen und Bazaren in wenigen Minuten zu Fuß zu erreichen ist. Nur so kann der Besucher die gemessene Zeit seines Aufenthaltes optimal ausnutzen und sich auch dem Vergnügen hingeben, im

Gedränge unterzutauchen und auf dem Markt und in den Läden dem Alltag der Stadt und ihrer Menschen zu begegnen. Die blitzenden, teueren Läden in den sog. Shoppingarkaden kilometerweit von der Stadt entfernter Luxushotels bieten dafür keinen Ersatz. Die beigefügte Hotelliste enthält daher auch einen Hinweis auf die Lage zum Stadtzentrum. Kāṭhmāṇḍu ist eine Kleinstadt. Fast alle Denkmäler in der Stadt selbst sind zu Fuß zu erreichen. Taxis sind nach unseren Begriffen billig. Man zahlt, was auf dem Tachometer steht. Vom Ausländer erwartet der Fahrer, daß er die Summe aufrundet. Trinkgelder sind nicht üblich. Es gibt auch Mietwagen ohne Uhr. Bei ihnen muß man den Preis vor Antritt der Fahrt aushandeln. Sie sind meist teurer. Auch mit den Rikshafahrern einigt man sich über den Preis, bevor man den Rücksitz des Dreirades besteigt. Er ist teurer als der Preis eines Taxis, aber eine Rundfahrt mit der Fahrradriksha durchs Gewimmel der Gassen hat ihren eigenen Reiz. Innerhalb der einheimischen Sozialordnung ist sie das Fahrzeug des kleines Mannes, auch zum Transport von Lasten, allerdings für ein weit geringeres Entgelt, als es vom Fremden erwartet wird.

Hotels im Tal von Kāṭhmāṇḍu (Auswahl)

Günstig gelegen am Nordrand der Altstadt in Thamel

Kathmandu Guest House	Kathouse		80	2-1368 2	×
Star			60	2-11004	×
Blue Diamond	Diamond		29	2-13392	×
Shakti			22	2-16121	×

Günstig gelegen am Ostrand der Altstadt

Nook	Nook		24	2-13672	× ×
Siddhartha	Holsidha	NP 290	20	2-15761	× ×
Woodlands	Woodlands	NP 282	69	2-13955 2-14616	× ×
Yellow Pagoda	Yelopagoda	NP 268	51	2-15338 2-15492	× × ×
Annapurna	Annapurna	NP 205	150	2-11711 2-11055	× × × × ×
Yak and Yeti	Yaknyeti	NP 237	110	2-16255 2-16635	× × × × ×

Günstig gelegen in der Altstadt

Panorama			48	2-11502	× ×

Mount Makalu	Montmakalu		30	2-13955 2-14616	× ×
Crystal	Crystal		55	2-12630 2-13611	× × ×

Günstig gelegen an der Nordostecke der Altstadt beim Palast

Shanker	Shanker	NP 230	135	2-15151 2-11973	× × × ×
Malla	Mallotel	NP 238	75	2-15966 2-15968 2-15320	× × × ×

In verschiedenen Richtungen gelegen

Vajra auf dem Weg nach und mit Blick auf Svayambhunath am Westrand der Altstadt		NP 309	38	2-14545	–
Shangrila im Norden	Shangrila	NP 276	50	5-22694 2-16108 2-16011 2-16866	× × × ×
Everest Sheraton halbwegs zwischen Flughafen und Stadt	Malari	NP 260	166	2-16388	× × × × ×
Soaltee Oberoi 2 km vom Zentrum neben dem Spielcasino im Südwesten	Soaltee	NP 203	300	2-11211 2-11106 2-14213	× × × × ×
Narayani in Patan	Hanarayani	NP 262	88	2-21711 2-21442	× × ×
Summit Hotel in Patan				5-22694	

Bungalow Hotels an der Straße nach Bodhnath, geeignet für längeres Bleiben

Dwarika's Kathmandu Village	Katmandap	NP 239	19	2-13770	× × ×
Taragaon Village		NP 214	16	2-15413 2-15634	× × ×

Everest Hotel, als höchst gelegenes Hotel der Welt angepriesen. Der Flug ist in mehrfacher Hinsicht nicht ohne Probleme, ebenso der Aufenthalt in ungeheizten Räumen.

Luftlinien vertreten in Kāṭhmāṇḍu

Aeroflot Soviel Airlines, Kanthipath	2-12397
Air France, Durbar Marg	2-13339
Air India International Kantipath	2-12335
Bangladesh Biman, Durbar Marg	2-12544
British Airways, Durbar Marg	2-12266
Burma Airways Corporation, Durbar Marg	2-14839
Indian Airlines, Durbar Marg	2-11198
Japan Airlines, Durbar Marg	2-13854
KLM Royal Dutch Airlines, Durbar Marg	2-14896
Lufthansa, Durbar Marg	2-13052
Pakistan International, Durbar Marg	2-12102
Pan American Worls Airways, Durbar Marg	2-15824
Royal Nepal Airlines, Kantipath	2-14511
Swissair, Durbar Marg	2-12455
Thai International Airlines, Durbar Marg	2-13565
Trans World Airways, Kantipath	2-14704

Reisebüros (Auswahl)

Annapurna Travel and Tours, Durbar Marg	2-13940
Continental Travels, Durbar Marg	2-14299
Everest Travel Service, Gangapath	2-11216
Gorkha Travels, Durbar Marg	2-14895
Himalayan Travels and Tours, Durbar Marg	2-13830
Kathmandu Travels and Tours, Gangapath	2-12985
Malla Travels, Malla Hotel, Lekhnath Marg	2-16637
Nepal Travel Agency, Ram Shah Path	2-13106
Natraj Tours and Travels, Durbar Marg	2-12014
Orchid Express Travels, Thamel	2-15775
Shankhar Travel and Tours, Shankar Hotel, Lazimpat	2-13494
Trans Himalayan Tours, Durbar Marg	2-13854
Universal Travel and Tours, Kantipath	2-14192
World Travels, Durbar Marg	2-12810
Yeti Travel, Durbar Marg	2-11234

Trekkingagenturen (Auswahl)

Annapurna Mounaineering and Trekking, Durbar Marg	2-12736
Exploring Nepal, Ram Shah Path	2-14424
Express Trekking, Naxal	2-13017
Gauri Shankar Trekking, Lazimpat	2-12112

Great Himalayan Adventure, Kantipath	2-16144
Himal Trek, Maharajgunj	2-13106
Himalayan Journeys, Kantipath	2-15855
Himalayan Rover Trek, Naxal	2-12691
Himalayan Trekking, Ram Shah Path	2-11808
International Trekkers, Durbar Marg	2-15594
Lama Excursions, Durbar Marg	2-15840
Manaslu Trekking, Durbar Marg	2-12422
Mountain, Travel, Naxal	2-12808
Natraj Trekking, Kantipath	2-16644
Nepal Trekking, Thamel	2-14681
Nepal Trekking and Natural History Expeditions, New Road	2-12985
Sherpa Cooperative Trekking, Kamal Pokhari	2-15887
Sherpa Trekking Service, Kamaladi	2-12489
Summit Nepal, Kupondole	2-21810
Trans Himalayan Trekking, Durbar Marg	2-13854
Yeti Mountaineering and Trekking, Ram Shah Path	2-16841

Tourist Information Center

Gangapath, Basantpur 2-15818
Sonntag bis Freitag 10–16 Uhr

Polizeinotruf 2-11999, 2-11162

Diplomatische Vertretungen Nepals in Europa

Botschaften
Bundesrepublik Deutschland, Im-Hag 15, 5300 Bonn 2
England, 12a Kensington Palace Gardens, London W8
Frankreich, 7 Rue Washington, 75008 Paris
Rußland, 2. Neopolimovsky Pereulook 14/7 Moskau

Konsulate
Belgien, Nepalhaus, Lamorinierestr. 143/145, Antwerpen
Dänemark, 2 Lynbgyvej, DK2100 Copenhagen
Niederlande, SophiaKinderziekenhuis, Gordelweg 160, Rotterdem
Norwegen, Haakon VII. Gt-5, Oslo
Österreich, A-1190 Wien, Karpfenwaldgasse 11
Schweiz, Postfach 194, 8044 Zürich
Deutschland, Flinschstr. 63, 6000 Frankfurt (Main) 60, und
Handwerkstr. 5–7, 7000 Stuttgart 80

Diplomatische Vertretungen des Auslands in Kathmandu

Ägypten, Pulchowk	5-21844	Thailand, Thapathali	2-13910
Bangladesh, Naxal	2-15566	USSR, Baluwatar	2-11255

Burma, Pulchowk	5-21788
China, Baluwatar	2-11289
Deutschland, Bundesrepublik, Kantipath	2-11730
DDR, Tripureshwar	2-14801
Frankreich, Lazimpat	2-12332
Indien, Lainchaur	2-11300
Israel, Lazimpat	2-11251
Italien, Baluwatar	2-12743
Japan, Pani Pokhari	2-12730
Korea (Nord), Lalitpur	5-21084
Korea (Süd, Thamel	2-11172
Pakistan, Pani Pokhari	2-11431
United Kingdom, Lainchaur	2-11588
USA, Pani Pokhari	2-11199

Kulturinstitute

British Council, Kantipath	2-11305
French Cultural Center, Bag Bazar	2-14326
Goethe-Institute, Ganabahal	2-15528
Indian Cultrual Center, RNAC Building, Kantipath	2-11497
USSR, Cultural Center	2-11255
US Readingroom and Information Center, New Road	2-11250

Nepal
Distrikteinteilung

Ratschläge für Wandern und Bergsteigen

(Umschrift der Namen ist die ortsübliche)

Zweck dieser Zeilen ist es, deutlich zu machen, daß es keiner höheren Weihen und keiner professionellen Bergsteigerausrüstung und -erfahrung bedarf, um die Herrlichkeiten des Himalaya zu erleben. In den Höhenlagen, die unseren Alpen entsprechen, gibt es zahlreiche Wanderwege, die mit Rucksack und Schlafsack begangen werden können, nicht anders als bei uns. Was solche Wanderungen unvergeßlich macht, ist die stete Gegenwart der Sechs-, Sieben- und Achttausender, die sich im Wechsel der An- und Aussichten in immer neuer Größe und Schönheit darbieten. Der Zugang zu ihnen bleibt, wie es sich von selbst versteht, dem entsprechend ausgerüsteten und erfahrenen Bergsteiger vorbehalten.
Das aus dem englischen Sprachgebrauch ins Deutsche übernommene Wort Trekking für Wandern erweckt reichlich verschwommene Vorstellung. Denn es umfaßt leichte Spaziergänge im Bergland ebenso wie schwere Hochgebirgstouren in ewigem Schnee und Eis.
Expeditionen erfordern eine sorgfältige Vorbereitung und fachgerechte Organisation, ein hohes Maß an technischer Ausrüstung und eine große Zahl von Trägern und Führern. Jedes Unternehmen, das in Höhen über 6000 m führt, muß von der nepalischen Regierung genehmigt werden. Die Gebühr dafür ist nicht niedrig. Die Vorbereitung beginnt daheim bei den zuständigen Vereinen, die auch, was Informationen angeht, stets auf dem Laufenden sind. Der Besucher Nepals, der ohne bergsteigerischen Ehrgeiz kommt, einfach, um das Land im Himalaya und seine Bewohner kennenzulernen, wird seinen Rucksack und seinen Schlafsack mitbringen, berggerechtes Schuhwerk und Kleidung, die auf Hitze und Kälte eingestellt ist, wollene Socken, auch im Sommer, baumwollene und wollene Unterwäsche, wollene und im Winter auch gefütterte Oberkleider, denn einem heißen Tag kann eine sehr kalte Nacht folgen, von den Höhenunterschieden gar nicht zu reden. Er braucht für die Wanderwege, von denen im Folgenden die wichtigsten aufgeführt werden, ein Trekking-Permit. Es ist nur in Kāṭhmāṇḍu beim Immigration Office Dillibazar erhältlich, wo auch die Verlängerung des Visums, falls notwendig, zu beantragen ist. Jede Tour muß gesondert beantragt werden.Dem Formular ist ein Paßfoto beizulegen. Für jede Tour ist auch eine Gebühr zu entrichten. Unterwegs sind Check-points eingerichtet, bei denen

die Papiere vorzuweisen sind. Dort muß man sich auch Fristüberschreitungen bestätigen lassen, die unvorhergesehenerweise eingetreten sind.
Am Ort in Kāṭhmāṇḍu oder in Pokhara kann man sich Zelte und Kocher leihen und Nahrungsmittel einkaufen, wenn eine längere Wanderung beabsichtigt ist. Dafür gibt es einschlägige Geschäfte und Büros, die leicht zu finden sind. Auch Träger kann man dort anwerben. Man bekommt sie aber auch an den Orten, wo die eigentlichen Wanderwege ins Gebirge beginnen. In Nepal sind seit Jahrtausenden alle Lasten von Menschen getragen worden. Die Pfade sind für Tiere zu schmal. Eine Ausnahme macht die uralte Karawanenstraße, die über Jomosom nach Tibet führte. Hier können Pferde verwendet werden. Der Träger kann neben der Wohltat, daß er dem Wanderer Lasten abnimmt, noch eine weitere Funktion als Schrittmacher erfüllen. Wer eine längere Tour beginnt, muß am Anfang seine Leistungsfähigkeit und Ausdauer auf die Probe stellen. Oft ist es auch Temperamentssache, ob einer schneller oder langsamer läuft und ob er lieber viele kurze oder wenige lange Pausen macht. Bergwandern im Himalaya ist kein Leistungssport. Um für die überwältigenden Natureindrücke, die Begegnung mit Menschen und ihren Gebräuchen und das Verständnis der Kulturdenkmäler unterwegs frisch zu sein, ist es ratsam, sich körperlich nicht zu überanstrengen und in dieser Richtung keinem falschen Ehrgeiz zu huldigen. Die Tagesleistung wird je nach Gelände und Wetter zwischen fünf und zehn Stunden täglich liegen. Wo es besonders schön ist, sollte ein Ruhetag eingelegt werden. Einen Führer braucht man nicht nur, wenn es bergsteigerische Schwierigkeiten gibt, sondern oft auch einfach, um in unübersichtlicher Landschaft den Weg zu finden, denn Markierungen gibt es im Himalaya nicht. Und es ist eine sehr beängstigende Erfahrung, wenn man sich auf einer Himalayawanderung verirrt oder unversehens den Anschluß an seine Gefährten verliert. Damit wird vor Wanderungen im Alleingang eindringlich gewarnt. Alles spricht für die kleine Gruppe (drei bis vier) von Menschen, die sich verstehen und auch bereit sind, sich in der Leistungsfähigkeit aufeinander abzustimmen. Man wird Wanderkameraden, wenn man sie sucht, leicht in Kāṭhmāṇḍu oder Pokhara finden, in den Geschäften, wo Ausrüstungsgegenstände verkauft werden, in den Büros, die Träger vermitteln, und in den kleinen Hotels, die von Wanderern bevorzugt werden.
Leider ist auch ein Hinweis auf die wachsende Kriminalität in den Himalayabergen unumgänglich geworden. Auf den vielbegangenen Wanderwegen sind Diebstähle an der Tagesordnung. Dagegen kann man sich durch Wachsamkeit und Vorsorge beim Schlafen schützen. Schlimmer sind die Raubmorde, denen in jedem Jahr einige Bergwanderer zum Opfer fallen. Der tragische Tod des Münchener Ehepaares Schuler hat die Öffentlichkeit aufhorchen lassen. Auch in Kāṭhmāṇḍu machen sich die Verantwortlichen

Sorgen, wie aus der eingehenden Behandlung dieser Sicherheitsfrage in der Fragestunde des Parlaments in Kāṭhmāṇḍu hervorgeht, die kürzlich auch die Zeitungen füllte. Sehr oft wird das Schicksal der »Vermißten«, deren Fotos in den Vorzimmern der Botschaften und ausländischer Büros an den Anschlagbrettern hängen, niemals aufgeklärt. Es ist tief bedauerlich, doch eine Folge des Massentourismus, daß angesichts der Herrlichkeit der Bergwelt und der Freundlichkeit und Ehrlichkeit ihrer Bewohner, das Mißtrauen wachgerufen werden muß, aus dem die notwendige Vorsicht entspringen kann.

Über das »Trekking« sind viele Bücher geschrieben worden, und es ist klug, das eine oder andere zur Vorbereitung heranzuziehen. Sie alle beschreiben mehr oder weniger dieselben Wanderwege und erteilen ähnliche Ratschläge. Manche schildern, nicht ohne Humor, was sich etwa in Lukla abspielt, wenn ein paar Hundert Menschen auf das nächste Flugzeug warten, um ins Tal zurückzufliegen, ein Flugzeug, das mit Sicherheit nur einen kleinen Bruchteil der Wartenden befördern kann und von dem es unsicher ist, wann es wiederkommt. So kann es gar manche Situationen geben, in denen die Tugend des Warten-Könnens bis zur Zerreißprobe strapaziert wird.

Einhellig und eindeutig ist bei allen die Warnung vor der Unterschätzung der Höhenkrankheit. Zu viele schon haben die Widerstandsfähigkeit ihres Kreislaufs unterschätzt und sind zu spät ins Krankenhaus gekommen, selbst wenn ein Notruf ins Tal sich ermöglichen ließ und das Rettungsflugzeug kam und landen konnte. Gefährdet ist besonders, wer vom Tal in Höhen über 3000 m fliegt und damit die natürliche Angewöhnung des Körpers überspringt, die bei der Wanderung im Aufstieg von Tag zu Tag stattfindet. Vom Berg zum Tal ist's kein Problem.

Wanderzeit ist Ende September bis Mai. Solange es noch regnet, überfallen die Blutegel den Wanderer und werden zu einer unaufhörlichen Plage. Ende September ist der Monsun meistens vorüber. Einen kurzen Wintermonsun gibt es Ende Januar, er dauert nur ein paar Tage. Am klarsten ist die Sicht im Oktober und November, auch noch im Dezember und Januar. Doch wird es in diesen beiden Monaten bitter kalt, selbst im Tal von Kathmandu. Da sollte man nicht zu hoch hinauf bei der Wanderung. Ebenso im Februar und März, wenn es in den oberen Regionen oft schneit. Von März an wird es dunstig. Großartig ist aber in der Frühlingszeit die Farbenpracht der Blumen und Büsche.

Nicht alle Gebiete des Himalaya sind für Fremde geöffnet. Doch sind in den letzten Jahren die aus politischen Gründen verfügten Sperrzonen immer kleiner geworden. Mustang freilich ist noch immer verbotenes Land.

Die folgenden gängigen Wanderwege sind in Anlehnung an den Trekking-Führer von Ludmilla Tüting aufgelistet, der in ihrem Buch »Nepal für Glo-

betrotter« enthalten ist, für jeden Nepalreisenden eine Fundgrube von praktischen Ratschlägen und Hinweisen und dadurch für viele ein unentbehrlicher Begleiter. Alle Angaben erfolgen ohne Gewähr.
Wanderungen von Kathmandu aus
1. nach Helambu, 2. nach Gosainkund, 3. nach Langtang, 4. an den Fuß des Everest, 5. ins Rolwalingtal.
Wanderungen von Pokhara aus
6. nach Kathmandu, 7. nach Jomosom und Muktinath, 8. zum Annapurna Sanctuary, 9. nach Ghachok, 10. nach Ghanpokhara.
Wanderung durch Westnepal
11. nach Jumla-Rarasee
Wanderung durch Ostnepal
12. Dharan nach Ilam.

1. Helambu-Wanderungen

Die Gegend nördlich vom Kathmandutal bis zum Fuß der Hauptkette des Himalaya trägt den Namen Helambu und wird von Angehörigen der Stämme der Tamang und Sherpa bewohnt. Ihr Mittelpunkt ist das große Sherpadorf Tarke Ghyang (2560), das auf dem angegebenen Wanderweg ohne bergsteigerische Schwierigkeiten zu erreichen ist. Von dort aus als Basis sind viele Wanderungen unterschiedlicher Schwierigkeitsgrade möglich. Um Tarke Ghyang zu erreichen braucht man vier Tage reine Gehzeit. Man kann diese einfache Wanderung jederzeit zwischen Oktober und März unternehmen. Zum Frühlingsvollmond im März wird dort Holī mit bunten Maskentänzen gefeiert. Die Wanderung von Kathmandu aus beginnt in Sundarijal und endet in Panchkhal an der Chinastraße. Die folgende Aufstellung gibt die Namen der Ortschaften mit Höhenlage in Metern, Gehzeit und Entfernung voneinander. In den schräg gedruckten Orten kann man eine Schlafgelegenheit finden, essen und trinken und meistens auch in einfachen Läden einkaufen.

	Meter Höhe	Stunden	Kilometer	
1. Kathmandu	1350	1	16	mit Taxi
Sundarijal	1600	1	5	
Mulkharka	1768	2	5	

Burlangh Bhanjyang	2438			
		2	6.5	
Pati Bhanjyang	1850			
2.		4	11.5	
Taramarang	960			
3.		3	11.5	
Keul	1460			
		3	6.5	
Thimbu	1540			
4.		2	6.5	
Kakani	2060			
		3	9.5	
Tarke Ghyang	2560			nach N Langtang →3
5. zurück		3–4	10	nach W Malemchi, Thar Pati, Gosainkund →2
Sermathang	2500			
6.		6–7	25	
Malemchi Phul	800			
7.		6–7	28	
Panchkhal	950			
		2	55	mit Bus auf der Chinastraße
Kathmandu	1350			

Folgende Varianten sind u.a. möglich:
Auf dem Hinweg: Sundarijal (1600) – Kutumsang (2500) – Paß (3650) – Malemchi (2560) – Tarke Ghyang (2560). Der Paß ist im Dezember und Januar verschneit und nicht begehbar.
Auf dem Rückweg: Tarke Ghyang (2560) – Thimbu (1540) – Taramarang (960) – Malemchi Phul (800) – Panchkhal (950).
Oder von Malemchi Phul (800) – Rowapati (750) – Nagarkot (2168) – Bhaktapur und mit Trolleybus nach Kathmandu.
Oder: Tarke Ghyang (2560) – Sermathang (2500) – Panch Pokhari (3960) – Chautar – Balephi an der Chinastraße – Kathmandu. Im Dezember–Januar verschneit.
Oder: Verbindung mit der Langtang-Wanderung → 3 von Tarke Ghyang aus.
Verbindung mit der Gosainkund-Wanderung → 2 von Tarke Ghyang aus.

2. Gosainkund-Wanderung

In nahezu 4400 m Höhe liegen die Gosainkund-Seen nördlich vom Tal von Kathmandu. Von alters her wurden sie heilig gehalten. Das Bad in ihren Fluten reinigt von Sünden. Ein seit Urzeiten begangener Pilgerpfad führt hinauf. Tausende machen sich auf den Weg, um an dem großen Fest teilzunehmen, das im August stattfindet, mitten im Monsun und damit unter Ausschluß der nicht religiös motivierten Wanderer. Die Wanderung dauert acht Tage reine Gehzeit und wird am besten im späteren Frühjahr oder Herbst unternommen. Im Dezember-Januar ist der Weg verschneit, im Monsun (Mai bis September) schafft der Regen unüberschaubare Schwierigkeiten. Der Wanderweg beginnt in Trisuli und endet in Sundarijal, kann aber genauso gut umgekehrt begangen werden. Er läßt sich mit der Helambu-Wanderung → 1 oder mit der Langtang-Wanderung → 3 verbinden, die beide über Tarke Ghyang (2560) anzuschließen sind.

		Meter Höhe	Stunden	Kilometer	
1.	Kathmandu	1350			
			5–6	73	mit Bus
	Trisuli Bazar	540			
			2		
	Betrawati	625			
2.			4		
	Manigaon	1219			
			3		
	Ramche	1676			
			1		
	Grang	1890			
3.			5		
	Dhunche	1960			
4.			1		
	Logbridge	1890			
			6–8		
	Sing Gomba	3580			
5.			4–5		
	Laurebina	3900			
			1		
	Gosainkund See	4381			
6.			1–2		
	Gosainkund Paß	4610			
			6		
	Thare Pati	3600			
7.			ein Tag		
	Pati Bhanjyang	1850			

8.		ein Tag		
Sundarijal	1600			
		1	16	mit Taxi
Kathmandu	1350			

3. Langtang-Wanderung

Das Hochtal von Langtang (3500) liegt nördlich von Kathmandu, umgeben von Sechstausendern und Siebentausendern. Mittelpunkt ist das Sherpadorf Langtang und das Kloster Kyangjin. Die Wanderung dauert bis Langtang sechs bis sieben Tage. Die beste Zeit für sie sind Oktober-November und Februar-März-April. Sie beginnt in Trisuli Bazar und endet je nach dem gewählten Rückweg in Sundarijal oder Panchkhal. Da sich im Langtangtal ein Flugplatz befindet, ist die Rückkehr mit Flugzeug möglich.

	Meter Höhe	Stunden	Kilometer	
Kathmandu	1350			
1.		5–6	73	mit Bus
Trisuli Bazar	540e	2		
Betrawati	625			
2.		4		
Manigaon	1219			
		3		
Ramche	1676			
		1		
Grang	1890			
3.		5		
Dhunche	1960			
4.		1		
Dhunche Logbridge	1890			
		3		
Bharku	1981			
		4		
Syabrubensi	1463			
5.		2		
Khangjung	2225			
		6		
Syarpagaon	2590			
6.		5		
Ghora Tabela	3050			
		2–3		

Bodhnāth Stūpa in Bauddha, gegründet von Mānadeva Licchavi (464–491)
→ S. 149–151

Padmapāṇi im Hof des Cābahil Stūpa. Stein. 10. Jh. → *S. 153, 154*

Langtang	3514	
7.		2–4
Kyangjin	3840	

Varianten:
Weiter von Kloster Kyangjin (3840) zum Ganja La (5123), einem Gletscherpaß, der ohne Führer nicht zu bewältigen ist. Weiter über den Fluß Yangri Khola (4512) – Kloster Dupku (4085) – Yangri Danda (3771) – Chamungthang (3170) nach Tarke Ghyang (2560) in der Helamburegion → 1. Drei Tage ohne Übernachtungs- und Verpflegungsmöglichkeiten.
Rückweg über Syabrubensi (1463) – Syabu (2290) – Gordageron (2135) – Laurebina (3900) – Gosainkund (4381) – Pati Bhanjyang (1850) – Sundarijal (1600) – Kathmandu (1350), insgesamt dreizehn Tage.
Oder Rückweg über Ghora Tabela (3050) – Chadang Alm (3810) – Laurebina (3900) – usw. wie oben. Insgesamt dreizehn Tage.
Oder Rückweg über Gosainkund (4381) – Thare Pati (3600) – Tarke Ghyang (2560) – Kathmandu wie → 1. Insgesamt sechszehn Tage.

Ausflüge von Langtang:
Yala Alm (4817) – Tresergo Ri (4950) mit weitreichender Rundsicht, Aufstieg 4–6 Stunden.
Yala Alm (4817) – Yala Seen (4878), Hin- und Rückweg an einem Tag.
Auf der Yala Alm ist eine Molkerei mit Käsezubereitung zu besichtigen.
Langsisa Alm (4050). Hinweg ein Tag, Übernachtung in Almhütten möglich.

4. Wanderung zum Fuße des Sagarmatha (Everest)

Der Wanderweg zum Sagarmatha (Everest) ist der berühmte Anmarsch zum Fuße des höchsten Berges der Erde. Er ist weit weniger anziehend durch schöne Aussichten auf die Himalayahauptkette als die Wanderungen 1 bis 3. Dafür entschädigt erst der überwältigende Anblick der Achttausender Makalu, Cho Oyu, Lhotse, Sagarmatha und vieler Sieben- und Sechstausender von Namche Bazar aus. Viele fliegen daher bis Jiri (1900) oder Lukla (2900). Dringend abzuraten ist davon, bis Syangboche zu fliegen, das fast 4000 m hoch liegt. Der Kreislauf des Menschen reagiert auf eine solche plötzliche Überbeanspruchung mit der sog. Höhenkrankheit, die nicht selten letal verläuft. Dieses von Sherpas bewohnte Solo-Khumbu-Gebiet hat seinen Mittelpunkt in Namche Bazar (3445). Bis dahin allein schon dauert die Fußwanderung zwei Wochen. Bis zum Base Camp (5300) sind es von dort noch vier bis fünf Tage. Die meisten wandern aber verständlicherweise nicht dorthin, sondern zum Kloster Tengboche (3876) in großartigster Lage inmitten der Himalayalandschaft. Die Wanderung dauert vom Ausgangspunkt Lamosangu bis zum Kloster Tengboche dreizehn, bis Lukla sechzehn Tage. Drei Pässe sind zu überwinden: Thodung 3090, Lamjura 3530, Tragsindho 3080. Sie ist anstrengend, aber soweit ohne besondere bergsteigerische Schwierigkeiten. Vom Dezember bis Februar liegen die Pässe im Schnee, beste Zeit ist der Herbst oder das spätere Frühjahr. In den Dörfern ist Unterkunft und Verpflegung für kleinere Gruppen überall zu finden. Daher wird in der folgenden Übersicht auf Übernachtungsvorschläge verzichtet. Die Preise sind höher als auf anderen Wanderstrecken, ebenso unerwartet manchmal auch Angebote von Bequemlichkeit wie Heißwasserduschen.

	Meter Höhe	Stunden	Kilometer	
Kathmandu	1350			
		4–5	76	mit dem Bus
Lamosangu	741			
		3		
Petku	1660			
		5		
Muldi	2545			
		7		
Kiratichap	1320			
		6		
Yarsa	1975			
		5–6		
Jiri	1900			
		4–5		
Shivalaya	1760			
		4		
Thodung Paß	3090			
		4–5		
Kenja	1635			
		7–8		
Lamjura Paß	3530			
		3		
Junbesi	2675			
		4–5		
Tragsindho Paß	3080			
		4		
Jubing	1675			
		6–7		
Khari La	3100			
		4		

Surke	2340		
Abzweigung nach		4	
Lukla	2900		Flugplatz
Phakding	2650		
		6	
Namche Bazar	3445		
		4	
Tengboche	3876		

Varianten von Namche Bazar aus:
Ausflug zum Sherpadorf Thami (3810) und seinem Kloster Thami Gomba (3962), hin und zurück sieben bis acht Stunden.
Hochalpine Touren mit entsprechender Ausrüstung und mit Führern: Alm Chunkung (4730) ostwärts über Tengboche und Dingboche, vier Tage hin und zurück.
Nach Luza und Gokyo (4750) am Fuße des Cho Oyu (8135), von dort Besteigung des Gokyo Kang (5483). Sechs Tage hin und zurück.
Zum Base Camp am Khumbugletscher entlang, neun bis zehn Tage:

	Meter Höhe	Stunden		Meter Höhe	Stunden
Namche Bazar	3445		Lobuje (2 Hütten)	4930	
		4			3
Tenboche	3876		Gorak Shep	5270	
		2			3
Pangboche	3900		Kala Patar	5623	
		4			
Pheriche	4267		Gorak Shep	5270	
		2			3
Dughla	4593		Base Camp	5400	
		2			

Wer über viel Zeit verfügt, kann von Namche Bazar zu Fuß über Phakding (2650) – Khari La (3100) – Phuleli (1980) – Ringmo (2800) – Phaplu (2700) – Chialsa (2743) – Tarke – Okhalghunga – Rumjatar (150) und Bardanda im Terai wandern und von dort mit Bus nach Kathmandu zurückkehren. Es dauert zwölf Tage. Man lernt Nepal und seine Bevölkerung kennen wie sonst nirgends.

5. Wanderung zum Rolwalingtal

Das Hochtal, das vom Rolwalingsfluß durchströmt wird, liegt nordöstlich von Kathmandu an der tibetischen Grenze. Mittelpunkt des von Sherpas besiedelten Tales ist Beding (3700), zu erreichen in einer Wanderung von sieben bis acht Tagen von Barabise an der Chinastraße. Die beiden Pässe Tin Sang La (3319) und Daldung La (3950) sind in den Monaten Dezember bis Februar verschneit. Beste Zeit für die Wanderung daher im späten Herbst oder im späten Frühjahr.

	Meter Höhe	Stunden	Kilometer	
Kathmandu	1350			
		4–5	88	mit dem Bus
Barabise	800			
		8		
Dolangsa	2400			
		3–5		
Tin Sang La	3319			
		3		
Ruphtang	2200			
		3		
Bigu	2000			
		4		
Chilanka	1800			
		2		
Laduk	2000			
		3		
Yarsa	1300			
		2		
Tashinam	2000			
		ein Tag		
Daldung La	3950			
		3–4		
Rolwalingfluß	3200			
		3–4		
Beding	3700			

Rückweg auch von Laduk (2000) nach Jiri (1900) und über Lamosangu (741) nach Kathmandu wie 4. Von Beding hochalpine Tour mit entsprechender Ausrüstung über den Laptsa Paß (5750) nach Namche Bazar möglich.

6. Wanderung von Pokhara nach Kathmandu

Die Wanderung von Pokhara nach Kathmandu oder umgekehrt bewegt sich in niederen Höhenlagen durch eine hügelige Landschaft mit zahlreichen Ausblicken auf die Hauptkette des Himalaya. Übernachtung und Verpflegung bieten keinerlei Probleme. Im Sommer kann es ziemlich heiß werden. Die beste Zeit für diese Wanderung liegt in den Monaten Dezember bis Februar. Sieben Tage sind als Gehzeit anzusetzen.

	Meter Höhe	Stunden	Kilometer	
Pokhara	880			
1.		1		
Argampauwa	770			
		3,5		
Deorali	910			
		2–3		
Sisagath	396			
2.		4		
Kunchha	850			
		2		
Manechauka				
		2		
Tarkughat	500			
3.		2–3		
Luitel Bhanjyang	720			
		2–3		
Basundi	488			
4.		4,5		
Gorkha	1220			
Gorkha Darbar	1380	4–5		
Khanchok	1100			
5.		3,5		
Arughat	480			
		2		
Sallentar	610			
6.		4		
Chauringha	910			
		3,5		
Tarphu	1280			
7.		2		
Samri Bhanjyang	1300			
		4		
Trisuli Bazar	540			
		4–5	73	mit Bus
Kathmandu				

7. Jomosom-Wanderung

Der Jomosom-Wanderweg ist der alte Pilgerpfad nach Muktinath, wo in einer Felsspalte am gleichen Ort eine Quelle entspringt und Erdgas ausströmt. Brennendes Wasser als göttliches Wunder ließ ein Hinduheiligtum und ein buddhistisches Kloster entstehen, ein vielbesuchtes Wallfahrtsziel. Wie nicht selten folgt der Pilgerpfad einem Karawanenweg des Salzhandels, der Tibet mit Indien verband. So bietet der seit Jahrtausenden begangene Weg keinerlei bergsteigerische Schwierigkeiten und ist auch ausreichend mit Gelegenheiten für Übernachtung und Verpflegung bestückt. »Teehäuser« gibt es in regelmäßigen Abständen, dort kann man auch essen und übernachten. Eindrucksvolle Naturerlebnisse bietet dieser Wanderweg in Fülle, nicht nur großartige Ansichten der Achttausender, sondern die einzigartige Möglichkeit, das größte Durchbruchstal des Himalaya zu begehen. Hinter Tatopani tritt er in die Schlucht ein, in der die Kali Gandaki auf weniger als zweitausend Meter Höhe die Hauptkette des Himalaya durchbricht, zwischen Dhaulagiri (8182) im Westen und Annapurna (8087) im Osten, Gipfel, die nur 35 km voneinander entfernt sind. Die Thakali, die sehr gastfreundlichen Bewohner der Gegend, sorgen für einen weiteren Höhepunkt der Wanderung, die Maskentänze in den Klöstern bei Tukche und Marpha. Kein Wunder, daß der Jomosom-Wanderweg der meistbegangene in Nepal ist, was auch seine Nachteile hat. Reine Gehzeit ist mit sieben Tagen anzusetzen, einen Tag länger bis Muktinath. Ein Paß ist zu bewältigen, Ghorepani (2895). Muktinath liegt 3800 m hoch, scheidet daher für November bis Januar als Ziel aus. Beste Wanderzeit sind Oktober-November und März-April. Im Monsun werden die Blutegel zur unerträglichen Plage.

	Meter Höhe	Stunden	Kilometer
Pokhara	880		
		1–1,5	
Hyenja	1070		10
		1,5	
Suikhet	1100		
		2	
Naudanda	1460		15
		1,5	
Khare (Paß)	1700		
		1,5	
Chandrakot	1563		
		1,5	
Birethanti	1040		25
		5	

Ulleri	2075			
		3–4		
Ghorepani (Paß)	2895		48	
		3		
Sikha	2010			
		1		
Ghara	1770			
		2		
Tatopani	1190		64	
		2,5		
Dana	1450		70	
		2		
Kabre	1800			
		2,5		
Ghasa	2010		80	
		2		
Lete	2400			
		4		
Tukche	2590			Abb. Tafel 7
		2		zwischen Tukche und Jomosom sehr starker Wind täglich etwa 10–17 Uhr
Marpha	2600		106	
		2		
Jomosom	2713		112	Flugverbindung
		5		
Muktinath	3800		132	mit Pferden an einem Tag hin und zurück

Varianten u. a.
für den Rückweg ab Tatopani zwei bis drei Tage länger:
Tatopani (1190) – Chitre (2350) – Paß (3079) – Thante (2621) – Ghandrung (1950)
oder
Tatopani (1190) – Ghorepani Paß (3893) – Paß (3079) – Thante – Ghandrung (1950) Gehzeit bei beiden sieben bis neun Stunden. Unterwegs keine Dörfer und oft schwer erkennbarer Weg. Führer zu empfehlen.

Oder
Tatopani (1190) – Tirke (1140) – Sabit – Ghandrung (1950), 6–8 Stunden.
Oder
Tatopani (1190) – Birethanti (1040) – Kimche (1645) – Ghandrung (1950), 4–5 Stunden, großenteils sehr steil.

	Meter Höhe	Stunden
Ghandrung	1950	
		2
Landrung	1645	
		3
Paß	2165	
		2
Dhampus	1800	
		3
Suikhet	1100	
		3
Pokhara	880	

Oder
Tatopani (1190) – Tipling (1040) – Rakhu (1350) – Ranipauwa (1189) – *Beni* (823), sieben bis acht Stunden.
Beni (823) – Baglung (913) – Khaniyanghat (760) – *Kusma,* sieben bis acht Stunden.
Kusma – Dobila (910) – Tilhar (1100) – Paß Bhaudari Deorali (1676) – Pamdur (1600) – *Naudanda* (1460), acht bis neun Stunden.
Naudanda (1460) – Suikhet (1100) – Hyenja (1070) – Pokhara (880), sechs bis sieben Stunden.
Nur im Winter zu empfehlen, im Sommer sehr heiß.

8. Annapurna-Wanderungen

Eine viertägige Rundwanderung über Ghandrung ist von Pokhara aus ohne Schwierigkeiten durchzuführen und im ganzen Winterhalbjahr von Oktober bis April möglich.

	Meter Höhe	Stunden	Kilometer
Pokhara	880		
		2–3	
Suikhet	1100		
		2	

Naudanda	1460		15
		1,5	
Khare Paß	1700		
		1,5	
Chandrakot	1563		
		1,5	
Phathikat	1300		
		1	
Ghandrung	1950		40
		2	
Landrung	1645		
		3	
Paß	2165		
		2	
Dhampus	1800		
		3	
Suikhet	1100		
		3	
Pohkara	880		

Von Ghandrung aus läßt sich eine Bergwanderung anschließen, die nicht ohne Schwierigkeiten ist. Zelt, Verpflegung, Träger sind mitzunehmen. Sie endet im sog. Annapurna Sanctuary, einem Rundtal, das von vierzehn Sieben- und Achttausendern umkränzt wird. Rückwanderung ist nur auf demselben Wege möglich. Gehzeit insgesamt acht bis zehn Tage.

	Meter Höhe	Stunden
Ghandrung	1950	
		1
Bergrücken	2230	
		1
Kymnokhola	1830	
		3
Chhumra	1950	
		3
Kuldi Ghar	2380	
		5
Hinko Cave	3000	
		8
Sanctuary Gletscherrand	3800	

9. Wanderungen zwischen Pokhara und Ghachok

Die Wanderungen durch das Siedlungsgebiet der Gurung bis Ghachok (1450) lassen sich in drei Tagen durchführen, aber auch länger ausdehnen, wenn man Zelt und Verpflegung mitnimmt.

	Meter Höhe	Stunden
Pokhara	880	
		1–1,5
Hyenja	1070	
Mardi Khola Brücke		ein Tag
Ghachok	1450	

anschließend drei Möglichkeiten:
Von Ghachok nach Osten nach Siklis, dem größten Dorf der Gurung. Von Ghachok nach Norden zu den Dörfern Dhiprang und Mirsa. Von Ghachok nach Nordwesten zu den Almen hinauf.
Rückkehr nach Pokhara auf dem selben Wege.

10. Wanderung nach Ghanpokhara

Auch nach Nordosten führt von Pokhara aus ein Wanderweg. Für die höheren Lagen sind Zelt und Verpflegung und ein Führer unentbehrlich. Die Gehzeit für die gesamte Wanderung hin und zurück beträgt sieben bis acht Tage. Oktober-November und April-Mai sind die besten Monate. Der Wanderweg verläuft: Pokhara (880) – Sundar Bazar (640) – *Tarkughat* (500) – *Khudi Bazar* (750) – *Ghanpokhara* (2200) mit überwältigender Aussicht – Kammhöhe (3900) – Tangting (1600) – *Siklis* (2000) – Pokhara (880).

11. Wanderung Jumla – Rara See (Westnepal)

Es wird kaum jemanden geben, der von Pokhara nach Jumla wandern möchte. Er brauchte dazu einen Monat Zeit und müßte einen Paß von 5115 m unterwegs bewältigen. Die Royal Nepal Airlines fliegen zweimal in der Woche

nach Jumla und die meisten Touristen machen von diesem Angebot Gebrauch und nehmen in Kauf, daß die Wartezeiten in Jumla für den Rückflug beträchtlich lang sein können.
Die Wanderung Pokhara – Jumla würde wie folgt verlaufen: Pokhara (880) – Beni (823) oder Tatopani (1190) – Jaljala (Paß 3400) – Dhorpathan (3000) – Jangla Bhanjyang (Paß 4500) – Tarakot (2600) – Phoksumdo (See 3600) – Kagmara (Paß 5115) – Kaigaon (2650) – Barbaria (Paß 4270) – Gothigaon (2760) – Jumla (2340).
Die Wanderung von Jumla nach dem Rara See dauert drei Tage reine Gehzeit, zwölf Tage braucht man, wenn man vom See nach Surkhet weiterwandert. Zelt und Verpflegung bringt man aus Kathmandu mit, Träger kann man in Jumla mieten. Oktober-November sind die günstigsten Monate.

	Meter Höhe	Stunden	Kilometer
Jumla	2340		
		1	
Uthu	2530		
		2	
Padmara	2770		
		3	
Khari Paß	3550		
		3	
Bumra	2750		
		5	
Churchi Paß	3460		
		2	
Pina	2500		
		4	
Rara See	2981		27 km
Surkhet	730	acht Tage	
		fliegen	
Nepalgunj	180		
Kathmandu			

12. Dharan – Ilam, Wanderungen in Ostnepal

Wenig benutzt sind die Wanderwege in Ostnepal. Die Höhen, auf denen sie sich bewegen, überschreiten fünfzehnhundert Meter nicht, bieten also keine Schwierigkeiten. Sie führen durch bewohnte Gegenden, haben also auch keine Probleme, was Übernachtung und Verpflegung angeht. Es sind die verschiedensten Bevölkerungsgruppen, die man im Verlaufe der Wanderung kennenlernt: Newar und Chetri, Limbu, Rai, Sherpa und Tibeter. Der Wanderweg von Dharan bis Ilam erfordert eine reine Gehzeit von sieben Tagen. Er ist im Sommer recht heiß, daher am günstigsten in den Monaten November bis März zu benutzen.

	Meter Höhe	Stunden	Kilometer
Kathmandu	1350	14	mit Bus 550
Biratnager Kreuzung	150	2–3	mit Bus
Dharan	340	1	
Phusre		4–5	
Dhankuta	1200	3	
Hiley	1500	5–6	
Basanthpur		5–6	
Terhathum		8	
Yasok		4–5	
Ilam	1400	4	mit Jeep
Sanishchare		0,5	mit Bus
Mahendra Highway	150	14	mit Bus 600
Kathmandu	1350		

Variante von

Terhathum		7–9	
Sakranti		7–8	
Taplejung		drei Tage	
an der Tamur Khola,	1400		

dann an der Hewa Khola
entlang über Phidim, Rakse, Suke Pokhari nach Ilam wie oben nach Kathmandu

Denkmälerkunde in alphabetischer Ordnung

Balaju
Bālāju

Bālāju liegt wenige Kilometer nördlich von Kāthmāṇḍu, am Fuße des Jāmācok und unmittelbar anschließend an das Nāgārjuna-Naturschutzgebiet. Der Quellenhorizont unterhalb des reichbewaldeten Berges wird mit 22 Wasserspeiern aufgeschlossen, die ihren Segen in ein 46 m langes Bassin ergießen. Die steinernen Wasserspeier stammen aus dem 18. Jh., über ihnen sind Skulpturen von Sūrya, Gaurī, Gaṇeśa, Garuḍanārāyaṇa und Śivapārvatī angebracht. Östlich davon steht ein kleiner zweistöckiger Tempel der Hārītī Ajimā, datiert ins Jahr 1875, mit metallgedeckten Dächern und serienmäßig geschnitzten Holzstützen. Das Kultbild der Śītala Māi ist älter als der Tempel und stammt aus dem 14. Jh. Außerhalb, dem Tempel gegenüber, stehen einige Steinskulpturen, ein Stūpa, ein Liṅga, Harihara (16. Jh.). Buddha in Dharmacakramudrā, Mahāgaurī, Gaṇeśa und ein Nandī. Hinter dem Tempel liegt in einem viereckigen Teich (10 zu 8.50 m) eine Steinskulptur des Jalaśāyanārāyaṇa, des Viṣṇu, der zwischen zwei Weltenzyklen mit seinem Schlangenboote auf den Wogen des Weltenozeans dahingleitet und die kommende Neuschöpfung meditiert, eine kleinere Nachbildung des klassischen Bildwerkes in Buḍhanīlkaṇṭha. Die Anlagen von Bālāju sind eine Erholungs- und Tummelstätte für Jung und Alt und eine Gelegenheit zum Baden. Sie sind gegen eine geringe Eintrittsgebühr zugänglich. Eine zusätzliche Gebühr ist für die Mitnahme von Kameras zu entrichten. Das Städtchen Bālāju hat neuerdings an Bedeutung gewonnen, dadurch daß hier ein kleines Industriegebiet installiert worden ist.

Bandegaon
Bāṇḍegāoṅ

Bāṇḍegāoṅ liegt an der erstklassigen Straße, die von Pāṭan aus nach Südosten bis nach Godāvari führt. Die kleine Siedlung nimmt eine Bergnase ein

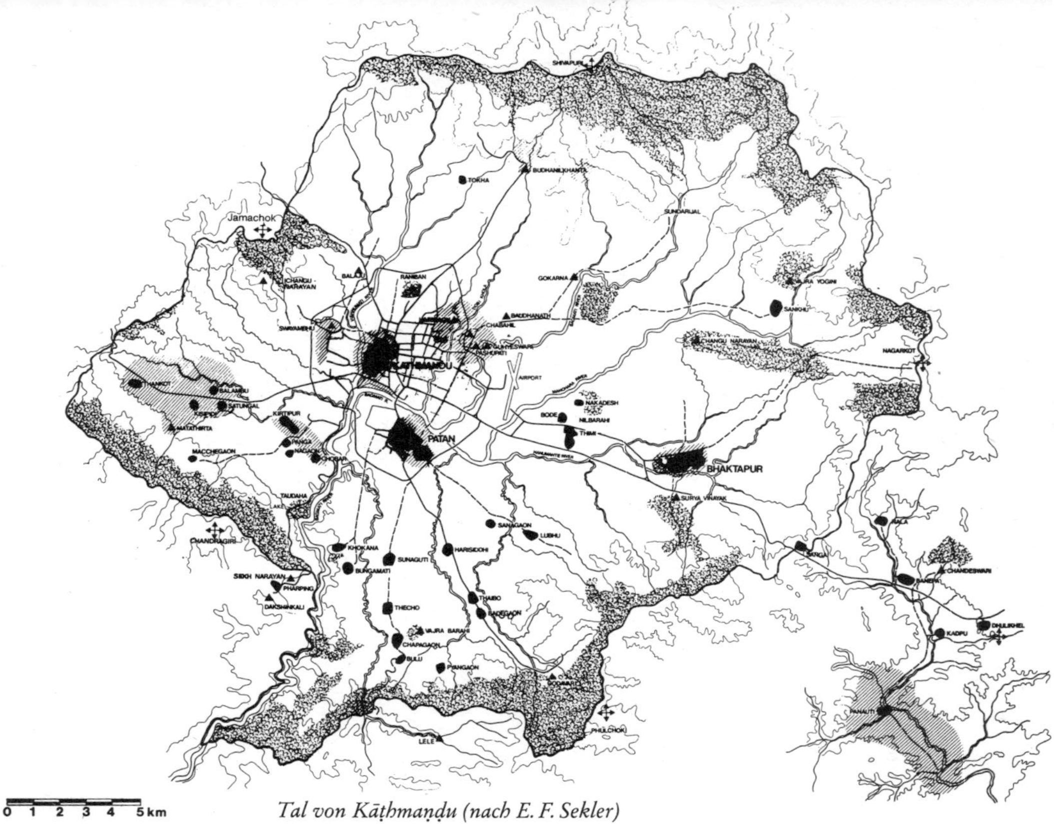

Tal von Kāṭhmanḍu (nach E. F. Sekler)

(1405 m), die ins Tal der Koṭkhu Kholā hineinragt. Im Ort befindet sich ein buddhistisches Heiligtum, in dessen Zentrum als Kultobjekt ein achtseitiges, mit Buddhasinnbildern geschmücktes Steinprisma steht, bekrönt von einem Vajra. Der Tempelhof bietet Skulpturen von Śiva, Pārvatī, Gaṇeśa und Kārttikeya, von Bhairava, Vāsukī, Padmapāṇi und Ṣaḍakṣaryalokeśvara. Der aus dem 16. Jh. stammende Tempel wird von einem Śākya als Priester betreut und von der Bevölkerung während des Monats Śrāvaṇa an jedem Mittwoch verehrt. Er heißt daher im Volksmund Herr des Mittwochs: Budhavadyo.

Südlich des Dorfes zweigt ein Feldweg von der Straße ab, der nach Südosten um einen Hügel von 1645 m Höhe herum in einer guten halben Stunde zum Naturheiligtum von Biśaṅkhu führt, einem der vier großen Weihestätten des Viṣṇu im Tale. Im Monat Kārtika findet ein Viertempellauf statt, der alle vier besucht: → Īcaṅgu, → Cāṅgunārāyaṇa, → Biśaṅkhu, Śeṣnārāyaṇa → Pharping.

Banepa
Banepā

Das Nachbartal des Tales von Kāṭhmāṇḍu im Südosten ist das Tal von Banepā. Die Stadt dieses Namens liegt in seinem Mittelpunkt an der Straße nach Tibet. Meist stand das Tal unter der Herrschaft der Mallafürsten von Bhaktapur. Die heutige Stadt ist durch neuere Bauten entstellt. Außer zwei kleinen Viṣṇutempeln von 1552, die etwas erhöht liegen, findet sich kaum etwas Sehenswertes im Stadtbezirk selbst. Außerhalb, im Osten der Stadt, liegt der Komplex des Caṇḍeśvarī Mandir mit drei Dächern und schön geschnitzten Holzstreben. Ein großes Bhairavagemälde schmückt seine Westseite. Die Tätigkeit der im 17. und 18. Jh. blühenden Werkstätten von Bhaktapur hat auch hier ihre Wirksamkeit entfaltet. Im Hof ein Śivatempel des 19. Jahrhunderts. Der ganze heilige Bezirk liegt malerisch über einer Bachschlucht vor dem bewaldeten Hügel.

Bhaktapur

Bhaktapur liegt am Ostende des Tales von Kāṭhmāṇḍu, reichlich 16 km von dort entfernt, an der Handelsstraße nach Tibet. Sie verläuft dort auf einem

Bhaktapur, Darbārplatz vor der Zerstörung durch das Erdbeben von 1933 (nach G. le Bon) ▷

Höhenrücken nördlich des Tales der Hanumānte. Noch heute bildet sie die Hauptstraße der Stadt, die sich in einigen Biegungen schlagenartig durch die Siedlung windet. Dem Tibethandel verdankte die Stadt ihren Reichtum, der in den stattlichen, mit holzgeschnitzten Erkern geschmückten Bürgerhäusern bei allem inzwischen eingetretenen Verfall sichtbar geblieben ist. Seit Tibets Grenze geschlossen bleibt, beginnt die Verelendung der einst wohlhabenden Bürgerschaft. Die Chinesen haben nicht nur die neue Straße gebaut, die jetzt an Bhaktapur vorbeiführt, südlich der Hanumānte, und von der aus ein klarer Überblick über die Stadtanlage zu gewinnen ist. Auf dieser Straße verbindet auch ein regelmäßiger Trolleybusverkehr mit Wagen aus Shanghai die bisher abgelegene Provinzstadt mit dem Zentrum der Doppelstadt Kāṭhmāṇḍu-Pāṭan.

Die Gründungslegende, die auch hier nicht fehlt, besagt, daß ein Herrscher namens Anantamalla sie im 9. Jh. n. Chr. gegründet habe. Ursprünglich habe dieser König alle drei Städte beherrscht, dann aber Kāṭhmāṇḍu und Pāṭan an seinen älteren Bruder abgegeben. Gründe werden nicht berichtet. Doch dürfte ein solcher Verzicht schwerlich aus freiem Willen erfolgt sein. Da Pāṭan und Kāṭhmāṇḍu früher noch mehr als heute von Buddhisten bevölkert waren, Bhaktapur dagegen fast rein hinduistisch ist, könnte es sich um einen Exodus der nichtbuddhistischen Einwohner handeln. Von Anantamalla heißt es weiter, daß er eine Stadt von 12000 Häusern gegründet und ihr den Namen Bhaktapur gegeben habe. Ein deutlicher Hinweis auf ihre Bindung an Viṣṇu, dessen zentrales Heiligtum nur wenige Kilometer nördlich in → Cāṅgu Nārāyana liegt. Geweiht wurde sie in einer feierlichen Pūjā der Göttin Annapurṇā. Weitere sieben Städte entstanden unter dem Schutz der Göttin Caṇḍeśvarī, deren Hauptheiligtum östlich von Banepā liegt. Dazu gehörten → Banepā und → Nālā, → Panauti und → Dhulikhel, alle im östlich an Bhaktapur angrenzenden Tal gelegen, wohin sich offensichtlich der Schwerpunkt im Herrschaftsbereich dieser Stadt verlagerte, als ihr König seinen Einfluß auf die beiden anderen Städte verlor. Auf Grund eines Traumes unterstellte Anantamalla seine neue Stadt dem besonderen Schutz der Nava Durgās (Neun Durgās), für die er einen Ring von Verehrungsstätten innerhalb und einen zweiten außerhalb des Wohngebietes einrichtete.

Die Gründung einer Stadt entsprechend der Legende meint sicher nicht einen vollständigen Neubau, sondern die Zusammenfassung und Erweiterung bereits vorhandener dörflicher Siedlungen. Zwei alte Hauptsiedlungskerne lassen sich noch heute im Stadtbild deutlich erkennen. Beide liegen sie an der alten Handelsstraße, die bis heute die Verkehrsader der Stadt bildet. Dort, wo sie, von Westen, von Kāṭhmāṇḍu her, kommend in die Stadt eintritt, biegt links die Nebenstraße ab, die zum Darbārbezirk führt. Die Hauptstraße jedoch geht, noch immer von einigen stattlichen Häusern begleitet, gera-

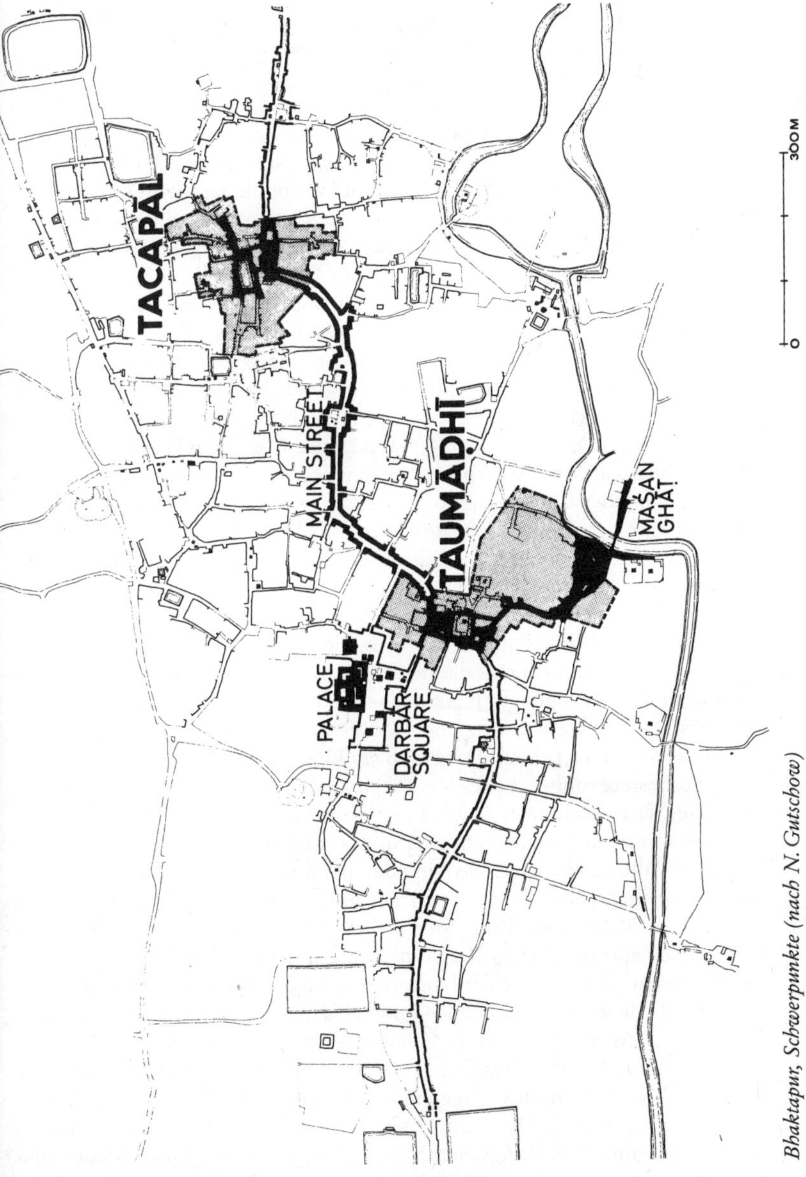

Bhaktapur, Schwerpunkte (nach N. Gutschow)

deaus unter einem weiten Torbogen der Mallazeit hindurch weiter zum Taumāḍhī Ṭole, den der Nyātapola Mandir beherrscht, und durch die Stadt hindurch zum Tacapāla Ṭole, der sich um den Dattātreya Mandir gruppiert. Damit sind die beiden Kernsiedlungen angesprochen, die ältere im Osten, die jüngere im Westen, beide mit großen Plätzen, in die sich die Gassen öffnen und in denen das pulsierende Leben des zugehörigen Stadtteils einen Mittelpunkt findet. Vom ursprünglichen Schwerpunkt der Stadt um den hinduistischen Dreigöttertempel des Dattātreya wanderte der religiöse und soziale Mittelpunkt nach Westen. Es begann mit dem Einzug der Göttin Taleju (Tulajā) in die Stadt im Jahre 1326 und der Errichtung ihres Heiligtums im Mūlcok auf der Höhe westlich und unmittelbar angrenzend an Taumāḍhī Ṭole. Hier bildete sich ein dritter Schwerpunkt, nicht als Ergebnis einer organischen wirtschaftlichen und sozialreligiösen Entwicklung, sondern durch herrscherliche Willkür. Was Harisiṃhadeva mit dem Bau des Mūlcok und seines anschließenden Palastes 1326 begonnen hatte, setzten Jayasthitimalla (1382–1395) und Yakṣamalla (1428–1482) fort. Mit guten Gründen regierte Jayasthiti das Tal von Bhaktapur aus: Von hier aus wirkte die tantrische Taleju mit magischer Gewalt, und nur hier gab es eine geschlossene Hindugesellschaft ohne buddhistische Auflockerung. Seine umfassende Gesetzgebung schuf die neue, strenge Rechtsordnung des Tales unter Zugrundelegung und Festschreibung der hinduistischen Kastenordnung, Maßnahmen, die dem Wesen des Buddhismus widersprachen. Es scheint, daß er nur in Bhaktapur seine Vorstellungen – rigoros wie sie waren – durchsetzen konnte, während ihn die Lebensverhältnisse in den anderen Städten des Tales zu Kompromissen zwangen. In Bhaktapur sind die Kasten nach festen Gesetzen über das Wohngebiet verteilt. Ihre Häuser sind nach vorgeschriebenen Regeln unterschiedlich gebaut. Das ergab ein Dreiklassensystem, nach dem sich auch die Besteuerung richtete. Die religiöse Ordnung wird für die Stadt im Sinne des Tantrismus von weiblichen Gottheiten bestimmt, an ihrer Spitze die geheimnisvolle Taleju, Inbegriff und Zentrum der Wirkungen, die von den acht Müttern (Aṣṭamātṛkās) und den neun Durgās (Navadurgās) ausgehen. Der Schutz, den sie der Stadt gewähren, manifestiert sich bei beiden Gruppen im lückenlosen Ring ihrer Wohnungen innerhalb der Stadt und im lückenlosen apotropäischen Ring um die Stadt herum, durch den die Gefahren abgewehrt werden, die der Stadt von seiten der Dämonen und menschlicher Feinde drohen könnten. Die Gesellschaft, der sie ihren Schutz angedeihen lassen, ist in allen ihren Lebensäußerungen aufs Strengste in die mittelalterliche Berufs-, Familien- und Kastenordnung des ungebrochenen traditionellen Hinduismus eingebunden. Einen letzten Schritt zum Schutz dieses sozioreligiösen Organismus tat Yakṣamalla, indem er die Stadt als Ganzes mit ihren Siedlungszentren und Stadtteilen mit einer Mauer um-

schloß und auf dem Hügelplateau über Taumāḍhī Ṭole eine Festung anlegte, in deren Mauern sich der Darbārbezirk entwickelte.
Die einzigartige Möglichkeit, im heutigen Bhaktapur am lebenden Objekt die mittelalterliche Hindugesellschaft zu studieren, rief die deutsche Wissenschaft auf den Plan. Es begann mit der Sanierung des Pūjārī Mātha beim Dattātreya Mandir, die im Winter 1971/1972 als Hochzeitsgeschenk der Bundesrepublik Deutschland für den späteren König Birendra durchgeführt wurde. Die damals gemachten Beobachtungen führten zu dem Konzept, die Verbesserung der Lebensbedingungen durch Wasserversorgung- und -entsorgung, Neupflasterung mit den traditionellen Ziegeln und Straßenreinigung, Arbeitsbeschaffung durch Holzschnitz- und Textilwerkstätten und Gaststätten, die Sanierung der ganzen Stadt mit dem Ziel zu verbinden, das geprägte Stadtbild zu erhalten. Dieses nun schon über zehn Jahre laufende „Deutsch-Nepalische Bhaktapur-Projekt" bot auch zahlreichen Wissenschaftlern Gelegenheit, die Spuren einer andernorts längst verschwundenen mittelalterlichen Welt zu untersuchen und festzuhalten. Das Projekt gilt als ein gelungenes Beispiel für die Modernisierung eines Gemeinwesens bei möglichst weitgehender Erhaltung traditioneller Formen. Es hat aber auch die, solchen Versuchen natürlicherweise immanente, Problematik bewußt gemacht. Die Beschreibung der Denkmäler erfolgt in den bereits angedeuteten drei Abschnitten:

1. Darbārbezirk
2. Taumāḍhī Tole im Westen
3. Tacapāla Ṭole im Osten

Bhaktapur
Darbār

Der Darbārbereich liegt in Bhaktapur im Gegensatz zu Kāṭhmāṇḍu und Pāṭan nicht im Zentrum, sondern am Rande der Stadt und zeigt deutlich, daß hier ein Herrscher seinen Palast, ursprünglich im Rahmen einer Befestigung, einer gewachsenen Stadtanlage angefügt hat. Verbindungen zum unmittelbar benachbarten westlichen Knotenpunkt der Stadt, dem Platz Taumāḍhī Ṭole, gab es bis zum 18. Jh. überhaupt nicht und seitdem nur in der Form von einigen engen Gassen, die keine Öffnung beider Bezirke zueinander darstellen. Auch heute noch ist der Darbārbezirk nicht ins Leben der Stadt integriert.

Innerer Kern und geistiger Mittelpunkt des Bereiches ist das Heiligtum der Taleju, die zur Schutzgöttin des Tales und der Mallafürsten in allen drei Städten aufstieg. Im Jahre 1325 kam Harisiṃhadeva in das Tal. Vertrieben aus seiner Hauptstadt Siṃrāoṅgarh durch Ghiyās-ud-dīn Tughlaq, suchte er Asyl und Zuflucht. Er hatte seinen Hofstaat und seine Hausgöttin Taleju (Tulajā) mitgebracht. 1326 verweilte er einige Zeit in Deopāṭan und zog dann nach Bhaktapur weiter. Als er vor der Stadt lagerte, erwies sich die Ausstrahlung der Göttin und ihre magische Wirkung als so stark, daß die Bewohner der Stadt ihr und ihrem König die Herrschaft antrugen. Harisiṃhadeva erbaute für die tantrische Göttin ein Heiligtum, das er Mūlcok nannte, und anschließend in einer Reihe von Höfen seinen Palast. Gesicherte Nachrichten über den weiteren Ausbau des Darbār folgen erst 1453, als König Yakṣamalla (1428–1482) Bhaktapur als Hauptstadt des Tales bestätigte und Befestigungsmauern um die ganze Stadt errichten ließ. Dazu gehörte auch die Anlage einer Burg mit Kaserne für Truppen und Zeughaus für die Waffen. Auf dem Glacis vor dem Palast nach der Stadt zu baute er 1460 den nach ihm benannten Yakṣeśvaratempel. Dem weiteren Ausbau des Darbārbereiches widmeten sich besonders Jagatprakāśamalla (1644–1673) und Jitamitramalla (1673–1696). Auf der kurzen Säule mit Lotuskapitell sitzt Bhūpatīndramalla (1696–1722) in der Achse des Mūlcok als Verehrer der Taleju. Ihm ist auch der Ausbau des benachbarten Taumāḍhī Ṭole zu verdanken. Die letzte Hand an die Palastfassade legte Rāṇājitamalla (1722–1768) durch die Errichtung des Tores zum Mūlcok (Sunḍhokā), die der breit horizontal gelagerten Front einen Mittelpunkt verlieh. Im übrigen blieb der ganze Komplex von Höfen ohne Akzente durch Dachaufbauten und Pagodentürme, darin ganz unähnlich den Palästen von Kāṭhmāṇḍu und Pāṭan. Eine schwere Einbuße für die einheitliche Wirkung dieser Ziegel-Holz-Fassade bedeutete der Umbau des linken Flügels in einen Saal des pseudobarocken islamisierenden Rāṇāstiles im Beginn des 19. Jahrhunderts. Doch fällt es ohnehin schwer, sich vorzustellen, wie der gesamte Darbārbereich zur Mallazeit ausgesehen hat, da das Erdbeben von 1933 hier mehr Schaden angerichtet hat als in den anderen Städten. Ganze Höfe stürzten zusammen und wurden nicht wieder aufgebaut, ebenso ist die Zahl der Tempel vor der Palastfront erheblich dezimiert und nicht wenige sind sogar in ihrer Verstümmelung stehen geblieben. Die Häuserfront dem Palast gegenüber wurde um 20 m zurückverlegt und damit ein weiter Platz geschaffen, der in seiner Leere und Unausgefülltheit dem ursprünglichen Konzept zuwiderläuft.

Nach der Überlieferung hat König Harisiṃhadeva den von vier Flügeln umgebenen Hof Mūlcok (1) für die, von ihm mitgebrachte, Göttin Taleju errichtet, nachdem er in Bhaktapur 1326 als Herrscher aufgenommen worden war. Die quadratische Anlage bedeckte eine Fläche von einer Ropiṇī, dem

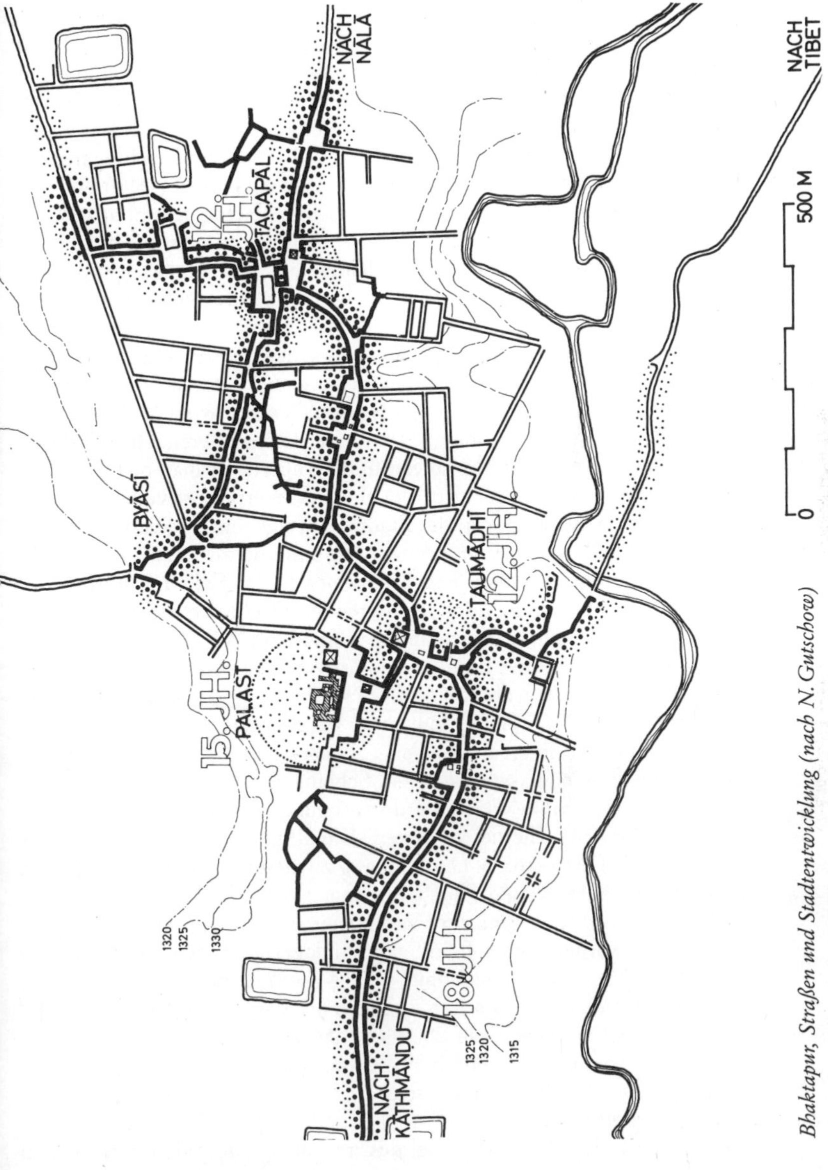

Bhaktapur, Straßen und Stadtentwicklung (nach N. Gutschow)

damals und bis heute gängigen Maß von 526 qm. Ihre Cella bekam Taleju im Südflügel. Der Zugang zum Hof liegt im Osten. Nach diesem Vorbild und mit den gleichen Maßen wurden die Talejuheiligtümer in Kāṭhmāṇḍu und Pāṭan eingerichtet. Dieser hochheilige Tempelhof der tantrischen Göttin, von der das Wohl und Wehe des ganzen Tales abhängt, ist für Nichthindus unzugänglich. Der Eingang wird militärisch bewacht. Vor dem Eingang zur Cella stehen die Porträtskulpturen von Jitamitramalla (1673–1696) und seiner Gattin. Unter seiner Regierung und der seines Nachfolgers Bhūpatīndramalla (1696–1722) ist der Großteil der prachtvollen Ausstattung des Hofes entstanden. Im Osten schließt sich der kleinere Sadāśivacok an, der von Nareśamalla (1637–1644) gebaut und mit achtzehn Bhairavabildern und je einer Durgā- und einer Gaṇeśastatue ausgestattet wurde (3). Vor dem Tor stehen zwei, aus schwarzem Stein gehauene Wächterfiguren. Hier soll König Sadāśiva (1580–1589) gelebt haben, der wegen seiner Tyrannei und Zügellosigkeit aus Kāṭhmāṇḍu vertrieben worden war. Westlich vom Mūlcok hat Jitamitramalla den Etacok (2) angelegt und mit dem größeren Mūlcok durch ein prunktvolles dreiteiliges Portal verbunden, durch das man nicht in einen Tempel, sondern in den Hof tritt, der den Aṣṭamātṛkās geweiht ist. Diese mächtigen und in Bhaktapur in der Stadt und rings um die Stadt besonders hoch verehrten Göttinnen sind in enger Verbindung zu Taleju zu denken. Der kultische Prozessionspfad endet bei ihnen in der Cella im Norden des Hofes. Auf den Holzstreben des vorkragenden Daches erscheinen ihre Bilder. Der Hof trägt auch die Bezeichnung Kumārīcok. Am Navadurgāfest des Jahres 1767 begrüßten hier die Priester Pṛthvinārāyana als König, bevor er die Stadt erobert hatte, während er als Gast des regierenden Rāṇājitamalla an den religiösen Zeremonien teilnahm. Im Norden wird diese zentrale Gruppe von Heiligtümern durch den „Schlangensee" Nāgapokhari abgeschlossen, aus dessen Wasserspiegel ein Schlangenkopf auftauchte (4). Dieser zum Baden bestimmte Teich wurde zusammen mit 64 städtischen Brunnen von einem elf Kilometer langen Kanal gespeist. Der Stifter war Jagatjyotirmalla (1613–1637). Den Eingang zu diesem allerheiligsten Bezirk, den Bhaktapur aufzuweisen hat, bezeichnet am Darbārplatz in der Mitte zwischen dem östlichen und dem westlichen Palastflügel, die sich als geschlossene Baukörper nach beiden Seiten hinlagern, der zierliche Portalbau des Sunḍhokā, der von Rāṇājitamalla (1722–1768) im Jahre 1753 sozusagen als Pforte zum Allerheiligsten und zugleich als Verbindung der beiden Palasthälften eingefügt wurde, ein Bauglied, das nicht durch einen monumentalen Akkord, sondern eher durch ein Pausenzeichen den notwendigen Akzent in die Mitte der Palastfassade setzt (6).

Der schmale Torbau mit drei Gajūras über dem länglichen Dach erzielt seine Wirkung durch das blitzende Juwel des, mit mehr oder minder erhabenen

Reliefs in vergoldeter Bronze geschmückten, Toraṇas und seines Tympanons. Die beiden Seitenpfosten sind über den Portallöwen jeweils in fünf Felder eingeteilt, die von unten nach oben als Reliefs darstellen, gegenständig und in der Haltung aufeinander bezogen: zwei Dvārapālas, zwei Vasen als tantrische Glückssymbole, Bhairava und Bhagvatī, Gaṇeśa und Kaumārī, Cāmuṇḍā und Mahākālī. Das Tympanon hat den üblichen Rahmen mit Garuḍa in der Mitte und zu beiden Seiten Nāgas und Makaras. Die Lünette als solche ist durch einen angedeuteten Kleeblattbogen bereits dreiteilig gegliedert, in der Mitte Taleju vierköpfig und achtarmig mit Schädelkette, links die Flußgöttin Gaṅgā auf dem Makara und rechts Yamunā auf der Schildkröte als Begleiterinnen zwischen Sonne und Mond. So erscheint die geheimnisvolle Göttin nach dem Platz zu in der Achse ihres Heiligtums. Und als prominentester Anbeter verneigt sich vor ihr in Añjali der König Bhūpatīndramalla auf seiner Säule, die der Sohn Rāṇājitamalla zum Gedächtnis an den Vater errichten ließ (7). Die in Kāṭhmāṇḍu und Pāṭan stehenden Säulen wurden von den betreffenden Herrschern selbst zu ihren Lebzeiten als Stifter vor das zentrale Heiligtum gesetzt. Dabei standen ihnen als Vorbild die früher üblichen Säulen vor Augen, die einen Garuḍa in Menschengestalt (Vainateya) mit den Zügen des Stifters trugen. Hier ist die Säule das Denkmal für einen bereits Dahingeschiedenen. Die Überlieferung berichtet, daß sich Rāṇājitamalla die Steinhauer dafür von Jayaprakāśamalla aus Kāṭhmāṇḍu ausleihen mußte, da es bei ihm derartige Spezialisten nicht gab. Sie erhielten von ihrem Herrn die Instruktion, keinesfalls etwas der Säule in Kāṭhmāṇḍu Ebenbürtiges zu schaffen, ließen daher auch prompt den Steinschaft umstürzen, so daß er in Stücke zerbrach. Daher seine mindere Höhe. Belohnt wurden sie von beiden Seiten. Zu erwähnen bleibt noch die vom gleichen König 1737 gestiftete mächtige Taleju-Glocke im Osten der Säule (9).
Rechts und links von der zentralen Achse ziehen sich die westliche und die östliche Palastfront hin, heutzutage denkbar unterschiedlich im Anblick. Die westliche im weißen Stuck der Rāṇāzeit, die östliche in ursprünglicher Gestalt als roter Ziegelbau mit schwarzgebeizten Holzschnitzereien im Newarstil der Mallas. Diese Ostfassade (8) entbehrt der senkrechten Gliederung durch Risalite oder Vorsprünge. Dafür ist sie in den beiden unteren Geschossen durch Türen und Fenster in reich verzierten Holzrahmungen rhythmisch belebt und leicht in der Mitte betont, während das obere dritte Geschoß mit seinen durchgehenden, um fünfundfünfzig Fenster aufgereihten Holzschnitzereien bester Qualität Gegengewicht dazu und Zusammenfassung der Schauseite bietet, eine Galerie ohne Ende mit wechselnden Rechteck- und Dreipaßabschlüssen an den Fensteröffnungen. Beim Erdbeben 1933 fiel das Holz auseinander, konnte danach aber wieder in die alten Rahmen eingefügt werden. So ist dieser, von Bhūpatīndra (1696–1722) vollendete, Bau in seiner

Originalgestalt erhalten. Auch im Inneren (Zutritt durch das Museum im Westtrakt) ist langgestreckt ein Repräsentationssaal mit den originalen Wandmalereien des 17. Jahrhunderts stehen geblieben, der Seltenheitswert besitzt.

Im Gegensatz zur handwerklichen und künstlerischen Gediegenheit des Osttraktes steht der weiß verputzte Saalbau der Westfassade (5) mit islamisierendem Stuckdekor, wie es der Mode in der Mitte des 19. Jahrhunderts entsprach. Das alte Portal, einst Haupteingang zum Palast, ist durch ein riesiges Löwenpaar und die von Bhūpatīndra 1697 hinzugefügten Schutzgötter Narasiṃha und Hanumāna gekennzeichnet. Hier befindet sich der Eingang ins Museum, das vor allem hervorragende Beispiele newarischer Malerei zu bieten hat. Was sich westlich davon anschloß, ist heute alles zerstört, so das Basantapur-Lustschloß des Jagatprakāśamalla (1644–1673). Davon stehen noch zwei Steinbildwerke von 1707, ein zwölfarmiger Bhairava und eine achtzehnarmige, dämonentötende Ugracaṇḍra, leere, aufgedonnerte Routinearbeiten. Auch die Brunnenanlage Bhaṇḍārkhāl ist erhalten und mit den entsprechenden Anlagen in den beiden Schwesterstädten zu vergleichen.

Wie die Abbildungen von Zeichnungen früherer Reisender zeigen (Abb.), war der Darbārplatz ähnlich dem von Pāṭan von vielen Tempeln angefüllt, die dicht nebeneinander standen. Nur sechs sind übriggeblieben, und zwar von Westen nach Osten die folgenden:

11. Dvārikanāth-Mandir, eine Holzziegelpagode mit zwei Dächern auf zweistufigem Unterbau im gedrungenen, archaisierenden Paśupatināth-Stil. Verwandt und ursprünglich mit dem gleichen Kultbild des Nārāyaṇa versehen wie der Cārnārāyaṇa-Mandir in Pāṭan und der Jagannāth-Mandir in Kāṭhmāṇḍu. Reich geschnitzte dreiteilige Tore öffnen sich nach allen vier Seiten. Die vierundvierzig holzgeschnitzten Dachstreben stellen Viṣṇu in seinen Avatāras dar. Eine Garuḍa-Säule steht vor der, von doppeltem Löwenpaar bewachten, Osttreppe. Der vom Volk Bansi-Nārāyaṇa-Mandir genannte Tempel ist heute dem Kṛṣṇa geweiht und birgt auch dessen Kultbild in der Cella. Eine Inschrift nennt 1757 Rāṇājitamalla als Gründer einer Guṭhī. Der Bau könnte von Jitamitramalla (1673–1696) stammen, der auch den Yakṣeśvara-Mandir auf dem gleichen Platz renovierte.

12. Durgā-Mandir, ein Śikhara-Tempel newarischen Stiles mit vier, von niedrigen Turmaufbauten bekrönten Vorhallen, die von allen vier Seiten einen Zugang zur Cella bieten. Nur hier treten bei dem reinen Ziegelbau Steinpfeiler und Holzarchitrave auf. Der Tempel steht auf einer doppelten Ziegelterrasse und stellt bei aller Schlichtheit der Ausstattung ein harmonisch ausgeglichenes Bauwerk dar. Bauherr und -jahr sind unbekannt.

13. Vatsalā-Devī-Mandir, ein Śikharatempel ganz aus Stein auf einer Stein-

basis von drei Terrassen mit einer umlaufenden Kolonnade von vierzehn achteckigen Steinpfeilern. Über dem reich verkröpften Architrav vier offene Pavillons und kleinere achteckige Türmchen dazwischen an den Ecken. Darüber in steiler Kurve aufsteigend der Śikhara, der in einem überaus reichen Gajūra aus zwei Glockenformen und Ámalakas, schließlich einem Kalaṣa und dem Dreizack endet. Vatsalā (wörtlich: Kälbchen) mag als eine Form der Durgā anzusehen sein, wie die Darstellung in dem Pavillon über dem Haupteingang im Westen und die achtzehnarmige Mahiṣamardiṇī in der Cella nahelegen. Das würde eine Umdeutung der lokalen Göttin bedeuten, der auch Menschenopfer dargebracht wurden. Stilistisch ist die Nachahmung des Bāla-Gopāla-Mandir von 1637 auf dem Darbārplatz von Pāṭan unverkennbar. Da der Vatsalā-Mandir unter Jagatprakāśa (1644–1673) entstand, könnte dieselbe Bauhütte wie in Pāṭan auch hier tätig gewesen sein.

14. Yakṣeśvara-Mandir, die mächtige, kubisch wirkende zweistöckige Ziegel-Holz-Pagode (Grundriß 16.25 zu 16.25 m) des Śiva, nach dem Vorbild und den Maßen des Paśupatināth erbaut und nach dem Namen des Stifters Yakṣamalla (1428–1482) benannt, ist der religiöse wichtigste und architektonisch eindrucksvollste Tempel im Dabārbezirk. Der Legende nach erschien Paśupati dem König im Traum und legte ihm nahe, ein Simile des hochheiligen Tempels an der Bāgmatī vor seinem Palast zu errichten, sodaß er täglich dem Śiva Paśupati seine Pūjā darbringen könne, ohne den Weg nach Deopāṭan zu machen. Der Tempel steht auf einem einstufigen Podest. In der quadratischen Cella, die sich nach allen vier Himmelsrichtungen öffnet, befindet sich als Kultbild ein Caturmukhaliṅga wie bei dem Vorbild. Die beiden breit ausladenden Dächer sind mit Ziegeln gedeckt, nur ein Gajūra von bescheidener Ausführung bekrönt den Bau. 1478 wurde der Tempel begonnen, 1494 vom Sohn fortgesetzt. Jitamitramalla (1673–1696) hatte ihn gründlich zu restaurieren. Bei dem Erdbeben von 1933 stürzte er vollständig zusammen. Beim Wiederaufbau und der späteren Restauration von 1968 wurden die breiten Holz-Toraṇas an den vier Seiten des Erdgeschosses neu eingesetzt. Alt ist nur die größere Anzahl von Holzstützen unter beiden Dächern, auch sie unterschiedlich in Ausführung und Datierung. Dargestellt sind Aspekte des Śiva, aber auch Figuren aus dem Rāmāyaṇa. In seinen archaischen Proportionen wiederhergestellt, dokumentiert der Bau die Anwesenheit Śivas in Bhaktapur wie der verwandte Bansi-Nārāyaṇa-Mandir (11) die Gegenwart Viṣṇus.

15. Der Bhagvatī-Mandir an der Südostecke des Palastes der fünfundfünfzig Fenster ist ein weiterer steinerner Śikhara-Tempel, wahrscheinlich aus dem Jahre 1696. Die Göttin ist nicht identifiziert (Siddhilakṣmī?). Er steht auf fünf Steinterrassen und ist durch einen Vorbau und die Treppenstufen

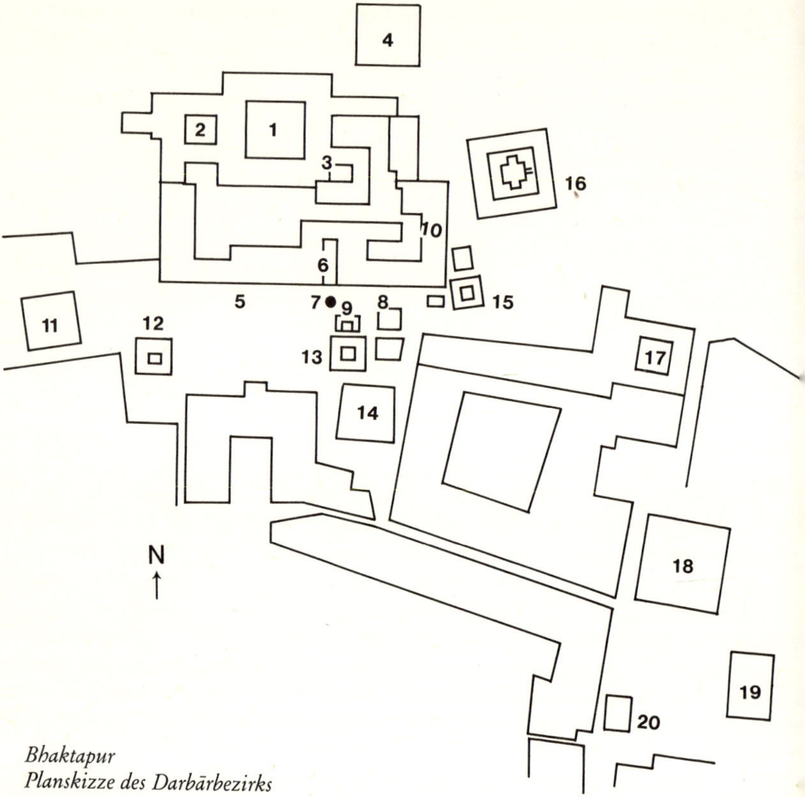

Bhaktapur
Planskizze des Darbārbezirks

nach Süden orientiert. Auf den stufig emporsteigenden Treppenwangen stehen steinerne Tierplastiken, zuunterst in zeitgenössischer Tracht Menschen mit Hunden.

16. Der dem Śiva geweihte Phasi-Dega-Mandir im Osten des Palastes der fünfundfünfzig Fenster muß ein stattlicher Tempel gewesen sein, bevor er durch das Erdbeben 1933 zerstört wurde. Sein quadratischer Unterbau von zwanzig Meter Seitenlänge steht noch als fünfstufige Ziegelpyramide. Vom eigentlichen Tempel, aller Wahrscheinlichkeit nach einer Ziegelholzpagode,. ist keine Spur erhalten geblieben. Die dürftige stukkierte Kuppel mit Wellblechdächern über den vier Eingängen ist nicht mehr als ein Notbau für die Unterbringung der Kultbilder verschiedener Gottheiten und des Liṅga. Die von Süden zum Haupteingang emporführende Treppe wird von drei Tierpaaren auf den Wangen begleitet, Elefanten, Löwen, Stiere. Nähere Nachrichten über den Tempel liegen nicht vor. Von einem weiteren Tempel, der südlich von dieser Ruine stand, sind überhaupt nur die beiden Löwen übriggeblieben, die seinen Eingang bewachten.

Am Ostende des Darbārbezirkes auf der rechten Seite der Gasse, die zur Hauptstraße der Stadt hinunterführt, liegt das Kloster Caturvarnamahāvihāra (newarisch Tadhū Chē Bahāl), eine quadratische Hofanlage von 19 m Seitenlänge (17). Als eines der wenigen buddhistischen Klöster in Bhaktapur spielte das Heiligtum eine besondere Rolle. Es wird auf die Regierung des Königs Rayamalla (1482–1505) zurückgeführt. Das reiche Schnitzwerk des Eingangs, die 24 als Lokeśvaras ausgeführten Dachstützen und die fünf Transzendenten Buddhas tragen den Stempel der Restauration, die unter Jagatprakāśamalla (1644–1673) vorgenommen wurde und dem Klosterhof sein heutiges Aussehen gab. 1753 fand die letzte Wiederherstellung statt, unter Rāṇājitamalla (1722–1768), der dort nach dem Vorbild Kāṭhmāṇḍus den Kult einer lebenden Göttin (Kumārī) einrichtete. Geweiht ist das Kloster dem Dipāṅkara Buddha, der zur Feier des Baṇḍejātra seine Runde durch die Stadt macht. Ein Shakya (Śākya) betreut ihn als Priester.

Bhaktapur
Taumāḍhī Ṭole

Erst in der letzten großen Bauperiode der Mallazeit, um und nach 1700 n. Chr., als die Fürsten miteinander wetteiferten, in echt barocker Steigerung durch hoch emporgetürmte vielstöckige Pagoden auf vielstufigen Unterbauten Akzente in ihre Städte zu setzen, die dem bis dahin unangefochtenen Talejutempel in Kāṭhmāṇḍu nahekamen, wurde Taumāḍhī Ṭole ein Schwerpunkt in der Gesamtanlage von Bhaktapur. Es sind zwei Tempel sehr verschiedener Art, was Götter wie Architekturtyp angeht, die hier einen spannungsreichen, fruchtbaren Gegensatz bilden und dem großen Platz, der von der Tibetstraße überquert wird, ein unverlierbares Gesicht aufprägen. Der sog. Nyātapola Mandir von 1703 und der Bhairava Mandir von 1717.

Der Nyātapolatempel (18) bewahrt in seiner Cella das Kultbild einer Durgā Mahiṣamardiṇī, dessen Anblick aber von den diensttuenden Brahmanenpriestern niemandem vergönnt wird. Der Tempel heißt schlicht der »Fünfgeschossige«, und das bezieht sich sowohl auf seine fünf Dächer wie auf den fünfstufigen Ziegelunterbau. Der Grundriß ist quadratisch. Die Seitenlänge von 22.50 m ist dreimal so groß wie die des Cellaquadrates (7.50 m). Die Höhe, gemessen von Erwin Schneider, beträgt 30.48 m. Die von Süden zur Cella emporführende Treppe wird auf ihren Wangen von fünf paarigen Steinbildwerken flankiert, von denen die jeweils höheren zehnmal so stark sein sollen wie die darunter. Es beginnt mit den beiden Ringern Jayamalla und Phatta, die zehnmal die Stärke normaler Männer besitzen. Sie waren so populär, daß 1860 Kopien von ihnen vor dem Dattātreya Mandir im Tacapāla Ṭole aufgestellt wurden. Darüber stehen Elefanten, Löwen, Greifen und schließlich Bilder der beiden tantrischen Göttinnen Siṃhinī und Byaghriṇī. Die Cella hat einen äußeren Umfang von 20 Säulen, die der darüber aufragenden Last der fünf ziegelgedeckten Dächer kaum gewachsen zu sein scheinen. Sie sind geschnitzt und bemalt ebenso wie die Türrahmen in der traditionellen Weise. 108 holzgeschnitzte Streben stützen die Dächer ab. Sie stellen zahlreiche vielarmige Götter des Hindupantheons dar, vor allem Durgā Mahiṣamardiṇī, die in Nepal als *die* Göttin schlicht Bhagvatī heißt. Kleine Glocken hängen rings an den Dachrändern und klingen im Wind. Die Maße des Bauwerks sind perfekt, die Dächer treten eins über dem andern genau soweit zurück, daß ihre Ecken eine Gerade bilden, als Kanten der zugrundeliegenden steilen vierseitigen Pyramide. Auch mit dem Ziegelunterbau sind die Proportionen harmonisch abgestimmt. Mit dem viel urwüchsigeren Kumbheśvara Mandir in Pāṭan von 1392 verglichen, berührt den heutigen Betrachter dessen archaische unausgeglichene Kraft tiefer als die glatte Perfektion der Spätzeit von 1703. Auch die Qualität der Schnitzerei zur Zeit des Bhūpatīndramalla zeigt die Merkmale beginnender Massenproduktion und ist auf die Massenwirkung am Großbau berechnet. Nicht anders steht es mit den anderen Riesenbauten der Zeit, mit denen Bhūpatīndra in Wettbewerb trat, etwa dem Viṣṇutempel Trailokya Mohan Mandir von 1690, dem Śivatempel Māju Dega von 1692 und dem Jaisi Deval von 1688 in Kāṭhmāṇḍu.

Wahrscheinlich übertraf in den Augen der Zeitgenossen Bhūpatīndra die drei genannten Stufentempel, die sich in unmittelbarer Nachbarschaft des Talejutempels seines Vorbildes bedienten. Ganz anders wirkt der vom gleichen Herrscher fertiggestellte und 1717 vollendete Bhairava Mandir (19), der neben dem ragenden Sockelberg des Nyātapola in die Erde zu versinken scheint, buchstäblich, denn er hat keinen wie immer gearteten Sockel, sondern steckt sogar einen Meter tief in der Erde drinnen. Er trägt den Namen Kāśi Viśvanāth und stellt sich damit im Range dem hochheiligen Viśvanāthtempel in Varanāsi an der Gaṅgā gleich. Die Legende erzählt, ein Tantriker habe den Gott, der von dort incognito zu Besuch gekommen war, um am Bisketfest in Bhaktapur teilzunehmen, erkannt, ihn zu bannen versucht und ihm schließlich den Kopf abgeschlagen, der nun im Sanctum des Bhairavatempels aufbewahrt werde.

Wie bei Bhairava- und Bhīmasenatempeln üblich ist der Grundriß des Heiligtums rechteckig, 12.50 zu 7.50 m. Die Breitseite wendet sich nach Westen dem Platze zu. Sie bildet zum Nyātapola einen rechten Winkel, tritt dadurch zu ihm in Beziehung und bestimmt damit die Wirkung des Platzes. Wer auf der Hauptstraße, der Handelsstraße nach Tibet, von Westen kommt, überschreitet den Platz diagonal und findet seinen weiteren Weg mitten zwischen beiden Tempeln hindurch. Die Cella liegt wie bei ähnlichen querrechtigen Bauten im ersten Stock, nach außen durch ein längliches fünfteiliges, von Holzschnitzereien gerahmtes und vergoldetes Fenster angezeigt. Keine Frage, daß dieser Bau bis zum ersten Dach schon länger hier stand, vermutlich seit etwa 1600, und daß Bhūpatīndra aus religiösen und städtebaulichen Gründen gezwungen war, nach der Vollendung des Nyātapola den Nachbartempel aufzustocken und damit zugleich auch den Gott zu versöhnen, der sich durch die Göttin daneben degradiert vorkommen mußte. Wohltuend wirken die gedrungenen Proportionen des horizontal gelagerten, massiven Blocks gegenüber der hochstrebenden Eleganz der Nachbarin. Die drei Dächer des Bhairavatempels sind nicht übereinandergefächert wie die fünf der Nyātapola, sondern sie lassen die Ziegelmauern der Stockwerke dazwischen sehen und geben damit dem Bau eine kraftvolle Erdgebundenheit. 56 Holzstützen bilden hauptsächlich die Aṣṭamātṛkās ab, wie es dem Bhairavatempel und seiner Ikonographie zukommt. Das oberste Dach ist von vergoldeten Metallplatten gedeckt und wird auf dem First von einer Reihe von sieben Gajūras und in der Mitte einem Schirm bekrönt. Der Bhairava, der hier verehrt wird blickt in herkömmlicher Weise als Maske aus einem Fenster zwischen erstem und zweitem Stock. Zu ebener Erde, wo ein Löwenpaar das Portal bewacht, verdeutlichen tantrische Zeichen seine Gegenwart. Merkwürdig bleibt, daß die Volkslegende, die sich an die beiden hervorragenden Bauten knüpft, die hier gegebene Baugeschichte teils umdreht, teils bestätigt,

als ob ein Unruhe stiftender Bhairava durch die tantrische Göttin des Nyātapola beruhigt worden wäre.
Der heutige Bau stammt aus dem Jahre 1934, da der Bhairavatempel durch das Erdbeben vollständig zerstört war. Nach Möglichkeit wurden die alten Bauteile wiederverwendet. Schon heute nach einem halben Jahrhundert läßt sich kaum noch feststellen, was damals alt, was neu war.
Ein einstöckiges Haus in der Südwestecke des Platzes wurde vom Bhaktapurprojekt im Rahmen seiner Sanierungsarbeiten als Café Nyātapola eingerichtet (20). Es ist durch sehenswerte Schnitzereien ausgezeichnet und auch für eine Tasse Tee oder einen Imbiß zu empfehlen. Südlich angrenzend an den Platz liegt ein kleiner Tempelhof, darin ein einfaches, dem Viṣṇu geweihtes, Heiligtum Tila Mādhava Nārāyaṇa Mandir genannt (21). Eine zweistöckige Pagode, unten ein ziegel-, oben ein metallgedecktes Dach, 20 Holzschnitzereien von Viṣṇu und Lakṣmī als Dachstreben. Metallgetrieben sind auch Toraṇa und Tympanon im Westen. Drei Pfeiler stehen im Hof, der Garuḍapfeiler in der Mitte, an den Seiten ruhend auf Schildkröten Pfeiler mit Diskus und Muschel. Dieses Viṣṇuheiligtum hat eine Geschichte, die älter als der Nyātapola ist. Seine älteste Inschrift geht ins Jahr 1080 zurück, eine weitere in die Zeit von Yakṣamalla (1428–1482). Das Kultbild Viṣṇus in der Cella ist ein Werk des 13./14. Jahrhunderts bester Qualität.

Bhaktapur
Tacapāla Ṭole

Der Siedlungskern Tacāpala Ṭole im Osten von Bhaktapur ist älter und bedeutender als Taumāḍhī Ṭole im Westen. Der Dattātreya Mandir, der in religiöser und sozialer Hinsicht seinen Mittelpunkt bildet, gehört zu den Tempeln, die nicht nur im Tal hohes Ansehen genießen, sondern Pilger aus ganz Südasien anziehen, von Tibet garnicht zu reden. Man erreicht ihn zu Fuß in etwa zwanzig Minuten auf der Hauptstraße, die von Taumāḍhī Ṭole zwischen Nyātapola und Bhairava Mandir hindurch nach Osten führt. Autoverkehr ist in der Stadt nicht zugelassen. Die Gottheit, die im Dattātreya Mandir verehrt wird, stammt aus Südindien und kam vielleicht mit einem der südindischen Berater des Jayasthitimalla in den Norden. Sie vereinigt die Aspekte von Viṣṇu, Siva und Brahmā. Als den Schöpfer dieser Trias schildert die Legende den als Lehrer der Götter und Menschen hochangesehenen Weisen Atri. Eine solche Konzeption überbrückt die manchmal nicht unbeträchtlichen Gegensätze zwischen Anhängern des Śivaismus und des Viṣ-

Viṣṇu auf seinem Reittier, dem Garuḍa (Garuḍāsaṇa). Stein. Im Hofe des Viṣṇutempels zu Cāṅgunārāyaṇa. 8. Jh. → S. 158 ▷

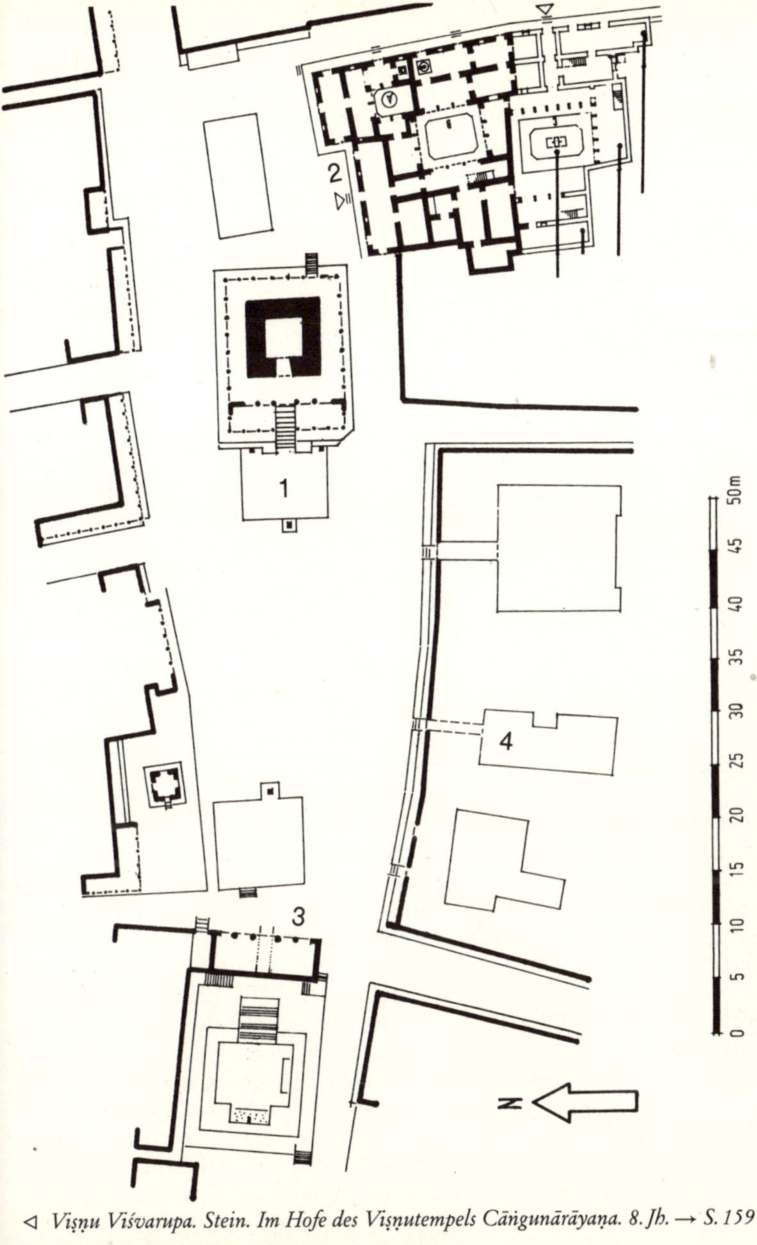

Bhaktapur, Dattātreyatempel und Umgebung

◁ *Viṣṇu Viśvarupa. Stein. Im Hofe des Viṣṇutempels Cāṅgunārāyaṇa. 8. Jh.* → *S. 159*

ṇuismus, die auch in der Geschichte des Tales ihre Rolle gespielt haben. So befinden sich in der Cella Kultbilder aller drei Götter und vor ihrem Eingang im Westen stehen drei Säulen, eine mit dem knieenden Garuḍa Vainateya und zwei kleinere auf Schildkröten mit den Viṣṇu-Emblemen (cakra) und Muschel (śaṅkha). Daneben steht als Zeichen Śivas ein eiserner Dreizack (triśūla). So ungewöhnlich wie die Gottheit, so eigentümlich ist auch die Form des Bauwerks (1). Am ehesten läßt sie sich mit dem Kāṣṭhamaṇḍapa in Kāṭhmāṇḍu vergleichen. Ein dreigeschossiger Bau mit zurückgesetzten Stockwerken, der von unten bis oben bewohnbar und in allen Stockwerken von Galerien mit Brüstungen umgeben ist, diente als Pilgerunterkunft, als Ort für Versammlungen der Bürgerschaft, als Ort zum Musizieren. Die eigentliche Cella mit den Kultbildern ist davorgesetzt und erreicht nur die Höhe des zweiten Geschosses. So ist der Grundriß nicht quadratisch, sondern rechteckig. 13,75 zu 12,25 m. Als Dvārapālas dienen vor den Stufen im Westen die Kopien der beiden Ringer Jayamalla und Phatta vom Nyātapola, die 1860 aufgestellt wurden. Die Dächer sind mit Ziegeln gedeckt, die Dachstützen glatte Balken. Schnitzereien finden sich in kleinem Format und von minderer Qualität nur im Erdgeschoß an der Brüstung, erotische Szenen darstellend. Die letzte Renovierung fand 1967 statt. Zweifellos gehört der Bau mit dem Kaṣṭhamaṇḍapa zu den ältesten im Tal nachweisbaren Holzbauten, die im Typ ihre altertümliche Form bewahrt haben, mögen die einzelnen Balken auch noch sooft ausgewechselt worden sein. Die Tradition schreibt die Tempelgründung Yakṣamalla (1428–1482) zu. Wenn sie zutrifft, dann hätte dieser Herrscher gleichzeitig im Osten seiner Stadt den Dattātreya und im Westen vor seinem Palast den Yakṣeśvara errichtet, zwei für die religiösen und sozialen Zusammenhänge wichtigste Heiligtümer.

Zum Dattātreya Mandir gehört der Pūjārī Maṭha in unmittelbarer Nachbarschaft südöstlich davon in der Ecke des Platzes, ein klosterähnlicher Baukomplex, der um drei Höfe angeordnet ist (2). Dort wohnt der Mahanta, dem die Verwaltung der umfangreichen Ländereien, die dem Tempel gehören, obliegt, die Aufnahme und Versorgung der durchreisenden Pilger und Gäste, auf dem Wege von Tibet nach Indien oder umgekehrt, vor allem die Unterbringung der nach Hunderten zählenden Pilgerscharen, die hier aus Indien eintreffen, um das Śivarātrīfest zu feiern. Wie die Verbindung mit Südindien, wo viele Pilger herkamen, so war auch die Beziehung zu Lhāsā jahrhundertelang sehr eng. Diesem Range des Pūjārī Maṭha entspricht die Qualität seiner Ausstattung. Seine Schnitzereien gehören zu den besten, die sich in Bhaktapur erhalten haben. Das betrifft besonders den mittleren Hof (B), dessen Schnitzwerk fast lückenlos die Erker und Fensterumrahmungen füllt und damit den ungestörten Eindruck eines solchen Innenhofes vermittelt. Die Schnitzereien der beiden anderen Höfe (A und C) sind dagegen zer-

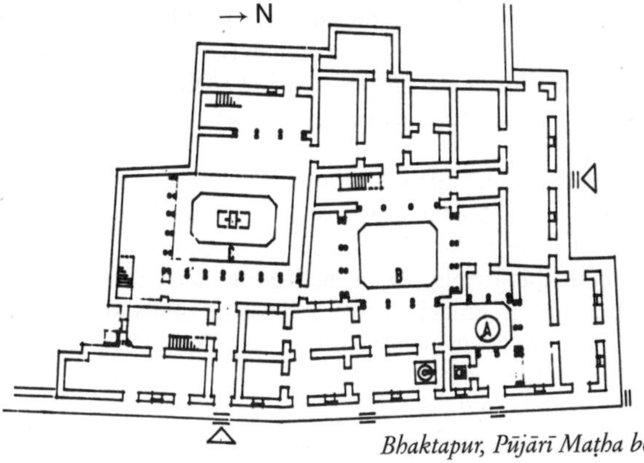

Bhaktapur, Pūjārī Maṭha beim Dattātreya-Tempel

stört. Außen fällt die Umrahmung der Eingangstüre auf, die Mittelerker nach dem Platz zu und in der Gasse an der Ostseite das berühmte Pfauenfenster. Die Eigenart der Schnitzereien besteht nicht zuletzt in der Mischung von Pflanzenornamentik und Tiermotiven mit menschlichen und göttlichen Figuren in meisterhaft ausgeführtem phantasiereichem Spiel. Sie dürften nicht älter sein als 18. Jh. Die Sanierung dieses Bauwerks im Winter 1971/1972 war der erste Beitrag der Bundesrepublik Deutschland und des Auslands überhaupt zur Denkmalpflege in Nepal. Sie wurde vom jetzigen König Birendra seinerzeit als ungewöhnliches, doch passendes und hochwillkommenes Hochzeitsgeschenk entgegengenommen. Die Durchführung war eine deutsch-nepalische Gemeinschaftsleistung in der Zusammenarbeit von Ramesh Jang Thapa, Heimo Rau, einer Architektengruppe von der TH Darmstadt und des Department of Archaeology. Der Bau dient heute wie geplant als Museum.

Der große Platz vor dem Dattātreyatempel fällt leicht nach Westen zu ab, ein langrechteckiger zweistöckiger Tempel, 12,50 zu 5,00 m, bildet den Abschluß (3). Er ist dem Bhīmasena geweiht, für dessen Heiligtümer wie für die eines Bhairava der rechteckige Grundriß allgemein üblich ist. Er ist genau nordsüdlich orientiert und öffnet sich mit einer von Holzpfeilern getragenen Halle, die verschiedenen Zwecken dient, nach Osten, dem Platze zu. Die Cella befindet sich im ersten Stock wie bei den Tempeln der gleichen Gottheit in Kāṭhmāṇḍu und Pāṭan auch. Darin steht ein Kultbild des Bhīmasena aus Ton. Die Gottheit war vom 17. Jh. an sehr populär und galt bei den Newars als Schutzherr der Handelsleute und Handwerker. Der erste Stock liegt über der offenen Halle des Erdgeschosses als Ständerkonstruktion mit schrägen Stützbalken für das Ziegeldach. Holzgitter schließen ihn nach allen Sei-

ten ab. Nur vorn, d.h. nach Osten, bleiben drei Joche offen, damit das Kultbild auf den Platz hinausschauen kann. Das darauf gesetzte zweite Geschoß ist klein und hat die Form des für ältere Pagoden typischen Gitterkäfigs. Das Dach ist mit vergoldeten Metallplatten gedeckt und trägt auf dem First sieben vergoldete Gajūras.
Die Häuser rings um den Platz sind alle im Rahmen des Bhaktapurprojektes saniert worden. Auffallend und besuchenswert ist die Holzschnitzwerkstatt, die einen Versuch darstellt, die im Aussterben begriffene Schnitzkunst neuzubeleben. Wie es scheint, mit Erfolg. Auch die Textilwerkstatt dient den gleichen Zwecken. Beide sind in einem Haus und Hof an der Südseite des Platzes (4) eingerichtet worden, als selbständige, wirtschaftlich fundierte Unternehmen, die auf genossenschaftlicher Grundlage vom Verkauf ihrer Produkte leben. Der Platz als Ganzes mit dem schweren gedrungenen Tempel am oberen Ende und dem leichten Querbau des Bhīmasena am unteren, mit den vielgestaltigen, durch Schnitzwerk belebten Häuserfassaden an allen Seiten bietet sich so dar, wie er im 18. Jh. ausgesehen hat. Eine von Gegensätzen mit Spannung erfüllte und doch ausgewogene städtebauliche Einheit. Im Gegensatz zum Taumāḍhī Ṭole streben die akzentgebenden Bauten nicht in die Höhe, sondern begegnen und ergänzen sich horizontal auf einer leicht geneigten Ebene.
Mit der Beschreibung des Darbārbezirkes, von Taumāḍhī und Tacepāla Ṭole ist Bhaktapur keinesfalls erschöpft. Da die Stadtanlage sich in ihren mittelalterlichen Formen erhalten hat, lohnt es sich, durch Gassen und Gäßchen zu schlendern. Überall warten neue Entdeckungen. Und im Süden enden alle Wege am Ufer der Hanumānte, an deren Ufer sich auch die Ghāṭs für die Verbrennung der Toten entlangziehen.

Bishankhu
Biśaṅkhu

Im Sattel der Hügelkette, die von Osten nach Westen streichend das Tal von Godāvari vom Haupttal von Kāṭhmāṇḍu abschnürt, liegt das Viṣṇuheiligtum Biśaṅkhu. Um dorthin zu gelangen, verläßt man die Kāthmāṇḍu-Godāvari-Straße südlich von Bāṇḍegāoṅ in östlicher Richtung auf einem Feldweg. Eine steile enge Treppe ist in den Felsen gehauen. Sie führt zu einer Plattform mit weitem Ausblick ins Tal. Bauten gibt es keine. Die kleine Naturhöhle enthält als Kultobjekte nur Felssteine. Die Legende berichtet, daß sich Śiva hier vor dem »Aschendämon« Bhasmāsura versteckte, dem er die Macht verliehen hatte, daß er durch Berührung mit seiner Hand alles Lebende in Staub und Asche verwandeln könne. Viṣṇu überredete den Dämon seine eigene Stirn zu berühren, worauf er in Asche zerfiel. Der kleine Hügel neben der Höhle bildete sich aus dieser Asche. Biśaṅkhu ist eines der vier wichtigen Viṣṇuheiligtümer, die das Tal umgeben und schützen. Im Monat Kārtika findet eine Prozession statt, die sie in einem Viertempellauf alle miteinander verbindet. Sie beginnt in → Īcaṅgu, zieht weiter nach → Cāṅgunārāyaṇa, von dort nach Biśaṅkhu und endet in Śeṣnārāyaṇa (→ Pharping).

Bodhnath
Baudhanāth

Der Stūpa von Bodhnāth liegt etwa 8 km östlich von Kāṭhmāṇḍu an der alten Handels- und Pilgerstraße nach Tibet. Die kleine, rund um das Heiligtum angelegte Siedlung hat sich durch die Zuwanderung tibetischer Händler und Mönche beträchtlich erweitert. Mehrere Klöster sind entstanden. Auch Ausländer aus dem Westen haben sich im Umkreis des Bodhnāth-Stūpa niedergelassen. Einige Gästehäuser und das Targaon Hotel mit seinen von dem österreichischen Architekten Carl Pruscha angelegten Wohneinheiten bieten Unterkunft für Besucher, die länger als ein paar Tage verweilen wollen. Die Bedeutung des Heiligtums wird dadurch hervorgehoben, daß es der ständige Wohnsitz des Cīnī Lāmā ist, des dritten im Rang nach dem Dalai Lāmā und dem Pañcen Lāmā. Mit 40 Metern in Durchmesser und Höhe ist Bodhnāth der größte Stūpa Nepals. Dabei ist die Höhe der drei Terrassen nicht gerechnet, auf denen sich der eigentliche Stūpa mit kreisrunden Medhi und Aṇḍa erhebt. Sie haben in Form von Quadraten mit Vorsprüngen nach allen vier Seiten zuunterst einen Durchmesser von 116 m. Insofern erinnert die Gesamtanlage an den Borobudur auf Java. Auch durch diese monumentale Verbindung von Quadrat und Kreis, im buddhistischen Sinne dem irdischen und den überirdischen Prinzip, unterscheidet sich Bodhnāth vom Svayambhūnāth. Die in der Ebene schon von weitem sichtbare weiße Halbkugel mit quadratischem Augenturm wird von der steilen dreizehnstufigen Pyramide bekrönt. Als Sinnbilder überirdischer Welten verjüngen sich die einzelnen quadratischen vergoldeten Stufen stetig, bis Gajūra und Chatra die vergoldete Spitze bilden. Bodhnāth wirkt von der Ferne in der Landschaft und bei der Umwandlung innerhalb des von den Wohnhäusern gebildeten Kreises durch die gigantische Auftürmung der schlichten architektonischen Urformen von Würfel und Kugel. Skulpturen gibt es nur in den kleinen Nischen des Medhi,

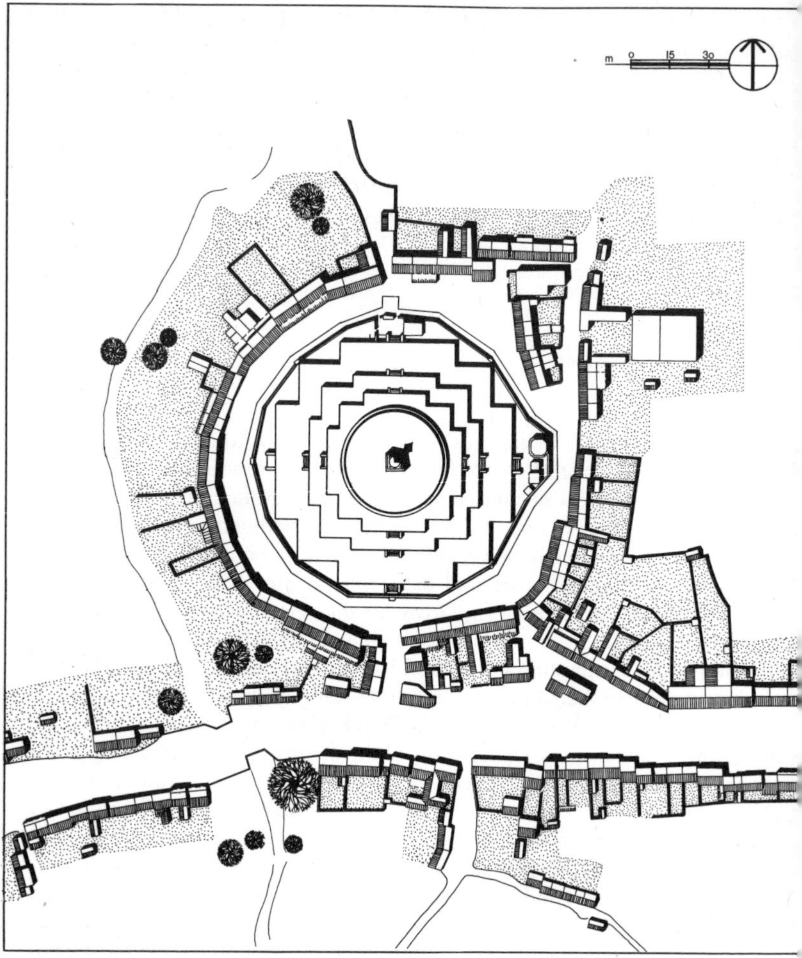

Bodhnāth (nach C. Pruscha)

108 an der Zahl, die das gesamte Götterpantheon des nördlichen Buddhismus zur Darstellung bringen, sich aber einer ästhetischen Wertung entziehen, schon dadurch daß sie unzählige Male übertüncht worden sind. In der Ringmauer um die Gesamtanlage befinden sich 147 Nischen mit Gebetsmühlen, die neuerdings durch Gitter vor Diebstahl geschützt werden muß-

ten. Als Gründer des Stūpa gilt Mānadeva Licchavi (464–491), der im benachbarten Gokarna in seinem Palast Mānagṛha residierte. Er ist seitdem unzählbar oft renoviert worden. Zum buddhistischen Neujahrsfest versammeln sich hier die Gläubigen aus den nördlichen Gebieten in riesigen, farbenprächtigen Scharen. Überwältigend war das Schauspiel im Jahre 1981, als zur gleichen Zeit der Dalai Lāmā in Lumbinī weilte und damit seinen ersten Besuch auf nepalischen Boden abstattete. Eine anderslautende Gründungslegende ist im Zusammenhang mit dem Brunnen → Nārāyaṇahiṭi in Kāṭhmāṇḍu überliefert. Abb. Tafel 5 und 9.

Budhanilkantha
Buḍhānilkaṇṭha

Am Fuße des 2563 m hohen Śivapuri 10 km nördlich von Kāthmāṇḍu, auf guter Straße zu erreichen, liegt das Dörfchen Buḍhānilkaṇṭha. In einem künstlich aufgestauten Teich, einem Rechteck von 15 zu 10 m Größe, ruht die etwa 5 m lange Steinfigur des Viṣṇu Nārāyaṇa schlafend auf dem Schlangenbett (Jalāśayānārayaṇa). Treppen und eine schmale Steinbrücke erlauben den Zugang, aber nur für Hindus, die ihre Pūjā vollziehen wollen. Sie besteht vor allem in der Bemalung der Plastik und der Aufhäufung von Blumen um das göttliche Antlitz. Hier ist ein Simile des Gottes, von dem seine Kraft unmittelbar ausstrahlt, durch die Hand des Bildhauers und die Mithilfe des natürlichen Wassers geschaffen, das die höchste Verehrung im ganzen Tale genießt. Das steinerne Floß, das den Gott auf den Wogen des Weltenozeans dahinträgt, während er nach dem Untergang einer Welt die Schöpfung der nächsten träumt, hat in den geflochtenen Schlangenleibern die Wellennatur des Wassers aufgenommen. Der Leib des Gottes selbst erscheint knochenlos, wie aus wässeriger und luftartiger Substanz gebildet. Das klar geschnittene Gesicht spiegelt den Weltgedanken wieder, der seinem Haupte entspringt. In seiner Ruhe und Harmonie und im Zusammenklang mit der natürlichen Umgebung ist die Skulptur ein Meisterwerk der klassischen Licchaviwerkstatt, datiert ins Jahr 642. Für den König von Nepal, der als Inkarnation Viṣṇus gilt besteht ein religiöses Verbot, dieses Simile zu sehen. Es gilt aber nicht für die beiden kleineren Repliken, die, etwa gleichzeitig, entstanden, sich in → Bālāju und im → Hanumānḍhokā zu Kāthmāṇḍu befinden. In den Wänden des senkrecht eingeschnittenen Teiches sind folgende Bildwerke eingelassen: Jalāśayānārāyaṇa, Gaṇeśa, Sūrya, Gaṅgā, Yamunā, Varāha, Durgā, Lakṣmīnārāyaṇa, Ṛṣis, ein Śivaliṅga und Anbeter. Umgeben ist der Teich im Rechteck mit neueren Häusern, die als Pilgerherbergen dienen. Im

Hofe, der dadurch entsteht, sind Bildwerke von Jayā und Vijayā, Nandī, Hanumāna, Lakṣmīnārāyaṇa, Gaṇeśa, Bhīmsen, Sarasvatī und ein Liṅga aufgestellt. Beim Feste des Vaikuntha Caturdaśī im Monat Kārtik (Oktober/November) kommen die Bewohner des ganzen Tales, um hier zu beten. Kleine Repliken des Bildwerks findet man an mehreren Ghāṭs der Bāgmati, u.a. auch an ihrem rechten Ufer in Paśupatināth.

Bungamati
Buṅgamati

Häuser und Straßen von Buṅgamati umkreisen den großen freien Platz, in dessen Nordostecke der Tempel des Roten Matsyendranāth steht. Die Gottheit ist hier zuhause, hat aber eine zweite Heimstätte im → Tā Bahāl an der Südstraße von Pāṭan, das mit dem 5 km weiter südlich gelegenen Buṅgamati durch eine Wagenprozessionsstraße verbunden ist. Das Heiligtum in Buṅgamati (Karunāmaya), in dem das Kultbild des Roten Matsyendranāth verehrt wird, stellt sich im Gegensatz zu seiner sehr alten Geschichte als ein recht junger Śikharatempel dar, ein mächtiger gedrungener Bau mit einem quadratischen Grundriß von 12,50 m Seitenlänge. Der Mittelturm wird an den Ekken von gleichgestaltigen kleineren Türmen gestützt und dazwischen nach allen vier Himmelsrichtungen von monumentalisierten und wie die Türme von Gajūras bekrönten Nischenaufbauten umgeben. Dieser ganze gewichtige Turmkomplex erhebt sich über Arkaden, die von zwanzig Stützen, sechs an jeder Seite, gebildet werden. Wahrscheinlich im 16. Jh. zuerst in dieser Form errichtet, hat der Bau durch die Jahrhunderte viele Umgestaltungen erfahren und wohl erst im 19. Jh. seine jetzige Gestalt erhalten.

Im Matsyendra Bahāl, dessen Hof ein unregelmäßiges Quadrat von mehr als 50 m Seitenlänge darstellt, liegt in der Südostecke der Hayagrīva Bhairava Mandir, ein zweistöckiger Tempel von rechteckigem Grundriß. Die Mauern sind aus Ziegeln, die beiden vorkragenden Dächer mit Blechplatten gedeckt und von Holzbalken gestützt. Der Haupteingang, der über eine hohe Treppe zugänglich ist, liegt nicht in der Mitte, sondern an der Nordwestecke des Gebäudes. Hayagrīva (Pferdehals) Bhairava, früher vierarmig im Tympanon über der Tür dargestellt, ist abhanden gekommen. Von den Dachstützen sind nur drei figürlich geschnitzte erhalten. Zwei davon über dem Haupteingang stellen Bhairavas dar, die dritte links davon eine Śālabhañjikā, die mit der rechten Hand ins Gezweig eines Baumes über sich greift und mit der linken ein Kind hält.

Dieser leider stark beschädigte Torso einer Mädchengestalt gehört zu den frühesten erhaltenen Holzbildwerken im Tal von Kāthmāṇḍu und ist ein ausdrucksvolles Beispiel für die Qualität des »weichen Stiles« im 14./15. Jh. Im Inneren des Tempels befindet sich als Kultbild ein Bhairava. Die heutige Gestalt des Bauwerks geht auf die Restauration von 1859 zurück.
Das Āgama-Haus des Hayagrīva Bhairava befindet sich in einem kleineren Hof in der Nordwestecke des Matsyendra Bahāl. Es wurde 1709 von Aṣṭadeva Nāyaka erbaut und 1910 renoviert.
Buṅga Bahil (Amarāvatī Mahāvihāra) aus dem 15. Jh. liegt im Kotaṭole im Nordwesten des Dorfes. Die heutige Gestalt geht auf die Restaurationen von 1688 und 1934 zurück.
Auf dem Hügel zwischen Buṅgamati und dem Nachbarort Khokanā liegt der Kārya Vināyaka Mandir, dem Gaṇeśa geweiht, landschaftlich reizvoll über dem Bāgmatital und mit Ausblick auf die Berge.

Chabahil
Cābahil

Das Dörfchen Cābahil liegt an der Straße nach Bauddha 3 km östlich von Kāṭhmāṇḍu auf dem Höhenrücken zwischen Bāgmati und Dhobi Kholā an der Einmündung der vom Paśupatināth kommenden Straße in den alten Pilgerweg nach Tibet. An der Hauptstraße, die jetzt einen Teil der Ring Road darstellt, liegt der Stūpa, den die Überlieferung auf Aśoka und seine Tochter Cārumatī zurückführt, ohne daß bisher ein historischer oder archäologischer Anhaltspunkt dafür zutage getreten ist. Mit einem Durchmesser von 14 m steigt das halbkugelige Aṇḍa über einem niedrigen Medhi auf und gipfelt in dem Turmaufbau, der an allen vier Seiten mit Augenpaaren bemalt ist und eine in diesem Falle besonders mächtig wirkende, gelb bemalte steile Pyramide von 13 Stufen trägt. Den obersten Abschluß bildet eine Kombination von Gajūra und Schirm aus Gelbguß, der dem gesamten Heiligtum eine Höhe von 20 m gibt. Nach den vier Himmelsrichtungen weisen die Kapellen der Transzendenten Buddhas, im Osten zusätzlich eine fünfte für Vairocana, der in der Mitte thronend vorgestellt wird. Das Alter des schlichten und durch seine Kopflastigkeit eindrucksvollen Stūpa ist legendär. Renoviert wurde er 1652 von Jitpal Shakya und 1864 von Singapati Gonapati Shakya. Sein Fest fällt auf Āśvinpūrṇimā. Der ordinierende Priester soll ein Brahmācārya Bhikśu sein. Der Hof um den Stūpa heißt Mañjuvihāra und legt die Deutung nahe, daß hier der Mittelpunkt eines Klosters war. Eine Reihe von Steinskulpturen haben sich hier erhalten und befinden sich z. T. noch in situ:

Ein stehender Buddha aus dem 9. Jh., ein Avalokiteśvara und eine Vāsukī aus dem 10. Jh., ein Vajrasattva aus dem 17. Jh., schließlich Votivstūpas, Pfeiler, Vajra (Donnerkeil) und Kalaśa (Wassergefäß).
Mitten im Dorf Cābahil steht ein Gaṇeśatempel, der im Norden von Paśupati sein Wächteramt ausübt, und der im Range zu den vier bedeutendsten Gaṇeśaheiligtümern im Tale gehört. Der Schrein öffnet sich nach Süden, Paśupati zugewandt, auf einen unregelmäßigen Platz, an der Westseite von langgezogenen Pilgerherbergen (pāṭi) begrenzt. Der Tempel hat die Form einer Pagode mit zwei messinggedeckten Dächern. Die Proportionen sind untersetzt. Bekrönt ist er von einem Gelbgußgajūra. Die Stützbalken unter den Dächern bilden die Aṣṭamātṛkas und Aṣṭabhairavas ab. Das Tympanon über der Tür gibt im üblichen Garuḍa-Nāga-Makara-Rahmen Gaṇeśa wieder, in vergoldeter Treibarbeit. Innen wird ein kleines Steinbild des auf einer Schlange reitenden Gaṇeśa verehrt. Außerdem ist dort noch ein Buddhabild. Draußen stehen einige Śivaliṅgas, ein kleiner Stūpa, Bilder von Śītala, Buddha und Amitābha. Die früheste Stifterinschrift stammt aus dem Jahre 1650. Der Tempel ist sicherlich älter. Was aber früher und später von Gläubigen erneuert worden ist, läßt sich nicht mehr ausmachen. Vor dem Eingang steht eine Säule mit einer großen Ratte aus Gelbguß, Gaṇeśas Reittier. Anhänger aller Religionen kommen hierher, da der Gott im Rufe steht, Verletzungen und Krankheiten gleichermaßen zu heilen. Sein Hauptfest ist Kārtikaśuklapūrṇimā, sein Priester ein Achaju (acāju).
Gegenüber befindet sich der quadratische Hof des Cārumatībahil, dessen Anlage auf die Tochter Aśokas ebenso zurückgeführt wird wie die Errichtung des Stūpas an der Straße. Ein kleiner Stūpa steht in der Mitte und in der Zentralachse ist ein Dyochen erhalten geblieben. Weiter südwestlich liegt der Hof des Kuṭībahāl, aus dem der Mittelstūpa verschwunden ist. Wie der Gaṇeśatempel selbst geben auch die beiden Klöster den Stil des 17. Jh. wieder.

Changu Narayan
Cāṅgunārāyaṇa

Der 1541 m hohe Hügel, auf dem Cāṅgunārāyaṇa liegt, hat geographisch eine besondere Position. Er ist eine Nase, die von den, das Tal umgebenden, bis zu 2000 m aufsteigenden, Bergen in die Mitte des Talbeckens vorgeschoben wird. Dadurch hat der Hügel eine beherrschende Stellung. Er gibt nicht nur den besten Überblick über das Tal, sondern bietet sich auch als Mittel-

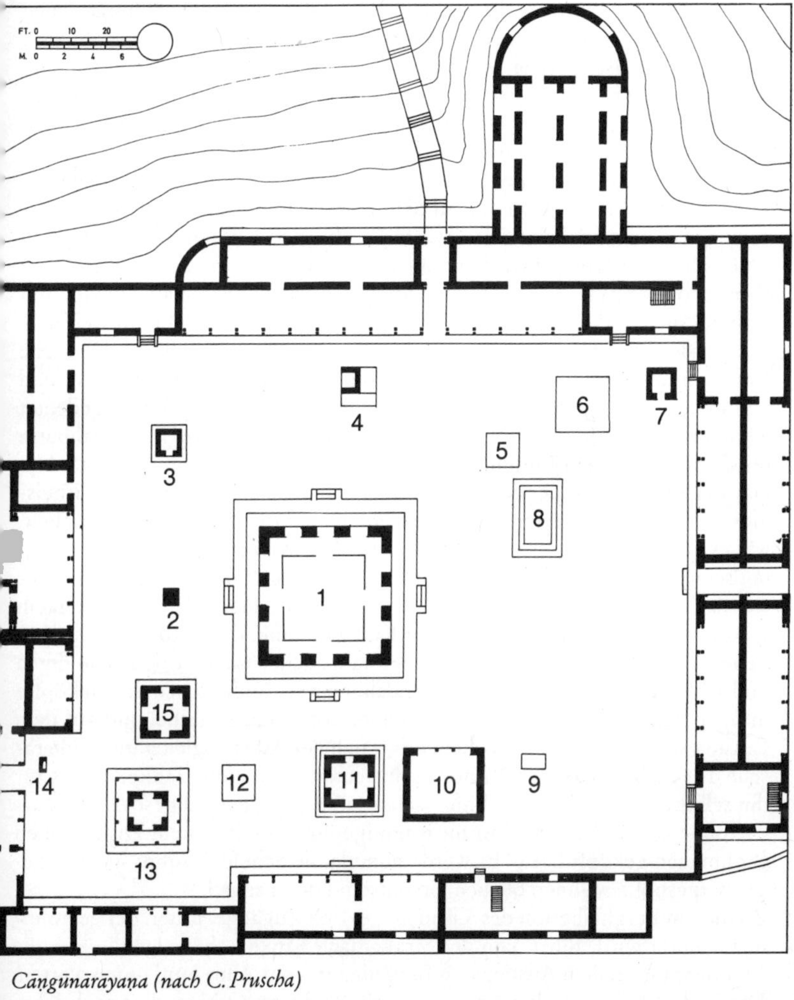

Cāṅgūnārāyaṇa (nach C. Pruscha)

punkt politischer Macht und als religiöses Zentrum an. So wird nicht zu Unrecht vermutet, daß die ältesten Siedlungen der Region hier oben lagen. Eine Konzentration politischer Macht hat es hier während der kurzen, für uns überschaubaren Geschichte nicht gegeben. Eher wäre daran zu denken, daß auf der Kuppe seit alten Zeiten der Ort für ein Heiligtum gegeben war. Das

Viṣṇuheiligtum, das heute diesen Platz einnimmt, reicht jedenfalls mit seinen Ursprüngen bis ins 4. nachchristliche Jahrhundert zurück. Es nimmt noch heute den höchsten Rang unter den Viṣṇutempeln der Talregion ein und stammt in seiner Anlage aus einer Zeit, in der Viṣṇu dort als höchste Gottheit verehrt wurde. Später erst erhielt Śiva seine göttliche Residenz als Paśupati im Tal drunten am mittleren Durchbruch der Bāgmati. Für die buddhistischen Heiligtümer, die jedenfalls älter sind als beide Hindutempel, bleibt der Vorrang zwischen Svayambhū auf dem Berg und Bauddha in der Ebene unausgesprochen und belanglos, Zwillinge, die sich ergänzen. Der Legende nach soll es der König Haridatta um 400 n. Chr. gewesen sein, der den Kult Viṣṇus von Staats wegen im Tal der Bāgmati und der Viṣṇumati – beides sind Namen, die auf den Gott hinweisen – eingeführt habe. Als ein Hinweis darauf wurde die Garuḍasäule angesehen, die vor dem Tempel auf der Höhe von Cāṅgunārāyana stand. Sie könnte sogar als ein Zeichen kultureller und politischer Abhängigkeit von dem Herrschergeschlecht der Guptas gedeutet werden, das in unmittelbarer Nachbarschaft im Tal der Gaṅgā in Pāṭaliputra residierte und seinen Einfluß über ganz Nordindien ausgebreitet hatte. Der Garuḍa war das Wappentier der Guptas, die überall als Förderer des Viṣṇuismus in Erscheinung treten. Erwähnt werden muß die Legende, die berichtet, wie es zur Gründung des Heiligtums kam. Ein Asket wohnte auf dem Berg mit seiner braunen Kuh, von deren Milch er lebte und den Göttern ihren Anteil als Opfer darbrachte. Da geschah es, daß aus einem Campakabaum ein schöner Mann trat und die Milch der Kuh wegtrank, das wiederholte sich an sieben Tagen. Der Asket ging dem Diebstahl nach, entdeckte den Schuldigen und schlug ihm voller Zorn das Haupt ab. Da verwandelte sich der Geköpfte in seine wahre Gestalt mit Diskus, Keule, Lotus und Muschel und auf dem Garuḍa sitzend. Tief erschrocken, erbot sich der Asket sogleich, für seine rasche Tat zu büßen. Doch Viṣṇu beschwichtigte ihn und erzählte, daß es für ihn selbst der Vollzug einer Buße war, als ihm das Haupt abgeschlagen wurde, Buße dafür, daß er selbst im Kampfgetümmel mit seinem Diskus einen Brahmanen geköpft hatte. Er werde nun, da die Schuld gesühnt sei, auf dieser Bergeshöhe wohnen bleiben. So entstand der Tempel.

Zu diesem Bergheiligtum des Viṣṇu gibt es drei Zugänge. Einer, der gewöhnlich benutzt wird, führt, von der Straße nach Śāṅkhu abzweigend, über die Manoharā in steilem Anstieg den Berg hinauf – das Auto muß unten warten. Die beiden anderen gehen von der Straße Bhaktapur – Nagarkoṭ nach Norden ab, es sind ebenfalls Fußwege und nicht ganz leicht zu finden. Die Baugeschichte beginnt legendär mit dem Garuḍapfeiler des Haridatta um 400 n. Chr. Sie setzt sich, historisch gesichert, mit der Inschrift fort, die Mānadeva (464–491) auf dem Pfeiler einmeißeln ließ, ob er ihn nun bereits vorfand oder nicht, eine der ältesten Inschriften im Tal. In ihr ist ein Gespräch zwischen ihm und seiner Mutter Rājyabaṭī wiedergegeben, in dem sie ihren Wunsch ausspricht, nach dem Tode ihres Gatten ihm als eine Satī zu folgen, da ihr Leben sinnlos geworden sei. Der Sohn jedoch überzeugt sie, daß auf sie noch viele Aufgaben warten, die sie gemeinsam mit ihm durchführen werde. Und er hält sie von der Ausführung ihres Entschlusses zurück. Ein für eine Inschrift ungewöhnliches persönliches Zeugnis. Sie wird ins Jahr 467 n.Chr. datiert. Auf dem Pfeiler befinden sich heute Muschel (śaṅkha) und Rad (cakra), zwei Viṣṇusymbole. Sie wurden vom Arzt des Königs im Jahre 1860 hinzugefügt, der den umgestürzten Pfeiler wieder aufrichten ließ. Den Garuḍa, der auf das damals erneuerte Lotuskapitell gehört hätte, ließ er unten neben dem Pfeiler knien. Vom Tempel selbst fehlt uns jede Vorstellung. Er wurde im späten 16. Jh. von Gaṅgāmahārāni, der Gemahlin des Śivasiṃhamalla von Bhaktapur restauriert, als er in Trümmern lag. Später, als der Hügel in die Zuständigkeit von Kāthmāṇḍu überging, wurden von der Königin Riddhilakṣmī, die für ihren unmündigen Sohn Bhūpālendramalla (1687–1700) die Regentschaft führte, weitere Erneuerungsarbeiten durchgeführt. Doch brannte er 1702 vollständig nieder und wurde am selben Ort von Grund auf neuerrichtet. Die Stifter haben in dem vergoldeten Käfig an der Westseite ihre Porträtplastiken in Bronze aufstellen lassen. Allerdings lebte der König Bhūpālendra nicht mehr, als 1704 die feierliche Einweihung in Gegenwart aller drei Stadtfürsten stattfand. Seine Gemahlin Bhavanalakṣmī vertrat Kāthmāṇḍu für ihren noch unmündigen Sohn. Die Erdbeben von 1833 und 1933 haben keinen Schaden angerichtet. Der Bau, wie er heute steht, ist zwischen 1702 und 1704 errichtet worden. Natürlich im Stile des beginnenden 18. Jahrhunderts, doch behielten manche Details eine archaisierende Note, so daß er im Ganzen altertümlicher wirkt. Dazu gehören die gedrungenen Proportionen der zweigeschossigen Pagode im Paśupatināthtyp. Die kubische Grundform setzt sich aus reich geschmückten, aber nicht aufgelösten Mauerflächen zusammen. Die Cella mit innerem Umgang ist quadratisch im Grundriß mit einer Seitenlänge von 9,50 m. Die Tore sind nach allen vier Seiten dreiteilig. Die Mitteltür wird jeweils von einem getriebenen und vergoldeten Tympanon bekrönt, das Viṣṇu auf dem Garuḍa (Garuḍāsana) darstellt. An den Holzstützen der beiden Dächer ist das ganze hinduistische Götterpanthean abgebildet, vorzugsweise in den vielarmigen Erscheinungsformen, wie es dem Zeitstil des Neubaus entspricht, der im Ganzen schon die Erstarrung und Schematisierung der Spätzeit spüren läßt. Das erste Dach ist mit Ziegeln gedeckt, das obere mit vergoldeten Metallplatten. Einen vergoldeten Metallaufsatz (gajūra) trägt auch die Spitze der Pagode. Am Rande der Dächer hängen ungezählte Glöckchen und Lampen. Besonders reich ist der Schmuck der Außenwände der Cella. Es ist eine Caturmukhacella, die sich nach allen vier Seiten öffnet. An den Seiten der dreiteiligen Tore schwingen die Flußgöttinnen aus. Die traditionell üblichen Motive und Figuren sind besonders kostbar in vergoldeter Treibarbeit ausgeführt. Um die Pagode ist im Hof ein wahres Museum von kleineren Schreinen und Skulpturen aufgestellt, nicht wenige davon aus der Werkstatt der Licchaviklassik. Bei der Umwandlung von Westen angefangen im Uhrzeigersinne sind folgende Denkmäler aufzuzählen:

1. Das Kultbild in der Cella stellt Garuḍanārāyaṇa (Viṣṇu Garuḍāsana) dar. Die Buddhisten verehren in ihm Harihariharivāhanalokeśvara.

2. Direkt vor der Westwand stehen der Steinpfeiler mit der Inschrift des Mānadeva von 467 und daneben kniend ein lebensgroßer Garuḍa in Menschengestalt (Vainateya). Ursprünglich hatte er seinen Platz auf dem Steinpfeiler, der jetzt von einem Lotuskapitell mit Muschel und Rad von 1860 bekrönt wird. Der Garuḍa ist ein Meisterwerk der Licchaviwerkstatt, den Diener verkörpernd, der seinem göttlichen Herrn in allen Lagen treu zur Seite steht. Besonders die Gesichtszüge und die um den Hals gelegte Schlange verraten die Hand des Meisters. Die anbetenden, doch leicht schmerzlichen Züge lassen die Persönlichkeit des Stifters ahnen, der sich hier zu Füßen seines Gottes abbilden ließ. Es scheint die älteste erhaltene Garuḍa-Vainateya-Darstellung zu sein, die im Tal zu finden ist. Vergleichbar und auch zeitlich nahestehend ist sie nur dem halb im Straßenpflaster versunkenen → Garuḍa beim Talejutempel in Kāṭhmāṇḍu. Vor dem Haupttor im Westen steht das vergoldete Gitterhäuschen mit den Bronzeporträts von Bhūpālendramalla und seiner Gemahlin Bhavanalakṣmī von 1704.

3. An der Nordseite des Tempels ein Kṛṣṇaschrein jüngsten Datums. Daneben eine Darstellung des Garuḍanārāyaṇa aus dem 8. Jh., die als Kopie des Kultbildes in der verschlossenen Cella angesehen wird. Die Skulptur vermittelt den Eindruck des Fliegens, die vierarmige Gottheit mit Lotus, Muschel, Keule und Diskus sitzt fest im Sattel mit, auf die Knie gestützten, Händen und ist umrahmt und wie geborgen in dem pfauenfederartig aufgestellten, einen Rundbogen bildenden Schwanz des Vogels. Dieses Meisterwerk, in dem die klassische Höhe der Licchaviwerkstatt ungemindert nachklingt, entbehrt bei aller Harmonie und Ausgeglichenheit nicht der dynamischen Kraft. Abb. Tafel 11. Eine Kopie von ihr, die dem Vergleich nicht standhält, steht in der nordöstlichen Ecke des Hofes. Neben dem Garuḍanārāyaṇa ist eine Skulptur bemerkenswert, die Nārāyaṇa mit seinen vier Attributen zwischen Lakṣmī und Garuḍa darstellt, aus dem 10. Jh., Prototyp für zahlreiche Kultbilder späterer Jahrhunderte.

4. In dem nordöstlichen Teil des Hofes ein kleiner Schrein des tanzenden Śiva, des Nṛteśvara, der auf dem steinernen Tympanon zwischen Nandī und Bhṛṅgi dargestellt ist, dabei ein steinerner Brunnentrog mit Wasserspeier aus dem 17. Jh.

5. Eine beschädigte Skulptur des Śrī Mahādeva Nārāyaṇa (Viṣṇu) auf einem inschriftlich 1693 datierten Steinsockel.
6. Eine Skulptur des Viṣṇu auf vierarmigem Garuḍa aus dem 16. Jh.
7. Ganz in der nordöstlichen Ecke ein Somaliṅgeśvaraschrein aus dem 19. Jh.
8. Im Osten des Tempels steht ein großer Parijatbaum inmitten einer dreistufigen Plattform aus Steinen und Ziegeln mit folgenden Skulpturen: Paśupatiliṅga, Śivaliṅga, beide 17. Jh., Avalokiteśvara 13. Jh., Garuḍanārāyaṇa 15. Jh., Durgā 17. Jh., zwei Viṣṇuskulpturen 14. Jh., Sūrya 17. Jh.
9. Ein kleiner Gaṇeśaschrein aus dem 19. Jh.
10. Devītempel aus dem 17. Jh. mit einem vergoldeten Metalldach.
11. Caturmukhaschrein mit Śivaliṅga 19. Jh.
12. Steinsockel mit Mahāviṣṇu und Gaṇeśa 16. Jh., Sūrya und Durgā 17. Jh., von überragender Bedeutung Viśvarūpaviṣṇu 8. Jh. aus derselben Werkstatt wie unter 13. Trivikramaviṣṇu. Formal von der weichen, transparenten plastischen Qualität und harmonischen Ausgeglichenheit der Komposition der Licchaviklassik. Viṣṇu mit zehn Köpfen und Armen offenbart sich als Herr des Weltalls, wie es die Bhagavadgītā beschreibt.
13. Lakṣmīnārāyaṇamandir mit vier Türen, Kultbild aus dem 17. Jh. Dabei eine Trivikramaviṣṇu-Skulptur des 8. Jahrhunderts aus derselben Werkstatt wie unter 12. Viśvarūpaviṣṇu, von der dort beschriebenen klassischen Formensprache. Dargestellt ist Viṣṇus Vāmanāvatāra. Als Zwerg erscheinend wird ihm vom Dämonenkönig Balī soviel Land versprochen, wie er mit drei Schritten durchmessen könnte. Zum Giganten emporgewachsen durchschreitet er Erde und Unterwelt und rettet damit die Weltordnung der Götter. Die Dynamik des Schrittes, in der Komposition die Diagonale des vielfigurigen Reliefs, ist auch hier von überzeugender Kraft, charakteristisch für die Licchaviklassik. Die benachbarte Plastik des 13. Jahrhunderts stellt den Narasiṁhāvatāra dar. Als Mannlöwe ist Viṣṇu herabgestiegen, um den Dämonenkönig Hiraṇyakaśipu zu vernichten. Er reißt ihm mit seinen Klauen den Leib auf.
14. Bhairava 16. Jh.
15. Kleine zweistöckige Pagode des Kileśvaramahādeva 17. Jh. mit Caturmukhaliṅga in Silbermantel.

Aus den Skulpturen dieses Lapidariums im Tempelhofe von Cāṅgunārāyaṇa ist zu ersehen, daß die Werkstatt, die diesen Bergtempel versorgte, in den Jahrhunderten der Licchaviherrschaft und darüber hinaus von intensiver Schaffensfreude und hoher künstlerischer Qualität war und Maßstäbe für die gesamte Tradition des Tales setzte.

Chapagaon
Cāpāgāoṅ

Bajravarahi
Vajravārāhī

Östlich von Chapagaon, wohin man auf erträglicher Straße von Pāṭan aus genau nach Süden gelangt, liegt eines der seltensten tantrischen Heiligtümer des Tals, der Vajravārāhī geweiht. Vom Dorf führen mehrere gepflasterte Fußpfade zu dem Wäldchen, in dessen Dunkel sich die dreistöckige Pagode verbirgt. Am Rande des Waldes befinden sich acht Verbrennungsplätze. In einer Vertiefung von rund 20 zu 15 Metern steht das Heiligtum auf rechtekkigem Grundriß (4,00 zu 3,30 m), zugänglich durch zwei holzgeschnitzte Tore und eines aus Gelbguß. Die Dachstützen geben die Aṣṭamātṛkās und die Aṣṭabhairavas wieder. Davor stehen zwei Glocken, zwei Löwen und ein Steinpfeiler mit einem Gelbgußbüffel. In der tiefliegenden offenen Cella (pīṭha) sind Natursteine aneinandergereiht, die als die Aṣṭamātṛkās, als Bhairava, Kumāra, Gaṇeśa, als Siṃhini und Vyāghrini verehrt werden. Auch das Hauptkultobjekt ist ein Naturstein, der als Vajravārāhī gilt. Erbaut wurde die ziegelgedeckte Pagode 1665 von Śrīnivāsamalla. 1958 wurde sie wiederhergestellt. Priester ist ein Achaju. Zweimal im Jahr ist das Heiligtum Mittelpunkt besonderer Feste, zu denen Hindus und Buddhisten herbeiströmen, am Caitraśuklapūrṇimā und am Kārtikakṛṣṇa-aṣṭamī. Wie in ähnlichen Fällen besitzt der heilige Platz mit den Steinsetzungen in der Grube ein unberechenbar hohes Alter. Die Überbauung durch Tempel gehört einem späteren Zeitpunkt an.

Chandeswari (Caṇḍeśvarī) → Banepā

Chitwan National Park

Dieses ausgedehnte Naturschutzgebiet liegt im Mittleren Terai am Rapti-Fluß und ist mit dem Auto in einigen Stunden von Kāṭhmāṇḍu aus zu erreichen. Mit dem nächstgelegenen Flugplatz in Meghauli unterhalten Royal Nepal Airlines eine regelmäßige Verbindung. Der Park läßt Flora und Fauna eines tropischen Dschungels in aller Fülle erleben und besitzt einige Tiger und Nashörner als besondere Attraktion. Für gut zahlende Touristen sind romantisierende Luxusunterkünfte eingerichtet.

Dachstrebe mit achtarmigem Śiva, auf dem Nandistier stehend. Holz, geschnitzt und bemalt. 1702–1704→ S. 157 ▷

Tiger Tops Jungle Lodge bietet Baumhäuser an, die Einblick in den umgebenden Dschungel und Ausblick auf die Berge gewähren und die bekannte Mischung von Luxus und betonter Rustikalität variieren. Von hier aus sind Ausflüge in die Umgebung möglich, Elefantenritte, Fotosafaris u.ä. Die Preise bestimmt der internationale Tourismus. Etwas billiger ist Tiger Tops Tented Camp am Ufer des Flusses Rapti, wo weitere Möglichkeiten zu touristischen Unternehmungen auf dem Wasser entwickelt worden sind. Arrangements mit Vollverpflegung und Transport werden von den zuständigen Reisebüros angeboten. Selbstverständlich ist es auch möglich, den Royal Chitwan National Park unabhängig von den Luxusangeboten zu besuchen. Auch für den kleineren Geldbeutel gibt es Reisemöglichkeiten und Unterkünfte, die bei den Reisebüros in Kāṭhmāṇḍu zu erfragen sind.

Chobhar
Cobhār

Die Cobhārklamm ist die Öffnung, die der Legende nach Mañjuśrī mit seinem Schwert in die Felsenkette schlug, um das Wasser des Sees abfließen zu lassen, der dazumal das Kāthmāṇḍutal bedeckte. Alles Wasser des Tales, das die Bāgmati aufgenommen hat, muß sich durch diesen Engpaß hindurchzwängen. Der Hügel westlich der Klamm steigt bis 1432 m auf und ist von dem Dorfe Cobhār besiedelt. Drei Heiligtümer sind von Bedeutung.

1. Außerhalb der Cobhārklamm im Süden und tief unterhalb des Dorfes steht der vierte und größte Vināyakagaṇeśatempel des Tales. In einem von Pāṭis umgebenen Hof (32 zu 22 m) aus den Zeiten der Rāṇās steht die dreistöckige Pagode auf quadratischem Grundriß von 6 m Seitenlänge. Den Eingang bewachen im Süden zwei Steinlöwen. Auf einem niedrigen Steinpfeiler sitzt in Gelbguß die Ratte, Gaṇeśas Reittier. Besonders qualitätvoll sind die Holzschnitzereien der Dachstützen, sie stellen die Aṣṭamātṛikās und Aṣṭabhairavas dar. Das Kultobjekt ist ein Naturfelsen, in den das Bild des Gaṇeśa hineingemeißelt ist. Laut Steininschrift wurde der Tempel darüber im Jahre 1602 gestiftet. An der Basis des Tempels befindet sich eine Steinskulptur des Kailaśaparivāra aus dem 12. Jh. Andere erwähnenswerte Skulpturen im Hofe sind ein tantrischer Kalaśa, Śivapārvatī und Lakṣmīnārāyaṇa, Viṣṇu, Sūrya

◁ *Macchapucchare (6994 m) → S. 272, 273*

und Varuṇa, ein Sukhāvatilokeśvara. Alle Steinterrassen aus dem 18. Jh. führen vom Tempel zur Bāgmati hinunter. Von diesen Ghāṭs mit Verbrennungsplätzen ist die malerische Klamm einzusehen. Es lohnt sich auch, auf die kleine Brücke hinaufzusteigen, die den Austritt des Flusses überspannt. Priester ist ein Achaju, Hauptfesttag Māghapūrṇimā. Aus dem ganzen Tal besuchen Gläubige diesen heiligen Ort. Die Verehrung des Gaṇeśa daselbst soll Charakterstärke verleihen. Gerade diese aber haben die lokalen Behörden nicht bewiesen, als sie es zuließen, daß ausgerechnet am Ausgang der Klamm, von der Bundesrepublik Deutschland finanziert, ein Zementwerk errichtet wurde, das die Landschaft mit seinem grauen Staub überzogen und praktisch vernichtet hat. Ein Schulbeispiel für das Versagen im Umwelt- und Landschaftsschutz.

2. Die Hügelkette, die den Felsenriegel bildet, den die Bāgmati in der Klamm zu durchbrechen hat, steigt von Kirtipur im Nordwesten hinunter nach Südosten und bildet einen Sattel, in dem der Viṣṇudevītempel steht, und dann wieder hinauf zum höchsten und steilsten Hügel (1432 m) mit dem Dörfchen Cobhār. Dort steht weithin sichtbar der Ādināthtempel. Der Aufstieg zu ihm beginnt am Ufer der Bāgmati, er führt durch zwei Tore und ist sorgfältig mit Steinplatten im Wechsel mit Stufen ausgelegt. Er ist bereits wie beim Svayambhūnāth ein Teil des Tempels. Die gesamte klösterliche Anlage ist rechteckig, 30 zu 26 m. Am Südende des von zweistöckigen Gebäuden umgebenen Hofes steht die dreistöckige Pagode des Adināth, auf quadratischem Grundriß von 6 m Seitenlänge. Der Eingang wird von großen Steinlöwen bewacht. Auf dem Tympanon über der Tür ist in Gelbguß Gautama Buddha mit den fünf Transzendenten Buddhas dargestellt. An der Wand darüber sind Töpfe, Pfannen und sonstige Küchengeräte angenagelt. Die geschnitzten Holzstützen geben Buddhas und Tārās wieder. Das Kultbild im Inneren ist eine eindrucksvolle Figur aus verschiedenen Metallen mit rotem Gesicht und aufgerissenen Augen, Ādināthalokeśvara. Der Tempel stammt aus dem 15. Jh. und wurde laut Inschrift 1640 neugebaut. Der Legende nach erschien der Gott Dharmarāja dem König Amśuvarman im Traum und verlangte von ihm, er solle ihm einen Tempel bauen. So entstand der Adināthatempel. Zu seinem Bezirk aber gehört eine Höhle, deren Eingang durch den großen Steinśikhara des Caṇḍeśvara gekennzeichnet wird und die durch den Berg bis hinunter zur Klamm führen soll. Buddhisten aus dem ganzen Tal kommen oft hierher zur Pūjā, besonders während Caitraśuklapratipadaaṣṭamī und -navamī.

3. Der bereits erwähnte Viṣṇudevītempel steht in einem rechteckig ummauerten Bezirk (16 zu 14 m) und stellt sich vor einer riesigen Baumgruppe als zweistöckige Pagode auf rechteckigem Grundriß dar (5,00 zu 3,20 m). Massiv gemauert ist die Rückwand der Cella und die anschließenden Hälften der

Seitenwände, die vordere Hälfte der Cella besteht aus Holzgittern zwischen fünf Holzpfeilern, eine Form typisch für tantrische Heiligtümer. Innen finden sich denn auch Natursteine, die als die Aṣṭamātṛkās verehrt wurden. Die Darstellung mit Viṣṇudevī findet sich im holzgeschnitzten Tympanon über dem Eingang. Im Hofe steht ein Steinpfeiler mit einem menschengestaltigen Garuḍa (Vainateya) und den Stiftern, datiert ins Jahr 1675. Desweiteren findet sich ein Śivaliṅga, eine Sarasvatī, ein Garuḍa. Zum Tempelbezirk gehört auch ein Verbrennungsplatz, obwohl kein Fluß in der Nähe ist. Das Tempelfest findet am Mansīraśuklanavamī statt.

Dakshinavarahi → Thimi

Dakshinkali
Dakṣiṇakālī

Die Kālī des Südens, die das Tal gegen Unheil von dieser Himmelsrichtung her beschützt, hat ihren Tempel und ihre Opferstätte in einem engen Gebirgstal oberhalb der Bāgmati auf der rechten, westlichen Seite. Es ist heute auf einer guten Autostraße von Kāṭhmāṇḍu über Pharping mühelos zu erreichen. Früher führte ein Fußpfad in die dunkle Tiefe hinab, wo auf einer Halbinsel, zwischen zwei Bergbächen in Waldesschatten die Opferstätte der Kālī auf Blut wartet. Hier ist kein ragender Tempel aufgebaut, die Natur selbst bildet mit Fels und Baum und Wasser die Umrahmung der düsteren Weihestätte, die in die Erde hineinversenkt ist als rechteckige ummauerte Grube (pīṭha). Über dem schwarzen steinernen Kultbild der Kālī bilden Schlangen das Dach. Das Bildwerk selbst steht in einem Tor umeinandergewundener Schlangen. Die sieben übrigen Mātṛkās sind an den Wänden um ihre Herrin und Meisterin versammelt, Kaumārī, Maheśvarī, Vaiṣṇavī, Vārāhī, Indrāyaṇī, Narasiṃhī, Cāmuṇḍā, dazu Gaṇeśa und Kumāra und schließlich Bhairava. Hinter der Opferstätte führt der Pfad weiter hügelaufwärts zum Schrein der Mutter Kālīs. Nach der Überlieferung wurde die Opferstätte im 14. Jh. eingerichtet und von Pratāpamalla im Auftrag der Göttin selbst erneuert. An sich macht die Weihestätte in freier Natur den Eindruck, als ginge sie auf Opfermysterien der Frühzeit zurück. Wöchentlich zweimal finden hier Opfer statt, am Samstag und am Dienstag. Hauptfest ist Āśvinakṛṣṇanavamī, wo viele Tausende von Besuchern zusammenkommen. Auch der Tourismus hat sich des düsteren Ortes mit seinen Tieropfern bemächtigt.

Deopatan
Deopāṭan, Devapāṭan

Ortschaft im Osten Kāṭhmāṇḍus, an deren Ortsrand → Paśupatināth liegt.

Dhulikhel

Das Städtchen Dhulikhel ist von Kāṭhmāṇḍu aus in bequemer Fahrt auf dem neuen Arniko Highway, der sog. Chinesenstraße, 25 km nach Osten, zu erreichen. Ein großer offener Platz (Ṭūṇḍikhel) liegt östlich von der Siedlung, dahinter ein Hügel mit einem Buddhatempelchen auf dem Gipfel. Vom Ṭūṇḍikhel aus und noch besser beim Anstieg auf den Hügel bietet sich ein überwältigender Ausblick auf die Kette des Zentralhimālayas von den Annapurnās (8091 m) im Westen zu Himālchuli (7864 m), Langtang-Himāl (7240 m), Gaurīśaṅkar (7145 m) und weiter nach Osten zu Lhotse (8571 m) und Makālu (8481 m). Ein einfaches Gästehaus bietet freundliche Unterkunft.
Die Tempel in Dhulikhel sind alle neueren Datums und bieten sich dadurch als Beispiele dafür an, daß auch noch im 19. Jh. der traditionelle Stil der Newari-Pagode weitergepflegt wurde, freilich mit spürbarem Qualitätsverlust, besonders im Hinblick auf die Holzschnitzereien. Im Duṭole steht der 1893 erbaute Tempel des Ṣeśanārāyaṇa, eine Ziegel-Holz-Pagode mit drei Dächern, die von Balken gestützt und mit Metallplatten gedeckt sind. Ein Gajūra aus Gelbguß bekrönt das Ganze. Die Ziegelwand des Erdgeschosses ist mit bunten Fliesen geschmückt. Dargestellt sind auf den Stützbalken die zehn Avatāras Viṣṇus. Um die Menschheit vom Untergang zu retten, steigt er zehnmal herab, als Fisch, als Schildkröte, als Eber, als Mannlöwe, als Rāma, als Paraśurāma, als Zwerg, als Kṛṣṇa, als Buddha und als Kalki (in der Zukunft). Im Hof befinden sich Skulpturen von Bhīmasena, Gaṇeśa und Viṣṇu, zwei Steinsäulen und ein Stūpa. Ein Mahanta versieht den Tempeldienst, sein Tempelfest liegt auf Kṛṣṇāṣṭamī.
Im gleichen Stadtviertel wurde am Anfang des 19. Jahrunderts eine dreistökkige Pagode für die Göttin Harasiddhi errichtet, die auf dem kupfergetriebenen und 1803 datierten Tympanon über dem Eingang zur Cella dargestellt ist. Die metallgedeckten Dächer und ihre Holzbalken wurden 1871 angefertigt. Die Glocke vor dem Tempel kam erst 1939/1940 dazu. Ein Achaju ist der Priester, und das Fest des Tempels findet im Monat Bhādra statt.

Durch seine Lage am Rande der Stadt im Viertel Dhātuṭole ist der Tempel der Bhagvatī ausgezeichnet. Von dort eröffnet sich ein weiter Ausblick aufs Tal und Gebirge. Wieder ist es eine dreistöckige Ziegel-Holz-Pagode mit metallgedeckten Dächern und einem Gajūra aus Gelbguß. Sie steht auf einem Unterbau von drei Terrassen. Das Erdgeschoß ist mit bunten Fliesen geschmückt, aber nach Norden geöffnet, wo auf dem Tympanon über dem Eingang zur Verehrungsstätte Bhagvatī abgebildet ist. Die im 19. Jh. errichtete Pagode wurde 1933 nach dem Erdbeben wiederhergestellt. Im Hof stehen ein Śivaliṅga, ein Siṅghadhvaja, ein Dreizack, ein Stūpa und Skulpturen der Bhagvatī und Sarasvatī. Den Priesterdienst versieht ein Achaju, das Tempelfest findet an Āśvina-śukhla-ekadaśī statt.

Dhumvarahi
Dhumvārāhī

Am Ende eines Platzes auf einer Flußterrasse im Westen der Dhobi Kholā gegenüber von Cābahil im Ortsteil Biṣālnagar steht ein mächtiger Pippalabaum (ficus religiosa), der weithin sichtbar ist, darunter eine aus Ziegeln errichtete Kapelle, die der Baum mit seinen Wurzeln aufgebrochen und umhüllt hat. Darin verbirgt sich wie in ihrer natürlichen Umrahmung eine der bedeutendsten Skulpturen der Licchavizeit aus dem 6. Jh. n. Chr. Es ist der höchste Gott Viṣṇu selbst, der in Gestalt eines Ebers (varāha) in die Tiefen des Weltenozeans hinabgetaucht ist, um die junge Erde vom Verderben zu retten, das ihr in der Umschlingung der schlangengestaltigen Nāgas drohte. Er hebt die mädchenhafte Gestalt der Geretteten mit aller Zartheit auf seinem linken Arm hoch empor und tritt die Schlange unter seine Füße. Eberleib und Eberkopf sind mit der plastizierenden Meisterschaft der klassischen Hochblüte durchgestaltet, so daß bis in die tastbaren Oberflächenwerte das Fließen der Lebenskräfte spürbar und die knochenlose Körperlichkeit transparent wird. Wie eine Fortsetzung der plastizierenden Wachstumskräfte wirkt der Kranz des Wurzelwerkes, der das Gebilde von Menschenhand umgibt. Eine Inschrift von 1810 meldet die Stiftung einer kleinen Halle (pāṭi), die heutzutage als Dorfbücherei im Gebrauch steht. In einer etwas größeren wird Schule gehalten. Kaum zu fassen ist es, daß in jüngster Zeit (1983) die kleine Figur der Erde, die als Mädchen auf dem linken Arme des Ebers saß, abgemeißelt worden ist, eine Verstümmelung, die der Plastik ihren Sinn und ihren formalen Höhepunkt nimmt.

Godavari
Godāvari

Das kleine Dorf Godāvari 22 km südöstlich von Kāṭhmāṇḍu ist auf guter Straße rasch zu erreichen. Es besitzt einen sehenswerten botanischen Garten (1473 m) mit Gewächshäusern und einem wissenschaftlichen Institut. Eine amerikanische Internatsschule, St. Xavier, hat sich hier niedergelassen. Von dort bietet sich eine besonders eindrucksvolle Aussicht auf das Tal und die Himālayakette. Seit 1890 gibt es hier Marmorbrüche, die noch immer in Betrieb sind. Wer den Phulcok besteigen will, an dessen Fuß der Ort liegt, kann mit dem Jeep bis zu einem aufgelassenen Marmorbruch auf halber Höhe fahren. Von dort ist der Gipfel in einer Stunde zu Fuß zu erreichen (2762 m). Dort steht ein kleines Śivaheiligtum. Historisch ist der Ort von hoher Bedeutung als erster Platz, an dem die Somavaṁśirājputen im Tal Fuß faßten, das sie dann unter dem Namen der Licchavis jahrhundertelang beherrschten.

Wenige hundert Meter hinter St. Xavier's School liegt links an der Straße von Godāvari zum Berg Phulcok (2762 m) im dichten Wald ein Tempelbezirk, der seinen Ursprung wohl dem Quellenhorizont verdankt, der hier sein Wasser aus neun Röhren hervorsprudelt. Der Ort heißt daher Naudhārā. Das Brunnenbecken aus Stein stammt aus dem 17. Jh. Darüber befindet sich ein Schrein mit Skulpturen von Ratnasambhava, Amitābha, Amoghasiddhi und Akṣobhya, den vier Transzendenten Buddhas. Oestlich vom Brunnen liegt ein rechteckiger Tempelbezirk, der von einer hohen Steinmauer umgeben ist (21,00 zu 15,50 m). Flankiert von Löwen und Skulpturen des Yamadhātu, steigt eine schmale Treppe auf zur einzigen Tür in der breiten Mauerfassade. Dahinter stehen zwei Tempel. Der höhere dreistöckige mit Metalldächern ist der Phulcoki Māi geweiht. Auf dem Tympanon ist Vasundhārādevī zu sehen, die Göttin der Fülle. Die kurzen Stützbalken unter den Dächern bilden die Aṣṭamātṛkās ab. Das Kultobjekt ist ein Steinbild von Phulcoki. Desweiteren enthält die offene Cella (9,90 zu 4,00 m) des rechteckigen tantrischen Tempels Skulpturen von Amoghasiddhi, Viṣṇu, Bhairava, Bhīmsen und Fußabdrücke des Mañjuśrī. Daneben steht ein kleiner einstökkiger Bhairavatempel. Auf seinem Tympanon ist Tārā abgebildet. In der nach drei Seiten offenen tantrischen Cella sind Skulpturen von Viṣṇu und Bhīmsen und ein beschädigtes Kultbild der Śītala erhalten. Beide Tempel stammen aus dem 19. Jh. Viele Besucher kommen während der Phālgunpurnimāmela. Der Besuch des Tempels gilt als Ersatz für den Aufstieg zum Heiligtum auf dem Phulcokgipfel in 2762 m Höhe.

Gokarna

Auf ihrem kurzen Weg durch das Tal, bevor sie bei Cobhār durch- und ausbricht, hat die Bāgmati noch zwei andere Felsenriegel durch eine Klamm zerschnitten. Jedesmal haben die Bewohner des Tales, vermutlich schon in sehr alten Zeiten, diese Naturwunder durch Heiligtümer markiert. So versteht sich die Lage von Paśupatināth mittwegs und die Lage von Gokarna oberhalb im Norden des Tales nicht weit von Sundarījal. Gokarna liegt oberhalb der Klamm und bleibt bei der Anfahrt bis zum letzten Augenblick hinter dem Hügelkamm versteckt, auf dem die heutige Siedlung dieses Namens liegt. Man erreicht sie, indem man hinter Bodhnāth nicht geradeaus nach Śāṅku weiterfährt, sondern links nach Sundarījal abbiegt.
Die stattliche Pagode des Mahādeva mit drei Dächern, auf quadratischem Grundriß von 9 m Seitenlänge und 16 m hoch, steht bei normalem Wasserstand 4 m über dem Fluß. Stufen führen in mehreren Absätzen hinab, sie sind verschoben und gleichen damit die streng nach den Himmelsrichtungen geortete Tempelanlage und die Schräge des Flußlaufes aus, der dann fünfzig Meter weiter südlich durch die Klamm entschwindet. Die beste Ansicht der Gesamtanlage bietet sich vom westlichen Flußufer, das auf einer Brücke über der Klamm zu erreichen ist. Es kommt vor, daß der Priester des Ortes Besuchern den Zutritt zur Tempelplattform verwehrt. Die Heiligkeit des Tempels ist mit verschiedenen Legenden verknüpft. Mahādeva, der sich in eine Gazelle verwandelt hatte, wurde von Indra, Brahmā und Viṣṇu gesucht. Schließlich fingen sie ihn ein. Dabei zerbrach das Horn in drei Stücke. Eines davon wurde von Brahmā in Gokarna eingepflanzt. Eine andere Legende berichtet, daß der zehnköpfige Dämonenfürst Rāvaṇa sich hierher zur Meditation zurückgezogen habe. Die Pagode zeigt die klassischen ausgeglichenen Proportionen des 16. Jhs. Ihre Dachstützen bilden das übliche Götterpantheon ab. Sie wurde 1582 von Gopirana Bharo erbaut und seitdem mehrere Male restauriert. Die Gebetshalle nordöstlich von ihr am Flußufer ist einstöckig und dem Gajadhāra Nārāyaṇa geweiht. Ihr Kultbild ist ein Viṣṇu. Verehrt werden auch seine dort aufbewahrten Fußabdrücke. Sie wurde erst im 19. Jh. errichtet. Bemerkenswert sind einige der zahlreichen auf dem Tempelplatz aufgestellten Skulpturen. Wenn nicht anders vermerkt, gehören sie dem 18./19. Jh. an. Im Westen stehen Viṣṇu, Brahmā, Nandī, Bhṛṅgi, Vāyudeva, Mahāgaurī (8. Jh.), Nandī, Mañjuśrī, Hanumāna, Kubera, Kumāra. Im Norden Annapurṇā, Durgā, Gaurī, Bhāgvatī, Annapurṇā, Joreśvara, Śiva, Gaṅgā, Vasuki, Hanumāna, Liṅgas. Im Osten Kāmadeva, Dhanavantari, Sūrya, Candra, Nārada, Agni, Haragaurī (16. Jh.), Garuḍanārāyaṇa (12. Jh.), Hanumāna, Gaṇeśa, Narasiṃha (16. Jh.), Jalaśāyanārāyaṇa, Paśupatiliṅga. Im

Süden Indra, Narasiṃha, Nārada, Kāmudhenu, Lakṣmī, Buddha, Sarasvatī, Bhairava.
Die erhaltenen Baulichkeiten sind nicht über das 16. Jh. hinaus zu verfolgen. Doch muß die Anlage als solche zu den ältesten des Tales gehören. Darauf weist der Ort an der Klamm hin. Mānadeva Licchavi (464–491) hatte bereits im benachbarten Gokarnaforst seinen Palast. Und er folgte damit nur der Gepflogenheit noch früherer Herrschergeschlechter. Heute ist der Gokarnaforst als National Park geschützt wie der Nagārjuṇaforst im Westen der Hauptstadt, und wie dort befindet sich ein Bungalow für den König darin, der besonderen Ruhm als Lieblingsaufenthalt des Königs Mahendra erlangten Herrschers entstanden. Der Park ist gegen eine geringe Gebühr zugänglich.

Gorkhā

Auf der neuen erstklassigen Straße, die halbwegs zwischen Kāṭhmāṇḍu und Pokhara bei Muging das Triśūlital verläßt, gelangt man in einer halben Stunde Fahrzeit nach Gorkhā (25 km). An der letzten Kurve vor dem Ende der Straße und der dort angelegten Wendeplatte liegt leicht erhöht auf einer Bergnase (1050 m) das Hotel Gorkhā Bisāuni, ein einfaches Gasthaus mit Übernachtungs- und Verpflegungsmöglichkeit. Die Ortschaft zieht sich bei einer durchschnittlichen Höhenlage von 1100 m am Hange des Berges hin, der hier und da Terrassen bildet. Etwa in der Mitte des alten von Südosten nach Nordwesten verlaufenden Zuges der Hauptstraße liegt außerhalb und südlich von den Häusern, und deutlich als spätere Hinzufügung zur ursprünglichen Siedlungsanlage zu erkennen, Tallo Darbār (1), ein ungegliederter, dreistöckiger Ziegelbau mit schwarz gefaßten Holzschnitzereien um Türen und Fenster. Der quadratische Bau von 35 m Seitenlänge mit einem kleinen Mittelhof ist wahrscheinlich bald nach der Eroberung des Kāṭhmāṇḍutales durch die Fürsten von Gorkhā im Jahre 1768 noch am Ende des 18. Jahrhunderts von einer Bauhütte des Tales errichtet worden. In ihm befinden sich die Distriktsämter, Chief District Officer, District Police Inspector, District Panchayat, District Education Officer und eine Zweigstelle der Rāṣṭriya Bānijya Bank. Der Tallo Darbār wirkt wie ein künstlich neu hinzugefügtes Verwaltungszentrum. Der alte Schwerpunkt der Siedlung liegt am Nordwestende, wo sich die Heiligtümer und Brunnen um den großen Versammlungsplatz, Ṭūṇḍikhel, geschart finden. Der Rāmeśvara Mahādeva Mandir, auch Viśveśvara Mandir genannt, wird durch die davor errichtete

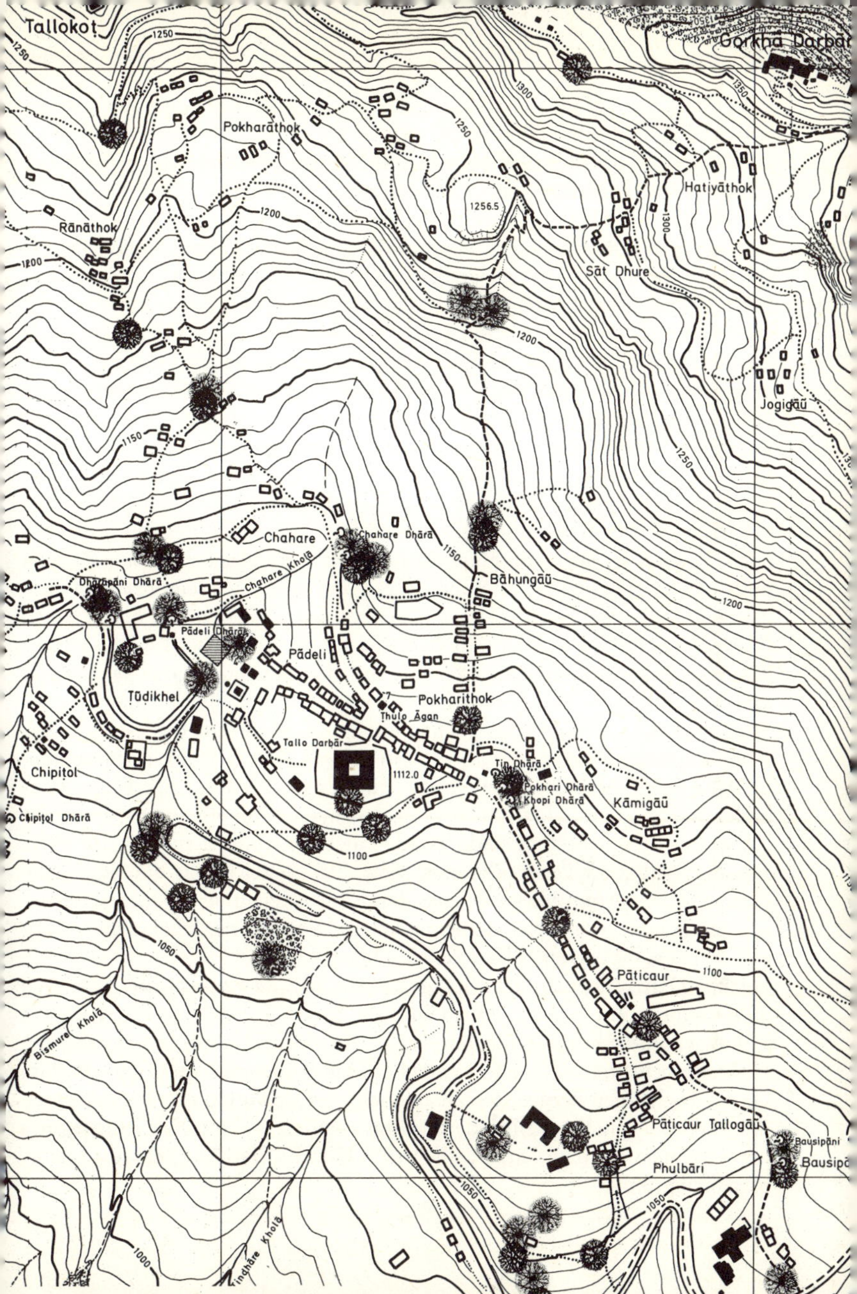

Gorkha (nach R. Kostka und E. Schneider)

Stiftersäule des Pṛthvipati Śāh mit seiner Statue, nach dem Vorbild der Mallafürsten im Tal, als Hauptheiligtum ausgewiesen (2). In seiner Nachbarschaft stehen Kṛṣṇa- und Gaṇeśamandir. Bhīmasena Thān (3) liegt an der Nordseite des Ṭūṇḍikhel und zwischen den Brunnen Dhārāpāni und Pādeli Dhārā. Einen weiteren Schwerpunkt der Siedlung bilden in der Mitte des Dorfes die drei Brunnen, Tin Dhārā, Pokhari Dhārā, Khopi Dhārā (4). Dort zweigt genau nach Norden der Pfad ab, der zur Burg von Gorkhā emporführt, dem Gorkhā Darbār, der 1380 m hoch liegt (5).

Der Aufstieg von mehr als 250 m dorthin ist nicht zu verfehlen. Die roten Gebäude des Darbār sind weithin sichtbar. Wer eine trutzige Burg mit Verteidigungsanlagen erwartet, wie sie die Rājputen in Rājasthān ausgebildet hatten, wird enttäuscht. Als diese, eher Paläste zu nennenden, Baulichkeiten auf dem steilen Berggrat errichtet wurden, Ende des 18. Jahrhunderts, war die Gefahr eines Angriffs vollkommen außer Sichtweite. Denn die Rājputenśāhs, die hier residiert hatten, waren inzwischen Herren von ganz Nepal geworden und wohnten und regierten im Darbār von Kāṭhmāṇḍu. Von dort her schickten sie auch die Handwerker, die ihre Palastbauten aus Ziegeln und schwarzgefaßten Holzschnitzereien, wie sie es aus dem Tale gewohnt waren, ins Berggelände versetzten, als befänden sie sich auf dem ebenen Marktplatz einer Newarstadt. Im Mittelpunkt der Verehrung und des vierzig Meter langen Baukomplexes, der hier auf dem schmalen Grat keine Höfe ausbilden konnte, steht die tantrische Göttin Kālikā in ihrem streng gehüteten, für Nichthindus unzugänglichen Heiligtum. Sie spielte offensichtlich als Familiengöttin, mit der die Fürsten unter einem Dache zu leben wünschten, dieselbe Rolle wie Taleju und Degutale in den Mallastädten des Tales. Kultbilder und Schreine haben auch Paśupatināth, Gorakhnāth und Śrīvidyā. Stilistisch bieten Innenräume und Fassaden nichts, was nicht auch in den Palästen der Mallas im Tale vorhanden wäre. Der Sieger nutzte die überlegene Kultur der besiegten Newars, nach deren Inbesitznahme er jahrzehntelang getrachtet hatte, um auch dem heimatlichen Dorf und der heimatlichen Burg einen neuen, erborgten, Glanz zu verleihen.

Gorkhā Darbār liegt auf dem Berggrat in der Mitte zwischen zwei wichtigen Heiligtümern. Im Westen, 250 m entfernt vorn auf der Bergnase in 1330 m Höhe liegt die sehr alte Kultstätte der Ūrdhvakeśī Kālī (mit den gesträubten Haaren), begleitet von einem Tempel des Siddhi Gaṇeśa. Im Osten auf dem Gipfel des felsigen Berges 1522,50 m hoch liegt Upallokoṭ mit den Schreinen der Kālī, der Vindhyavāsinī, des Bhairava und des Vajra. Der Aufstieg beginnt bei dem auf dem Sattel östlich vom Gorkhā Darbār gelegenen Hanumānaheiligtum.

Guhyeśvari → Paśupatināth

Halchok
Halcok

Westlich vom Svayambhūnāth auf dem Wege nach Icaṅgu liegt der Steinbruch von Halcok und oberhalb von ihm das Dorf des gleichen Namens.

1. Auf dem Sattel des Hügels liegt der unscheinbare einstöckige Bhairavatempel mit Metalldach und einem Naturstein als Kultobjekt für Ākāśabhairava. Davor zwei Löwen, eine Glocke, ein Maṇḍala. Die Hindu-Śaktas kommen zu diesem Tempel des 19. Jh. zur Pūjā, sein großes Fest ist Indrajātrā. Dann werden von den Tänzern die Masken und Kostüme hervorgeholt, die im Bhairava Dyochen aufbewahrt werden, dem Wohnhaus des Gottes, das an einem kleinen Platz weiter oberhalb vom Tempel liegt und auf einem mit Steinplatten belegten Pfad zu erreichen ist. Sie ziehen dann nach Kāṭhmāṇḍu und nehmen dort an den Indrajātrāfeierlichkeiten teil.
2. Westlich vom Bhairavatempel liegt auf einem Hügel mit weitem Ausblick über das Tal der rechteckig ummauerte (21 zu 12 m) Tempelbezirk der Bhagvatī. Ihr dreistöckiger Pagodentempel hat einen rechteckigen Grundriß (3,20 zu 2,50 m) und eine Höhe von 7,50 m. Die Dächer sind mit Ziegeln gedeckt. Die geschnitzten Dachstützen bilden die Aṣṭamātṛkās ab. Kultbild ist die Mahiṣāsuramardiṇī, daneben Kumāra und Gaṇeśa. Vor dem Tempel steht eine Steinsäule mit einem vergoldeten Löwen, die laut Inschrift von Jangdohoj Kumar Rana gestiftet wurde, und ein Stein mit einem Śrīyantra. Der Tempel samt Dharmaśālā und Wassertank wurde 1832 von Bir Bhadra Kumar Rana gebaut.

Harisiddhi

Die Ortschaft Harisiddhi (1344 m) liegt 4 km von Pāṭan entfernt an der erstklassigen Straße nach Godāvari, gleich hinter der chinesischen Ziegelfabrik. Vom Ortseingang im Norden geht es steil und größtenteils mit Stufen zum Tempel der Göttin Harasiddhi empor, der dem Orte den Namen gab und mit seinen vier Dächern den Platz beherrscht. Es ist die einzige vierstöckige Ziegel-Holz-Pagode im Tal. Ein Gegenstück dazu gibt es nur im Nachbartal von Banepā in Nālā. Wie überall sind die Stützbalken der Dächer als Götterbilder geschnitzt. Hier sind es, entsprechend der Herrin des Hauses, in erster Linie die Aṣṭamātṛkās, die zur Darstellung gelangen. Das Erdgeschoß hat über dem Eingang zwei Tympana. Ein drittes geschnitztes Tympanon befindet sich über dem Fenster im ersten Stock, wo in der Cella das Kultbild der Göttin verehrt wird. Erbauer dieses eigenartigen Tempels, der in manchen Zügen vom Gewohnten abweicht, war Kavīndra Jaya Pratāpamalla (1641–1674). 1726 fand eine Restauration statt. Priester ist ein Maharjan, und die Festtage sind Phālgun-pūrnimā und Mansīra-pūrnimā.

Ichangu
Icaṅgu

Nordwestlich vom Svayambhūnāth am Fuße des Jāmācok liegt der Viṣṇutempel von Icaṅgu umgeben von Baumgruppen und Feldern am Talende. Er ist von Halcok aus in einer halben Stunde auf einem malerischen Fußpfad zu erreichen. Man betritt den ummauerten rechteckigen Tempelbezirk (32 zu 20 m) von Osten durch ein rundbogiges Tor. Die zweistöckige Pagode hat einen rechteckigen Grundriß (3,60 zu 4,00 m) und einen Eingang von Osten, über dem das Gelbgußtympanon Garuḍanārāyaṇa zur Darstellung bringt. Ornamental geschnitzte Holzstützen tragen die metallgedeckten Dächer. Eine schmale metallgedeckte Vorhalle, davor Steinpfeiler mit Viṣṇus Rad und Muschel und eine große Glocke betonen die Eingangsfront. Auf der Steinplattform unter dem Baum inmitten des Hofes stehen Skulpturen von Nārāyaṇa, Lakṣmī, Viṣṇu, Akṣobhyabuddha samt Stiftern. In der Nordostecke des Tempelbezirkes befindet sich ein Steinbrunnen mit einem Liṅga und Skulpturen von Hanumāna, Bhīmasena, Gaṇeśa und Śivapārvatī. Daran schließt sich eine zweistöckige Dharmaśālā aus Ziegeln mit holzgeschnitzten Türen und Fenstern an. In der Südwestecke liegt vertieft und unter freiem Himmel die tantrische Weihestätte der Mahālakṣmī mit einem Stein als Kultobjekt. Der jetzige Tempel wurde im 18. Jh. erbaut. Doch soll schon König Haridatta im 6. Jh. hier ein Kultbild des Nārāyaṇa aufgestellt haben. Im 18. Jh. entdeckte der Königspriester Śivānanda Rājupadhyāya eine Viṣṇuskulptur im Bett der Viṣṇumati. Man glaubte, es wäre das alte Kultbild und baute darüber den neuen Tempel. Später fand sich aber bei Ausgrabungen im Tempelbezirk das echte Kultbild des 6. Jh. Nun stehen beide in der Cella der Pagode. Der Tempel von Icaṅgu gehört in die Reihe der vier großen miteinander in Verbindung stehenden Viṣṇuheiligtümern des Tales, zusammen mit

→ Cāṅgunārāyaṇa → Biśaṅkhu und Śeṣnārāyaṇa (→ Pharping). Im Monat Kārtika findet jährlich eine Pilgerprozession von einem dieser Tempel zum anderen statt, die einen Tag lang dauert und an der Tausende teilnehmen. Sie beginnt in Icaṅgu und bewegt sich in der angegebenen Reihenfolge weiter. Priester ist ein Brahmane.

Jaulākhel

Stadtteil westlich von Pāṭan. Dort befinden sich Dorf und Werkstätten der Tibeter, die für die Entwicklungshilfeprojekte der Schweiz verantwortliche SATA in Ekānta Kunā, der Zoologische Garten und die Schulen St. Xavier, gegründet 1950 von amerikanischen Jesuiten, und St. Mary, gegründet 1955 von deutschen Schwestern.

Kapilavastu

Die Lage der Vaterstadt Buddhas ist nicht unumstritten. Der Platz, wo seine Mutter Māyā unter einem Śālabaum den Prinzen gebar, der dann später der Buddha wurde, ist durch eine Säule des Kaisers Aśoka in → Lumbinī (Rummindei) zu identifizieren, westlich von der kleinen Stadt Bhairawa im nepalischen Terai. Mehrere Kilometer weiter westlich bei Tilaurakoṭ haben Ausgrabungen größere Siedlungen am Ufer der Bānagaṅgā nachgewiesen, am Fuße der Himālayavorberge und an klaren Tagen überleuchtet von dem Schneegipfel des Dhaulagiri, der sich im Norden in einer Entfernung von rund 200 km erhebt. Freilich haben sich keine eindeutigen Beweise ergeben, daß es sich bei der Siedlung um Kapilavastu handelt. Die Funde reichen nicht bis ins 6. vorchristliche Jahrhundert zurück, und Dokumente, welcher Art immer, für die Identität des Ortes lassen noch auf sich warten. So konnte die Hypothese an Boden gewinnen, Piprāvā, ein alter buddhistischer Wallfahrtsort, der jenseits der nepalischen Grenze auf indischem Gebiet liegt, sei das gesuchte Kapilavastu. Den eindeutigen Beweis haben auch dort die archäologischen Untersuchungen nicht ergeben. So bleibt die Frage vor der Hand offen. Eine Klärung ist nur von weiteren umfangreichen Grabungen zu erhoffen. Beim nepalischen Department of Archäologie ist man sich seiner

Sache sicher. Tilaurakoṭ und seine Umgebung haben bereits den Namen Kapilavastu, der als Ortsbezeichnung verlorengegangen war, zugeteilt erhalten und angenommen.

Khokana
Khokanā

Die Ortschaft Khokanā (1336 m) liegt einen Kilometer nordwestlich von Buṅgamati und ist von dort auf einem Feldweg zu erreichen. Schon von weitem ist die dreistöckige Pagode der Rudrāyaṇī zu sehen, die als Siddhikālī besonders zum Schutz gegen ansteckende Krankheiten angerufen wird. Die Ziegel-Holz-Pagode hat unter allen drei Dächern die altertümlichen Holzgitter beibehalten, mit denen die Stockwerke wie Käfige eingeschlossen werden. An den Stützbalken werden die Aṣṭamātṛkās dargestellt. Nach der Überlieferung, die viel Wahrscheinlichkeit für sich hat, wurde der Bau im 16. Jh. von dem König Amaramalla errichtet. Restaurationen fanden 1933 und 1967 statt.

Kathmandu
Kāṭhmāṇḍu

(Stadtplan siehe hintere Vorsatzkarte)

Die Bezeichnung der Planquadrate bezieht sich auch auf die Karte Kathmandu City des Nepal-Kartenwerks der Arbeitsgemeinschaft für vergleichende Hochgebirgsforschung Nr. 21, München 1979, GEO-BUCH Verlag.

Auch die Geschichte Kāṭhmāṇḍus beginnt wie die Geschichte des ganzen Tales mit einer Legende, mit dem Traum des Königs Guṇakāmadeva, der in der zweiten Hälfte des 10. Jahrhunderts gelebt haben soll. Mahālakṣmī erschien diesem Herrscher aus der Thākurīdynastie und gab ihm den Plan der Stadt Kāntipur ein, die sich von dem Zusammenfluß von Bāgmati und Viṣṇumati aus auf dem Höhenrücken östlich der Viṣṇumati nach Norden er-

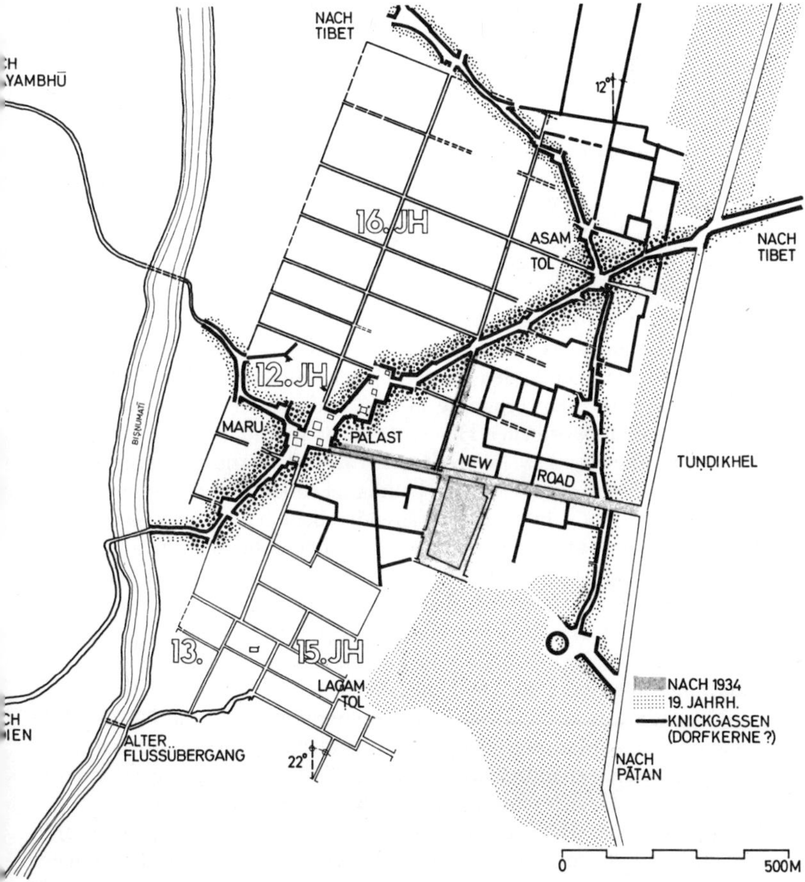

Kāṭhmāṇḍu, Stadtanlage (nach N. Gutschow)

strecken und dabei die Form des Schwertes der Göttin annehmen sollte. In der historischen Realität kann es sich dabei nicht um eine Neugründung im eigentlichen Sinne gehandelt haben, denn die Ufer der beiden Flüsse und der Höhenrücken waren bereits besiedelt. Wo sich später die Stufen des Jaisi Deval erhoben, lag das Zentrum einer Licchavistadt. Weiter im Norden ist der Mittelpunkt einer größeren Ortschaft am Indracok anzunehmen. Eine ganze Reihe von Klöstern zog sich auf dem Höhenrücken hin, deren Spuren sich in heutigen Bahāls erhalten haben. Von Süden nach Norden: → Tukā Bahāl,

→ Itum Bahāl, → Śrīgha Caitya, → Bhagvan Bahāl, um nur die wichtigsten zu nennen. Dörfer kamen dazu. Denn auf dem Höhenrücken verlief die Südnordstraße nach Tibet, die, aus Indien kommend, die Viṣṇumati überbrückte, nur wenig oberhalb ihrer Einmündung in die Bāgmati. Mehr noch, der Handels- und Pilgerstrom, von dem Ortschaften und Klöster profitierten, gabelte sich dort, wo der → Kāṣṭhamāṇḍapa und andere Rasthäuser stehen. Von der Südnordstraße zweigte dort eine weitere Tibet-Route nach Nordosten ab, deren Verlauf bis heute in der diagonalen Bazarstraße zu verfolgen ist. Bei der Neugründung des Königs Guṇakāmadeva handelte es sich also realiter um die Zusammenfassung und Ordnung eines seit Jahrhunderten gewachsenen Netzes wirtschaftlicher, religiöser, kultureller Beziehungen. So ist die Festschreibung der Handelsrouten in den Straßenzügen der Stadt das eine, das andere ist die Einbettung der Stadtgemeinde in den Schutz der Götter durch den Ring von Heiligtümern um die Stadt und die Begründung ihrer Schwerpunkte in der Stadt. Auch den äußeren Schutz konnte ein verantwortlicher Herrscher nicht vernachlässigen. Es gab eine Stadtmauer, die bis ins 19. Jh. größtenteils aufrecht stand. Sie verlief in nordsüdlicher Richtung am Rande des Ṭūṇḍikhel entlang, dort, wo um 1900 die Reihe der weißgetünchten europäisierenden Schulbauten und Krankenhäuser (Bir Hospital, Militärkrankenhaus), beginnend beim Austritt der diagonalen Bazarstraße aus der Stadt, errichtet wurde. Im Süden der Stadt ist der Verlauf der Stadtmauer noch deutlich zu sehen. Es scheint, daß manche Wohnhäuser auf den alten Fundamenten der Ummauerung stehen. In den schrägen Auffahrten, besonders in Hyumata zum Jaisi Deval hinauf und beim Bhīmsen Mandir, wird man die Anlage der Tore gewahr. Das Kāntipur Guṇakāmadevas war wohl eine zweigeteilte Stadt. Süd- und Nordstadt begegneten sich im Maḍuṭole beim Kāṣṭhamāṇḍapa, wo es viel unbebautes Gelände gegeben haben muß. Das kam jedenfalls der Ausbreitung des Palastbezirkes zugute, der sich schwerlich so großzügig hätte entwickeln können.
Während es in der Mallazeit als selbstverständlich und standesgemäß galt, in der Stadt zu wohnen, setzt im 19. Jh. unter den Rāṇā-Premiers die entgegengesetzte Mode ein. Die Angehörigen der herrschenden Schicht lassen sich aufwendigste Paläste in islamisierenden und europäisierenden Stilen verschiedenster Art draußen ante muros bauen. Die Architekten, die das vermochten, waren Nepalis, die im benachbarten Indien und in Europa ihre Ausbildung genossen hatten. Doch waren es nicht die weißgetünchten, aus Ziegeln errichteten Residenzen allein, es waren auch die riesigen Gartenanlagen, die dazugehörten, die das Tal stellenweise in eine Parklandschaft mit angeblichen Marmorschlössern verwandelten. Früher durften die unteren Kasten nicht in den Städten wohnen. Jetzt tritt das Umgekehrte ein, daß die

Stehender Gautama Buddha in Varada Mudrā. Stein. 9. Jh, Śrīgha Caitya, Kāṭhmāṇḍu ▷

obersten, wenn möglich, draußen leben. Und es beginnt der Verfall der Städte, den wir heute bedauern und aufzuhalten suchen. Einen tiefgreifenden Einschnitt brachte das Erdbeben vom 15. Januar 1933. Es warf die meisten Tempel und Türme um und ließ zahllose Häuser einstürzen. In Kāṭhmāṇḍu gab es den Stadtplanern die Möglichkeit mit der New Road in die Enge der Innenstadt einzubrechen und einen breiten, festlichen Zugang zum Palastbezirk zu schaffen. Es war genau die alte Nahtstelle zwischen Süd- und Nordstadt. Und es handelte sich bei dieser Sanierung gewiß nicht nur um Trümmerbeseitigung, sondern auch um Neubauten an breiteren Straßen auf bisher ungenutztem Gelände. Zugleich ergab sich damit die Verbindung zwischen dem alten Palastbezirk des Hanumāndhokā mit dem Ṭūṇḍikhel, dem Fest- und Paradeplatz der Nation, und den darum gruppierten Bauwerken des 19. und 20. Jh., die auch den neuen Königspalast Nārāyaṇahiṭi einschlossen.

Akash Bhairab F 10
Akāśa Bhairava Mandir

Der Kultraum des Akāśa Bhairava, wesentlichster Mittelpunkt seiner Verehrung im ganzen Tal, liegt im ersten Stock eines breiten, wohnhausähnlichen Gebäudes am Indracok. Er öffnet sich zum Platz davor mit einem dreiteiligen Balkon. Darüber ein Tympanon. Vier apotropäische Yālis schützen ihn vor Dämonen. Die Fassade ist mit modernen bunten Fliesen bedeckt und wird abends durch Neonröhren in grelles Licht getaucht. Drinnen sind Bronzestatuen von Bhadrakālī und Bhīmsen und Silberbilder von Gaṇeśa und Kārttikeya. Kultbild ist eine riesige Bhairava-Maske, die auch von außen, vom Platz aus zu sehen ist. In ihr sieht die Überlieferung das abgeschlagene Haupt des Kirātikönigs Yalaṃbara. Er befand sich auf dem Wege nach Kurukṣetra, um an der im Mahābhārata berichteten Entscheidungsschlacht zwischen den Pāṇḍavas und den Kauravas auf der Seite der letztgenannten teilzunehmen. Um dies zu verhindern, enthauptete ihn Kṛṣṇa. Am Indrajātrā-Fest wird die Maske auf dem Platz ausgestellt und verehrt. Die Kultstätte, deren Priester ein Jyapu, ist nimmt ferner an folgenden Festen teil; Dasaiṃ, Bālā Caturdaśī, Śivarātrī, Pauṣa-pūrnimā, Jeṣṭha-pūrnimā, Phālgun-pūrnimā. Sowohl die Bedeutung der Gottheit wie die zentrale Lage des Kultraums lassen auf ein hohes Alter des Heiligtums schließen, das sich heute nur in der Gestalt darbietet, die es nach dem Erdbeben von 1933 durch eine vollständige Erneuerung erhalten hat.

Bazarstraße mit den Pagodendächern des Bhagvatī Mandir, des Degutale Mandir (S. 196, ◁ 20) und des Taleju Mandir im Darbārbezirk von Kāṭhmāṇḍu→ S. 184–198

Annapurna Mandir F 11
Annapūrṇā Mandir

Der Tempel der Göttin Annapūrṇā, die besonders in Varanāsi bekannt ist, liegt in der Südostecke des Asaṇṭole, des belebtesten Bazarplatzes der Innenstadt. Ursprünglich war mit dem Heiligtum die Verehrung eines Baumes verbunden, dessen Stumpf noch in der Cella sichtbar ist. Hier wurde die »Große Mutter von Assaṇ« (newarisch: Assaṇ Māju Ajimā) angebetet. Heute sieht das anders aus:
Die niedrige dreigeschossige Pagode (Grundriß 3,00 × 3,00 m, Höhe 9,50 m) erscheint als ein Meisterwerk der Goldschmiedekunst, so sehr sind Ziegelmauern und Holz unter vergoldetem Kupfer verschwunden. Das betrifft Dächer, Stützbalken, Pfeiler, Tür und Tor. Dazu kommen alle weiteren Zierate, mit denen der Tempel überladen ist, wie Lampen, Vögel, Tympana, Banner, Spiegel. Auch die an den Dachstreben abgebildeten Aṣṭamātṛkās und Bhairavas sind aus demselben Metall getrieben. Die stets geöffnete Cella zu ebener Erde zeigt kein Kultbild, sondern eine von einer Schlange umringelte Silbervase (pūrṇakalaśa). Im tantrischen Kult werden Symbole statt menschengestaltiger Götterbilder verwendet, eine Form der Verehrung, die in der späten Mallazeit besonders beliebt war. Annapurṇā stand auch bei den Königen der Shāhdynastie und ihren Rāṇāpremiers in hoher Gunst unter dem Namen Yogāṃbara, Jñāneśvarī, Assaṇ Māju Ajimā (newarisch). Aus dieser Epoche des 19. und 20. Jahrhunderts hat der Tempel seine Popularität bis heute beibehalten. Erbaut wurde er 1839 von König Rājendra Bikram Shāh. Ein Bajracharya ist sein Priester. Obwohl er damit als buddhistisches Heiligtum gekennzeichnet ist, kennt die Zahl seiner Verehrer und seiner Feste keine Grenzen.

Arko Narayan H 8
Aḍko Nārāyaṇa Mandir

Im Stadtteil Cikaṅmugal in der südlichen Innenstadt liegt als einer der vier bedeutenden Viṣṇutempel Kāṭhmāṇḍus Aḍko Nārāyaṇa Mandir. Sein Grundriß beträgt 3,90 × 3,90 m, den Säulenumgang, der die Cella umgibt, eingeschlossen, seine Höhe mit drei Dächern und dem bekrönenden Gelbgußgajūra 10,00 m. Über dem Eingang im Westen hängt ein ungewöhnliches, altertümliches Tympanon aus Gelbguß: In der herkömmlichen Garuḍa-Nāga-Makara-Lünette thront Viṣṇu, vierarmig mit Lotus, Keule, Muschel und Scheibe, begleitet links von Sarasvatī mit Vīṇā und rechts einer vierarmigen Lakṣmī. Um diese zentrale Dreiergruppe sind im Bogen die Daśāvatāras eingraviert, von links: Matsya, Kūrma, Varāha, Narasiṃha, Vāmana, Paraśurāma, Rāma, Kṛṣṇa, Kalki, Buddha. Unter dem ersten Dach, das mit Ziegeln gedeckt ist, wiederholt sich die Darstellung der Daśāvatāras an den Holzstützen in einem reliefartig flachen harten Stil, von rechts nach links im Westen: Matsya, Kūrma, Varāha, Narasiṃha; im Norden: Rāma, Paraśurāma, Vāmana, Kṛṣṇa; im Osten: Buddha, Kalki hoch zu Roß, und dann folgen die Pāṇḍavas: Sahadeva, Nakula; im Süden: Yudhiṣṭhira, Draupadī, Bhīma, Arjuna. Auch unter dem mittleren mit Ziegeln und dem oberen mit Metall gedeckten Dach werden die Helden des Mahābhārata und des Rāmāyaṇa dargestellt, allerdings in einem ganz anderen Stil, dem eleganten, weichen, plastizierenden Stil, der von Panauti beeinflußt ist und hier im 17. Jh. fortgeführt wird. Unverkennbar sind die Typen: Yudhiṣṭhira mit Bart und Buch, Bhīma mit der Keule, Arjuna mit dem Bogen, er ist leicht mit Rāma zu verwechseln. Draupadī und Sītā, die beiden Heroinen, übernehmen den Typ der Śālabhañjikā, die in die Zweige des Baumes greift, eine Haltung, die sich auch bei den Männern ohne ersichtlichen Grund fortgeerbt hat. Unter ihren Füßen sind Mithunas (Liebespaare) dargestellt, keine erotischen Exempel.

Bahadur Bhawan D 12 → Boris

Bāku Nani → Itum Bahāl F 9

Bhadra Kali Piṭh I 13
Bhadrakālīpīṭha

Der in die Erde versenkte offene Schrein der Bhadrakālī ist eine typische Verehrungsstätte für Muttergottheiten und wahrscheinlich von hohem Alter. Ihre Gründung wird auf König Guṇakāmadeva (10. Jh.) zurückgeführt. In der religiösen Landschaft des Tales fällt ihr ein Hüteramt im Osten der Stadt Kāṭhmāṇḍu zu. Sie liegt halbwegs zwischen der Stadt und dem Siṅgha Darbār, der sicherlich nicht ohne Bezug auf ihre religiöse Bedeutung an dieser Stelle angelegt worden ist. Im modernen Verkehr hat sie, umgeben von alten Gebäuden und unter mächtigen Bäumen, eine Atmosphäre der Ruhe bewahrt. Im Kreise der Aṣṭamātṛkās, zu denen sie gehört, wird Cāmuṇḍā hier als Bhadrakālī nach tantrischer Weise ohne ikonisches Kultbild unter einem Toraṇa aus Gelbguß von vielen Gläubigen verehrt, meistens auf dem Wege von und zur Arbeitsstätte. Priester ist ein Bajracharya, doch wird die Kultstätte von Hindus ebenso besucht wie von Buddhisten. Hauptfest ist Gorejātrā und eine im Zwölfjahresrhythmus wiederkehrende Melā.

Bhagwan Baha B 11
Bhagvan Bahāl (Vikramaśīla Mahāvihāra)

Im Norden, einstmals vor den Toren der Stadt, jetzt im Stadtteil Ṭhamel, lag das alte buddhistische Kloster Vikramaśīla Mahāvihāra. Es war ein Zentrum der Wissenschaften und Künste und diente als Herberge für Mönche, die von Tibet kamen oder nach Tibet gingen. Heute ist darin eine Volksschule untergebracht. Über dem Schrein im Westflügel des Klosterhofes und seinem Vordach erhebt sich ein zweigeschossiger Pagodenturm mit ziegelgedeckten Dächern. Die Stützbalken sind ohne Schmuck, das obere Stockwerk ist durch Holzgitterwerk vollständig geschlossen, wie es für viele Klostertürme charakteristisch ist. Grundriß 6,30 × 6,30 m, Höhe 12,50 m. Nach der Hofseite hat der Turm als vorspringendes Mittelrisalit eine Schaufassade ausgebildet, die im unteren Teil mit modernen bunten Kacheln verkleidet ist. In der Mitte ein reichgeschnitztes Tor mit den Flußgöttinnen und Bhairavas wie üblich, darüber ein Gelbgußtympanon mit einem zehnarmigen Lokeśvara, die gleiche Darstellung in Holz über dem Eingangstor. Kultbild in der Cella ein Gautama Buddha. Ein zweiter Hof schließt sich nach Norden an, nach Westen offen und mit einer Pagode des 18. Jh. in der Nordwestecke ausgestattet. Vikramaśīla wird im 13. Jh. zum ersten Mal erwähnt. Sicher ist es als Anlage viel älter. Seine jetzige Baugestalt geht auf die Restauration von 1939 zurück. Priester sind die Pradhāns von Ṭhamel, die im Gegensatz zu den anderen Trägern des Kastennamen Buddhisten sind. Im Monat Śrāvana werden die Götterbilder ausgestellt, im Phālgun findet das Fest statt.

Bhagvati Mandir
Bhagvatī Mandir

Am Westeingang zu der früher selbständigen Ortschaft Hārigāoṅ, die sich nordöstlich von Kāṭhmāṇḍu am Hügelrand westlich über dem Tal der Dhobi Kholā hinzog, liegt eine kleine zweistöckige Ziegel-Holz-Pagode, die an der nach der Ortschaft zugewendeten Seite mit einer Mahākālī grob bemalt ist. Daher wohl die vor Ort übliche Benennung als Bhagvatī Mandir. Grundriß 2,77 × 2,77 m, Höhe 8,80 m. Die Cella hat drei Türen, im Süden, Westen, Norden, Haupttor im Westen mit dem üblichen geschnitzten Türrahmen, darüber ein hölzernes Tympanon des Garuḍa-Nāga-Makara-Typs mit

Durgā Mahiṣāmardiṇī in der Mitte (stark beschädigt). Das Kultbild in der Cella dagegen ist zweifellos ein Viṣṇu Viśvarūpa, der in der Entfaltung seiner Allgestalt auf dem Garuḍa einherreitet, eine eindrucksvolle Steinskulptur von hohem Alter, die wegen ihres schlechten Erhaltungszustandes schwer zu datieren ist. Das Schnitzwerk der Stützbalken unter den ziegelgedeckten Dächern zeigt entsprechend dem Maṇḍala der Aṣṭamātṛkās im Westen Indrāyaṇī, Vārāhī; im Norden Mahālakṣmī, Mahākālī; im Osten Maheśvarī, Brahmāyaṇī; im Süden Vaiṣṇavī, Kaumārī. Es sind gute Arbeiten des 18. Jh. Der ganze Bau, wie er steht, ist nicht älter, und leider in schlechtem Erhaltungszustand. Ein Kunstwerk ersten Ranges stellt die Steinplastik des Umāmaheśvara dar, die sich gegenüber dem Westeingang zur Cella in situ befindet, sie ist ins 11. Jh. zu datieren.

Bhimsen Mandir H 8
Bhīmasena Mandir

Die dreigeschoßige mächtige Pagode auf rechteckigem Grundriß (11,00 × 7,00 m) liegt am Südwesttor der Stadt. An ihr führt die Straße nach Indien vorbei. Wer nach Indien reiste, wer aus Indien kam, brachte Bhīmsen seine Verehrung dar, zumal er als Schutzgott der Kaufleute galt. Das Erdgeschoß wird von Läden eingenommen. Die Cella befindet sich im ersten Stock, sie besitzt zwei Kultbilder des Bhīmsen. Das untere Dach ist mit Ziegeln gedeckt, die Stützbalken, zwischen denen sich Holzgitterwerk befindet, um das Stockwerk und den Kultraum zu schließen, bilden die Pāṇḍavas ab. Von links nach rechts: Yudhiṣṭhira bärtig und mit Buch, Draupadī, Bhīma mit der Keule, Arjuna mit dem Bogen, Nakula, Sahadeva. Es sind untersetzte Gestalten auf breiten Balken in flachem Relief ausgeführt, einer lokalen Werkstatt zuzuweisen. Die beiden oberen Dächer haben Metallplatten als Belag und auf den freistehenden Strebebalken Mātṛkās und Bhairavas als Schnitzfiguren. Wahrscheinlich ließ König Pratāpamalla 1655 die Pagode in ihrer jetzigen Form errichten. Er war ein besonderer Verehrer Bhīmsens und preist ihn als Erscheinungsform Śivas in der Hymne, die er an der Wand des Tempels niederschreiben ließ. Damals und bis heute wird er besonders von den Newars als Gott der Händler und Künstler angesehen. Neben dem Tempel ist ein geräumiger Brunnen mit nur einem Wasserspeier in Gestalt eines Makara-Rachens.

Bhimsenstambha I 11
Bhīmsenstambha

Den hohen minarettartigen Turm erbaute Bhīmsen Thāpā 1825 und zollte damit dem von ihm hochverehrten Tāj Mahāl in Agra seinen Tribut. Man nennt ihn Bhīmsenstambha. Manche sagen auch Bhīmsen's Folly, weil niemand wisse, zu welchem Zwecke er eigentlich gebaut worden sei. Andere sagen, es handle sich um einen militärischen Beobachtungsturm. Beim Erdbeben 1933 stürzte er völlig zusammen. Nachher wurde er mit seinen neun Stockwerken und dem kleinen Rundbalkon um das achte wieder aufgebaut. Er steht auf einer runden mehrstufigen Basis und ist im Kreis von einer Mauer umgeben. Früher stand er am Rande des Ṭūṇḍikhel. Jetzt ist das Hauptpostamt dazwischen gekommen. Die große Brunnenanlage Sundhārā an seinem Fuße wurde gleichzeitig mit dem Turm ausgehoben, auf Wunsch der Königin Tripurasundarī. Sie ist drei Stockwerke tief. Auf dem untersten sind drei Wasserspeier mit vergoldeten Makara-Rachen eingelassen. Sommers wie winters findet die Anlage großen Zuspruch vonseiten der Bevölkerung. Die Gottheit des Brunnens ist Garuḍanārāyaṇa, das Kultbild befindet sich in einem Schrein über dem mittleren Wasserspeier. 1959 ist das Datum der letzten Renovation.

Boris in Kāṭhmāṇḍu

König Mahendra betraute den Weißrussen Boris Lissanevitch, der in Nepal seine neue Heimat gefunden hatte, im Jahre 1952 mit der Einrichtung eines Hotels für die Gäste aus dem Ausland, die nach der Öffnung der Grenzen im Vorjahre zu erwarten waren. Dafür wurde ihm der nicht weit vom Königspalast gelegene Bahādur Bhavan am Kāntipath zur Verfügung gestellt. Dieser Rāṇāpalast war 1889 von Bir Shamsher gebaut worden und hieß ursprünglich Cār Burja nach den vier Minaretts, die an den vier Ecken des zweihöfigen Palastkomplexes aufragten. Der Ostflügel erhielt als Eingangsfassade in der Mitte der zweistöckig oben und unten gleich verlaufenden horizontal gelagerten offenen Korridore ein dreistöckiges Mittelrisalit, dessen Dach sich im bengalischen Stil aufwölbte und an den Ecken das Minarettmotiv des Gesamtbaues durch pavillonartige Türmchen wiederholte. Davor befand sich die Eingangshalle für die vorfahrenden Wagen. 250 Zimmer hatte der Palast und einen Garten von 12,9 ha mit dichten Baumgruppen und exotischer Pflanzenpracht. Das Erdbeben von 1933 tat viel Schaden, 1938 wurde Dilli Jang Thapa mit der Restauration beauftragt. Die Minaretts allerdings, die das Beben umgeworfen hatte, wurden durch Dachpavillons ersetzt. So verschwand die charakteristische Silhouette des Bauwerkes, das seinen Reiz von der Spannung zwischen den senkrechten Minaretts und den horizontalen Pfeilerkorridoren hernahm. Sein Name Bahādur Bhavan nach dem Sohn von Juddha Shamsher, dem er gehört hatte, verschwand, und das Hotel Royal erstand, in dem sich bis 1970 ein Großteil des beginnenden diplomatischen Lebens und der Betreuung ausländischer Gäste unter Boris' bewährter Hand abspielte. Heute hat das Gebäude eine neue Funktion zugeteilt erhalten. Als Rājasabhā Bhavan wird es in Zukunft die zentrale Volksvertretung des Königreiches aufnehmen, sobald der im Gang befindliche Umbau abgeschlossen ist.

Boris indessen wechselte hinüber zum Lāl Darbār, wo er im Untergeschoß des äußersten Ostflügels ein Feinschmeckerlokal eröffnete, das durch seinen stimmungsvollen Mittelkamin und seine russischen Spezialitäten zu den Hauptattraktionen von Kāṭhmāṇḍu gehörte.

Der Lāl Darbār, einer der größten Rāṇāpaläste mit zahlreichen Höfen und Flügeln und in einem Park von 12,8 ha südlich von Nārāyaṇahiṭi gelegen, wurde 1890–1892 nach einem Entwurf von Kishor Narshing für Bir Shamsher gebaut. Den Namen Roter (lāl) Palast verdankt er dem Umstand, daß bei ihm entgegen sonstiger Gepflogenheit das Ziegelwerk sichtbar geblieben und mit besonderer Kunstfertigkeit behandelt worden ist. Der Nordteil fiel 1923 einem Feuer zum Opfer, und das Erdbeben 1933 richtete weitere Zerstörungen an. Weitere Teile sind kürzlich abgebrochen worden, und der Park ist in viele kleine Bauparzellen aufgeteilt. Beherrschend ist das Hotel Yak und Yeti, das sich hier eingenistet und auch den äußersten Ostflügel in seinen Neubau einbezogen hat. Boris, der davon unmittelbar betroffen war, stieg aus dem Geschäft aus. Er führte sein Lokal ein paar Jahre lang mit schwindenden Gästezahlen in dem heutzutage abgelegenen Stadtteil Battisputali gegenüber Banesvar Hights an der alten Straße zum Flugplatz fort und versuchte es 1983 noch einmal im Zentrum an der Darbār Marg, aber „Boris in Moets Gaylord" konnte sich nur wenige Monate halten. Unter dem neuerdings im Tourismus üblichen Geschäftsgebaren ist es Boris nicht gelungen, die führende Rolle im Hotel- und Restaurationswesen Kāṭhmāṇḍus, die er anfangs und als verdienstvoller Initiator innehatte, aufrechtzuerhalten. Seine vielen Freunde, die ihn auch als Persönlichkeit gerne mochten, werden das ehrlich bedauern und dem Autor zustimmen: Kāṭhmāṇḍu ist ärmer ohne ihn.

Darbar G 9
Darbār

Die Einrichtung eines königlichen Hofes in Kāṭhmāṇḍu, eines Darbār, als Mittelpunkt und Repräsentation der Herrschaft, erwies sich erst als notwendig, als Ratnamalla (1482–1520) die Macht ergriff und die Stadt zur Hauptstadt eines selbständigen, absolutistisch regierten Staates machte. Ohne die Hilfe der Götter (und ihrer Priester) war das damals nicht möglich. Ein Darbār als Gebilde architektonischer Planung wird daher immer, übergeordnet über Wohnung und Repräsentation des Herrschers, die heiligen Wohnsitze und Wirkungsstätten von Göttern in die Baugruppierung einbeziehen. Dabei werden sich axiale Ordnungsprinzipien ergeben wie vertikale, denn die Götter bauen in die Höhe, die Menschen in die Breite horizontal gelagerter Palastflügel. Diese Mischung charakterisiert den Darbārplatz in Kāṭhmāṇḍu so gut wie in Pāṭan und Bhaktapur.
Die Göttin Taleju (Tulajā) verleiht dem König geistige Macht und unantastbare Herrscherwürde. Sie hatte und hat ihre geheimnisvolle, tantrische Wohnstätte in Bhaktapur. Der dortige König war im Besitz des Mantras, durch das er die Göttin magisch in seinen Bann ziehen konnte. Er vererbte es auf dem Totenbette an seinen ältesten Sohn. Ratnamalla (1484–1520) aber war der jüngste Sohn des Königs Yakṣamalla (1428–1482) von Bhaktapur. Von maßlosem Ehrgeiz besessen, verschaffte er sich durch Betrug die zauberkräftige Silbe, die ihm die Göttin zu Willen machte. Im Traum erschien sie ihm und wies nach Kāṭhmāṇḍu, wo er König werden würde, wenn er sich der Hilfe des Ministers der Zwölf Thākurīrājas bediente, die dort die Herrschaft ausübten. Noch am gleichen Tage nahm Ratnamalla die Verbindung auf. Er stiftete den Minister an, die zwölf legalen Herrscher bei einem Gastmahl zu vergiften. Als er sich selbst an ihre Stelle gesetzt hatte, tötete er den Mörder, der ihm den Weg zur Macht freigemacht hatte.
Seine erste Regierungstat war der Bau eines Tempels der Taleju. Nordöstlich vom heutigen Talejutempel weihte er ihr den Taraṇī Devī Mandir (4) im Jahre 1501. In der Nähe muß auch seine Residenz gelegen haben. Der Tempel ist ein langgestreckter, rechteckiger einstöckiger Bau mit drei Eingängen an der Nordseite (12,50 × 4,00 m und ein 2 m tiefer Anbau). Auf dem holzgeschnitzten Tympanon des Mitteltores ist wie am Talejutor in Bhaktapur Durgā Mahiṣāmardiṇī zwischen Mahākālī (l.) und Brahmāyaṇī (r.) dargestellt, die Göttinnen in Gelbguß ins Holz eingelassen. Das reichgeschnitzte Fenster darüber hat drei Tympana mit Cāmuṇḍā, Viṣṇu und Kārttikeya. Über der linken Tür hängt ein Holztympanon mit Brahmāyaṇī zwischen Maheśvarī (l.) und Vaiṣṇavī (r.), über der rechten Tür mit Durgā Mahiṣāmardiṇī zwischen Indrāyaṇī (l.) und Mahālakṣmī (r.). Das weit vorspringen-

de Dach ist mit Ziegeln gedeckt und wird von folgenden geschnitzten und bemalten Götterbildern getragen (von links nach rechts): Yāli, Kaumārī, Vārāhī, Brahmāyaṇī, Mahālakṣmī, Vaiṣṇavī – Mitteltür – Indrāyaṇī, Mahālakṣmī, Maheśvarī, Mahākālī, Yāli, Bhairava. Diese Schnitzereien stammen aus dem 18. Jh. Die Anlage des Heiligtums aber ist mit dem Tempel der Taleju Bhavāni daneben engstens verknüpft, dessen Feste mitgefeiert werden. Als dieser Tempel errichtet wurde, mußte die Göttin des Taraṇī Mandir um ihr Einverständnis gebeten werden, war es doch die Herrin Taleju selbst. Mit diesem ersten Tempel des Darbārbezirkes ist der Ort für das neue Zentrum des Stadtstaates fixiert. In einer Stadt, in der Handel und Wandel blühten, konnte er nur an der großen transkontinentalen Diagonalstraße liegen und nicht weit von dem wirtschaftlichen Mittelpunkt, der durch den Rast- und Umschlagplatz beim Kāṣṭhamaṇḍapa bestimmt war. Eine umfassende Planung und den ersten Ausbau großen Stiles vollzog erst Mahendramalla (1560–1579).

Mahendra setzte einen gewaltigen, nicht mehr zu überbietenden Akzent für das ganze Tal, indem er der Göttin Taleju Bhavāni im Jahre 1576 einen Tempelberg baute, der bis nach Bhaktapur hin, von wo die Göttin sich nach Kāṭhmāṇḍu begeben hatte, sichtbar war (2). Es war der erste Stufenbau für einen Tempel, errichtet aus Ziegeln, und es war die erste Pagode, die über das vom Paśupatināth gesetzte Maß von zwei Dächern hinausging und ein drittes hinzufügte. Seitdem wurde es der ganzen Stadt, deren nördlicher Teil sich im 16. Jh. im Auf- und Ausbau befand, gestattet, höher zu bauen.

Wie der viel gewaltigere Stufenbau des Borobudur auf Java oder der nicht ganz so gewaltige, dafür nähere Stufenbau von Bodhnāth ist auch der Stufentempel der Taleju Bhavāni ein Maṇḍala. Oft wurden Maṇḍalas gezeichnet und gemalt, hier wurde eines gebaut, und die Legende berichtet, daß die Baumeister in nicht geringe Verwirrung gerieten, als die Göttin dies ausdrücklich verlangte. Was der Meditierende in unermüdlichem Bemühen Stufe um Stufe an Erkenntnissen und Erleuchtungen erreicht, wird hier sichtbar vor Augen gestellt und im dreidimensionalen Raum für den körperlichen Fuß begehbar und besteigbar gemacht: Vier leere Stufen der Vorbereitung, darauf eine fünfte Stufe mit zwölf kleinen Pagoden und der Fülle des hinduistischen Götterpantheons, mit den acht Welthütern (Aṣṭadikpālas) und den Aṣṭamātṛkās, dann die sechste Stufe, auf der sich in der Mitte das Heiligtum mit seiner Cella befindet, umgeben von vier kleinen Pagoden an den Ecken. Fortzusetzen ist der Aufstieg mit der siebenten, achten, neunten Stufe, die dann in die nicht mehr beschreitbaren Höhen der golden schimmernden Dachregion führen. Die tantrische Göttin selbst bleibt innerstes Geheimnis. Nach Fertigstellung des Tempels bei der rituellen Einweihung betrat sie ihre Wohnstätte in Gestalt einer Biene. Es zu verletzen würde Frieden und Si-

cherheit des Tales gefährden, dessen Schutzherrin sie seit den Mallafürsten geworden ist. Die hohen Götterherren Śiva und Viṣṇu selbst werden herbeigeholt. Mit zweigeschossigen Bauten stehen sie im Schatten der hohen Herrin: Im Nordwesten Śiva im Mahendreśvara Mandir, im Südwesten Viṣṇu im Jagannāth. Vom alten Śivatempel des Mahendramalla (6) ist nur das einen Meter hohe Steinpodium übrig geblieben. Der heutige Tempelbau aus Zement und Holz mit einer quadratischen Cella von 4,80 m Seitenlänge und einer Höhe von 10,50 m wurde im Jahre 1968 laut Inschrift von dem König Mahendra der Shāhdynastie eingeweiht. Genauso jung sind die Schnitzereien der Stützbalken, die unter beiden Dächern die Aṣṭamātṛkās und Aṣṭabhairaves zusammen mit Śiva und seiner Familie zur Darstellung bringen, stilistisch wenig befriedigend. Der Name Mahendreśvara Mahādeva Mandir läßt sich auf beide Könige beziehen.
Auch der von Mahendramalla begründete Viṣṇutempel (5) ist nicht in seiner ursprünglichen Form erhalten geblieben, sondern durch Umbauten in der ersten Hälfte des 17. Jh. verändert worden. Doch hat er die altgeheiligte Pagodenform des Paśupathināth mit zwei Dächern und in untersetzten Proportionen beibehalten, die Mahendramalla ihm und seinem Śivatempel gegeben hatte. Liegt sie doch auch dem Taleju selbst zu Grunde, fortentwickelt durch das aufgesetzte dritte Stockwerk. Er steht auf einer zweistufigen Terrasse (19 m und 11 m quadratisch). Die untere schließt vier kleine Pagoden mit zwei Dächern an den vier Ecken ein, die wie bei Talejutempel die Bedeutung des Bauwerkes als Weltbild und Maṇḍala unterstreichen. Die Cella ist ebenfalls quadratisch (8,00 m), hat keinen Umgang und an jeder Seite drei reich geschnitzte Tore mit Garuḍa-Naga-Makara-Lünetten darüber, die keine Gottheiten einschließen. Das ganze Pantheon der Hindugötter ist an den geschnitzten und bemalten Holzstützen des ersten und zweiten ziegelgedeckten Daches versammelt, stereotyp auf Lotusblumen stehend, unter denen sich kleinfigurig erotische Szenen abspielen. Sicher ist der plastische Schmuck auf der Grundlage, die von der Werkstatt des Lakṣmīnarasiṃhamalla (1618–1641) geschaffen worden ist, wie die Inschrift von 1633 nahelegt, restauriert worden. Auf den zum Palast hin gerichteten Stufen steht das Gebet an Kālikā in 15 Sprachen von Pratāpamalla (1641–1674).
Diese religiös wie architektonisch eindrucksvolle Zueinanderordnung des Tempelberges der Taleju und der würfeligen Zweidächerpagoden des Śiva und des Viṣṇu in seinen Diagonalen rechnete mit der Handelsstraße, die daran vorbeizog, zwang sie aber auch, vor der Majestät der Göttin einen Bogen zu machen, nachdem sie beiderseits von der Ferne darauf zugegangen war. Der Baukomplex wäre unvollständig, würde man nicht den Palast des Königs mit einbeziehen, der südlich in der Achse vor dem Tempelberg stand, dort etwa, wo später Mūlcok (22) errichtet wurde.

Im Zuge der weiteren Entwicklung des Darbār ist die monumentale Konzeption des Anfangs verunklärt worden. Westlich vom Tempelberg und zwischen Śivatempel im Norden und Viṣṇutempel im Süden hat sich im Verlauf des 17. und 18. Jh. eine ganze Schar kleinerer Heiligtümer angesiedelt. Nördlich vom Jagannāth Mandir stehen zwei nebeneinander, westlich ein Mahādeva Mandir, östlich der Gopināth.
Der Mahādeva Mandir (13) fällt dadurch auf, daß er als zweites Stockwerk eine Art Pavillon auf die Cella (mit Liṅga als Kultobjekt) aufgesetzt hat. Grundriß 5,70 × 5,70 m, Höhe der beiden Terrassen je 0,60 m, des Baues 9,25 m. Ausstattung einschließlich Schnitzereien unansehlich und ungepflegt. Der dem Kṛṣṇa geweihte Gopināth daneben (14) ist eine Ziegel-Holz-Pagode mit drei Dächern. Sie steht auf einer quadratischen Terrasse mit drei Stufen (Seitenlänge 10,20 m), hat einen Umgang (5,70 × 5,70 m) um den Ziegelkern (4 × 4 m) der Cella mit vier schmucklosen Toren und darin einen schönen lebensgroßen vierarmigen Viṣṇu aus Bronze als Kultbild. Die Schnitzereien der Stützbalken unter den ziegelgedeckten Dächern stellen den Gott in einförmigen Wiederholungen dar.
Weiter im Norden und direkt in der Westostachse vor dem Tempelberg steht ein Śīkhara, der dem Śiva geweihte Kaṅgeśvara Mandir (15), der sich auf einem Umgang aus Holzstützen (8,00 × 8,00 m) erhebt. Eine ungewöhnliche Mischung, die durch Restaurationen zustande gekommen ist.
Direkt vor der Westfront des Tempelberges stehen zwei kleine, zweistöckige Pagoden, die beide dem Śiva Mahādeva geweiht sind. Sie stellen den Hofstil der Mallas im 17. Jh. in guten Beispielen dar. Das gilt auch für die Schnitzereien auf den Stützbalken der ziegelgedeckten Dächer, die einerseits Śiva in verschiedenen Erscheinungsformen darstellen, andrerseits die Mātṛkās (16, 17).
Ein Tempel aus dem 17. Jh. ist auch Pañcamukhi Lakṣmīnārāyaṇa Mandir (18), der beim Kaṅgeśvaratempel schräg gegenüber auf der anderen Seite der Straße sich auf drei Stufen mit zwei ziegelgedeckten Dächern erhebt. Von seiner Ausstattung mit Schnitzereien hat sich nichts erhalten. Sein Kultbild, ein Vaikuntha aus Bronze befindet sich jetzt im Nāsalcok. Direkt dahinter im Norden eine kleine Cella mit Caturmukhaliṅga, auf dem holzgeschnitzten Tympanon Śiva Nṛteśvara (als Tänzer) zwischen Viṣṇu und Brahmā. Südwestlich davon steht ein dem Mahādeva geweihter überkuppelter Steintempel auf drei steinernen Stufen, dessen Erbauung im Jahre 1746 inschriftlich gesichert ist.
Als eine Störung der ursprünglichen Anlage und ihrer religiösen und architektonischen Bezüge ist schließlich die Unbekümmertheit zu verzeichnen, mit der Pratāpamalla (1648–1649) die Palasthöfe Mohancok und Sundhārācok zwischen den Tempelberg und Jagannāth Mandir hineingeschoben und

Kāṭhmāṇḍu, Darbār mit Gopināth, Mahādeva, Jagannāth Mandir und Kālebhairava (nach G. le Bon) ▷

derart hineingezwängt hat, daß die Mauern des Palastes fast mit der untersten Stufe des Tempelberges in Berührung geraten.
Einen neuen Akzent, der frische Impulse für die weitere Gestaltung des Darbārbezirkes gab, setzte Śivasiṃhamalla (1578–1620) mit der Errichtung des Degutale-Tempels (20). Ein Kult wurde damit zu staatstragender Bedeutung erhoben, der seit ältesten Zeiten Eigentum und Eigenart der Newaris war. Von jeder Großfamilie wurde ein unbehauener Naturstein am Ufer eines Gewässers aufgestellt und als sichtbares Zeichen der mit dem Blutstrom vererbten körperlichen und geistigen Gemeinsamkeit verehrt. So war es nur natürlich, daß zwischen Menschen, die denselben Stein verehrten, striktes Heiratsverbot eingehalten wurde. Die Übernahme dieses Kultes in den Darbār bedeutete die Inthronisierung einer zweiten Hausgottheit der Malladynastie neben Taleju. Das fand auch in der Architektur seinen Ausdruck. Auch der Degutaletempel erhielt einen Aufbau von drei mächtig ausladenden Dächern, und er wurde über alle anderen emporgehoben durch einen kubischen Unterbau von zwei Geschoßen. Es unterscheidet ihn von dem Tempelberg der Taleju, daß er gleichsam die Fortsetzung der Wohnung des Herrschers nach oben darstellt. Die Cella der Göttin mit dem tantrischen Kultobjekt ist nur vom Palast aus zugänglich. So manifestiert sich bei Degutale eine persönlichere, an die Familie gebundene Beziehung als bei Taleju, die in der fernen Höhe ihres Berges thront. Pratāpamalla (1641–1674) unterstrich diesen neuen Zug, indem er vor dem Degutale Mandir im Norden seine Stiftersäule aufstellen ließ, die dem Unterbau des Tempels an Höhe gleichkommt. Auf dem schlangenumwundenen Schaft sitzt als Halbkugel ein Lotuskapitell auf. Den Thron tragen nach den Seiten zu vier Elefanten, nach den Ecken zu vier Löwen. Eine siebenköpfige goldgekrönte Schlange reckt sich hinter dem König, sein Haupt beschirmend, empor. Neben ihm beide Gemahlinnen Anantapriyā Devī und Prabhāvatī Devī, vor ihm der unmündige Sohn, an den vier Ecken die älteren Söhne. Die ganze Familie, vergoldete Bronzeportraits, ist in Verehrung dem Degutale Mandir zugewendet. Die 1670 aufgestellte Säule wurde Vorbild für Pāṭan und Bhaktapur. Diese Säule in der Nordachse richtet das Bauwerk auf die Diagonalstraße aus, eine Zuordnung, die noch durch die Aufstellung des Kālabhairava (12) unterstrichen wird, einer Steinskulptur aus einem Stück, die den Gott sechsarmig auf dem Dämon Vetala stehend darstellt, in greller Farbigkeit bemalt, die ständig erneuert wird. Es war keine kleine technische Leistung, das riesige Steinmonument, wie man annimmt, aus Hatapa herzutransportieren, worauf sein Beiname Hatapadeo hinweist. Auch dies war Pratāpamallas Werk. Nur wenig westlich von der Säule steht eine achteckige Pagode (19), die derselbe Fürst 1649 zum Gedächtnis an seine beiden ersten Frauen errichten ließ. (Grundriß: Achteckseite 3,40 m, Höhe 13,60 m). Der Casīdega genannte ungewöhnliche dreistök-

kige Pagodenbau auf vierstufiger Ziegelbasis ist dem Kṛṣṇa als Vāṃśagopāla, dem Flötenspieler, geweiht. Sein Kultbild zeigt ihn mit Satyabhāmā und Rukmiṇī. In den porträtähnlichen Zügen der drei spiegelt sich der König Pratāpamalla, Inkarnation des Viṣṇu, und seine beide Gattinnen. Die achtekkige Pagode ist leider ein Neubau von 1967 und entbehrt allen Schmuckes an geschnitztem Bildwerk, das beim Original vorhanden war. Abschließend ist ein Hinweis auf die riesige vergoldete Maske des Śvetabhairava angebracht, die von Rāṇā Bahādūr Shāh 1796 zusammen mit der großen Glocke an der Bazarstraße der Degutale gestiftet worden ist. Diese Maske des zornigen Bhairava in einer Nische westlich vom Degutaletempel ist gewöhnlich hinter Holzgittern verborgen. Nur an bestimmten Festtagen erscheint ihre drohende Gegenwart unverhüllt.

Zurückkehrend zu Pratāpamalla, ist von Hanumāna zu reden, der nicht durch Schrecken regiert, sondern die treue Ergebenheit des dienenden Menschen gegenüber der Planung der Götter verkörpert. Seine Statue stellte der Fürst 1672 vor dem Portal zu seinem Palast auf (1): Hanumānḍhokā. Pars pro toto – das Portal gab seinen Namen für den ganzen Palast. Die Skulptur des Hanumāna ist durch die jahrhundertelange Pūjā mit Öl und Zinnober unförmig und unkenntlich geworden. Das Tor liegt im Winkel zweier rechtwinklig aufeinanderstoßender Palastflügel im Spannungsfeld zwischen Taleju und Degutale. Hanumāna als der ergebene Vermittler hält Epidemien und böse Geister vom Palaste fern. So wird das Portal flankiert von steinernen Löwen, rechts reitet Śiva, links die Devī. In der Nische darüber offenbart sich Kṛṣṇa als Viśvarūpa in seiner Allgestalt vor Arjuna, wie es die Bhagavadgītā berichtet, in der Mitte. Links steht Kṛṣṇa mit Satyabhāmā und Rukmiṇī wie im achteckigen Tempel des Vāṃśagopāla gegenüber. Rechts ein musizierender König mit Frau. Erst 1810 wurde unten das goldene Tor eingefügt. Die Palastfassaden nördlich und westlich davon wurden in der ersten Hälfte des 19. Jh. in einer Art Spätmoghulstil vorgeblendet, wie es der noch immer vorhaltenden Faszination durch den Reichsstil des Imperiums im Süden entsprach. Im westlichen Palastflügel befindet sich ein großer Festsaal, ferner ist das Münzkabinett hier untergebracht und zu besichtigen.

Durch das von Hanumāna gehütete Tor betritt man den geräumigen Nāsalcok (55,00 × 27,50 m) (21). Ein Podest in der Mitte weist auf seine Verwendung hin. Pratāpamalla (1641–1674) hatte ihn dem Śiva Nṛteśvara geweiht, dem »Herrn des Tanzes«, und so wurde er zur Vorführung von Tänzen und Spielen benutzt. Der König selbst trat gern als Tänzer auf. In dem großen Hof, einem riesigen Saal ohne Dach, mögen auch andere Veranstaltungen stattgefunden haben. So wurde er zum Krönungssaal der Könige. Hier fand zuletzt die Krönung des jetzigen Königs Birendra statt. An der westlichen, nördlichen und südlichen Seite ist der Hof von weißgemörtelten Wänden und großen Fenstern umgeben, wie es unter den Rāṇās im 19. Jh. Mode geworden war. Die Ostseite, die von einem Flügel des Mūlcok (22) und teilweise des Lhoñcok (23) gebildet wird, hat den Baustil der Mallazeit bewahrt. Dort findet sich auch der Schrein des Nṛteśvara mit einer Darstellung des tanzenden Śiva, ferner die vergoldete Bronze eines Viṣṇu-Kultbildes aus dem Pañcamukhi lakṣmīnārāyaṇa Mandir. Neben dem Eingang steht links ein Narasiṃha aus schwarzem Stein, 1673 von Pratāpamalla gestiftet, weil er das Gefühl hatte, er habe den Gott beleidigt, indem er ihn als Tänzer dargestellt habe. Doch mag dieser schreckenerregende Aspekt Viṣṇus, der dem überwundenen Dämon die Eingeweide aus dem Leibe reißt, hier wie in Pāṭan am Eingang des Palastes apotropäisch gemeint sein. Im Nordflügel des Hofes befindet sich die öffentliche Audienzhalle, sie dient als Galerie für die Porträts der Könige der Shāhdynastie. An der Nordostecke erhebt sich der Pañcamukhi Hanumāna Mandir, eine Pagode mit rundem Grundriß und fünf Dächern (16 m hoch). Ungewöhnlich wie diese Architektur ist auch die Verehrung eines Hanumāna-Kultbildes mit fünf Gesichtern. Es gehört in den Bereich des Tantrismus, die rituellen Dienste versieht ein Achaju in aller Heimlichkeit. Auch dieses Kultbild wurde von Pratāpamalla zum Schutz des Palastes aufgestellt.

Nāsalcok war bereits eine Erweiterung des älteren Palastes, der die beiden Höfe Lhoñcok und Mūlcok umfaßte, die beide zusammen etwa gleich groß sind wie Nāsalcok. Sie erweisen sich bereits durch ihre Anlage als Erstlinge, hintereinandergereiht an der Südachse und genau ausgerichtet auf den Tempelberg der Taleju, der auf einer leicht versetzten Treppe von hier aus zu besteigen ist. So ist denn auch Mūlcok der Göttin Taleju geweiht als Haupthof des Palastes. Die Ziegelwände rings sind alle vier von gleicher Höhe, die Dächer mit Ziegeln gedeckt und der Boden mit Ziegeln gepflastert. Tore und Fenster sind mit reichen Schnitzereien ausgestattet. Die Stützfiguren unter dem vorkragenden Dach stellen in den verschiedenen Formen Mahiṣāmardiṇī dar, hinter der sich Taleju verbirgt. Der aus dem 16. Jh. stammende Hof ist nur an einem Tag des Jahres für alle geöffnet, am 9. Tag von Dasaiṃ (Navarātrī), wenn der Göttin Hunderte von Büffeln, Ziegen und Gänsen geopfert werden. Priester ist ein Achaju.

Von Norden zu betreten ist der südlich an Mūlcok anschließende Lhoñcok. Er ist mit Steinplatten gepflastert und rings an den Wänden an Pfeilern, Erkern, Fenstern mit Schnitzereien geschmückt. Er ist ein Teil des Vasantapurpalastes und wurde 1769 von Pṛthvinārāyaṇa Shāh erbaut. Über den vier Stockwerken des Palastes erheben sich an allen vier Ecken Türme aus Ziegeln und Holz, im Nordwesten Kirtipur Bhavan, so genannt, weil Handwerker dieser Stadt ihn errichten mußten. Er fällt durch sein metallgedecktes bengalisches Dach auf. Im Nordosten Bhaktapur Bhavan, mit ziegelgedeck-

Khumbeśvara Mandir in Pātan, fünfstöckige Holz-Ziegel-Pagode, erbaut 1392 von Jayasthitimalla → S. 263

tem Pyramidendach, wiederum nach der dort arbeitenden Werkstatt benannt. Im Südosten Lalitpur Bhavan, wie ein Aussichtsturm ringsherum unter dem ziegelgedeckten Pyramidendach mit Fenstern in geschnitzten Rahmen versehen, benannt nach der Herkunft der Werkstatt. Im Südwesten endlich ragt Vasantapur Bhavan (24) mit neun Stockwerken empor, auch Vilāsa Mandir genannt, zugänglich auch von Nāsalcok.

Im dritten Stockwerk sind vielarmige Götter als Stützfiguren des vorkragenden Daches eingefügt. Unter ihren Füßen spielen sich kleinfigurig erotische Szenen ab. Die obersten drei Stockwerke sind durch Holzgitterwerk geschlossen und erwecken dadurch den Anschein eines Wohnturmes. Der rechteckige Grundriß würde auch dazu passen. Der Turm ist keiner Gottheit geweiht, sondern von jedermann bis unters oberste Dach besteigbar. Pṛthvinārāyaṇa Shāh hat hiermit 1769 sein Siegesdenkmal errichtet. Er treibt den Turm über alles gewohnte Maß hinaus in die Höhe und stellt ihn dem Tempelberge der Taleju gegenüber. Er triumphiert im Angesicht der Göttin, die auch seine Schutzherrin sein wird, über die Bewohner des Tales, die in den drei Dachtürmen ihren Beitrag zu seinem neuen Palaste leisten mußten. Dabei greift er architektonisch auf die archaische Form des durch Holzgitter geschlossenen Stockwerkes zurück, welche die Entwicklung der Newaripagode in der Mallazeit hinter sich gelassen hatte. Der Wohnturm, von dem die Pagode als Götterwohnung abstammt, kehrt wieder.

Im Norden schließen sich an Nāsalcok zwei kleinere Höfe an, die bis zum Fuße des Tempelberges der Taleju führen und die Verbindung zwischen diesem und dem Jagannāth unterbrechen, Mohancok (25) und Sundhārācok (26). Beide wurden von Pratāpamalla (1641–1674) erbaut und einzig für die privaten Wohnzwecke seiner Familie bestimmt. Er habe einen enormen Schatz an Münzen gesammelt, ihn dann vergraben lassen und darüber 1648 die beiden Palasthöfe errichtet. Im 19. Jh. wurden sie umgebaut und nach 1933 renoviert. In ihnen haben sich mancherlei Zeugnisse seines persönlichen Lebens erhalten, die ein besonderes Licht auf diese ungemein betriebsame und zur Übersteigerung neigende Herrscherpersönlichkeit werfen, die sich mit so manchem zeitgenössischem Barockfürsten Europas vergleichen ließe. Auch nach Osten erweiterte er den Palast, nicht durch Bauten, aber durch eine Parkanlage, die er Bhaṇḍārakhāla (27) nannte, nach einer Örtlichkeit, die sich nicht mehr lokalisieren läßt, von der es aber heißt, dort habe sich ein siebenstöckiger Palast befunden nebst einem See mit einer Skulptur, die Viṣṇu auf einem von Schlangen geflochtenen Floß auf dem Wasser treibend darstellte (Jalaśāyana Nārāyaṇa). Dieses sagenhafte Glücksland Bhaṇḍārahāla wollte der König nachbilden und nahm deshalb Verbindung mit der

Sūrya, der Sonnengott, stehend mit zwei Lotosblumen. Stein. Im Hariśankar Mandir,
◁ Sauga Ṭole, Pāṭan. Gestiftet 1083 von Vanadeva, dem Sohne des Königs Yaśodeva

Priesterschaft des Jalaśāyana Nārāyaṇa in → Buḍhānilkaṇṭha auf. der Gott wies ihn an, keine neue Skulptur für seinen See anfertigen zu lassen. So holte sich Pratāpa die benötigte Skulptur aus einem Teich nahe bei → Gyāneśvara. Er setzte sie in dem von ihm ausgehobenen See im Osten des Palastes ein und ordnete an, das Wasser für den See aus Buḍhānilkaṇṭha abzuleiten, nachdem er die Erlaubnis der Gottheit eingeholt hatte. Beim Graben des Kanals gab es Schwierigkeiten in dem hügeligen Gelände beim Rānīvana im heutigen Stadtteil Laincaur. Der König kehrte erst in seinen Palast zurück, als sie überwunden und der See von Bhaṇḍārakhāla mit dem Wasser aus Buḍhānilkaṇṭha gefüllt war. Im Traum wurde ihm offenbart, daß weder er selbst noch irgendeiner seiner Nachfolger Buḍhānilkaṇṭha besuchen dürfe. Er würde sterben, wenn er es täte. Soweit bekannt, haben sich seither alle Könige Nepals an dieses Verbot gehalten. Ursprünglich soll es noch mehr große Skulpturen des Jalaśāyana Nārāyaṇa gegeben haben, Kunstwerke aus der Licchavizeit um 600 n. Chr. Sie waren wohl nach den Himmelsrichtungen im Tal verteilt wie heute noch die großen Viṣṇutempel → Icaṅgu, → Cāṅgunārāyaṇa, → Biśaṅkhu, Śeṣnārāyaṇa). Drei sind geblieben, im Norden in Buḍhānilkantaha, im Westen in Bālāju, in der Mitte im Hanumānḍhokā, wohin das ursprünglich im Osten befindliche gebracht worden war. Erstaunlich sind auch für gegenwärtige Begriffe die technischen Leistungen, die mit dem Transport der kolossalen Steinplastik und mit der Anlage des Kanals verbunden sind. Pratāpa muß eine Ingenieurstruppe ausgebildet haben, die für solche Aufgaben spezialisiert war: Von der Aufstellung des Kālabhairava (12) vor dem Degutaletempel war schon die Rede.

Zwei weitere Steinskulpturen brachte er vom Trümmerfeld der einstigen Hauptstadt Śaṅkasyanagarī in seinen Palast, einen Kāliyādamana Kṛṣṇa (7. Jh.), der im Mohancok (25) aufbewahrt ist, und den Garuḍa (8. Jh.), den er selbst später nach → Nārāyaṇahiṭi überführen ließ, wo er bis heute steht. So war es Pratāpamalla, der dem gesamten Darbārkomplex eine gewisse Abrundung gab und durch die Einrichtung von Mohancok und Sundhārācok im Norden und durch die Anlage des Parkes im Osten dem Privatleben des Herrschers und seiner Familie einen abgeschirmten Bereich verschaffte. Um den quadratischen See des Jalaśāyana Nārāyaṇa gab es in den Gartenanlagen Platz für Aufstellung weiterer Götterbilder wie Lakṣmīnārāyaṇa, Viṣṇu Vikranta, Kṛṣṇa, Hanumāna, Gaṇeśa, Ardhanārīśvara, Buddha, Śivaliṅgas und die Einrichtung kleiner Schreine.

Einen zusätzlichen, ganz anders gearteten Akzent erhielt der Darbārbezirk im Südwesten durch die Errichtung der Thronhalle, Gaḍḍī Baiṭhak (28), die mit ihren riesigen Säulen und balustradenumkränzten Terrassen den Anblick des Darbār von Süden und Westen bestimmt. Innen wird das ganze Hauptgeschoß von einer hohen Halle eingenommen, die mit verkröpften Gesimsen und Stuckaturen, mit Fresken und Lüstern eine pompöse Repräsentation entfaltet, die dem Premier Chandra Shamsher Jang (1908) nach seiner Rückkehr vom Staatsbesuch in London als angemessen erschien. In der Umgebung, in der die Thronhalle steht, kann ihr Anblick nur befremdend wirken.

Da ist gegenüber das Haus der Kumāri (9) im traditionellen Newaristil mit reichen Schnitzereien an Türen und Fenstern und besonders im Hof. Es hat die Anlage eines buddhistischen Bahāl und einen Schrein für Buddha. Terrakottareliefs und Wandmalereien aus dem 18. Jh. sind hier erhalten geblieben. Denn seit Jayaprakāśamalla (1736–1768) die erste Kumārī einsetzte und das Haus für sie baute, hat es keine Unterbrechung dieser Institution gegeben. Sie ist aufs engste mit dem Königtum verbunden. Jayaprakāśa, der vom Thron vertrieben, im Tempel der Guhyeśvarī Zuflucht gefunden hatte, konnte durch die Hilfe dieser Göttin in Verbindung mit Kumārī seine Königswürde zurückgewinnen. Aus Dankbarkeit baute er das Haus für die Kumārī. In alle Zukunft bis heute war und ist es ihre Aufgabe, beim Indrajātrāfest, wenn sie zwischen Gaṇeśa und Bhairava, beide durch Buben dargestellt, auf dem Tempelwagen durch die Straßen der Hauptstadt gefahren wird, den König in seinem Amte zu bestätigen. Sie handelt so als Erscheinungsform der Taleju. Was in den letzten Jahren gewechselt hat, waren nur die Kumārīs. Die Lebende Göttin kann nur bis zur Pubertät als Gefäß der Gottheit dienen. Danach fällt sie in ihr menschliches Schicksal zurück, und ein anderes Shakya-Mädchen tritt an ihre Stelle.

Vor dem Thronsaal im Westen steht eine Tempelgruppe, durch die eine Verbindung zwischen dem Darbārbezirk und dem alten Handelsplatz beim Kāṣṭhamaṇḍapa hergestellt wird. Der dem Viṣṇu geweihte Trailokya Mohan Mandir (29) ist eine dreigeschossige Ziegel-Holz-Pagode auf einem fünfstufigen Terrassenunterbau. Sie wurde von Parthivendramalla (1680–1687) zum Gedächtnis an seinen Bruder Nṛpendramalla (1674–1680) gestiftet. Nach dem Erdbeben mußte dieser Tempel 1934 vollständig neu aufgebaut werden. Im Westen vor dem Tempel kniet eine menschengestaltige Garuḍafigur von hoher künstlerischer Qualität, eine Kopie des Garuḍa von Nārāyaṇahiṭi. Laut Inschrift wurde sie 1690 von der Witwe Parthivendras Riddhilakṣmī, ihrem unmündigen Sohn Bhūpālendra und dem damals allmächtigen Premierminister Lakṣmīnārāyana Jośī gestiftet, der den Stufentempel Jaisi Deval zu seinem eigenen Gedächtnis erbauen ließ. Nach dessen Vorbild wiederum ließ Riddhilakṣmī 1690 den Śiva Mandir errichten (Mājudega), der neben dem Trailokya Mohan Mandir auf dem Platz im Westen der Thronhalle steht (30). Auch diese dreigeschoßige Pagode ist ein Neubau von 1934, alt ist nur der Stufenberg, auf dem sie steht. Der dritte Tempel, der den Charakter dieses Platzes prägt, ist der breit gelagerte Nava Yoginī Mandir,

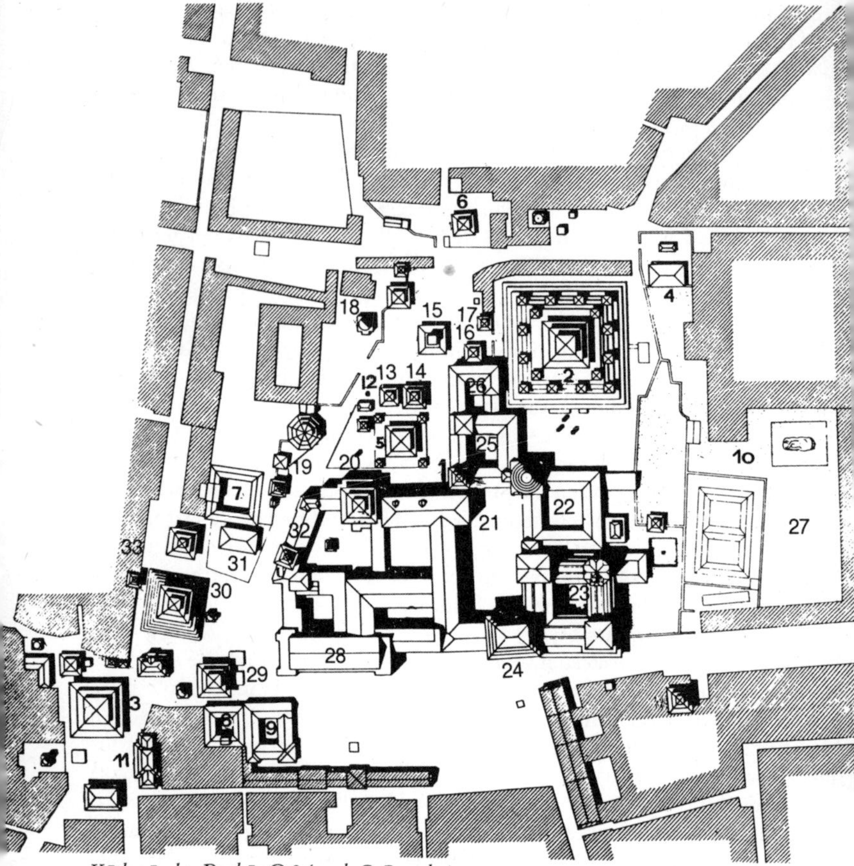

Kāthmāṇḍu, Darbār G 9 (nach C. Pruscha)

13,25 × 7,50 m (31), mit nur einem weit ausladenden Dach. Er erhebt sich auf drei Ziegelstufen und hat fünf reichgeschnitzte Türen. Der Name Śiva-Pārvatī-Tempel ist unrichtig, er bezieht sich nur auf das Paar, das aus dem mittleren Fenster herunterschaut.

Eine Besonderheit in religiöser und in architektonischer Hinsicht sind die Pagoden, die auf den Dächern von Wohnhäusern aufsitzen. Der Degutale Mandir (20) ist das vornehmste Beispiel dafür. In religiöser Hinsicht ist daran die enge Verbindung von Mensch und Gott bemerkenswert, die bis zum Wohnen unter einem Dach geht und besonders tantrische Kulte betrifft. In

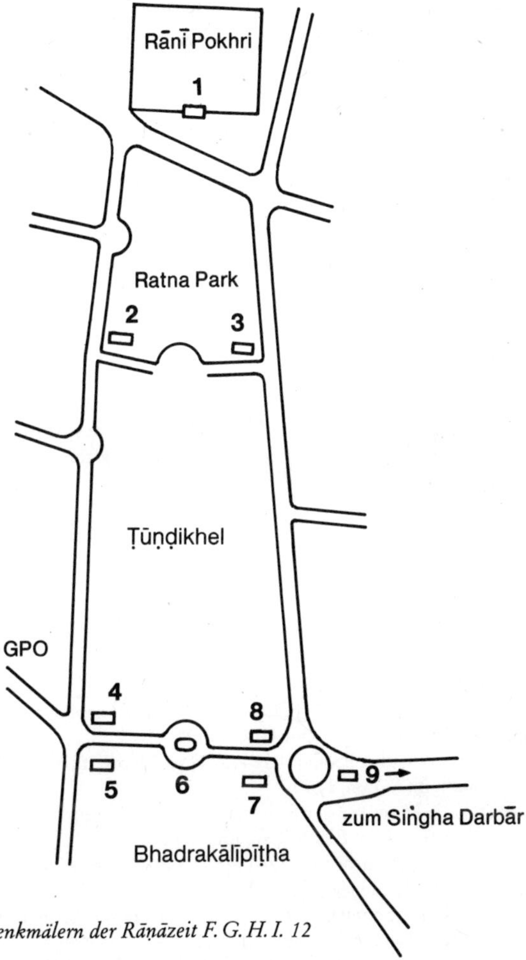

Ṭūṇḍikhel mit Denkmälern der Rāṇāzeit F. G. H. I. 12

der Baustruktur wird auf den breiten Rücken des horizontal gelagerten Daches der vertikale Turm der Pagode aufgesetzt. Die Verklammerung ist dabei besonders reizvoll. In Gestalt eines Erkers können die Geschoße des Turmes eine Basis im unteren Bereich des Wohnhauses erhalten. Andererseits kann die abgeschlossene Wohnweise der Lebenden auch in die Turmgeschosse der Götter hinaufwirken und sie mit Holzgitterwerk einbauen. Ein Bei-

spiel gibt der Bhagvatī Mandir (32) am Beginn der Bazarstraße, wo die beiden Dächer über einem breiten reich geschnitzten Erker aufgesetzt sind. Die Göttin, die darin wohnt, ist nach der Überlieferung von Pṛthvinārāyaṇa Shāh aus Navakoṭ mitgegracht worden. An Caitra-pūrnimā darf sie dorthin zu Besuch zurückkehren. Die Reise dauert neun Tage. Während Indrajātrā werden die Kultbilder ausgestellt.
Ein anderes Beispiel ist das Familienheiligtum einer tantrischen, unbekannten Gottheit Jośī Āga (33), das hinter dem, auch als Mājudega bekannten, Śiva Mandir zu finden ist. Formal zeigt es im architektonischen Aufbau dieselben Eigenschaften wie das erstgenannte Beispiel.

Denkmäler am Ṭūṇḍikhel F, G, H, I 12

In Denkmälern setzt sich, vom Heiligtum losgelöst und säkularisiert, unter europäischem Einfluß, die Entwicklung des Stifterbildnisses fort, dessen Entstehung unten sub Garuḍa Vainateya skizziert wird. Hier sind die wichtigsten zusammengestellt. Die Bronzebildwerke wurden alle in Indien gegossen und durch Träger ins Hochtal von Kāṭhmāṇḍu transportiert.

1. Pratāpa Malla (1641–1674) auf einem steinernen Elefanten, datiert 1669/1670 am Südrand von Rānī Pokhari. F 12.
2. General Dhir Shamsher († 1884) zu Pferde, Bronze, am Westeingang zur Königstribüne, Ṭūṇḍikhel. G 12.
3. Mahārāja Bir Shamsher (1885–1901) zu Pferde, Bronze, am Osteingang zur Königstribüne, Ṭūṇḍikhel. G 12.
4. Mahārāja Rana Udip (1877–1885) zu Pferde, Bronze, Kreuzung Prithvipath/Kāntipath im Norden gegenüber GPO. I 12.
5. Mahārāja Jang Bahadur Rana (1856–1877) zu Pferde, Bronze, Kreuzung Prithvipath/Kāntipath im Süden. I 12.
6. Denkmal für die Märtyrer der Rāṇāzeit, steinerne Ehrenpforte mit Bronzebüsten, Prithvipath westlich vom Bhadrakālīpīṭha. I 12.
7. Mahārāja Juddha Shamsher (1932–1945) zu Pferde, Bronze, Prithvipath westlich vom Bhadrakālīpīṭha, im Süden. I 12.
8. Mahārāja Chandra Shamsher (1901–1929) zu Pferde, Bronze, Prithvipath westlich vom Bhadrakālīpīṭha, im Norden. I 12.
9. Mahārājadhirāja Prithvi Bir Bikram Shah Dev (1881–1911) zu Pferde, Bronze, östlich vom Bhadrakālīpīṭha, als ritte er auf den Siṅgha Darbār zu, der in seiner Regierungszeit erbaut wurde. I 13.
10. Pṛthvinārāyaṇa Shāh (1742–1775), der Eroberer des Kāṭhmāṇḍutales und Begründer der Shāhdynastie, Bronzestandbild mit Khukri im Gürtel vor der Einfahrt zum Siṅgha Darbār. J 15.
11. Tribhuvan (1951–1955), an der Gabelung von Tripureswarmārg und Kānthipath vor dem Eingang zum National Stadium. J 6.

12. Māhendra (1955–1972), mitten auf Darbārmārg vor der Südzufahrt zum Royal Palace. G 7.

Dhoka Baha E 11
Ḍhokā Bahāl

Dieser unansehnliche Klosterhof liegt in Tyauḍa nordwestlich vom Asaṇṭole. An der Südseite der Cella bildet das Tympanon über dem Eingang Vairocana ab. Darüber die fünf Fenster der Transzendenten Buddhas mit geschnitzten Holzrahmen. An Skulpturen sind erhalten Gautama Buddha, Avalokiteśvara, Prajñāpāramitā, Śāriputra, Maudgalyāyana, Mahākālī. Einzigartig ist der steinerne Votivstūpa mit Figuren des Padmapāṇi aus dem 7. Jh. Die einzige Erwähnung des Klosters stammt aus dem Jahre 1692.

Garuḍa Vainateya Säulen (Stambhas)

Garuḍa Vainateya, Steinbildwerk in Norden des Taleju Mandir. Halb im Pflaster versunken, hat sich auf dem Platz im Norden des Taleju Mandir die Steinskulptur eines Garuḍa in Menschengestalt erhalten. Er wendet sich mit zusammengelegten Händen nach Westen, wo ein Tempel gestanden haben muß, von dem keine Spur übriggeblieben ist. Garuḍa, ein mythisches Wesen in Vogelgestalt, gilt als Reittier (vāhana) Viṣṇus. Diese dienende Funktion hat dazu geführt, daß er als Verkörperung der Frömmigkeit und Gottergebenheit des wahren Gläubigen angesehen wird. So findet er seinen Platz, kniend und anbetend, oft auf einer Säule, vor dem Tempel des Viṣṇu an der Stelle, wo sich der Zugang zur Cella öffnet. Wie natürlich ist ein solcher Garuḍa auch das Wesen, mit dem sich die Gefühle frommer Stifter am innigsten verbinden. Seine Skulpturen sind daher bevorzugte Orte zur Anbringung von Stifterinschriften. Hierbei wird Garuḍa fast ganz menschengestaltig und oft mit porträthaften Zügen dargestellt. Vom Vogelwesen bleiben dann nur die Flügel. Vainateya ist der Name, der ihm in diesem Aspekt beigelegt wird. Die älteste Darstellung dieser Art im Tal von Kāṭhmāṇḍu ist die aus dem Jahre 467 n. Chr. vor der Cella im Westen des → Cāṅgu Nārāyaṇa Mandir. Nicht viel jünger mag der Garuḍa beim Taleju Mandir sein, der halb im Pflaster versunken ist. G 9.
Im Heiligtum des Satya Nārāyaṇa bei Haḍigāoṅ im Tal der Rudramati (Dhobikholā) steht eine Garuḍasäule aus dem 7.–8. Jh.
Aus dem 8. Jh. stammt der Vainateya, den Pratāpamalla vor dem Nārāyaṇa Hiṭi Mandir aufstellen ließ. C 14. Eine Kopie von ihm ist der Vainateya im Westen vor dem → Trailokya Mohan Mandir aus dem Jahre 1690. G 9.

Der Vainateya vor dem → Hyumata Nārāyaṇa Mandir (I 8) ist 1641 datiert, der vor dem → Ikhānārāyaṇa 1663. E/F 10.
Aus dem Garuḍa Vainateya hat sich das menschliche Stifterbildnis entwikkelt; Pratāpamalla in Kāthmāṇḍu, Yogendramalla in Pātan, Bhūpatīndramalla in Bhaktapur, jeder auf seiner Säule wie ein Garuḍa.

Gyaneswar Mahadev
Jñāneśvara Mahādeva

Das Heiligtum liegt im Stadtteil Gyaneswar an einer bedeutsamen Stelle nahe dem Steilabfall zum Tal der Dhobi Kholā (Rudramati) und gegenüber dem Paśupatināth im Nachbartal der Bāgmati. Seine Gottheit, Śiva als Herr der spirituellen Welterkennntis (jñāna), ist eine zentrale Figur für den yogatreibenden Hindu. So wird das Heiligtum von vielen Pilgern aufgesucht, besonders bei den Festen Śivarātrī und Baḍa-ekadaśī. Die Ziegel-Holz-Pagode mit zwei wellblechgedeckten Dächern steht in einem quadratischen Hof, an dessen Südseite sich ein weiterer, dem Pañcaliṅga Bhairava geweihter Kultraum von hoher Bedeutung befindet. Der Grundriß mißt 4,90 × 4,90 m, die Höhe 11,25 m. Der Hauptzugang der Cella im Westen hat einen reichgeschnitzten Rahmen mit Flußgöttinnen und Bhairavas beiderseits. Auf dem Tympanon steht in der Garuḍa-Nāga-Makara-Lünette Śiva flankiert von beiden Söhnen, Gaṇeśa rechts, Kārttikeya links. Kultobjekt in der Cella ist ein Caturmukhaliṅga. Die Nebentore im Süden und Norden sind weniger reich ausgestattet. Unter dem ersten Dach sind die Streben mit mittelmäßigen, bunt bemalten Götterbildern geschmückt, außer im Westen über dem Haupttor Dutzendware, die sich dauernd wiederholt. Im Westen: Gaṇeśa, Śiva, Śiva, Kārttikeya. An den anderen Seiten und unter dem zweiten Dach in ständigem Wechsel: Śiva auf dem Stier (weiß) und Devī auf dem Löwen (grün). Vor dem Tor im Westen der Nandīstier. Nach Anlage und Ausstattung handelt es sich um einen Bau des 18. Jh. Er wurde 1823 restauriert und von König Mahendra im Jahre 1958. Von dieser letzten Wiederherstellung stammen die serienmäßig hergestellten Dachstreben. Die Ausstattung kommt der religiösen Bedeutung der Pagode nicht entfernt gleich, ebensowenig der historischen, denn hier lag schon in der Licchavizeit ein wichtiges Zentrum, das mit dem Kultus des Pañcaliṅga Bhairava zusammenhing, worauf auch einige in der Umgebung verstreute alte Steinbilder hinweisen.

Hema Nārāyaṇa Mandir → Pacali

Hyumata Narayan Mandir I 8
Hyumata Nārāyaṇa Mandir

Der kleine Nārāyaṇa Mandir steht an der Straße, die von Süden zum Jaisi Deval führt, in der südlichen Innenstadt im Viertel Hyumata. Die Ziegel-Holz-Pagode mit zwei Dächern nimmt den nordöstlichen Teil eines rechtekkigen Hofes ein, in dem sich heute eine Volksschule befindet. In der Südostecke steht ein Śivatempel aus der Rāṇāzeit. Unter den Votivplastiken nimmt eine Sarasvatī den höchsten Rang ein, sie ist am Tor in die Ziegelmauer eingelassen, die den Bezirk von der Straße abschirmt. Vor dem Westeingang zur Cella steht ein Garuḍapfeiler, der laut Inschrift 1641 gestiftet wurde. Die Cella ist in der üblichen Weise ausgestattet. Grundriß 2,70 × 2,70 m, Höhe 8,00 m, die Spitze ist abhanden gekommen. Das holzgeschnitzte Tympanon über der Tür zeigt im Garuḍa-Nāga-Makara-Rahmen Viṣṇu Viśvarūpa mit Eberkopf (l.) und Löwenkopf (r.) neben dem menschlichen Antlitz. Die sich darüber auftürmende Pyramide von Köpfen ist abgeschlagen. Auf seinem linken Knie sitzt die zweiarmige Lakṣmī. Bei dieser Darstellung des Lakṣmīnārāyaṇa als Viśvarūpa ist an das stilistisch verwandte Gelbgußtympanon des gleichen Inhalts am Narasiṃhamandir im Stadtteil Naradevī zu erinnern, das sich leider nicht mehr am Ort befindet. Das Kultbild ist eine Steinskulptur des vierarmigen Viṣṇu mit Lotus, Scheibe, Keule und Muschel. Beide Dächer sind mit Ziegeln gedeckt. Unter dem ersten stellen die geschnitzten Strebebalken Śālabhañjikās mit Gnomen unter den Füßen dar, ferner ist Rāma und Sītā mehrmals abgebildet. Die Figuren gehören dem weichen Stil des 17. Jahrhunderts an und sind den Tempeln → Ikhānārāyaṇa und → Tārā Nani verwandt. Die Datierung des Garuḍapfeilers kann als Hinweis für den ganzen Tempel gelten. Unter dem oberen Dach wiederholt sich stereotyp Padmapāṇi. Priester ist ein Brahmane, die Feste liegen auf Kārtika-ekadaśī und Aṣāḍha-ekadaśī.

Ikhanarayan Mandir E/F 10
Ikhānārāyaṇa Mandir

Der Ikhānārāryaṇa Mandir steht auf einem breiten Platz im Viertel Bāṅgemuḍhā im Herzen der Stadt, umflutet vom Verkehr und vom Handel und Wandel des Volkes. Die Ziegel-Holz-Pagode mit zwei Dächern hat einen rechteckigen Grundriß, 3,00 × 2,10 m, und eine Höhe von 10,00 m. Die

Dächer sind mit Ziegeln gedeckt. Der obere Abschluß besteht aus drei von einem Schirm überdachten Gajūras. Die Cella ist ringsherum mit Ziegelmauern geschlossen. Über dem Eingang im Westen, der reich profiliert ist, hängt das Tympanon, das im Garuḍa-Nāga-Makara-Rahmen Viṣṇu auf dem Garuḍa zeigt. Im Inneren steht als Kultbild aus Stein ein vierarmiger Śrīdhara Viṣṇu zwischen Lakṣmī und Garuḍa, ein bemerkenswertes Werk des 10. bis 11. Jh. Die Stützbalken unter den Dächern stellen Śālabhañjikās dar, die auf kauernden Gnomen stehen und mit einer Hand in die Zweige über sich greifen. Einige haben Kinder auf dem Arm oder neben sich, im Norden rechts drückt die Nymphe einen jungen Baum gegen ihren Schoß. An der Ostseite fehlen die Schnitzereien und sind durch glatte Balken ersetzt. Unter dem oberen Dach sind ebenfalls Śālabhañjikās derselben Werkstatt wiedergegeben. Der Tempel in seinem heutigen Baubestand stammt aus dem 17. Jh. Darauf weist nicht zuletzt der steinerne Garuḍa vor der Cella im Westen hin, der im Jahre 1663 gestiftet worden ist. Die Schnitzereien gehören der Werkstatt weichen Stiles an, die im 17. Jh. auch am → Hyumata Nārāyaṇa Mandir und am → Tārā Nani gearbeitet hat. Die Bemalung und auch das Wandgemälde im Westen stammen von der Restauration des Jahres 1969.

Indrachowk F 10
Indracok → Akāśa Bhairava Mandir

Indrayani – Lhutiajima C 7
Indrāyaṇī – Lhutiajimā

Dort wo einer der Pilgerwege zum Svayambhūnāth über die Viṣṇumati führt, steht die dreistöckige Ziegel-Holz-Pagode der newarischen Göttin Lhutiajimā, die zugleich als die Muttergöttin Indrāyaṇī verehrt wird. Grundriß 5,50 × 5,50 m, Höhe 10,30 m. Neben ihr ein Verbrennungsplatz. Die Cella ist nach allen vier Seiten offen und enthält als Kultobjekt kein Bild, sondern Natursteine, wie es bei tantrischen Muttergottheitsheiligtümern Brauch ist. Die Abbildungen befinden sich auf dem Tympanon über dem Südeingang in Gelbguß, wo in der Garuḍa-Nāga-Makara-Lünette Indrāyaṇī mit acht Armen auf zwei Elefanten stehend zwischen Cāmuṇḍā links und Vārāhī rechts dargestellt wird, im Halbkreis umgeben von Brahmāyaṇī, Maheśvarí, Vaiṣṇavī, Mahākālī, Mahālakṣmī. Ein älteres Tympanon aus Holz, das ebenfalls Indrāyaṇī in den Mittelpunkt stellt, ist dahinter über dem inneren Tor erhalten, ein weiteres hängt an der Ostseite über dem Umgang.

Dieses ist das geschnitzte Urbild für die Replik in Gelbguß über dem Haupttor. Die beiden unteren Dächer sind mit Ziegeln gedeckt, das obere mit Gelbgußplatten, darüber erhebt sich ein Gajūra von beträchtlicher Größe. An den Holzstützen unter den Dächern setzt sich die Bilderwelt fort, sie beschränkt sich auf die Aṣṭamātṛkās und Aṣṭabhairavas, die sich gemäß ihrem Maṇḍala auf die Himmelsrichtungen, wie folgt, verteilen (jeweils dieselben zwei Paare unten und in der Mitte, oben nur die entsprechenden beiden Mātṛkās); Westen: Indrāyaṇī und Kapālīsa, Vārāhī und Unmatta Bhairava; Norden: Mahālakṣmī und Saṁbāra, Mahākālī und Bhīśaṇa Bhairava; Osten: Maheśvarī und Ruru, Brahmāyaṇī und Aṣṭāṅga Bhairava; Süden: Vaiṣṇavī und Krodha, Kaumārī und Caṇḍa Bhairava. Inschriftlich datiert ist die Pagode ins Jahre 1782. Dazu stimmt der Stil des Bauwerks und der Schnitzereien. Das Heiligtum als solches hat ein höheres Alter. Die Gründungslegende schreibt es Guṇakāmadeva zu, der Indrāyaṇī als schützende Mātṛkā im Nordwesten der Stadt ansiedeln wollte.

Itum Baha F 9
Itum Bahāl

Der Name hängt an einem sehr langen offenen Hof in Kilāgal, der sich westlich vom Indracok von Süden nach Norden hinzieht. An der Westseite dieses Hofes liegen vier kleinere Klosterhöfe aufgereiht, einer davon ist der eigentliche Itum Bahāl, und zwar der zweite von Süden. Die Örtlichkeit als solche hat eine legendäre Beziehung zum Mahākālatempel am Ṭūṇḍikhel. Ein furchtbarer Dämon aus der Stadt Gurumapa war im Itum Bahāl ansässig und hauste verheerend in der Stadt. Er wurde daher vor der Stadt angesiedelt und im Mahākālatempel am Ṭūṇḍikhel heimisch gemacht mit der Auflage, daß Ṭūṇḍikhel nicht bebaut werden durfte. Der erste Hof im Süden Bāku Nani ist klein und halb verfallen, ein buddhistisches quadratisches Tempelchen steht in der Mitte, das 1853 zuletzt renoviert worden ist. Der zweite Hof trägt außer Itum Bahāl auch die Bezeichnung Paravarta Mahāvihāra. Über dem Eingang hängt ein qualitätvolles holzgeschnitztes Tympanon, das den Mahāvairocana Buddha darstellt. Der quadratische Tempel in der Mitte seines schlecht erhaltenen Klosterhofes ist neu und ohne künstlerischen Wert. Aus der Blütezeit des Klosters sind darin einige wichtige Skulpturen erhalten geblieben, ein Śāriputra, ein Avalokiteśvara und besonders ein Dīpaṅkara, der im Jahre 1381 von Mādana Rāma Bardhaṇa, dem Herrscher von Banepā, gestiftet worden ist. Die Schnitzereien an den Holzstützen des vorkragenden Daches rings um den Hof sind unterschiedlich in Entstehungszeit, Erhaltungszustand und künstlerischer Qualität. Am reichsten wirken die

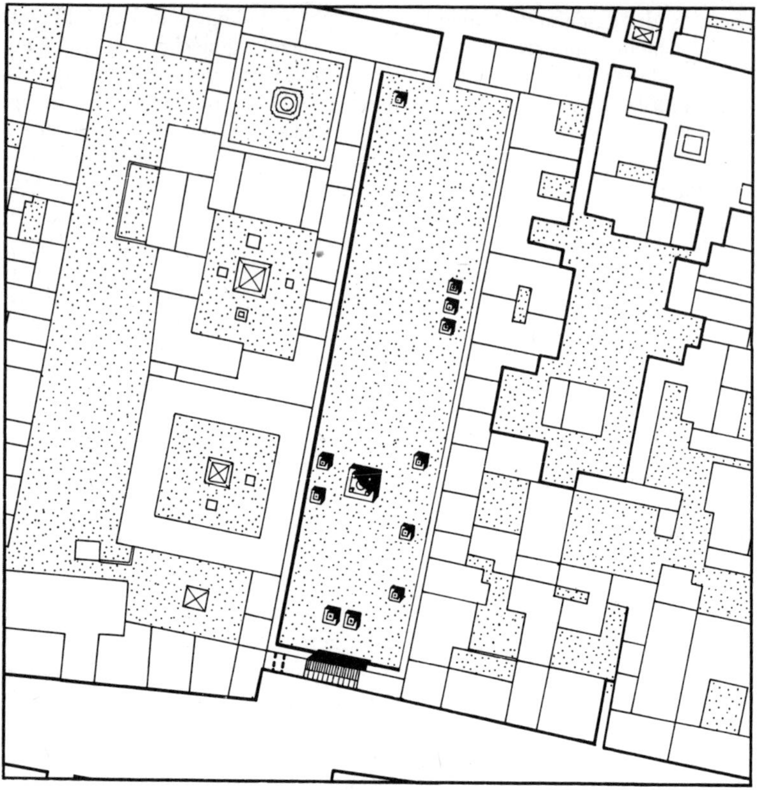

Kāṭhmāṇḍu, Itum Bahāl F 9 (nach C. Pruscha)

sechs, farbig gefaßten vielarmigen Gottheiten vor der Cella des Klostergebäudes im Westen. Sie stellen von links nach rechts dar: Mahālakṣmī, Indrāyaṇī, Kapālīśa Bhairava, Krodha Bhairava, Vaiṣṇavi, Kaumārī.
Unter den Dächern an den anderen Hofseiten gibt es viel schematische Dutzendware des 19. Jahrhunderts von der Restauration des Jahres 1862. Doch sind an der Ostseite des Hofes drei alte Holzschnitzereien erhalten geblieben. Sie stellen Śālabhañjikās dar, die über sich in die Zweige der Bäume greifen, unter denen sie stehen, und auf die Köpfe kauernder, verkrümmter Gnomen treten. Die eine hält ein Kind auf der rechten Hüfte, bei der zweiten ist die rechte Hand abgebrochen, die dritte erhebt sie in Vitarkamudrā. Ikonographisch und stilistisch gehören sie zu den ältesten und schönsten Holzschnitzereien des Tales und sind ausgehendes 14. Jh. zu datieren wie die Sā-

labhañjikās des Uku und Yaṭkhā Bahāl, die alle der Klosterwerkstatt weichen Stiles angehören. Sie stammen aus der gleichen Zeit wie die Dīpaṅkarastatue von 1381. Im dritten Hof von Süden steht der buddhistische Tempel Tārā Nani, der als solcher im 20. Jh. errichtet worden ist. Übernommen wurden aus dem älteren Bau die acht Holzschnitzereien unter dem ersten Dach, farbig gefaßte Streben, die Śālabhanjikās darstellen, die mit einer Hand in die Zweige über sich greifen und auf den Köpfen von kauernden Gnomen stehen, während die andere Hand ein Kind, einen Vogel, einen Spiegel oder das eigene Gewand hält. An diesem Tempel werden sie irrtümlicherweise als Tārās angesehen. Inschriftentafeln von Renovationen ergeben die Daten 1382, 1589, 1624. Die jüngste Restaurierung von 1981 hat die Tempelwände außen mit weißen Kacheln verkleidet. Dadurch sind die auf diese Wände früher (1624?) gemalten Illustrationen zur Entstehungslegende des Tales durch den Schwertstreich des Mañjuśrī zerstört worden. Bei den Holzschnitzereien handelt es sich um die zweite Phase des weichen Stiles im 16./17. Jh. Das Kultbild in der Cella stellt die weiße Tārā dar, die das Rad der Lehre in Bewegung setzt. Es wurde von der Gattin des Mādana Rāma Bhardaṇa von Banepā Ende des 14. Jhs. gestiftet zur gleichen Zeit wie der Dīpaṅkara vom Gatten.
Im vierten Hof von Süden steht ein Tempel der Saraśvatī, im Stil der Rāṇāzeit überkuppelt. Kultbild ist Mañjuśrī. Weitere Skulpturen stellen Gautama Buddha und Avalokiteśvara dar.

Jagannāth Mandir I/J 11

Auf der Höhe des im Westen vom Ṭuṇḍikhel ansteigenden Geländes, in unmittelbarer Nachbarschaft zum heutigen Central Jail, steht ein bemerkenswerter Tempel, dessen Stil den beginnenden Einfluß der späten Moghularchitektur auf die Bauten im Tal von Kāṭhmāṇḍu erkennen läßt. Auf einer quadratischen (Seitenlänge 25 m) vierstufigen Basis erhebt sich die kubisch hochgezogene Cella aus Ziegeln mit weißer Stuckverkleidung, die eine typisch moslemische flache Wandgliederung aus Pilastern und Bogen darbietet. Darüber steigt, wie eine Kugel geformt, die Zwiebelkuppel auf, die einen Gajūra als Bekrönung trägt. Soweit ist das moslemische Vorbild offensichtlich, in ausgeglichenen Proportionen und mit einer gewissen vornehmen Zurückhaltung nachgebildet. Zusätzlich aber ist um das Erdgeschoß herum eine, an jeder Seite fünfjochige, Pfeilerarkade aus Holz herumgelegt, die ein schlichtes Pultdach trägt. Hiermit wird ein Erbe der newarischen Holzarchitektur aufgenommen und in den neuen moslemisierenden Stil integriert. Nach durchaus begründeter Tradition stammt der Bau vom König Rāṇa Bahādur Shāh (1777–1805).

Mit diesem moslemisch inspirierten Ziegelstucktempel beginnt eine Stilentwicklung, die sich im Rāṇamukteśvara Mandir und bis zum Hema Nārāyaṇa Mandir von 1874 fortsetzt. Von diesen großen Vorbildern breitete sich der Stil auf zahlreiche kleinere Tempel aus, die bis heute die Stadt füllen.

Jagannāth Mandir → Darbār G 9 → Pacali L 8, 9, 10

Jaisi Deval I 8
Jaisi Deval

Dieser Śivatempel, eine dreistöckige Ziegel-Holz-Pagode, erhebt sich auf einer siebenstufigen Basis und erreicht dadurch eine ungewöhnliche Höhe. Die Schnitzereien an den Strebebalken unter den Dächern stellen vielarmige Götterpaare dar und verkörpern den Hofstil der Mallas am Ende des 17. Jh. Erbaut wurde Jaisi Deval zum Gedächtnis für Lakṣmīnārāyaṇa Jośī, den mächtigen Premierminister des Mallakönigs Bhūpalendra um 1695. Etwas tiefer befindet sich im Westen eine alte Brunnenanlage und im Süden ein langer Hof. Wahrscheinlich lag hier einst das Zentrum einer Stadt, die dem späteren Kāntipur beziehungsweise Kāṭhmāṇḍu vorausging. Einen deutlichen Hinweis darauf gibt auch die im Osten des Jaisi Deval erhaltene Inschrift des Vasantadeva Licchavi.

Jwala Mai E 11
Jvālā Māi

Der Jvālā Māi Mandir steht an einer belebten Straßenkreuzung, wo drei Straßen zu verschiedenen Stadtteilen führen im Viertel Tyauḍa. Sein Name weist auf eine Muttergottheit, die es mit Feuer und Flamme zu tun hat. Der heutige Tempel zeigt keine Beziehungen mehr zu dieser, möglicherweise sehr alten Vergangenheit des Kultplatzes. Die Ziegel-Holz-Pagode hat drei Dächer. Cella 5,20 × 5,20 m, Höhe 14,70 m. Stufen führen zum Eingang im Süden empor. Auf dem Gelbguß-Tympanon in der Garuḍa-Nāga-Makara-Lünette Mahālakṣmī mit Löwen, Kaumārī (l.), Vārāhī (r.). Ein zweites rot bemaltes Holztympanon unterm zweiten Dach mit Mahālakṣmī, Mahākālī (l.), Vārāhī (r.). Erstes und zweites Dach ziegelgedeckt, das oberste mit Gajūra Gelbguß. Stützbalken im ersten und zweiten Dach durch Holzgitter verbunden. Schnitzereien breit und gedrungen in den Proportionen stellen die Mātṛkās und Bhairavas dar. Lokale Werkstatt. Kultbild: Harihara. Priester ein Brahmane, alle bedeutenden Feste werden mitgefeiert. Links an den Tempel angebaut ein vielbesuchtes Gaṇeśaheiligtum.

Kaisher Mahal C 12
Keśar Mahāl

Der Palast westlich gegenüber dem Königspalast wurde für Jit Shamsher von Kishor Narshing im Jahre 1895 gebaut und kam dann 1908 an Chandra Shamsher und dessen Sohn, den Feldmarshall Kaisher, Schwager des Königs Tribhuvan. Palast und Park bilden noch immer eine stimmungsvolle Einheit, die auch erhalten geblieben ist, als nach dem Brand des Siṅgha Darbār das Erziehungsministerium davon Besitz ergriff. Kaisher Shamsher war eine bemerkenswerte Persönlichkeit, hochgebildet und vielgereist. Seine Auslandserfahrungen umfaßten Europa, Amerika, Rußland, China und Japan. Als Bücherliebhaber sammelte er alt und neu und baute die größte Privatbibliothek Asiens auf, über deren Umfang und Bestand man nur ins Staunen geraten kann, wenn man sie im Kaisher Mahal besucht. Sie befindet sich noch immer im gleichen Zustand, wie der verstorbene Feldmarschall sie eingerichtet hat. Auf seinen eigenen Wunsch ging sie 1968 in Staatsbesitz über.

Kankeswari Mandir F 7
Kaṅkeśvarī Mandir

Kaṅkeśvarī ist das Gegenstück zur Bhadrakālī im Osten, sie ist die Hüterin der Stadt im Westen am Ufer der Viṣṇumati. Ihre Ziegel-Holz-Pagode mit drei vergoldeten Dächern ist in einen mächtigen Pippalabaum eingehüllt, der vom Heiligtum untrennbar ist. Als in einer sehr alten tantrischen Kultstätte wird die Muttergottheit Cāmuṇḍā auch hier in einer nach allen Seiten offenen, tiefer gelegen Cella verehrt, nicht in Gestalt eines Kultbildes, sondern im magischen Sinnbild des Natursteines. Tympana der Gottheit finden sich an allen vier Seiten, ältere in Holz, jüngere in Kupfer getrieben. Meist wird sie im Kreis der Aṣṭamātṛkās, zu denen sie gehört dargestellt. Altertümlich im Stil als breite Balken mit flachen, visionär gesteigerten Götterbildern sind die Dachstreben ausgeführt, die das gesamte tantrische Pantheon der acht Mātṛikās und acht Bhairavas darbieten. In seiner Abgelegenheit – über den Fluß führt nur eine schwankende Fußgängerbrücke – hat der Ort viel von der Stimmung einer tantrischen Kultstätte bewahrt. Auch hier nennt die Überlieferung den Namen des Königs Guṇakāmadeva (10. Jh.) als Begründer eines Festes bei dem an Ṣiṭīnakaḥaṣṭamī die Knaben verschiedener Stadtbezirke

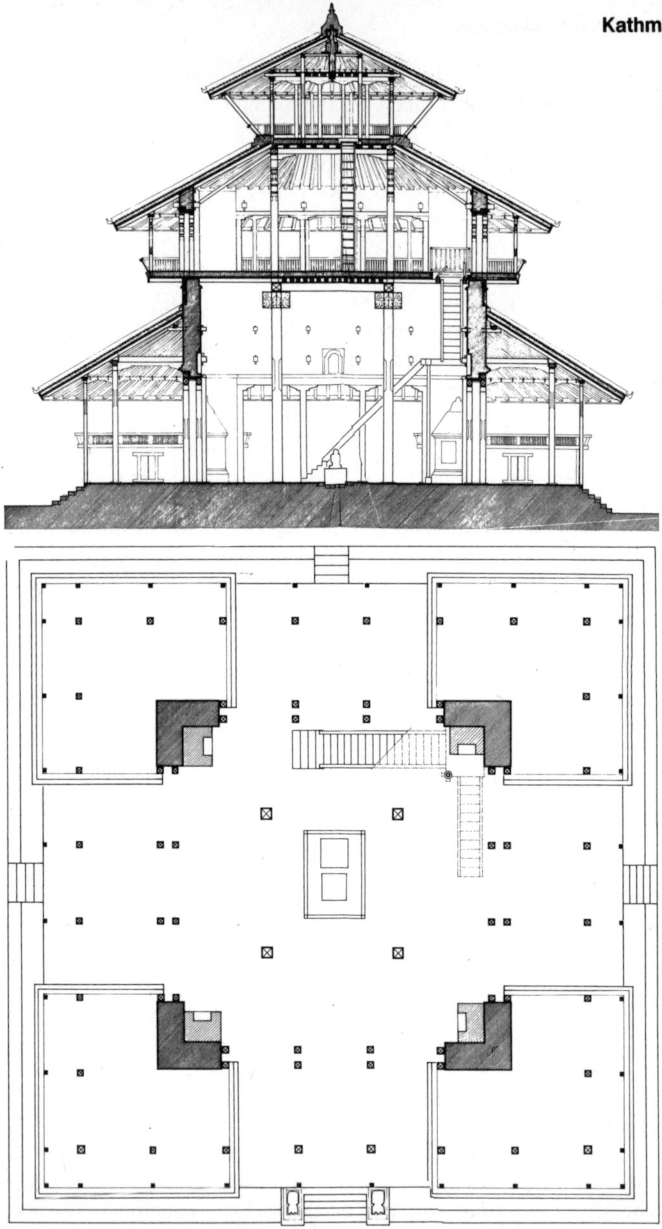

Kāṭhmāṇḍu, Kāṣṭhamaṇḍapa (nach R. I. Thapa)

Parteien bildeten und sich mit Steinen bewarfen. Die Gefangenen aller Parteien wurden in Gegenwart der ganzen Stadt der Göttin geopfert. Erst der Premierminister Jaṅg Bahādur Rāṇā (1846–1877) schaffte diese jährlichen Menschenopfer ab, als bei einem dieser Feste ein Stein sich verirrte und den britischen Residenten traf, der wie gewohnt daran teilnahm. Hindus und Buddhisten verehren die Göttin gleichermaßen, an Goḍejātrā findet ihre Wagenprozession durch die Straßen statt. Viele Skulpturen sind im Hof um den Tempel verstreut, eine ist von besonderem künstlerischen Wert, es ist eine Durgāmahiṣāmardiṇī des 7./8. Jahrhunderts in einem von den Wurzeln eines Pippalabaumes umschlungenen Schrein.

Kasthamandapa G 8
Kāṣṭhamaṇḍapa

Dort, wo sich die Straße aus Indien, sobald sie die Viṣṇumathi überschritten und den hohen jenseitigen Uferrand erreicht hat, gabelt und zwei Wege nach Tibet anbietet, entstand die Stadt, die heute Kāṭhmāṇḍu heißt. An der Gabelung führt die eine Straße genau nach Norden und über Nuvakoṭ und Triśūli in die Berge, die andere nach Nordosten über Bodnāth, Banepā und Kodāri. Beide Pilger- und Handelswege zeichnen sich in ihrem Verlauf in den Straßenfluchten der heutigen Stadt ab, auffallend besonders die Diagonalstraße nach Nordosten.

An der Wegegabel stehen noch heute vier Rasthäuser (Sattal) auf dem heute Maḍu Ṭole genannten Platz, deren Anlage in die Anfänge der Besiedelung des Tales zurückreichen mag. Sie boten Pilgern und Handelsleuten Unterkunft, die auf der Straße von und nach Tibet unterwegs waren. Siṃha Sattal oder älter Sīlya Sattal, Lakṣmī Nārāyana-Sattal, Nāsa Sattal und Maḍu Sattal sind ihre Namen. Am meisten wissen wir über Nāsa oder Nāsadyo Sattal, dessen Gebäude, wie es heute steht, von Pratāpamalla 1672 n. Chr. errichtet wurde, einem Fürsten, der sich als Kavīndra, als Dichterkönig, feiern ließ. Daher wird sein Sattal auch Kavīndrapur genannt und ist dem Tänzergott Nṛteśvara Śiva geweiht.

Maḍu Sattal ist das bei weitem größte Rasthaus. Es trägt neben diesem seinem Newarinamen auch die Sanskritbezeichnung Kāṣṭhamaṇḍapa, Halle aus Holz, die im heutigen Stadtnamen zu Kāṭhmāṇḍu geworden ist, während der Ort in Newari Yen oder Yambu heißt. Schon dieser Umstand, daß sie der ganzen Siedlung den Namen geben konnte, weist darauf hin, daß es sich bei dieser Halle aus Holz um eines der wichtigsten und ältesten Denkmäler im Tale handeln muß. Die Legende erzählt denn auch, daß sie aus dem Holze eines einzigen Baumes gezimmert worden sei und daß vom Holz sogar noch soviel übrig geblieben ist, daß auch noch Sīlya Sattal davon errichtet werden konnte.

Der Kāṣṭhamaṇḍapa steht auf einem zweistufigen Ziegelfundament. Sein Grundriß ist quadratisch 18,70 m × 18,73 m bei einer Höhe von 16,30 m. Er hat drei Geschosse, wobei das zweite gegenüber dem ersten und das dritte gegenüber dem zweiten zurückspringt.

Das Erdgeschoß ist eine nach allen vier Seiten offene Halle, die dadurch einen kreuzförmigen Grundriß erhält, daß sich an allen vier Ecken erhöhte und von niedrigen Geländern umgebene Pavillons befinden, in denen man sitzen und ruhen oder auch, wie es zuzeiten im nordwestlichen geschieht, bhajana zum Preise Kṛṣṇas singen kann. Getragen wird die Decke der Halle und die darüberliegenden Stockwerke einerseits von vier mächtigen, 7 m hohen Holzsäulen, die im Quadrat stehen und das Zentrum der Halle ausmachen. Sie sind unten und oben viereckig, in der Mitte zum Achteck abgefaßt und enden oben in einem Kapitell mit geschnitzten Löwen, das dadurch entsteht, daß die über das Säulenquadrat quergelegten Balken über die Säulen hinaus vorkragen und zusätzlich verstärkt werden. Andererseits wird die Decke getragen von mörtelbeworfenen Ziegelmauern, an denen auch die weit vorkragenden Dächer für die beiden unteren Stockwerke hängen. Sie bilden ein größeres Quadrat und gliedern die Halle in einen quadratischen Zentralraum und darum herumführende Seitengalerien. Sie sind nach allen vier Seiten geöffnet und durch vier paarige Holzsäulen in drei torähnliche Durchgänge gegliedert. In der Mitte befindet sich das Kultbild des Gorakṣanātha und in den vier Ecken Ganeśabilder in verschiedenen Aspekten des elephantenköpfigen Gottes. Um diesen quadratischen Kern des Maṇḍapa legt sich ein Umgang, getragen von 28 Säulen, 8 an jeder Seite, und bedeckt von dem weit vorkragenden untersten Dach, dessen Sparrenwerk von den Säulen als Holzständern getragen und darüber hinaus mit Balken in der Ziegelmauer verankert ist. Sie sind eingeziegelt, ihre Enden werden an der inneren Seite der Mauer sichtbar. 36 kleinere Holzpfähle stützen das äußerste Ende des Daches ab. Der östliche Zugang zur Halle ist durch eine breitere fünfstufige, von zwei Löwen flankierte Treppe als Haupteingang markiert.

Auf einer schmalen Holzstiege, die an der Westseite der inneren Halle entlang der Ziegelmauer beginnt, auf halber Höhe im rechten Winkel abbiegt und an der Nordseite weiter emporführt, gelangt man durch eine Falltür in das erste Obergeschoß. Es hat im Grundriß die Größe des Mauerquadrates, die Mauern werden in das zweite Stockwerk hochgeführt. Auch die vier Mittelsäulen aus Holz stehen auf den vier Holzsäulen des Untergeschosses. Al-

lerdings sind sie nur 4 m hoch. Die Dreiteilung der Maueröffnungen, nach allen Seiten gleich, ist ebenfalls eine Fortführung der Einteilung des Erdgeschosses. Die Decke, die im Erdgeschoß flach ist und nur durch die radiale Anordnung der Balken, also durch eine optische Täuschung, schräg erscheint, ist im ersten Obergeschoß wirklich ein Teil des schrägen, weit nach außen vorkragenden zweiten Daches, das an dem Stützenquadrat der Mitte verankert ist und durch die hochgezogene Ziegelmauer, die hier endet, gestützt wird. Um den Kern des Stockwerks zieht sich ein schmaler Balkon mit Geländern. Wie im Untergeschoß stützen 28 Holzsäulen das Dach, das wie in einer abgestuften Fortsetzung des unteren Daches aufsteigt.
Auf einer wackeligen Leiter gelangt man durch eine Falltür ins zweite Obergeschoß. Es ist ein echtes Dachgeschoß, das nur noch 8 Holzständer aufweist und ohne Ziegel auskommt. Die Mauer reicht nicht höher als bis zum ersten Obergeschoß. So ruht die gesamte Dachkonstruktion des zweiten Obergeschosses allein auf dem mittleren Säulenquadrat. Wieder sind es vier Holzsäulen, die auf denen der beiden Untergeschosse aufsitzen. Hier sind sie nur noch 2 m hoch und eingereiht in eine Folge von sechsen an jeder Seite. Vier etwas höhere Säulen bilden ein Mittelquadrat und dienen mit ihrem Ständerwerk dem Dachstuhl als Stütze. Heutzutage umgibt ein niedriges Geländer diese oberste Plattform des dreistöckigen Rasthauses. Ganz sicher war dieses Dachgeschoß ursprünglich wie sonst überall mit schrägen Gitterfenstern geschlossen.
Von außen gesehen wirkt der Kāṣṭhamaṇḍapa auf dem Maḍu Ṭole, dem auch heute noch belebten Platz mit seinem Marktbetrieb, als mächtiges und überragendes Bauwerk, dem sich alle umgebenden Gebäude unterordnen. Die dreifach gestuften, von Stockwerk zu Stockwerk zurückspringenden Dächer steigen nicht als Anlauf zu luftigen Höhen auf, sie lasten vielmehr mit ihren breit ausladenden Schrägen auf der Erde. Sie bieten unter ihren ausgebreiteten Fittichen dem ruhebedürftigen Wanderer Schutz vor der Sonne und vor dem Strömen des Regens. Da sie tief herunterreichen und das Innere verdunkeln, verhindern sie auch den Einblick in die offenen Hallen, die sie bedecken.
In technischer Hinsicht ist der Bau mit seiner Kombination von Holz und Ziegelwerk ein Prototyp der newarischen Architektur. Die vier mächtigen, zu Säulen umgewandelten Baumstämme des zentralen Raumquadrates tragen die Konstruktion bis hinauf zum Dachstuhl des obersten Stockwerkes. Die weitausladenden Dächer des Erd- und ersten Obergeschosses dagegen sind in dem Ziegelmauerwerk verankert, das bei der Breite des Baues als weitere tragende Komponente konstruktiv wirksam wird. Die Holzkonstruktion weckt unabweisbar die Erinnerung an die Stabbauweise des nördlichen Europa, ohne daß irgendeine Verbindung festzustellen wäre. Immer sind es

waldreiche Gebiete, die zu solchen Holzkonstruktionen führen. Der Anblick einer norwegischen Holzkirche mit den übereinandergetürmten Dächern außen und dem Stützenquadrat im Innern ist so ähnlich, daß schon die ersten europäischen Reisenden auf diesen Vergleich kamen. Das Ziegelwerk allerdings fehlt im europäischen Norden.

Als Zweck des Kāṣṭhamaṇḍapa haben wir von vornherein das Rasthaus bezeichnet und von einer Monumentalisierung der pāṭī gesprochen. Die Frage muß aufgeworfen werden, ob es nicht doch ein Tempel war. Daß ein Kultbild in der Mitte thront, macht den Bau noch nicht zum Tempel, zumal wir auf Grund der Schenkungsurkunde auf der Kupferplatte von 1379 annehmen dürfen, daß erst damals die Kāpālikas das Bildwerk des Gorakṣanātha stifteten, als sie das Gebäude vom König Jayasthitimalla geschenkt bekamen. Die an allen vier Ausgängen angebrachten Gaṇeśa-Reliefs in Stein weisen auf den ursprünglichen Zweck der Halle hin, dem Reisenden Schutz zu gewähren. Ganeśa räumt besonders auf der Reise die Hindernisse aus dem Weg.

Die große, genau nach den Himmelsrichtungen orientierte Halle ist ein Raum, wo viele Menschen zusammenkommen. Daß sie nach allen vier Seiten gleichmäßig offen ist und zum Eintritt auffordert, ist dem Zwecke angemessen, Pilger und Handelsleute aufzunehmen. Der Osteingang ist nur leicht betont durch eine etwas breitere Treppe und Wächterlöwen auf den Wangen, auch das Kultbild des Gorakṣanātha schaut nach Osten. So haben wir es mit einem Denkmal der Profanarchitektur zu tun, wobei nicht vergessen werden soll zu bemerken, daß die Grenzen zwischen Profan- und Sakralarchitektur fließend sind, da auch ein profanes Bauwerk dem Schutze einer Gottheit unterstellt wird. In dieselbe Richtung weist die Inschrift auf der Kupferplatte von 1333, die davon spricht, daß die Halle drei Königsfamilien gedient habe.

Formal ist der Kāṣṭhamaṇḍapa ein Zentralbau auf vier Stützen. Er beruht auf dem Quadrat, entwickelt sich nach allen vier Himmelsrichtungen gleichmäßig und zeigt nirgends die Neigung, in ein längsgerichtetes Schiff überzugehen. Die breite Ausdehnung der Halle auf quadratischer Grundfläche bewahrt sie davor, das Aussehen eines Turmes anzunehmen. Das Bauwerk wirkt gedrungen und läßt sich in seinem Querschnitt in ein gleichschenkeliges Dreieck einzeichnen, dessen Höhe mit 16,30 m nur wenig die Länge der Grundlinien mit 18,70 m unterschreitet. Auch hier geht die Tendenz zur Geschlossenheit und Festigung im Quadrat.

Das Alter des Kāṣṭhamaṇḍapa läßt sich schwer feststellen. Wie bei allen Holzbauten im Tal von Kathmandu sind seine Balken von Zeit zu Zeit erneuert worden, ohne daß dabei die Form der Halle verändert wurde. Das Bauwerk als solches kann also viel älter sein als seine Teile, so paradox das

klingen mag. So darf die Gesamtanlage durchaus bis 1143 n. Chr., dem Jahre der ersten Erwähnung, zurückdatiert werden, wahrscheinlich sogar noch einige Jahrhunderte weiter hinauf. Die erwähnten Inschriften von 1333 und 1379 geben weitere Anhaltspunkte, ferner die Nachricht, der Bau stamme, in seiner heutigen Gestalt, von Lakṣmīnarasiṃhamalla (1618–1641). Mit aller Sorgfalt wurde das Bauwerk schließlich 1966 von R. J. Thāpā saniert.
Eine ähnliche Halle besitzt Bhaktapur in dem Dattatreyatempel. Dort ist vor den ursprünglichen Hallenbau ein Tempelschrein für das Kultbild vorgeblendet worden, die alte Halle mit ihren Umgängen ist jedoch deutlich zu erkennen. Möglicherweise war es die Regel, daß im Zentrum einer jeden größeren Siedlung eine derartige Halle stand, die dann nicht nur ein Rasthaus zu sein brauchte, sondern darüber hinaus für Versammlungen aller Art benutzt werden konnte.
Ganz ohne Zweifel haben wir in diesen gedrungenen Hallen mit den dreistufigen, breit ausladenden Dächern eine Vorstufe zum Pagodentempel zu sehen, dessen Turm sich im Laufe der Jahrhunderte zu eleganter Schlankheit entwickelte. Wie in anderen Kulturkreisen bildete sich der Sakralbau auch hier nach dem Vorbild des Profanbaues. Er übernahm den quadratischen Grundriß und engte ihn zur Tempelcella ein, in der die Gottheit, sinnenfällig als Kultbild, wohnt. Die Stockwerke darüber schrumpften zusammen, wurden unbegehbar, dafür zum Sinnbild himmlischer Wohnungen gesteigert. Die Dächer schwangen aus und wurden zum Selbstzweck. Auch im Hinblick auf diese an den Pagoden des Kāṭhmāṇḍutales ablesbare Entwicklung ist einer Halle wie dem Kāṣṭhamaṇḍapa ein hohes Alter zuzubilligen. Sie gehört in die Anfänge der noch überschaubaren Entwicklung der Holz-Ziegel-Architektur in Nepal.

Kavindrapur G 8 → Kāhamaṇḍapa

Kwa Baha D 11
Kvā Bahāl

Im nördlichen Teil der Innenstadt in dem nach ihm benannten Stadtviertel liegt der Klosterhof des Maitripuramahāvihāra, ein quadratischer Gebäudekomplex von nahezu 20 m Seitenlänge. Im Südflügel befindet sich der doppelgeschossige Schrein mit einem pagodenähnlichen Dachaufsatz unter dem Gajūra. Die noch erhaltene Geschlossenheit der Anlage vermittelt einen zutreffenden Eindruck vom ursprünglichen Aussehen eines Klosterhofes im 17. Jh. Damals wurde die sicherlich ältere Anlage restauriert, damals erhielt sie ihre heutige Gestalt. Neben der Tür zur Cella sind die Jünger Śāriputra und Maudgalyāyana dargestellt, sie stehen in Beziehung zu der Buddhadarstellung im Tympanon. Die geschnitzten Fenster im ersten Stock bilden eine Gruppe von drei zwischen zwei einzelnen. Das schmale vorkragende Dach darüber wird von glatten dünnen Holzlatten gestützt. Im zweiten Stockwerk besteht die Gliederung aus drei großen, fast quadratischen Fenstern mit Holzgittern. Freskenreste bedecken die Fassade. Im Hof davor stehen zahlreiche buddhistische Skulpturen und ein steinerner Votivstūpa, den der Weise Vākavajra durch seine magische Kraft aus Varanāsi hergebracht haben soll. Priester ist ein Bajracharya.

Lakṣmīnārāyaṇa Sattal G 8/9 → Kāṣṭhamaṇḍapa
Lakṣmīśvara Mahādeva Mandir L 8 → Pacali

Lāl Darbār → Boris

Macchendranath F 10
Macchendranāth, Matsyendranāth

In Keltole, zugänglich von der diagonalen Bazarstraße, liegt der Jana Bahāl genannte Klosterhof aus dem 17. Jh., der im frühen 19. Jh. renoviert und in seiner heutigen Gestalt hergerichtet wurde. In seiner Mitte steht, ihn ausfüllend, der zweigeschossige Pagodentempel aus Ziegel und Holz, doch vollständig in vergoldetes Kupfer eingehüllt. Seine ins Breite gehenden Proportionen, die gedrungenen Geschosse und die weit ausladenden Dächer stehen in einem spannenden Gegensatz zu der Fülle des Schmuckes, die darüber ausgegossen erscheint. Löwen und Greifen, welche die Stufen bewachen, Türrahmen und Tympana, Gebetsmühlen, Banner und Glocken geben dem Tempel ein in Gold schimmerndes Kleid. Dazu kommen die Bildwerke und Weihegaben und rings ums Erdgeschoß die Gemälde der 108 Formen des Avalokiteśvara. Die nach Osten schauende Gottheit in der Cella ist Padmapāṇi Avalokiteśvara, die von den Buddhisten in aller Welt am meisten angerufene gnadenspendende Gottheit. Im Tal Matsyendranāth genannt, hatte sie seit alters den Mittelpunkt ihrer Verehrung in Buṅgamati und Pāṭan. Es soll wiederum Guṇakāmadeva im 10. Jh. gewesen sein, der in Nachahmung

Kāṭhmaṇḍu den Kult des Weißen (Sveta) Matsyendranāth ins Leben rief. Ursprünglich befand sich das weiße Tonidol des Gottes in Yamala, dort, wo Jamo Bahāl nördlich von Rāṇīpokhari, daran erinnert, der schlichte Kloster-
Jamo Bahāl nördlich von Rānīpokhari, daran erinnert, der schlichte Kloster-
hof, dessen zweigeschossiger Schrein über dem Eingang zur Cella ein Tympanon mit Dharmacakramañjuśrī und auf dem Dach einen kleinen Pagodenaufbau unter dem Gajūra besitzt. Dorthin bringen, wenn Matsyendranāthjātrā im Monat Caitra beginnt, die Priester den weißen Gott. Der Wagen wartet dort auf ihn, der ihn dann eine Woche lang durch die Straßen fährt. Jayayakṣamalla (1428–1482) brachte ihn zuerst nach Kelṭole und baute den prächtigen Tempel für ihn. Pratāpamalla richtete das Fest ein. Leider sind die Tympana im Norden, Süden und Westen von Dieben barbarisch verstümmelt worden. Jetzt schützt ein Käfig die goldene Pracht vor weiteren Zugriffen. Doch erscheint die Vergitterung der ganzen Pagode als zweifelhafte Lösung.

Mahakala Bhairava Mandir G 12
Mahākāla Bhairava Mandir

Gegenüber vom Military Hospital am Kāntipath und auf der anderen Seite angrenzend an Ṭūṇḍikhel liegt dieses im ganzen Tal hochverehrte Heiligtum des Mahākāla, des Gottes, der den Eingang in ein buddhistisches Kloster bewacht, der jedoch in seinem abschreckenden, dämonischen Aussehen mit dem tantrischen Bhairava zusammenfließen kann. So betrifft die eine Gründungslegende im Zusammenhang mit → Itum Bahāl die Verbannung eines schadenstiftenden bösen Geistes an den Rand der Stadt, wo ihm Ṭūṇḍikhel zum Austoben freigehalten wird, und die andere betrifft Mahākāla, der von dem großen tantrischen Lehrer Mañjuvajra durch Mantras an diesen Ort gefesselt wurde, während er durch den Himmel schweifte. Und dann kommt außerdem König Guṇakāmadeva (10. Jh.) ins Spiel, dem wie so viele andere, die dem Schutze des Landes und der Hauptstadt dienen, auch die Gründung dieses Mahākāla Mandir zugeschrieben wird. Ohne Zweifel aber ist das Heiligtum an diesem Ort älter als dieser König. Denn es finden sich in seinem heiligen Bezirk, von dem der Bau der Straße Kāntipath nur einen Teil übrig gelassen hat, steinerne Votivstūpas aus der Licchavizeit. Der heutige Tempel freilich ist so neu wie die Straße, die seinen Bezirk mitten durchgeschnitten hat. Erst nach 1934 erhielt er die jetzige Gestalt. Er steht auf einem hohen Podest, in dem an drei Seiten Läden untergebracht sind, eine dreigeschossige Pagode (Grundriß 4,50 × 4,50 m) mit schimmernden Metalldächern von vergoldetem Kupfer, aber ohne Schnitzwerk an den Stützbalken und Türrahmen. Das Kultbild, das er birgt, ist eine Riesengestalt aus schwarzem Stein mit hoher Krone, sicherlich sehr alt und der Anziehungspunkt von ungezählten Verehrern, besonders an den Samstagen. Den Zugang bildet eine doppelläufige Treppe, über die man in den Hof gelangt, der an drei Seiten von einer Arkade umgeben ist.

Maiti Devi
Maitī Devī

Der Tempel der Mahālakṣmī (Maitī) Devī beschützt die Stadt im Osten. Er steht im Stadtviertel Dillibazār am oberen Rande des Abhangs, der ins Tal der Rudramati (Dhobi Kholā) abfällt. Er besteht aus einer kubischen Cella mit 3,60 m Seitenlänge und 3,60 m Mauerhöhe. Darauf sitzt ein niedriges, mit vergoldeten Kupferplatten gedecktes Dach, das von kurzen Holzsparren abgestützt wird, die nur im Norden über dem Eingang figürlichen Schmuck tragen. In der Mitte des Daches ein Metall-Gajūra. Die Cella liegt vertieft und hat zahlreiche Skulpturen, darunter Sarasvatī, Vāsundhara, Gaṇeśa, Śaṅkara, Amoghapāśa, Lokeśvara, Āryatārā. Außen ist sie weißgekachelt. Über dem Nordtor hängt ein getriebenes vergoldetes Tympanon vom Garuḍa-Nāga-Makara-Typ mit einer achtarmigen Kaumārī in der Mitte zwischen Gaṇeśa (l.) und Vīrabhadra (r.). Sieben Gottheiten, wohl die übrigen sieben Mātṛkās ohne Vāhanas umkreisen die zentrale Göttin in Medaillons. Ein weiteres holzgeschnitztes und bemaltes Tympanon mit der gleichen Darstellung hängt über der östlichen Öffnung der Cella, als hätte es, obwohl älter, der kostbareren Ausführung Platz machen müssen. Vor dem Tor liegt ein steinerner Leichnam wie eine Schwelle. Der Maitī Devī Tempel ist ein Schmuckstück, überall wird kostbares Material für die Ausstattung verwendet, als sollte die schlichte architektonische Form damit ausgeglichen werden. Dafür ist die Restauration von 1960 verantwortlich. Erbaut wurde der Tempel 1711. Es ist zu vermuten, daß dieser Bau der Bedeutung des Heiligtums entsprechend eine Ziegel-Holz-Pagode mit mehreren Stockwerken gewesen ist und daß nach der Zerstörung durch das Erdbeben von 1933 nur die einfache Cella wiederaufgerichtet wurde, dafür aber um so prächtiger. Priester ist ein Bajracharya.

Maṭu Ajimā Bahāl J/K 8 → Pacali

Gaṅgā, die Flußgöttin, auf dem Makara als Türhüterin links vom Eingang zum Allerheiligsten der Göttin Taleju im Mūlcok zu Pāṭan, Bronze, vergoldet. 1666 → S. 259 ▷

Naradevi E 9
Naradevī

An der Kreuzung der alten Nordsüdstraße durch Kāṭhmāṇḍus Innenstadt und der Ostweststraße, die zum Svayambhūnāth führt, liegt ein sehr altes Heiligtum der Śvetakālī, einer Form der Cāmuṇḍā, die hier mit einer lokalen newarischen Muttergottheit zusammengeflossen ist. Dargestellt wird sie auf dem vergoldeten Tympanon, das über dem Eingang zum Allerheiligsten aufgehängt ist, das offen liegt und zu dem man direkt von der Straße aus mitten zwischen zwei riesigen Portallöwen hindurch auf mehreren Stufen hinuntersteigt. Im Garuḍa-Nāga-Makara-Rahmen thront sie auf einem Lotuskelch, zwei Menschen als Fußschemel, von einer Flammenaureole umgeben. Fünf Totenschädel bilden unten den Abschluß. Innerhalb des Tympanons hat sie noch eine besondere Umrahmung erhalten, die das Garuḍamotiv verkleinert wiederholt. Ebensolche Bögen sind den Begleitgöttern, drei an jeder Seite zugedacht, während vier weitere Gottheiten in Flammenaureolen in den Lüften schweben. So wird die Magna Mater vom ganzen Pantheon ihrer Mātṛkās umgeben samt Gaṇeśa und Vīrabhadra. Dies Tympanon ist das einzige Kunstwerk von einigem Rang am ganzen Tempel. Was sich in der Cella drunten befindet, was unter den drei vergoldeten Dächern an Holzschnitzereien mit den Mātṛkās und Bhairavas dargeboten wird, ist so billig wie die Schwarzweißkachelung des gesamten Mauerkernes. Und dennoch wirkt der Tempel im Straßenzug mit seinen mächtigen, tief heruntergezogenen Dächern und dem Stufenaufbau der Geschosse, unten im Quadrat 7,65 m, in der Mitte 3,90 m, oben 2,10 m; bei jedem Schritt nach oben verringert sich die Baumasse um die Hälfte. Das ist wohl eine alte Anlage, die durch alle Restaurationen geblieben ist (vom 16. Jh.). Sonst stammt alles von 1959. Die Legende sagt: König Guṇakāmadeva gründete das Heiligtum zum Schutze des Nordens der Stadt. Alle zwölf Jahre findet ein Maskentanzfest der Göttin statt, auf dem Podest dem Tempel gegenüber. Sonst feiert sie Navarātrī, Indrajātrā, Pisāca-caturdaśī im Jahreslauf.

Narayan Hiti C 14
Nārāyaṇa Hiṭi

Diese dem Garuḍanārāyaṇa geweihte Brunnenanlage liegt an der Südseite des heutigen Königspalastes, nur durch die Hauptverkehrsstraße von ihm getrennt, und gab ihm den Namen. Das Wasser ergießt sich aus drei Röhren, alle drei als Makararachen gebildet. Die mittlere ist vergoldet und hat das Kultbild über sich. Die beiden seitlichen sehen merkwürdig aus, weil sie den

Liebespaar (Mithuna) vom unteren Ende einer Dachstrebe am Indreśvara Mandir zu ◁ Panauti. Holz, geschnitzt, ursprünglich bemalt. Um 1400 → *S. 240*

Oberkiefer zurückziehen. Über diese Seltsamkeit berichtet die Legende: König Dharmadeva war beunruhigt, weil das Wasser aus den Röhren zu fließen aufhörte. Die von ihm befragten Astrologen gaben die Auskunft, es müsse ein Mann mit 32 Tugenden geopfert werden, um das Wasser zum Fließen zu bringen. Der König mußte aus der Beschreibung herauslesen, daß er selbst als Opfer gemeint sei. Er beauftragte seinen Sohn, den Mann zu töten, den er nachts beim Brunnen schlafend finden würde. Und so tötete der Sohn den eigenen Vater. Von diesem Verbrechen erschreckt, fuhren die Makarahäupter zurück und nahmen den entsetzten Ausdruck an, der ihnen noch heute anhaftet. Der Sohn erkannte zu spät, was er getan hatte. Er stiftete den Bodhnāthstūpa, um für seine Sünde Buße zu tun. In unmittelbarem Zusammenhang mit der Brunnenanlage, den lediglich der Straßenbauer zerschnitten hat, steht der Nārāyaṇa Mandir, bereits im königlichen Park. Er kann von dort wie von der Straße aus betreten werden. Der Tempel ist ein Śikharaturm, völlig ummörtelt und gelb gestrichen bis auf die vergoldete Spitze, die aus einem Āmalaka, einem bauchigen Gefäß darüber und der Scheibe des Viṣṇu besteht. Er hat nach allen vier Seiten die gleichen vorspringenden Porticos. Vor dem Südeingang kniet Garuḍa, eine Statue des 8. Jahrhunderts, die Pratāpamalla hier aufstellen ließ, vor dem Westeingang ein Hanumāna. Dann stiftete Parthivendramalla 1692 ein steinernes Löwenpaar. Weitere Schreine und Kultbilder füllen den stimmungsvollen, schattigen Hof. Der jetzige Baubestand des Tempels geht auf Dhaṅkal Siṅgh Basnyat und das Jahr 1793 zurück. Die Reparaturen nach dem Erdbeben ließ 1934 Juddha Shamsher ausführen. In dem riesigen Parkgelände, zu dem der heilige Bezirk des Nārāyaṇa Mandirs gehörte, ließ Jang Bahādur, der erste Rāṇāpremierminister, 1847 einen Palast mit einer hohen jonischen Säulenhalle bauen, zu der beiderseits im Bogen Marmortreppen emporliefen. Dort wohnte sein Bruder Ranodip seit 1849. Nach seinem Tode nahm die königliche Familie hier ihre Residenz. 1889 erweiterte Kumar Narshing den bestehenden Bau um einen zweiten Hof, den Bombay Cok. Dort blieb die Residenz der Könige von Nepal, bis König Mahendra 1969 seinen modernen Palast im gleichen Park errichten ließ, der mit seinen alten Bäumen, mit seinen Rasenflächen und Gartenanlagen nichts von seinem großzügigen Zauber eingebüßt hat. Bei der engen Verbindung des Königs mit der religiösen Welt des Viṣṇu kann nicht unbemerkt bleiben, daß die Wahl der neuen Residenz damit im Zusammenhang steht. Der Nārāyaṇa Hiṭi Palast beim Nārāyaṇa Hiṭi Mandir liegt im Mittelpunkt des Viertempellaufes, der die wesentlichen Viṣṇutempel des Tales einmal im Jahre im Monat Kārtika miteinander verbindet. Er verläuft: → Icaṅgu → Cāṅgunārāyana → Biśaṅkhu → Śeṣnārāyaṇa. Das Heiligtum, das dabei umwandelt wird, ist Nārāyaṇa Hiṭi Mandir.

Nāsa Sattal G 8 → Kāṣṭhamaṇḍapa

Nationalmuseum G/F 1/2

Das Nationalmuseum liegt im Stadtteil Chauni auf dem Wege zum Svayambhūnāth, wenige hundert Meter vom Fuße seines Hügels entfernt. Das Gebäude wurde 1819 von Bhīmsen Thāpā als Zeughaus oder »Waffenarsenal« (Silkhānā) errichtet. Der Bau ist reizvoll durch seinen Mischstil. Er übernimmt das vorkragende Dach mit Holzstützen und die Erker vom überlieferten Newarhause und verbindet dieses Erbe mit drei Reihen von Bogenfenstern unter einem flachen klassizistischen Dreiecksgiebel. Später wurde das »Arsenal« durch Zubauten erweitert. Die Sammlungen des Nationalmuseums geben einen informativen Überblick über Kunst und Kultur in Nepal und bieten eine Reihe von Einzelstücken ersten Ranges. Auch die Geschichte des Königshauses kommt nicht zu kurz. Es ist von Sonntag bis Freitag 10.00 a.m. bis 5 p.m. (im Winter nur bis 4 p.m.) geöffnet.

New Road G/H 10, 11

Bei der Beseitigung der Erdbebenschäden wurde 1933 New Road als Verbindung zwischen dem alten Palast Hanumānḍhokā und Kāntipath angelegt. Mit einem verzierten und bemalten Torbogen versehen, repräsentiert die Straße zugleich das modernere Geschäftsviertel der Hauptstadt. Auch ein kleiner Gaṇeśatempel, gleich hinter dem Torbogen rechts, wurde nicht vergessen.

Pachali
Pacali L 8, 9, 10

Im Stadtteil Ṭeku, der zwischen der eng gebauten Stadt Kāṭhmāṇḍu mit ihrem Gassengewirr und der Bāgmati liegt, besitzt das Heiligtum des Pacali Bhairava den Vorrang. Es bildet das religiöse Zentrum für das flache Land im Süden der Stadt, die auf einem Hügel aufgebaut ist und deren Stadtmauer und Stadttore dort noch zu erkennen sind, man könnte auch sagen, im Niemandsland zwischen Kāṭhmāṇḍu und Pāṭan, wenn man die Jahrhunderte vor der Machtergreifung der Shāhdynastie ins Auge faßt. In der Tat sind die Tempel, von denen es in dieser Gegend wimmelt, fast alle erst danach, d.h. am Ende des 18. und im 19. Jh. errichtet worden, als es keine Auseinanderset-

zungen zwischen den beiden Städten mehr gab. Darunter finden sich einige stilistisch eigentümliche Tempelbauten, die der Erwähnung Wert sind.
Das Pacali Bhairava Heiligtum (L 8/9) selbst ist eine typisch tantrische Opfer- und Gebetsstätte unter freiem Himmel (pīṭha). Die quadratische Bodenvertiefung, die von einem Pippalabaum überschattet wird, enthält als Kultobjekt einen Stein. Löwen bewachen den Ort. Am vierten und fünften Tag von Dasaiṃ findet eine Wagenprozession statt. Dabei wird der Gott durch ein irdenes Gefäß mit geistigen Getränken repräsentiert, den sog. Pacali Kuṇṭ. Ein Jyapu versieht das Priesteramt. Schon 1140 soll es an dieser Stelle ein Heiligtum gegeben haben. 1649 und 1801 ist seine Existenz durch Inschriften bestätigt.
An der Straße, die von Ost nach West am Hügel von Kāṭhm̃aṇḍu entlangführt, liegt dort, wo der Weg zum Pacali Bhairava nach Süden abzweigt, ein kleines Kloster, Maṭu Ajimā Bahāl (J/K 8). Es fällt auf durch seine rechteckige Cella (5,00 × 3,30 m) mit Satteldach und eindachigem Pagodenturm. Die newarische Muttergottheit zeigt sich auf dem Tympanon tanzend als Nṛteśvarī. Die Stützbalken des Daches stellen Mātṛkās dar, auf der Rückseite vier Śālabhañjikās aus der Werkstatt weichen Stiles des 17. Jahrhunderts, also wohl von 1655 bis 1685, Zahlen die inschriftlich bezeugt sind. Die jetzige Gestalt erhielt der kleine Bau 1809. Danach fand noch 1965 eine Restauration statt.
Der 1782 errichtete Jagannāth Mandir (L 8), westlich vom Pacali Bhairava gelegen, stellt eine eigenartige Mischung von Holzpagode und Ziegelśikhara dar. Auf einem steinernen achteckigen Unterbau von 12,50 m Durchmesser steht eine ebenfalls achteckige hölzerne Pfeilerhalle, 6,00 m im Durchmesser. Sie umgibt eine quadratische Ziegelcella, aus der ein Śikharaturm emporwächst, dessen rund 10 m hohe Spitze über doppelt verkröpftem Gesims von einem mächtigen Gajūra prächtig bekrönt wird. Die Überleitung vom achteckigen Erdgeschoß aus Holzpfeilern zum quadratischen sich verjüngenden Turm bewerkstelligen vier holzgeschnitzte Erker, wie sie für Newarihäuser kennzeichnend sind, aus denen Götter nach den vier Himmelsrichtungen herausschauen. Die Holzschnitzerei, die sich hier kurz vor ihrem Verfall noch auf der Höhe der Tradition zeigt, setzt sich an den Häusern fort, die einen offenen Hof für den Tempel in der Mitte bilden. Die Fenster sind dort reich mit Schnitzwerk verziert. Das Motiv der Śālabhañjikā, das im 14. und 15. Jh. bevorzugt wurde und noch im 17. Jh. zu einigen der schönsten Schöpfungen der Holzschnitzkunst geführt hat, ist hier in einer sehr realistischen und barocken Sinnenhaftigkeit wieder aufgenommen worden. Leider sind einige von diesen Mädchenfiguren in jüngster Zeit abhanden gekommen. An Kṛṣṇāṣṭamī findet eine Wagenprozession mit dem Kultbild statt. Eine etwas vereinfachte und auf den Ziegelbau beschränkte Replik ist der Rādhā Kṛṣṇa

Mandir (L 7) an der Einmündung der Viṣṇumati in die Bāgmati. Der Tempel ist über einem dreistufigen quadratischen Unterbau als Śikhara mit quadratischer Säulenhalle und vier vorspringeden »Erkern« aus Ziegeln ausgeführt. Vor dem Eingang steht eine Garuḍasäule. In die erste Hälfte des 19. Jahrhunderts zu datieren.

Zu derselben Gruppe von Śikharabauten gehört schließlich der Vana Vikteśvara Mahādeva Mandir (L 9), der sich südöstlich unmittelbar anschließend an das Pacali Bhairava Heiligtum in einem großen rechteckigen Hof (36,00 × 30,00 m) erhebt. Wiederum ein Ziegelśikharabau mit Holzpfeilerhalle im Erdgeschoß, mit derselben Neigung zur Ausbildung verkröpfter Gesimse und mächtiger Gajūras. Drei Śikharatürme stehen dicht beieinander mit einer einzigen gemeinsamen Cella, samt Stufenunterbau im Grundriß ein Doppelquadrat von rund 18 × 9 Metern, die Cella mit acht Türen 12 × 6 m. Als Abschluß der Dreiergruppe von Ziegel- und Holzśikharas entstand dieser an Zierat reichste und auch im architektonischen Aufbau verspielt wirkende Bau um die Mitte des 19. Jahrhunderts, wie die Inschrift von 1850 ausweist. Restaurationen gab es 1922 und 1951. Neben dieser spezifischen Werkstatt waren in dieser Stadtgegend auch andere Bauhütten tätig.

Als Vorbild für den Lakṣmīśvara Mahādeva Mandir (L 8), südlich vom Pacali Bhairava bei der Fußgängerbrücke über die Bāgmati gelegen, diente offensichtlich der → Tripura Sundarī Mandir der Königin dieses Namens von 1818. Kleiner in den Ausmaßen und bescheidener in Entwurf und Ausführung erhebt sich die Ziegelholzpagode mit drei Dächern in der Mitte eines quadratischen Hofes von rund 32 Meter Seitenlänge. Die Schnitzereien der Dachstreben stellen Viṣṇu und Śiva und den dazugehörigen Götterkreis dar. Eintönig im Formenkanon und mit vielen Wiederholungen geben sie ein Beispiel für den Niedergang der Werkstätten im 19. Jh. Der Tempel ist im Zerfall begriffen und wird Stück um Stück abgebaut.

Der Fußweg von hier an der Bāgmati entlang über die Pacali Ghāṭs bis Tripureśvara (L 8–12) ist lohnend, aber mit Vorsicht zu begehen. An den verschiedenen Ghāṭs reihen sich zahlreiche kleinere Tempel aus Ziegel und Stuck mit, aus dem Würfel entwickelter, Cella und kuppelartigen Dachlösungen. Sie dokumentieren den Einfluß des späten Moghulstiles, der die Baukunst des 19. Jahrhunderts im Tal von Kāṭhmāṇḍu beherrschte.

Ein großes und in sich bedeutendes Monument dieses Stiles ist der Hema Nārāyaṇa Mandir (L 12), am Kālamocan Ghāṭ gelegen, am besten sichtbar von der Straße nach Pāṭan kurz vor der Brücke gegenüber dem Hotel Blue Star. Der Tempel steht in einem nach der Straße zu geöffneten Hof auf dreistufiger quadratischer Basis von rund 21 Meter Seitenlänge. Darüber erhebt sich als Kubus die Cella mit vier Türen, darauf zurückgesetzt ein zweiter kubischer Baukörper, an den Ecken springende Greifen aus Gelbguß, als Bekrönung schließlich eine Zwiebelkuppel, die wie eine Kugel mit aufgesetztem Gajūra wirkt. Das Ganze aus Ziegeln mit Stuckverkleidung und flacher Bogen-Pilaster-Wandgliederung, wie im späten Moghulstil üblich. Auf einer Säule davor der Erbauer Jaṅg Bahādur Rāṇā, stehend, nicht kniend. Datiert 1874.

Paravarta Mahāvihāra F 9 → Itum Bahāl

Rādhā Kṛṣṇa Mandir L 7 → Pacali

Raktakali F 9
Raktakālī

Der kleine Tempel der »Roten Kālī« liegt in Tengal (Ṭeṅgāl) im Norden der Innenstadt an einer zum Indrāyaṇī Mandir und weiter zum Svayambhūnāth führenden Straße. Es ist ein neuer Bau, der nur aus einer Cella mit vergoldetem Kupferdach besteht, ohne Tympanon und mit leeren Balken unterm Dach. Ebensowenig gibt es ein Kultbild. Die tantrische Göttin wird im Naturstein verehrt. Der Hof des Tempelbezirkes liegt tiefer als die Straße und dient heute einer Volksschule. Er liegt im Schatten eines Pippalabaumes, der die Heiligkeit des Ortes seit Alters bezeugt. Ein Stein mit Inschrift in einer Ecke des Hofes trägt das Datum 1718. Die Legende aber führt die Gründung des Heiligtums auf den König Guṇakāmadeva (10. Jh.) zurück, der die tantrische Muttergöttin aus Dakṣiṇa Kālī hierher gebracht habe.

Ranamukteshvara Mandir
Rāṇāmukteśvara Mandir H 10

Ein paar hundert Meter westlich von seinem einsamen Turm baute Bhimsen Thapa einen Śivatempel von bedeutendem Ausmaß. Daneben liegt heute der Obst- und Gemüsemarkt. Auf einer dreistufigen quadratischen (Seitenlänge 13 m) Basis erhebt sich eine kubische Cella, die mit einem verkröpften Gesims endet. Darüber zurückgesetzt ein zweites kleineres kubisches Stockwerk, das die kugelige Zwiebelkuppel trägt. Kleine Türme an den Ecken nehmen die Kuppelform vorweg. Die vier Tore der Cella wiederholen, obwohl moslemisch im Zuschnitt, das alte newarische Tympanonmotiv des Garuḍa mit Schlangen. Im zweiten Stock verwandeln sich die Tore in, von je einer Säule flankierte, Nischen. Die Kuppel ist von einem prächtigen Gajūra bekrönt, aus dessen Basis vier Schlangen aus Gelbguß emporzüngeln. Bhimsen Thapa baute diesen Tempel zum Gedenken an den König Rana Bahadur Shah (1777–1805) kurz nach seinem Hinscheiden. Der von diesem König selbst gestiftete Jagannāth Mandir, ganz in der Nähe am Westrand des Ṭūṇḍikhel gelegen, mag als Vorbild oder Anregung gedient haben. Dabei wurde die Grundform des Kuppelbaues architektonisch vielgestaltiger und in der Dekoration der Stuckateure reicher ausgeführt. Bhimsen Thapas Śivatempel wiederum scheint dem Hema Nārāyaṇa Mandir des Rāṇāpremierministers Jang Bahadur von 1874 als Vorbild gedient zu haben. Dazwischen liegt die Verbreitung dieses moslemisierenden Stiles in vielen kleineren Bauten im ganzen Tal von Kāṭhmāṇḍu.

Rani Pokhari E/F 12
Rānī Pokhari

Wo die diagonale Bazarstraße die Innenstadt verläßt und sich mit dem heutigen Kāntipath kreuzt, liegt der künstliche »Teich der Königin«. König Pratāpamalla (1641–1674) ließ ihn 1670 ausheben, um seine Gemahlin über den frühzeitigen Verlust des Sohnes Cakravartīndramalla zu trösten. Er legte auch den Śivatempel in der Mitte des quadratischen Teiches an und verband ihn durch eine Brücke mit dem Westufer. Premierminister Jang Bahadur Rana ersetzte den Tempel durch einen überkuppelten Neubau. Dieser wurde durch das Erdbeben beschädigt, und der Tempel erhielt danach 1934 seine jetzige Gestalt. Westlich vom Teich wurden später um 1900 die Schulgebäude und 1935 im Osten das Trichandra College mit dem Uhrenturm gebaut. Im Süden steht das Denkmal mit Pratāpamalla auf dem Elefanten.

Royal Palace C 13 → Nārāyaṇa Hiṭi

Santaneswar Mahadev G 8
Śāntaneśvara Mahādeva

Der kleine Śivatempel, der früher dem Viṣṇu geweiht war, liegt an der Straße, die vom Maḍuṭole schräg zum Kaṅkeśvarī Mandir hinunterführt, ein paar Schritte hinter dem großen Brunnen Maḍu Hiṭi. In einem quadratischen Hof steht die zweistöckige, 9,20 m hohe, Ziegel-Holz-Pagode auf einem niedrigen Podest (2,40 × 2,40 m). Westlich von ihr sind Steinskulpturen der Gaurī und Sarasvatī erhalten, südlich vor dem Eingang zur Cella zwei kleine, stark beschädigte Nandīstiere, südöstlich eine Śivakapelle mit Liṅga aus der Rāṇāzeit. Tür der Cella und an den anderen drei Seiten Fenster sind mit ornamentalen Schnitzerein umrahmt. Ein Tympanon gibt es nicht. Im Inneren stehen Kultbilder von Viṣṇu und Gaṇeśa an den Seiten, ein großes Liṅga in der Mitte. Beide Dächer sind ziegelgedeckt mit Gajūra aus Stein und kleiner Gelbgußspitze. Unter ihnen stellen die holzgeschnitzten Stützbalken Helden des Mahābhārata dar, in einem Stil, der auf dieselbe Werkstatt verweist, die auch für den → Aḍko Nārāyaṇa Mandir gearbeitet und den weichen Stil → Panautis im 17. Jh. fortgeführt hat. Dazu kommt eine zweite Werkstatt, die später Ersatzstücke eingefügt hat. Unter dem unteren Dach: Im Westen rechts Arjuna, links Draupadī (später); im Norden rechts Draupadī, links Yudhiṣṭhira; im Osten rechts Pārvatī (?) (später), links Śiva als Yogī (später); im Süden rechts Nakula, links Sahadeva. Die Stützbalken unter dem oberen Dach sind alle neueren Datums und minderer Qualität.

Silya Sattal G 8 → Kāṣṭhamaṇḍapa

Singha Darbar I 15
Siṅgha Darbār

Mit dem Siṅgha Darbār erfuhr der Traum der autokratischen Feudalherren, alle öffentlichen Bedürfnisse zusammen mit den privaten in einem einzigen Gebäudekomplex zu integrieren, wo man gleichsam vom Schlafzimmer aus regieren konnte wie die Barockfürsten Europas, ihre Verwirklichung und die Palastarchitektur der Rāṇās im 19. und 20. Jh. ihre umfassendste Ausprägung. 1903 konnte Chandra Shamsher in den neuen Regierungspalast, der gleichzeitig seine persönliche Wohnung war, einziehen. Die Architekten Kumar und Kishor Narshing, die sich schon beim Bau zahlreicher Paläste bewährt hatten, lieferten zumindest, was die Dimensionen angeht, ihr Meisterstück. 50 Hektar Land mußten eingeebnet werden. Das Bauwerk erhielt sieben Höfe und mehr als 1000 Räume verschiedener Größe, darunter riesige Hallen wie die Baiṭhak Gallerie oder die Belaiti Baiṭhak genannte Halle für Empfänge. Alles im europäischen Pseudobarock des 19. Jh. mit Kristallüstern und Spiegeln und marmornen Badezimmern im Innern und außen mit korinthischen Zwillingssäulen und Wasserspielen. Ein halbes Jahrhundert lang nahezu beherrschte die Feudalaristokratie der Rāṇās und die Autokratie eines Premiers mit allen Vollmachten das Volk in Nepal von hier aus. Die neue, um Demokratie bemühte Regierung des Königs Tribhuvan übernahm

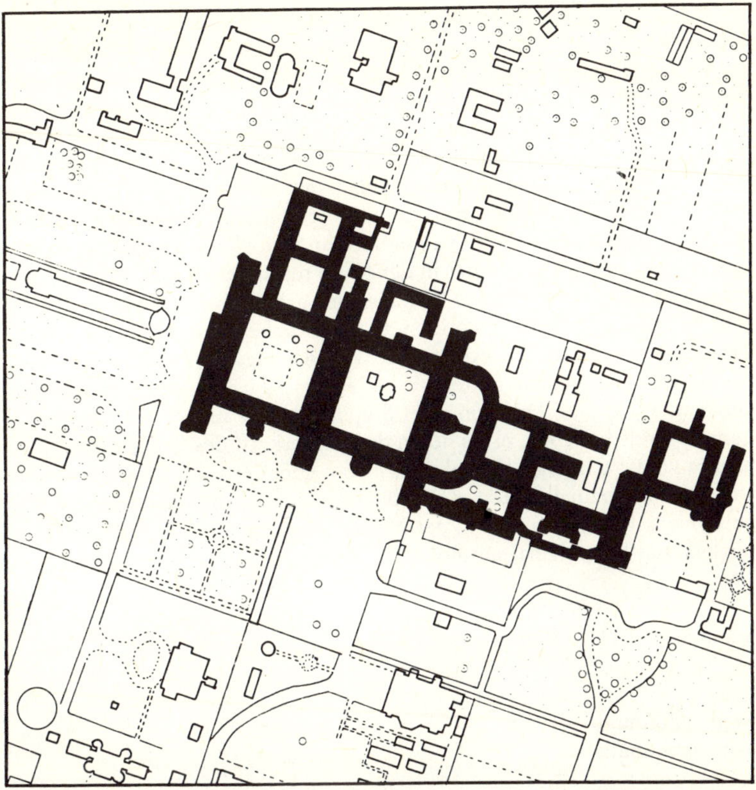

Kāṭhmāṇḍu, Siṅgha Darbār (nach C. Pruscha)

Siṅgha Darbār als Regierungszentrale, in der sich bequem alle Ministerien und die gesamte Verwaltung des Landes unterbringen ließ. So blieb es, bis 1973 der Riesenkomplex ein Raub der Flammen wurde, die durch Fahrlässigkeit aufgekommen waren. Nur die Fassade blieb stehen. Dahinter schreitet der Wiederaufbau voran.

Srigha Caitya F 9
Śrīgha Caitya

In Naghal, im nördlichen Teil der Innenstadt liegt der Saghah Bahāl (Śrīghaṭamahāvihāra), im Mittelpunkt seines Klosterhofes (42,50 ×

34,00 m), der Śrīgha Caitya, beim Volk Kathesimbhū genannt, eine verkleinerte, aber getreue Nachbildung des Svayambhūnāth, mit einem Durchmesser von 14 m. Über Medhi und Aṇḍa, dem weißgetünchten halbkugeligen Tumulus, erhebt sich der kubische Turm mit dem Augenpaar an allen vier Seiten und darüber die dreizehn, sich verkleinernden vergoldeten Kupferscheiben, bekrönt vom reichdekorierten Schirm. Die Transszendentalen Buddhas, die diesen symbolischen Weltbau mit ihrem geistigen Sein erfüllen, werden in den Schreinen verehrt, die nach den Himmelsrichtungen schauen, Amitābha im Westen, Akṣobhya im Norden, Amoghasiddhi im Osten, Ratnasambhava im Süden und der in der Mitte thronende Vairocana im Osten neben Amoghasiddhi. Um den Stūpa ist eine große Anzahl kleinerer Stūpas, Schreine und und viele Skulpturen als Weihegaben aufgestellt, die auf die hohe Bedeutung und die Volkstümlichkeit des Heiligtums hinweisen. Eine der ältesten und qualitätvollsten ist (im Norden) die Stele des Avalokiteśvara aus dem 9. Jh. Eine Datierung des Stūpa erscheint unmöglich. Die Gründungslegende berichtet, er sei durch die Zauberkraft des Gubhaju Samantabhadra vom Tache Bahāl aus Varanāsi vom Ufer der Gaṅgā hierher versetzt worden. Pratāpamalla (1641–1674) baute auch hier, vor allem wohl die kleine zweigeschossige Pagode in der Nordwestecke des Hofes. Priester ist ein Shakya, das Fest Āśvina-pūrnimā.

Sundhārā I 11 → Bhīmsenstambha

Swayambhunath B 2/3
Svayambhūnāth

Der Stūpa von Svayambhūnāth liegt auf einem 1407 m hohen Hügel über dem Tal der Viṣṇumati (1288 m) und ist im ganzen Talkessel weithin sichtbar. Auf einem solchen landschaftlich ausgezeichneten Platze hat es ganz sicher schon in sehr früher Zeit Kultstätten gegeben. Darauf weist nicht nur die Anlage des Stūpa hin, sondern auch der Tempel einer Muttergottheit dahinter, später der Hārītī und der Śītala geweiht, dem noch heute die Verehrung aller Familien mit Kindern im Tale gilt. Dazu kommt die zentrale Stellung, die Svayambhūnāth in der Sage vom Schlangensee (Nāgahrada) und der Entstehung des Tales durch seinen Abfluß einnimmt: Mañjuśri, der durch seinen Schwertstreich bei Cobhār den Wassern freien Lauf ließ, nahm sich besonders der Lotusblüte inmitten des Sees und der darauf leuchtenden heiligen Flamme an. Zwischen dem Platz, wo der Lotus wurzelte, in Guhyeśvarī an der Bāgmati oberhalb der Klamm von Paśupatināth, und dem Heilig-

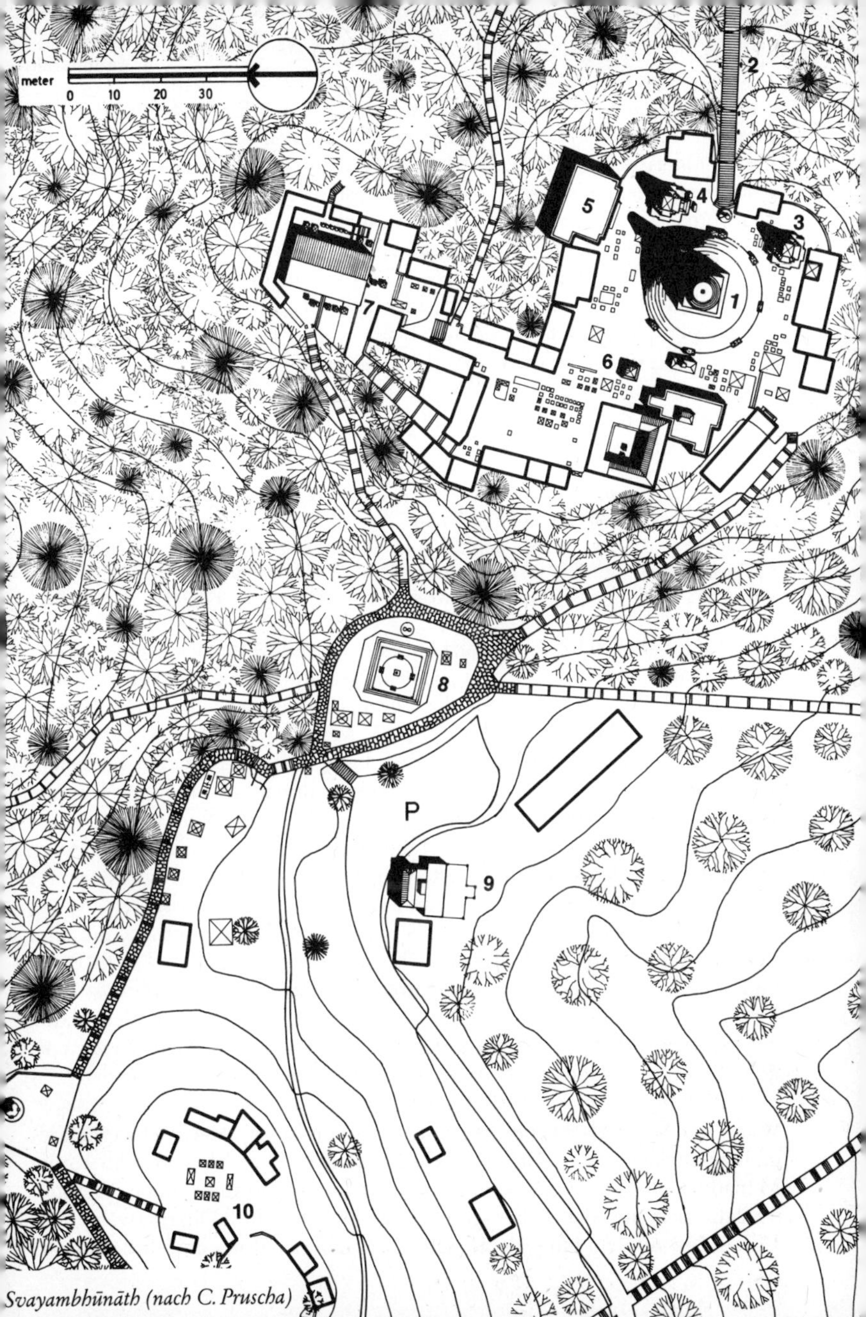

Svayambhūnāth (nach C. Pruscha)

tum der Flamme auf dem Hügel von Svayambhūnāth gründete er die erste Stadt des Tales, Mañjupaṭṭana. Die alten Sagen, von den Schlangen (Nāgas), die in unterirdischen Räumen des Hügels unter dem Stūpa wohnen und Wasser und Regen in ihrer Gewalt haben, sind bis heute lebendig.

Der Stūpa, wie er heute steht (1), ist ein massiver Tumulus (aṇḍa) aus Erde, Lehm, Ziegeln und Mörtel von rund 25,00 m Durchmesser, keine Halbkugel, sondern oben abgeplattet, als ob ihn die Last des alles beherrschenden Turmes zusammengedrückt habe. Ein Geländer führt herum mit den Gebetsmühlen, die der Umwandelnde in Bewegung setzt und damit das darauf geschriebene Oṃ maṇi padme huṃ vertausendfacht, während er ihn im Sinne des Sonnenlaufes umkreist. Die Transzendenten Buddhas, denen die geistige Lenkung der Welt obliegt, sind nach den Himmelsrichtungen in barock anmutenden Schreinen abgebildet:

Akṣobhya	blau	auf dem Elefanten	in Bhūmīsparśamudrā	im Osten
Ratnasambhava	gelb	auf dem Pferd	in Varadamudrā	im Süden
Amitābha	rot	auf dem Pfau	in Dhyānamudrā	im Westen
Amoghasiddhi	grün	auf dem Garuḍa	in Abhayamudrā	im Norden
Vairocana	weiß	auf dem Löwen	in Dharmacakramudrā	in der Mitte

Da es unmöglich wäre, Vairocana am Stūpa in die Mitte zu setzen, erhält er seinen Platz zur rechten Hand von Akṣobhya im Osten. Zwischen den Buddhas befinden sich die Schreine der Buddha Śaktis, der jedem Buddha entsprechenden weiblichen Aspekte: Locanā, Māmakī, Pāṇḍarā, Āryatārā. Anstelle der Harmikā erhebt sich über dem halbkugeligen Aṇḍa ein würfeliger Turmkörper, der, an einem Mast aufgereiht, dreizehn vergoldete Kupferscheiben trägt, die sich verjüngen und mit einem vergoldeten Schirm enden. Sie weisen auf die dreizehn Himmel hin, die dreizehn hierarchischen Stufen der in der Welt lebenden und wirkenden Wesen. Auf dem Würfel darunter sind nach allen vier Seiten Augenpaare aufgemalt und dazwischen eine Art Tilak in der Form einer sich einrollenden Spirale. Die Gottheit, die alles sieht, ist dem Namen und Wesen nach Avalokiteśvara, der im Tal als Roter und Weißer Matsyendranāth Heimatrecht besitzt. Möglicherweise ist diese Eigenart des nepalischen Stūpa, die sich nirgends sonst auf der Welt findet, ein Hinweis auf seine allumfassende Wahrnehmung, der kein Wesen entgeht. Oder wird damit auf den im Mittelpunkt alles Seins existierenden Svayambhū hingedeutet, den Selbst Seienden?

Wann der Stūpa als solcher gegründet worden ist, wird sich schwerlich jemals feststellen lassen. Älteste Inschrift auf dem Hügel besagt, daß König Mānadeva (464–491) dort einen Vihāra (Kloster) gegründet habe. Viel später läßt sich aus der Lebensgeschichte des Mönches Dharmasvāmi, der 1234–1242 auf dem Hügel lebte, schließen, daß sich dort eine Klosteruniversität entwickelt hatte, deren Ausstrahlungen bis nach Tibet reichten. Das tibetische Kloster, das sich heute auf dem Hügel befindet (5), ist eine Neugründung von 1949. Eine Katastrophe für den Tempelbezirk und den Stūpa gab es 1346, als ein bengalisches Moslemheer unter Shams ud-dīn Ilyās ins Hochtal einfiel und die Heiligtümer verwüstete. Auch der Stūpa wurde aufgebrochen. Erst 1372 konnten die Schäden beseitigt werden, zwei Bürger aus Kāṭhmāṇḍu stifteten die Mittel dafür. Entscheidend für die weitere Gestaltung war wie bei vielen Denkmälern des Tales der Baueifer des Königs Pratāpamalla von Kāṭhmāṇḍu (1641–1674). Er ließ am Stūpa selbst die Schreine erneuern. Überhaupt geht das heutige Aussehen des Stūpa auf ihn zurück. Eine ältere Schicht wurde überdeckt. Sie wird sichtbar, wenn man die kleinen Öffnungen unter den Buddhaschreinen näher in Augenschein nimmt. Im Osten unter Akṣobhya steht darin ein Bronzeelefant, im Süden ein Pferd, im Westen ein Pfau, im Norden ein Garuḍa, jeweils immer die zu den entsprechenden Buddhas gehörenden Vāhanas. Schwer erkennbar ist, was in der Nische hinten an der Stūpawand dargestellt ist. Im Osten, Süden und Westen ist es jedesmal das Rad der Lehre mit je einer Gazelle zur Seite, das alte buddhistische Sinnbild für Buddhas erste Predigt in Sārnāth. Im Norden ist es Amogasiddhi umgeben von verschiedenen Figuren, darunter Nāgas. Es fällt schwer, diese ältere Schicht, die früheste am Stūpa selbst erhaltene, zu datieren. Von Pratāpamalla stammt auch der riesige Vajra, der als ein Kennzeichen Akṣobhyas vor seinem Kultbild im Osten aus vergoldeter Bronze aufgestellt ist. Darüber hinaus gelten besonders im Tantrismus Vajra (Donnerkeil) und Ghaṇṭā (Glocke) als polare Gegensätze. Auf dem steinernen Zylinder, auf dem der Vajra liegt, sind die zwölf Tiere des tibetischen Jahreslaufes im Ring dargestellt. Von Osten, der Schlange folgend, deren Kopf und Schwanz sich hier treffen: Ratte, Stier, Tiger, Hase, Drache, Schlange, Pferd, Schaf, Affe, Gans, Hund, Schwein.

Das alles aber ist nur Teil einer Umgestaltung im Rahmen des landschaftlichen Bezuges zwischen Hügel und Stadt. Ein Stūpa ist als Bau eine Rundanlage, die in sich kreist, alle vier Himmelsrichtungen einbezieht, aber keine bevorzugt. Pratāpamalla gab ihm in doppelter Hinsicht eine klarbestimmte Orientierung auf die Stadt zu ihren Füßen. Das eine war die Anlage des Pilgerweges, der die Viṣṇumati überbrückt und so geführt ist, daß der Stūpa mit seinem Turm plötzlich auf Bergeshöhe vor dem überraschten Auge steht als das begehrte Ziel alles Strebens. Der Pilger wird dann weiter zum Fuße des Hügels geführt und sieht sich vor einer schnurgeraden Treppe von 365 Steinstufen (2). Hat er sie erstiegen, dann steht er vor dem riesigen Vajra und dem Schrein des Akṣobhya am Beginn des Umwandlungspfades. Den Aufstieg begleiten die heiligen Tiere der Buddhas. Am unteren Ende gibt es auch sechs giganteske, grobe und grellbemalte Buddhaskulpturen des ausgehenden

18. Jahrhunderts. Die Ausrichtung des Stūpas auf die Stadt ist von Pratāpamalla noch auf andere Weise festgeschrieben worden. 1654 ließ er zu beiden Seiten des Stūpas nach der Stadtseite hin je einen Śikharatempel errichten, der aus einem Turm mit Portico besteht. Den rechten (3) zur Erinnerung an ihn selbst, Pratāpapura genannt, den linken (4) zum Gedenken an seine Lieblingsgattin Anantapura. Doch bildet die Achse zwischen beiden keine reine Front nach Osten, wie es vom Stūpa her zu erwarten gewesen wäre. Sie ist vielmehr leicht geneigt und richtet sich nach der schrägen Annäherung des Pilgerweges und der entsprechenden Hauptansicht der Stadt. Ob religiöse Gesichtspunkte dafür maßgebend waren oder ob es sich um eine Landschaftsplanung barocken Stiles handelt, muß offen bleiben. Der geschilderte Pilgerweg ist nicht die einzige Möglichkeit, den Hügel zu besteigen. Die Autostraße führt über den Stadtteil Chāuni und das National Museum zur halben Höhe hinauf, wo ein Parkplatz angelegt ist. Von dort gehen zwei bequeme Wege südlich und nördlich um die oberste Kuppe herum zum Stūpa. Abb. Tafel 24.

Nordwestlich vom Stūpa steht eine zweigeschossige Pagode, der Śītala Devī geweiht, die vor den Pocken schützt (6). Der ganz und gar von Gelbgußarbeiten bedeckte Tempel wurde erst 1805 neugebaut. Die Lieblingsgattin von König Rāṇā Bahādūr Shāh (1777–1805) war von den Pocken so entstellt worden, daß sie Selbstmord verübte. Der König ließ seinen Zorn am Tempel der Śītala aus und zerstörte ihn vollständig, so daß nach seiner Abdankung der Neubau notwendig war. Das Kultbild in der stets offenen Cella ist eine Hārītī. Diese buddhistische Göttin verwandelte sich unter Buddhas Einfluß aus einer kinderverschlingenden Dämonin in eine Schutzgöttin der Kinder. Die junge Pracht des Tempels darf nicht darüber hinwegtäuschen, daß es sich an dieser Stelle um eine uralte Muttergottheitskultstätte handelt, ob Hārītī, Śītala, Ajimā benannt. Kaum überschaubar ist die Fülle der Votivskulpturen, die sich im Laufe der Jahrhunderte im Tempelbezirk angesammelt haben. Ein Stūpa aus der Licchavizeit erinnert an ein Liṅga; der Monolith besteht aus einem säulenartigen Schaft und vier Buddhafiguren. Eine überlebensgroße Buddhaskulptur in einer dafür hergerichteten Nische beansprucht ein ähnlich hohes Alter; die schlanke transparente Körperlichkeit macht es glaubhaft, nicht aber das maskenhaft starre und zu hart geschnittene Gesicht. Da ist das Datum von 1619 wahrscheinlicher und die Annahme gerechtfertigt, daß ein altes Vorbild kopiert wurde. Das gilt auch für die Buddhaskulptur, die vor dem Śāntipurtempel steht.

Dieser nach außen anspruchslose, scheunenartige Bau (7) birgt eine tantrische Kultstätte. Er liegt tiefer nordwestlich vom Stūpa, und ist über eine breite Treppe zu erreichen. Innen ist ein von Wandgemälden geschmückter

Raum. Meistens wird dem Besucher der Eintritt verwehrt. Der Erbauer des Stūpa nach der Sage, Śāntaśrī mit Namen, soll um ihn herum zugleich Verehrungsstätten für die fünf Elemente eingerichtet haben: Vasupura für die Erde, Nāgapura fürs Wasser, Agnipura fürs Feuer, Vāyupura für den Wind, Śāntipura für den Himmelsäther. Diese Kultstätte ist von Sagen umwoben. Es soll unterirdische Räume darunter geben, neun an der Zahl. Śāntaśrī soll sie Gūhapura, die verborgene Stadt, genannt und vor den Bildern geheimer Gottheiten Pūjā vollzogen haben, bis er von dort in die andere Welt hinüberging. Von dort soll es zu der unterirdischen Flamme von Svayambhū gehen und weiter zur Wurzel des Lotus in Guhyeśvarī, Es war wieder Pratāpamalla, der dieser tantrischen Tradition auf die Spur kam. Er stieg hinunter und brachte ein Buch zur Oberwelt, das mit Schlangenblut gemalte Bildnisse der Navanāgas, der Neun Schlangen, enthielt. Darauf sei sofort Regen gefallen, den das Land im Jahre 1658 dringend benötigt habe. Das alles steht in einem Gedicht, das Pratāpamalla selbst verfaßt hat und in eine Stele eingravieren ließ.
Im Jahre 1976 zerstörte ein Erdrutsch die Häuser im Südosten des Stūpa, die seinen Anblick vom Tal aus verstellt und den ursprünglichen Landschaftsbezug gestört hatten. Sie wurden nicht wieder aufgebaut.

Tārā Nani F 9 → Itum Bahāl

Tripura Sundari Mandir L 12
Tripura Sundarī Mandir

Der Tempel in dem nach ihm benannten Stadtteil Tripureśvara am Nordufer der Bāgmati, ursprünglich auf freiem Feld zwischen Kāṭhmāṇḍu und Pāṭan, inmitten eines quadratischen Hofes von rund 50,00 m Seitenlänge, ist von niedrigen Backsteinbauten umgeben. In ihm sind zahlreiche Götterbilder, meist in Reihen nach den Himmelsrichtungen, angeordnet. Im Süden ein Stambha auf einer Schildkröte, auf dessen Lotuskapitell sitzt die Stifterin Tripurasundarī, Gemahlin des Königs Rāṇā Bahādūr Shāh (1777–1805), von einer Schlange mit siebenköpfiger Haube beschirmt, aus vergoldeter Bronze. An der Westseite die Stiftungsinschrift vom Jahre 1818. Im Westen ein Stambha mit vergoldetem Nandī, im Norden ein großer Dreizack, Śivas Waffe (triśūla). Die dreistöckige Ziegel-Holz-Pagode steht auf fünfstufigem Terrassenunterbau (22,50 × 22,50 m). Die Cella hat keinen Umgang (12,50 × 12,50 m). An den Ecken der untersten Stufe kleine Pagoden mit zwei Dächern, im SW dem Gaṇeśa geweiht, im SO dem Sūrya, im NW der Durgā, im NO dem Viṣṇu. Caturmukhacella mit Liṅga in der Mitte als Kultobjekt, nach allen Seiten gleichgroße dreiteilige Türen, reich geschnitzt, mit den Flußgöttinnen und Bhairavas. Die Dächer mit Ziegeln gedeckt. Auf dem obersten Mittelgajūra umgeben von vier kleineren, dazu Triśūla, alles aus Gelbguß. Stützbalken unter den Dächern, zwischen den Eckyālis je sechs im ersten, je vier im zweiten, je zwei im dritten Stockwerk, im ersten die Pāṇḍavas aus dem Mahābhārata, freilich durch die Neuaufstellung nach dem Erdbeben von 1933 aus der traditionellen Ordnung geraten: Yudhiṣṭhira mit Szepter, Draupadī, Bhīma mit Keule, Arjuna mit Bogen, Nakula, Sahadeva. Dazwischen auch Gestalten des Rāmāyaṇa wie Rāma mit Bogen, Sītā, Hanumāna und andere Götter, z. B. Brahmā, Gaṇeśa. Im zweiten Stock Kṛṣṇa und Rādhā in ständigem Wechsel, im dritten die acht Mātṛkās. Die geschnitzten und bemalten Figuren sind sauber gearbeitet, jedoch Massenproduktion mit ständiger Wiederholung weniger Typen. Offensichtlich hatte die Stifterin nichts Geringeres im Sinn, als dem → Taleju Mandir ein Gegenstück zu schaffen. Das Bauwerk imponiert durch seine Größenverhältnisse, weniger durch die Qualität seiner Schnitzereien. Heutiges Aussehen geprägt von der Restauration des Jahres 1936.

Tukan Baha H 8
Tukā Bahāl

In der südlichen Innenstadt im Viertel Hyumata im Süden des Jaisi Deval liegt der rechteckige Klosterhof Tukā Bahāl. In seiner Mitte ein Stūpa aus Ziegel und Mörtel mit vier Nischen in den Himmelsrichtungen für die Transszendenten Buddhas. Aus der Harmikā entspringt ein Pippalabaum, der sich in dem aufgewölbten Tumulus festgewurzelt hat. Der Stúpasockel (medhi) besteht aus einem kreisrunden festen Steinring. Darauf haben sich sehenswerte Reliefs des 8. Jahrhunderts erhalten.

Tundikhel F, G, H, I 12
Ṭūṇḍikhel

Großer freier Rasenplatz, der sich im Osten von Kāṭhmāṇḍu von Norden nach Süden erstreckt, rund anderthalb Kilometer lang und 200 bis 300 m breit. Er beginnt südlich von Rānī Pokhari mit dem Ratnapark. Dann folgt der Paradeplatz mit der königlichen Tribüne. In der Höhe des General Post Offices wird er westöstlich vom Prithvi Path durchschnitten, in dessen Mitte sich Martyrs' Memorial befindet und der um das Heiligtum der Bhadrakālī herum auf den Siṅgha Darbār zuführt. Am südlichen Ende des Ṭūṇḍikhel liegen National Stadion und Army Headquarters. Siehe auch S. 197, 198 Denkmäler mit Kartenskizze.

Vana Vikteśvara Mahādeva Mandir L 9 → Pacali

Vikramaśīla Mahāvihāra B 11 → Bhagvan Bahāl

Yatkha Baha F 9
Yaṭkhā Bahāl

Der Klosterhof des Yaṭkhā Bahāl ist mit 37,50 m Seitenlänge ungewöhnlich groß. Der Stūpa in der Mitte erhebt sich auf einer viereckigen Basis von 10,75 m Seitenlänge, während der runde Tumulus (aṇḍa), der sich über dem vielstufigen Unterbau hochwölbt, mit einem Durchmesser von 5,00 m verhältnismäßig klein wirkt. Ebenso der Turm darüber mit den nach allen Richtungen blickenden Augenpaaren und der Spitze aus dreizehn sich verjüngenden vergoldeten Kupferscheiben und einem prächtigen, reich verzierten Schirm. Ein Svayambhūnāth en miniature. Für die fünf Transzendenten Buddhas sind die Nischen im Unterbau vorgesehen. In der Mitte des Westflügels hat sich der zum Kloster gehörende Schrein in einem sehr frühen Zustand erhalten. In der Cella das Kultbild des Gautama Buddha, über der Tür dazu eine altertümliche holzgeschnitzte Lünette. Aus den Schnauzen der Makaras zu beiden Seiten, deren Leiber sich pflanzlich als Rankenspiralen einrollen, entspringt je ein Lotusstamm. Die beiden schwingen sich in flachem Bogen empor und werden oben in der Mitte von der Gesichtsmaske eines Kirtimukha ins Maul aufgenommen. Der später übliche Garuḍa fehlt, und es fehlen auch die Nāgas. In der flachen Lünette darunter sitzt Gautama Buddha in Vitarkamudrā, links und rechts hören je drei Personen seiner Lehre zu. Wie dieses ungewöhnliche Tympanon so sind auch die Mädchenfiguren am Erker darüber von hohem Alter und auffallender künstlerischer Qualität. Sie sind an den schrägen Stützbalken zwischen dem Holzgitterwerk ausgearbeitet und stellen Śālabhañjikās dar, die auf kauernden Gnomen stehen, mit einer Hand in die Zweige des Baumes über sich greifen und mit der anderen einen Vogel, ein Kind, einen Spiegel halten. Sie sind hervorragende Beispiele des weichen Stiles der Klosterwerkstatt, die im ausgehenden 14. Jh. auch für Itum Bahāl und Uku Bahāl in Pāṭan gearbeitet hat.

Kirtipur

Kirtipur, auch Kyapu oder Padma Kaṣṭhagiri genannt, unterscheidet sich von allen größeren Siedlungen im Tal vor allem dadurch, daß es auf der Zwillingskuppe eines Hügels angelegt ist. Es muß daher seine Häuser und Straßen terrassenartig in die Höhe bauen. Längere Straßen folgen den Höhenlinien, die Zwischenverbindungen sind häufig Treppen. Es war eine von einer Stadtmauer umgebene Bergfestung. Diese konnte sich daher auch 1768 n. Chr. gegen die Überwältigung durch die Gurkhas länger wehren als die Städte in der Ebene. Den Männern wurden damals von den grausamen Siegern zur Strafe dafür die Nasen abgeschnitten, weshalb es auch im Spott die Stadt der Nasenlosen genannt wird. Den südlichen Abhang des Berges nimmt heute die Tribhuvan Universität ein, die einzige Universität des Landes Nepal. Der weiträumige Campus hat die Stadt eines Teiles ihrer Felder beraubt und sie in der Versorgung mit Nahrungsmitteln von Kāṭhmāṇḍu abhängig gemacht. Transport ist für die Bewohner Kirtipurs nur vom Campus aus zu haben, dort führen Buslinien hin. Die Bergstadt selbst ist verkehrsmäßig nicht erschlossen. Die Zahl der Bewohner betrug 1975 rund 8000 Personen, oder 1385 Familien, die in 1388 Häusern leben. Elektrizität hat fast jedes Haus, Wasser aber gibt es nur sechs Stunden lang an den 19 Brunnen der Stadt. Die Bevölkerung sind Newaris, 60% Jyapus, 30% Shrestha, 10% gemischt. Es ist eine Stadt der Weber, rund 900 Webstühle stehen hier. Doch auch andere Handwerke fehlen nicht wie Schneider, Zimmerleute, Schmiede, Maurer, zugleich sind sie alle Bauern. Sie ernten Reis, Weizen, Mais, Kartoffeln. Es gibt fünf Reismühlen, zwei Ölmühlen, eine Sägemühle. Die beiden Stadtfeste sind die drei Tage dauernde Wagenprozession der Indrāyaṇī im Māghaśukla von Aṣṭamī bis Daśamī und die Wagenprozession des Bāghbhairava an Siṅghsaṅkrantī. Damit sind schon die wichtigsten Gottheiten angesprochen, die in der Stadt verehrt werden, Bāghbairava und Indrāyaṇī, dazu kommen Svayambhūbuddha und Bhavāniśaṅkara. Folgende Heiligtümer sind wegen ihrer religiösen oder künstlerischen Bedeutung hervorzuheben.

1. Der Bāghbhairavatempel ist auf langrechteckigem Grundriß errichtet. Ein weiterer altertümlicher Zug sind die durch Holzgitterwerk geschlossenen Stockwerke. Beim Erdgeschoß hängt das Ziegeldach über und bildet eine Eingangshalle, die auf Holzpfeilern steht. Auch das zweite Stockwerk ist mit Ziegeln gedeckt, das dritte und oberste mit Metall, darüber erhebt sich eine Reihe von zehn kleinen Gajūras und in der Mitte eine Art Laterne mit Gajūra. An den Dachstützen zwischen den Holzgittern sind die Aṣṭamātṛkās geschnitzt. Das Tympanon über dem Eingang zur Cella stellt den Vyāghreś-

varabhairava dar, der auch im Inneren als Kultbild verehrt wird. Die älteste erhaltene Inschrift deutet auf die Erbauungszeit des gegenwärtigen Bauwerkes, das in Anlage und Aussehen so manches Gemeinsame mit dem Kāśiviśvanāth in Bhaktapur hat. Das darin angegebene Jahr 1586 würde es erlauben, die Errichtung ins 16. Jh. zu setzen, zumal sie mit Jagatpāl Varma in Verbindung gebracht wird. Vielen Restaurationen in den Jahren 1693, 1721, 1741, 1777 folgte schließlich 1967/1968 die vorläufig letzte. Priester ist ein Bajracharya.

2. Chilanchuvihar, Caityaraṅgavihāra-Kloster der bunten Stūpas, Cilañcuvihāra, ist ein großer Klosterhof mit fünf Stūpas aus Ziegeln und Mörtel im Stile des Svayambhūnāth, der größte in der Mitte, die anderen sind um ihn diagonal in den Himmelsrichtungen angeordnet. Das Āgamahaus dazu ist aus Ziegeln mit holzgeschnitzten Türen und Fenstern errichtet. Das Tympanon über dem Eingang zeigt die fünf Transzendentalen Buddhas. Es wird von Löwen bewacht. Das Kloster wurde 1514 von Mahāputra Jagatpāl Varma erbaut, 1616, 1668 und 1968/1969 renoviert. Priester sind ein Shakya und ein Bajracharya. Sein Fest Āśvinapurṇimā.

3. Jagatpālvihāra trägt den Namen seines Gründers. Das im alten Stil erhaltene Āgamahaus des Klosters (Bahāl) aus Ziegeln besitzt reichgeschnitzte Türen und Fenster. Das Tympanon über dem Eingang stellt Saṁbhāras dar, die Reichtum und Glück verheißen. Darüber sind auf den Holzstützen des Balkons die fünf Transzendenten Buddhas dargestellt. Im Hofe selbst gibt es außer einem kleinen Stūpa Skulpturen von Śāriputra und Maudgalyāyana. 1514 ist das Baudatum. Die Holzstützen sind 1629 datiert und die drei Gajūras auf dem Dach 1703. Die letzte Renovation war nach 1934. Priester ist ein Shakya oder ein Bajracharya, das Fest Āśinapūrṇimā und Saṃbhārocayadaśamī.

4. Buddha-Dharma-Saṅgha ist das dreifache Kleinod, die Grundlage des Buddhismus. Der Tempel dieses Namens ist ein steinerner Śikhara, den Sugan Ram Bharo im Jahre 1663 stiftete. Im Hof stehen Skulpturen von Gautama Buddha, Manjuśrī, Padmapāṇi, Vajrapāṇi, Prajñāpāramitā. Priester ist ein Bajracharya.

5. Auch der sog. Buddhamandir ist ein steinerner Śikhara, laut Inschrift erbaut von Hakuja Shakya im Jahre 1648. Im Hof stehen Skulpturen des Śākyamuni in Bhūmisparśamudrā und des Cintāmaṇilokeśvara. Priester ist ein Shakya.

6. Der Lokeśvaratempel ist vollständig von einem Pippalabaum umwachsen (*ficus religiosa*). Die beiden Löwen sitzen noch vor dem Eingang, der jetzt ins Innere des Baumes führt, wo sich das Kultbild des Lokeśvara befindet. Laut Steininschrift wurde der Tempel 1683 von Gunajyoti Shakya gebaut. Priester ist ein Bajracharya.

7. Im Chitubahil, Cituvihāra (Kaphyi Kāntipuramahāvihāra) ist das Āgamahaus eines Klosterhofes erhalten, das dem Samantabhadra geweiht ist und aus dem 16. Jh. stammt. Das geschnitzte Tympanon mit Samantabhadra ist ins Jahr 1711 datiert. Vor dem Haus stehen ein Dharmadhātu, zwei Stūpas, ein Triratna, Hanumāna und Mahākāla. 1895 und 1934 waren die letzten Renovationen. Priester ist ein Bajracharya.

8. Chvebaha, Cvebahāl (Harṣakirtivihāra), geweiht dem Śākyamuni Bhūmisparśa, wurde laut Kupferinschrift im Jahre 1641 von Hakuja Shakya gestiftet. Im Hof steht ein kleiner Stūpa, ein Dharmadhātu, datiert 1816, und die Skulpturen von Mahākāla, Hanumāna, Gaṇeśa, Dānapati. Priester ist ein Bajracharya.

9. Kvebaha, Kvebahāl(Karunakarāmavihāra), geweiht dem Śākyamuni Bhūmisparśa, wurde im 19. Jh. erbaut. Ein kleiner Stūpa, datiert 1633, Mahākāla, Gaṇeśa stehen im Hof. Priester ist ein Bajracharya, sein Fest Śrīpañcamī.

10. Der Nārāyaṇamandir ist ein Tempel aus Ziegeln und Mörtel und steht auf einer zweistufigen Ziegelbasis. Er wurde 1934 in seiner jetzigen Form wiederaufgebaut. Kultbilder in der Cella sind Viṣṇu, Sūrya, Lakṣmīnārāyaṇa (1676), Umāmaheśvara (1715).

11. Der Kvāthalāyaku, der Bhavānī geweiht, ist eine dreistöckige Pagode, deren oberstes Stockwerk verfallen ist. Von den ursprünglich vorhandenen Schnitzereien ist nicht viel übrig geblieben. Als Baudatum gilt 1654. Die Kultbilder Maheśvara (1670) und Viṣṇu (1677) weisen in dieselbe Zeit. Priester ist ein Brahmane, Fest während Daśaiṃ.

12. Von großer religiöser Bedeutung für die Stadt ist die Muttergöttin Indrāyaṇī, die ihre tantrische Weihestätte unter freiem Himmel im sog. Indrāyaṇīpīṭha hat. Das Baumheiligtum hat ein Tor, auf dem die Aṣṭamātṛkās abgebildet sind. Inschriften datieren den gepflasterten Steinweg ins Jahr 1670 und die Löwen ins Jahr 1721. Als Weihestätte sind solche Naturheiligtümer uralt und unabhängig von Bauten. Die, zu den Unberührbaren gehörenden, Podhe bringen hier ihre Pūjā dar. Das Fest der Muttergöttin ist das dreitägige Wagenfest im Māghaśukla vom Aṣṭamī bis Daśamī.

Koteswar Mahadev
Koteśvara Mahādeva

Śivaheiligtum auf einer Anhöhe beim Zusammenfluß von Manoharā und Bāgmati im Norden von Pāṭan. Dort mußten sich Tibetreisende gewissen Reinigungszeremonien unterziehen, bevor sie die Stadt betreten durften.

Lubhu

Das Dorf Lubhu (1234 m) liegt 5 km südöstlich von Pāṭan und ist auf unbefestigter Straße von der Ring Road aus zu erreichen. Die dort verehrte Göttin ist Mahālakṣmī, eine von den Aṣṭamātṛkās. Im Zentrum der Ansiedlung ist ihr eine dreistöckige Ziegel-Holz-Pagode geweiht, die durch ihre breitausladenden Dächer auffällt. Die Stützbalken bilden die Mātṛkās ab. Über dem Eingang zur Cella hängt ein 1749 datiertes Gelbgußtympanon, das Śaṃbāra Bhairava in dem gewohnten Garuḍa-Nāga-Makara-Rahmen der Lünette zeigt. Im Sanctum stehen neben dem Kultbild der Mahālakṣmī außerdem Gaṇeśa, Kārttikeya, Kaumārī und Śaṃbāra Bhairava, im Tempelhof Skulpturen von Bhagvatī, Gaṇeśa, Kārttikeya und Bhīmasena. 1934 wurde der im 17. Jh. errichtete Bau renoviert. Priester ist ein Shreshtha, das Fest des Tempels im Monat Vaiśākha. Ein zweiter Tempel der Mahālakṣmī, der wegen der Qualität seiner Schnitzereien sehenswert ist, befindet sich in den Feldern außerhalb des Dorfes.

Lumbini
Lumbinī

Wenige Kilometer westlich von der kleinen Stadt Bhairawa im Terai liegt die kleine Ortschaft Lumbinī, heute Rummindei. Bhairawa ist mit einem Flug der Royal Nepal Airlines Corporation (RNAC) täglich zu erreichen. Eine gute, aber oft durch Erdbewegungen verschüttete Straße führt von dort nordwärts über Butwal und Tansing nach Pokhara. Mit Kāṭhmāṇḍu ist Pokhara durch eine 200 km lange gute Straße verbunden, außerdem durch tägliche Flüge der RNAC. In Bhairawa gibt es einfache Unterkünfte. Die Regierung Nepals ist im Begriffe, die ganze Gegend durch Verbesserung des Straßennetzes und Einrichtung von Hotels zu entwickeln.
Lumbinī ist der Geburtsplatz des Prinzen Siddhārtha, der den königlichen Palast seines Vaters Suddhodana verließ, Mönch wurde (Śākyamuni = Mönch aus dem Śākyageschlecht) und als Gautama Buddha seine Erkenntnis- und Erlösungslehre verkündete (c. 563–483). Der Ort wurde 1896 von dem Deutschen A. Führer wiederentdeckt und durch die Säule, die der Kaiser Aśoka dort 245 v. Chr. hatte aufstellen lassen, identifiziert. Die Säule ist sechseinhalb Meter hoch und von einem Längsriß gespalten, der wahrscheinlich von einem Blitzschlag verursacht worden ist. Von dem Kapitell und dem darauf angebrachten Pferde fehlt jede Spur. Der chinesische Pilger Hsüantsang besuchte den heiligen Ort im 7. Jh. n. Chr. und fand das Pferdekapitell

und den oberen Teil der Säule abgebrochen. Der bis heute erhaltene Schaft zeigt die polierte Oberfläche, die für Aśokas Werkstatt charakteristisch ist. Die Inschrift lautet in der Übersetzung von H. W. Schumann: »Zwanzig Jahre nach seiner Krönung kam König Devānapiya Piyadasi (=Aśoka) hierher und bezeugte seine Verehrung, weil der Buddha, der Weise aus dem Śākya-Geschlecht, hier geboren worden ist. Er ließ ein Steinrelief und eine Steinsäule errichten, um anzuzeigen, daß hier der Erhabene geboren wurde. Das Dorf Lumbinī befreite er von Steuern und (setzte) seine Naturalabgaben (von dem üblichen Viertel) auf ein Achtel (herab).« Der im 19. Jh. auf den Resten eines älteren Baues errichtete Tempel neben der Aśokasäule hat eine tiefgelegene Cella, darin ein Relief, das die Geburt des Kindes aus der rechten Hüfte der Mutter Māyā darstellt. Das Bildwerk ist so stark verstümmelt und abgeschliffen, daß es keinerlei Anhaltspunkte für eine Datierung gibt. Es ist sehr unwahrscheinlich, daß es aus Aśokas Zeiten stammt. Die Geburt fand unter einem Śālabaume (shorea robusta) statt, als die Hochschwangere auf dem Wege von dem Palaste ihres Gatten in Kapilavastu zu ihrem Elternhaus in Devadaha, wo die Mutter sie wie üblich zur Geburt des ersten Kindes erwartete, auf halbem Wege von den Wehen überrascht wurde. Neben dem Tempel ist der Teich zu sehen, wo Mutter und Kind nach der Geburt gebadet wurden. Beide kehrten dann nach Kapilavastu zurück, wo Māyā eine Woche später verstarb. Die Erziehung des Knaben übernahm ihre Schwester, König Suddhodana hatte sich mit einem Prinzessinnenpaar aus dem benachbarten Fürstenhause der Kosiyas in Devadaha vermählt, was den Zeitgepflogenheiten entsprach. In Lumbinī finden sich außer der Säule eine Reihe von Stūpas aus späterer Zeit, aber nichts, was auf die Zeiten Aśokas oder Buddhas zurückginge. Jüngsten Datums ist ein Kloster und der Bungalow des Departments of Archäology. Die im Gange befindlichen Forschungen konzentrieren sich darauf, nachzuweisen, wo die Stadt Kapilavastu lag, ob in Tilaurakoṭ auf nepalischem Boden oder in Piprāvā auf indischem Staatsgebiet. In der Gegend befinden sich noch die Reste von zwei weiteren Aśokasäulen, beim Dorf Araurakoṭ am legendären Geburtsort des Buddha Kanakamuni und beim Dorf Gotihawa am Geburtsort des Buddha Krakuchanda. → Kapilavastu.

Nāgārjuna Forest

Naturschutzgebiet bei → Bālāju, umfaßt auch den 2096 m hohen Jāmācok. Geeignet für Wanderungen und Spaziergänge. Am Tor ist eine bescheidene Gebühr zu entrichten.

Nagarkoṭ

Aussichtspunkt, 2168 m hoch. Von Kāṭhmāṇḍu in einer reichlichen Stunde auf guter Straße mit dem Auto zu erreichen. Bei klarem Wetter ist die Kette des zentralen Himālayas bis zum Everest im Osten zu sehen, man befindet sich dem Gaurisankar gegenüber.

Nala
Nālā

Das Dorf Nālā (1463 m) liegt 3 km nördlich von Banepā und ist von dort auf einem Feldweg zu erreichen. Die abgelegene Siedlung war früher zu Zeiten Herrschersitz und hat zwei bedeutende Tempel aufzuweisen. An der höchsten Stelle steht die viergeschoßige Ziegel-Holz-Pagode, noch weiter erhöht durch einen dreifach gestuften Unterbau, die der Bhagvatī geweiht ist und in ihrer jetzigen Gestalt 1646 von Jagatprakāśamalla errichtet wurde. Renoviert wurde sie 1934. Das Erdgeschoß bleibt wie bei vielen anderen Bhagvatītempeln offen, über dem Eingang bildet das Tympanon Durgā Mahiṣamardiṇī ab, die Göttin als Dämonenüberwinderin. Die unteren drei Dächer sind ziegelgedeckt, das oberste mit seinem Gajūra schimmert von Metallplatten. Die Streben unter dem zweiten und dritten Dach sind heute glatte Holzbalken. Unter dem ersten und vierten weisen sie geschnitzte Mātṛkā- und Bhairavabilder auf. Eine vierstöckige Pagode gibt es außer dieser nur noch in → Harisiddhi. Priester ist ein Achaju. Feste finden statt Bhādra-Kṛṣṇa-aṣṭamī und Vijayā-daśamī. Außerhalb der Siedlung liegt der Karuṇāmaya-Tempel, ein Kastenbau auf rechteckigem Grundriß mit einem pagodenartigen Dachaufsatz. Vor dem Tempel stehen zwei kleine Steinstūpas und Skulpturen des Padmapāṇi. Baudaten sind nicht bekannt außer der Renovierung von 1934.

Panauti
Panauti

Der Ort Panauti (1447 m) liegt an der Einmündung der Rosi Kholā in die Punyamātā Kholā auf der Landzunge zwischen den beiden Flußläufen. Er ist auf einer sehr schlechten Straße von 6 km zu erreichen, die von Banepā genau nach Süden führt. Drei große Tempel weisen darauf hin, daß die kleine Stadt früher von Bedeutung gewesen sein muß. Der in der Mitte der Stadt auf einem großen Platz gelegene Indreśvara Mahādeva Mandir war eine Kopie des Paśupatināth und als solche, wie vielerorts üblich, auf dem quadratischen Grundriß (12,50 m) der von Säulen umgebenen Cella mit zwei Dächern in den gedrungenen Maßverhältnissen des Vorbildes geplant. Das dritte Geschoß kam später dazu und brachte die Höhe des Baues auf rund 18 m; es erhielt ein Metalldach mit entsprechendem Gajūra, während die unteren Dächer mit Ziegeln gedeckt blieben. So mögen die Anfänge des Baues wie vorgeschlagen ins 13. Jh. zurückreichen. Der Baubestand, wie er sich bis heute darbietet, ist um 1400 anzusetzen. Das betrifft besonders die Holzschnitzereien unter dem ersten und zweiten Dach, die durch ihre Schlankheit und Schmiegsamkeit auffallen und der im 14. und 15. Jh. blühenden weichen Stilrichtung angehören. Unter dem zweiten Dach sind es ringsherum Śālabhañjikās, die aus der indischen Plastik wohlbekannten Baumnymphen, die mit einer Hand empor in die Zweige greifen und auf verkrümmt hockenden Gnomen stehen, während die andere Hand einen Spiegel, ein Kind oder einen Vogel hält oder den Gürtel löst, um das Gewand zu öffnen. Unter dem ersten Dach sind es die Götter und Heldengestalten der großen Epen, die dargestellt werden. So im Westen von links nach rechts: Hanumāna, Rāma, Sītā, Lakṣmaṇa und zwei weitere Bogenträger entsprechend dem Rāmāyaṇa. Im Süden die Helden des Mahābhārata: Yudhiṣṭhira mit Bart und Buch, Draupadī, Bhīma mit der Keule, Arjuna mit dem Bogen, Nakula und Sahadeva. Unter dem obersten, dem dritten Dach gibt es keine Schnitzereien, nur einfache Balken. Die Tür zum Sanctum hat ein reich geschnitztes Rahmenwerk, das Tympanon darüber stellt Śiva dar. Gegenüber im Hof liegt der Nandīstier. Weitere dort verteilte Skulpturen stellen dar Śiva und Pārvatī, Viṣṇu und Lakṣmī, Tulanārāyaṇa, Viśveśvara, Harikṛṣṇa, Sūrya. Ein kleiner Tempel in der Nordwestecke des Hofes ist ebenfalls dem Śiva geweiht. Die Holzschnitzereien unter den beiden Dächern stellen Śālabhañjikās dar und stammen aus derselben Schule wie die Schnitzereien des Haupttempels. Das dazugehörige Āgamahaus liegt im Süden. Es hat die rechteckige Form des Kastenhauses, eine reichgeschnitzte Eingangstür und darüber ein Tympanon mit Śiva. Auch in den drei Fenstern des ersten Stockwerks befinden sich Śivabilder. Das ziegelgedeckte vorkragende Dach wird von einfachen Balken gestützt. Das Haus wurde 1934 restauriert, der Haupttempel 1969/1970. Zum Haupttempel gehört ein Jangampriester, zum Āgamahaus ein Karmachaju. Das Fest für beide ist Jeṣṭha-pūrnimā.

Der Kṛṣṇatempel steht am Indreśvaraghāṭ der Punyamātā Kholā, eine dreistöckige Pagode auf quadratischem Grundriß (8,75 m). Das Erdgeschoß ist eine Halle von hölzernen Pfeilern. Die drei Dächer sind ziegelgedeckt

(Höhe 16 m) und werden von Balken abgestützt, die Kṛṣṇa, Rādhā und Gopinīs darstellen. Im Hof befinden sich Skulpturen eines Nandī, eines Śivaliṅga und Bilder von Gaṇeśa, Viṣṇu und Sūrya. Der Tempel wurde 1663 erbaut und 1969/1970 restauriert. Priester ist ein Brahmane, sein Fest Kṛṣṇāṣṭamī. Der dritte große Tempel von Panauti ist die dreistöckige Pagode der Brahmāyanī (Grundriß 10 × 10 m) am linken Ufer der Punyamātā Kholā (Punyavati). Das geschnitzte Tympanon über dem Eingang ins Sanctum stellt die Muttergöttin auf dem Haṃsa dar. Die drei Dächer sind mit Ziegeln gedeckt und werden von Balken gestützt, die die Aṣṭamātṛkās abbilden. Im Inneren interessante Reste von Wandmalereien. Erbaut 1717 wurde der Tempel 1982 in seinem ursprünglichen Zustand wiederhergestellt. Priester ist ein Karmachaju, das Fest Jeṣṭha-pūrnimā und zwei Tage nach Vijayādaśamī.

Paśupatināth

Zwischen den beiden Felsenschwellen, durch die sich der heilige Fluß Bāgmati den Weg bahnen mußte, im Norden Gokarna, im Süden Cobhār, liegt Paśupatināth in der Mitte. Es ist zum Rang des höchsten Heiligtums der Hindugötter im Tal aufgestiegen. In Gokarna liegt das Heiligtum des Mahādeva vor der Klamm im Sinne des Flußlaufes, in Cobhār dahinter beim Austritt. Die mittlere Klamm ist eingefaßt von den Heiligtümern der Guhyeśvarī davor auf dem Ostufer und des Paśupati dahinter auf dem Westufer. Und so gehört zu diesem heiligsten Ort nicht nur die Landschaft ober- und unterhalb der Klamm, sondern auch zu beiden Seiten des Flusses. Das Ganze ist eine Gegend, in der die Götter in magischer Wirklichkeit und Wirksamkeit wohnen. So wird ganz selbstverständlich die Hügelkuppe über dem Tempel des Paśupati als der Kailāsa angesehen, der Wohnort Śivas im Himālaya.
Den Mittelpunkt bildet wie natürlich die Pagode des »Herrn der Tiere« Paśupati mit ihren zwei vergoldeten Dächern (1). Die Proportionen sind gedrungen und weisen damit bereits auf ein höheres Alter. Unter beiden Dächern ist die ursprüngliche Form der schrägen Fenstergitter zwischen den tragenden Dachstützen erhalten, die der Pagode Geschlossenheit und Harmonie verleihen. Die Stützbalken dazwischen sind figürlich geschmückt mit den Gestalten des Hindugötterpantheons, den zu Śiva gehörigen Gottheiten, den zu Viṣṇu gehörigen, den Helden des Rāmāyaṇa. Auf den Lünetten über den Türen ist in vergoldeter Treibarbeit Śiva dargestellt. Vor dem Haupteingang im Osten liegt ein riesiger goldener Stier. Im Innern steht ein Catur-

mukhaliṅga, sicherlich von hohem Alter, nach Süden zu zwei Gaurīs. Rings im Tempelhof, zu dem vom Fluß her eine vielstufige Treppe hinaufführt, stehen zahlreiche Schreine und Skulpturen neben Śivas Dreizack und Nandī ein Kṛṣṇa Mandir, ein Indreśvara Mandir, ein Pañcayana Mandir, ein Mukti Maṇḍapa, ein Viṣṇu Mandir. Reste eines alten, dem Aśoka zugeschriebenen Stūpas, ferner Bildwerke von Chatracandeśvara, Śītala, Vacchala Māi, Unmatta Bhairava, Viśveśvara, Jalaśāyananārāyaṇa, Badrināth, Candeśvara, Hanumāna, Dhaneśvara, Jureśvara, Annapurṇā, Śernarasiṃheśvara, Narasiṃheśvara, Ratnakumarīśvara, Statuen des Königs Mahendra und anderer Mitglieder der königlichen Familie. Inschriftlich gesicherte Baudaten führen nicht weiter zurück als bis zum Wiederaufbau nach der Zerstörung durch den Einfall des Sultans von Bengalen 1349/1350. So wurde das zerstörte Śivaliṅga 1359 am Ort, wo es sich noch gegenwärtig befindet wiederaufgerichtet. Jayajyotimalla baute einen dreistöckigen Tempel darüber im Jahre 1412. Er fiel den Termiten zum Opfer und wurde von Königin Gaṅgādevī 1684 teilweise wiederhergestellt. Doch ein Neubau erwies sich als unabweislich. Im Jahre 1696 wurde die zweistöckige Pagode, wie sie heute steht, von Bhūpālendramalla von Grund auf neuerrichtet. Seitdem gab es zahllose Änderungen und Zutaten von Details, so daß kaum noch feststellbar ist, was zum Originalbau gehörte und bis 1696 zurückreicht.

Im Hofe des Paśupati steht auch ein kleiner Tempel der Schlangengöttin Vāsukī mit zwei vergoldeten Metalldächern. Als Lünetten über den Türen dienen geschnitzte Tympana, auf denen Vāsukī dargestellt ist. Die Stützbalken der Dächer stellen Nāgas dar. Im Allerheiligsten steht ein steinernes Kultbild der Vāsukī in Menschengestalt. Der Tempel wurde 1649 von Pratāpamalla gestiftet. Um die Pagode stehen u. a. folgende Skulpturen: Sūrya, Viṣṇu, ein Śivaliṅga, Kailāśaparivāra, Śivapārvatī, Lakṣmīnārāyaṇa, Garuḍanārāyaṇa, Annapurṇā, eine Nāgakanyā. Der beschriebene Tempelbezirk ist für Nicht-Hindus unzugänglich.

In dem gesamten von der Bāgmati durchströmten heiligen Bezirk spielen die Ghāṭs eine besondere Rolle. Auf ihren Stufen steigt der Gläubige zum Wasser hinab, um die heiligen Waschungen vorzunehmen. Auf besonderen Plattformen zwischen den Treppen befinden sich die Verbrennungsplätze für die Toten. Auch für dieses Ritual ist das heilige Naß wesentlich. Vorsorglich ist unterhalb von Paśupati ein Wehr (2) angelegt, um auch in der Zeit der Trokkenheit den Wasserstand auf einer angemessenen Höhe zu halten. Die Ghāṭs sind nur auf dem Westufer angelegt wie in Varanāsi. Zwischen der Klamm und den beiden den Fluß kreuzenden Brücken erstreckt sich Ārya Ghāṭ (3) unmittelbar unter dem Paśupatināth. Dort sind die Verbrennungsplätze für Mitglieder der königlichen Familie und andere hochgestellte Persönlichkeiten. Dort drängen sich an den Festen die Scharen der Badenden. Dort stehen

ein Linga, ein von Silberschmuck bedecktes Kultbild der Göttin Gaṅgā in einem Schrein und eine Skulptur des Virupākṣa aus dem 6. Jh. Südlich hinter den beiden Brücken schließt sich Sūrya Ghāṭ (4) an, das ebenfalls aus Stufen und Plattformen für Verbrennungen besteht und bis zum Stauwehr hinunterreicht. Dort finden sich am Ufer ein Sūrya Maṇḍala (6. Jh.) und Skulpturen von Buddha (5. Jh.), Jalaśāyananārāyaṇa, Yamarāja, Anantanārāyaṇa (18. Jh.), Gaṇeśa, Vatsalā Māi, Maṅgalāgaurī (10. Jh.), Gaṅgā und unter anderen ein riesiges Liṅga des 7. Jh.
Zwischen den beiden Brücken steht am Westufer die Pagode der Bacchareśvarī, die in der Cella in Form eines Kalaśa, eines dickbauchigen Steinkruges, verehrt wird (5). Das Tympanon über den Türen gibt in Holz geschnitzt Bhagvatī wieder. Die Stützen der beiden mit Metallplatten belegten Dächer stellen die Aṣṭamātṛkās und Aṣṭabhairavas dar. Um diesen kleinen tantrischen Brückentempel herum stehen viele Skulpturen, fünf Nandīstiere, vier Löwen, einige Gaṇeśas, Maṅgalāgaurī, Mahāgaurī, Yamarāja, Anantanārāyaṇa, Sūrya.
Ein anderer tantrischer Tempel steht in dem Hof des Gebäudekomplexes am Westufer kurz vor dem Stauwerk. Dieser einstöckige, mit Metallplatten gedeckte Rājrājeśvarīmandir (6) ist den neun Durgās geweiht. Über dem Eingang zeigt das holzgeschnitzte Tympanon die Göttin Rājrājeśvarī, die Holzstützen des Daches geben die Aṣṭamātṛkās und die Aṣṭabhairavas wieder. Das Heiligtum wurde 1407 von Dev Raj Bhatta gestiftet. Als Kultbilder stehen in der Cella Steinskulpturen von den neun Durgās, von Śrīkaṇṭhadaśiva, Rājrājeśvarī und Gaṇeśa. Rings im Hof gibt es Liṅgas, ein Maṇḍala, einen Stūpa, Statuen von Gaṇeśa, Bhairava, Kṛṣṇa, Kāmadeva, Jitajaṅgapraśeśvara, Kailāśaparivāra.
Auf dem Westufer der Bāgmati befinden sich noch folgende bemerkenswerte Denkmäler, die auch dem Nicht-Hindu offenstehen:
An der Westseite des kleinen Platzes, an dem von der Nordsüd-Hauptstraße die Gasse zu den beiden Brücken östlich abzweigt, liegt der Jayavāgeśvarīmandir (7). Die Pagode mit drei metallgedeckten Dächern hat einen kreuzförmigen Grundriß. Die Göttin im holzgeschnitzten Tympanon über dem Eingang muß wohl Sarasvatī meinen, bekannterer Name der Vāgeśvarī, für die der Tempel gebaut wurde. Die kleine erhöhte Plattform davor ist für die Musiker gedacht, die ihrer Göttin zu Ehren spielen. Die Holzstützen der Dächer bilden die Mātṛkās ab. In der Cella sind Kultbilder der Göttin, des Bīlabhairava und des Gaṇeśa. Die Skulpturen in der Umgebung der Pagode sind zu identifizieren als Śiva, Viṣṇu, Vaiṣṇavī, Śītala, Garuḍanārāyaṇa, mehrere Male die Göttin. Der Bau stammt aus dem 16. Jh. Viel seltener aber ist die Brunnenanlage gegenüber mit einem vergoldeten Wasserspeier. Sie wurde 1387 von Jayasthitimalla angelegt. Unter den früh zu datierenden

Skulpturen in den Wänden des vertieften Brunnens fallen auf Sūrya und Viṣṇu neben einem kleinen Stūpa und Liṅgas.
Halbwegs an der Straße zu den Brücken steht linkerhand ein zweigeschossiger Tempel der Bhūvaneśvarī als der Mutter Paśupatis in einem kleinen ummauerten Bezirk (8). Auf dem Gelbgußtympanon über der Tür zur Cella ist Durgā Mahiṣamardiṇī abgebildet, an den Holzstützen der beiden Dächer Mātṛkās, Bhairavas und Dikpālas. Die Anlage ist ins 17. Jh. zu datieren. Weitere Bildwerke in dem ummauerten Hof sind neben Liṅgas, Maṇḍalas und einem kleinen älteren Stūpa Viṣṇu, Gaṇeśa, Sūrya, Nandī. An der Straße zu den Brücken liegt weiter unten rechts eine große rechteckige Pilgerherberge im Rāṇāstil des 19. Jh. mit dem Namen Pañcadeva (9). Ein hoher gemauerter Śikhara in der Mitte enthält den Śiva-Schrein, flankiert von kleineren Śikharatempeln an allen vier Seiten. In zwei Stockwerken sind in den vier Flügeln des Rechtecks die Pilgerunterkünfte vorgesehen. Der Hof enthält eine große Menge von Bildwerken, nichts älter als 19. Jh.
Wendet man sich bei dem Kreuzweg am Bhūvaneśvarīmandir nach Süden, dann gelangt man zu einem erst kürzlich errichteten Tempelchen (10) in einem baumbestandenen ummauerten Bezirk. Das Kultbild der Vānakālī, das sich darin verbirgt, stammt aus dem 6. Jh.
Wendet man sich bei dem Kreuzweg nach Norden, dann gelangt man durch die Gasse zu einem zweigeschossigen Tempelchen des 18. Jh., das dem Lehrer des Paśupati geweiht ist, dem Guru Dakṣiṇamūrti (11).
Zum Ostufer der Bāgmati geht der Weg über die beiden Brücken. Dort sind keine Ghāṭs. Der Abhang ist durch Terrassen abgetreppt, auf denen in langen Reihen kleine Steintempelchen des 19. und 20. Jh. stehen, die unter einer Kuppel ein Liṅga enthalten, Denkmäler für Mitglieder des herrschenden Adels, die am Āryaghāṭ ihre Feuerbestattung erfuhren. Auf der obersten Terrasse eröffnet sich der beste Blick auf den Tempelhof des Paśupati, der für Nicht-Hindus unzugänglich ist (12). An den Terrassen vorbei führt der Weg mit vielen Stufen zum Hügel hinauf. Er ist tief eingeschnitten. Die Abhänge beiderseits wurden zur Zeit des Bhimsen Thapa durch steile abgetreppte Steinmauern befestigt (13). Auf dem Gipfel steht umwaldet der gemauerte Śikhara des Gorakhnāth, davor ein großer Dreizack aus Gelbguß. Im Tempel, der aus dem 18. Jh. stammt, befinden sich Fußabdrücke des Gorakhnāth (14). Unter den Skulpturen in seiner Nähe sind zu nennen Gaṇeśa, Śivapārvatī, Bhagvatī, ein Bhairava und ein Padmapāṇi. Der Abstieg nach der anderen Seite erfolgt auf einem ähnlich ausgebauten Wege wie der Aufstieg. Er führt zum Guhyeśvarīmandir, der nur für Hindus zugänglich ist (15). Er ist der Gattin Śivas in ihrem Aspekt als Satī geweiht. In einem kleinen Hof steht als Kultobjekt in die Erde versenkt ein Kalaśa, das bauchige Steingefäß, das die Göttin und ihre Gegenwart manifestiert. Es symbolisiert das *guhya* (anus)

der Göttin. Eine bildliche Darstellung der tantrischen Guhyeśvarī gibt es auch in der Cella nicht. Der einstöckige Tempel daneben hat ein vergoldetes Tor, dessen Tympanon Canduva, Jhaldar, Kinkijal zeigt. In der Cella versammeln sich die Skulpturen von Śiva, Bhagvatī und Bhairava, von Vāsukī und den Aṣṭamātṛkās. Das Alter des heutigen Baues ist unbekannt, die erste nachweisbare Nachricht ist die Inschrift des Pratāpamalla, der 1653 eine Restauration durchführen ließ. Das vergoldete Dach wurde 1888 gestiftet. Der gepflasterte Hof ist von mehrstöckigen Pilgerherbergen umgeben. Viele Votivskulpturen schmücken ihn, u.a. Siddheśvaramahādeva, Mahāśivaśakti, Mahāviṣṇu.

Nicht weit von Gorakhnāth auf dem Gipfel des Hügels liegt im Wald der Komplex des Viśvarūpamandir, ein großes Rechteck von zweistöckigen Pilgerherbergen, dem Pañcadeva zu vergleichen (16). Der Tempel in der Mitte enthält das Kultbild des Viśvarūpakāma Kāmeśvara. Skulpturen von Rāma und Sītā, Lakṣmana, Hanumāna, Kṛṣṇa, Nārāyaṇa und Śivapārvatī finden sich in dem großen Hofe. Alles stammt aus dem 19. Jh. Ein idyllisch stiller Waldweg (17) führt von hier auf den nahen Flugplatz zu. Nach zehn Minuten etwa öffnet sich linkerhand ein überraschender Ausblick ins Tal der Bāgmati und auf den Bodhnāthstūpa. In diesem Hain lebte bis vor wenigen Jahren der hochbetagte Einsiedler Śivpuribābā, den viele Bürger des Kāṭhmāṇḍutales als ihren Guru verehren. Auch oberhalb der Klamm ist das Westufer des heiligen Flusses zu Ghāṭs ausgestaltet, freilich erst am Anfang des 19. Jh. Heute wenig benutzt, muß der Ort früher für Badende beliebt gewesen sein. Gaurī Ghāṭ, so der Name, zeigt seinen, durch den leichten Verfall erhöhten Reiz in der weiten Flußlandschaft (18). An Skulpturen sind zu beachten, z.T. aus dem 17. Jh., Mahāgaurī, Viṣṇu, Nārāyaṇa, Hanumāna, Narasiṃha, Ardhanārīśvara.

Zum großen Fest des Śiva im Monat Phālgun, zur Nacht des Śiva, Śivarātrī, ziehen Hunderttausende von Pilgern nicht nur aus Nepal, sondern aus ganz Indien herbei. Dann erfüllt sich die heilige Landschaft beiderseits der Bāgmati mit strömendem buntem Leben.

Pāṭan

Die Geschichte Pāṭans läßt sich nicht anders beginnen als mit der Legende vom Besuch des Königs Aśoka (268–233) mit seinem Lehrer, seiner Frau und seiner Tochter Cārumatī im Tal von Kāṭhmāṇḍu. Er sei es gewesen, der die Stadt Lalitapaṭṭana als eine buddhistische Niederlassung im Zeichen des Erhabenen selbst begründet habe. Er entwickelte ihren Stadtplan aus dem Stū-

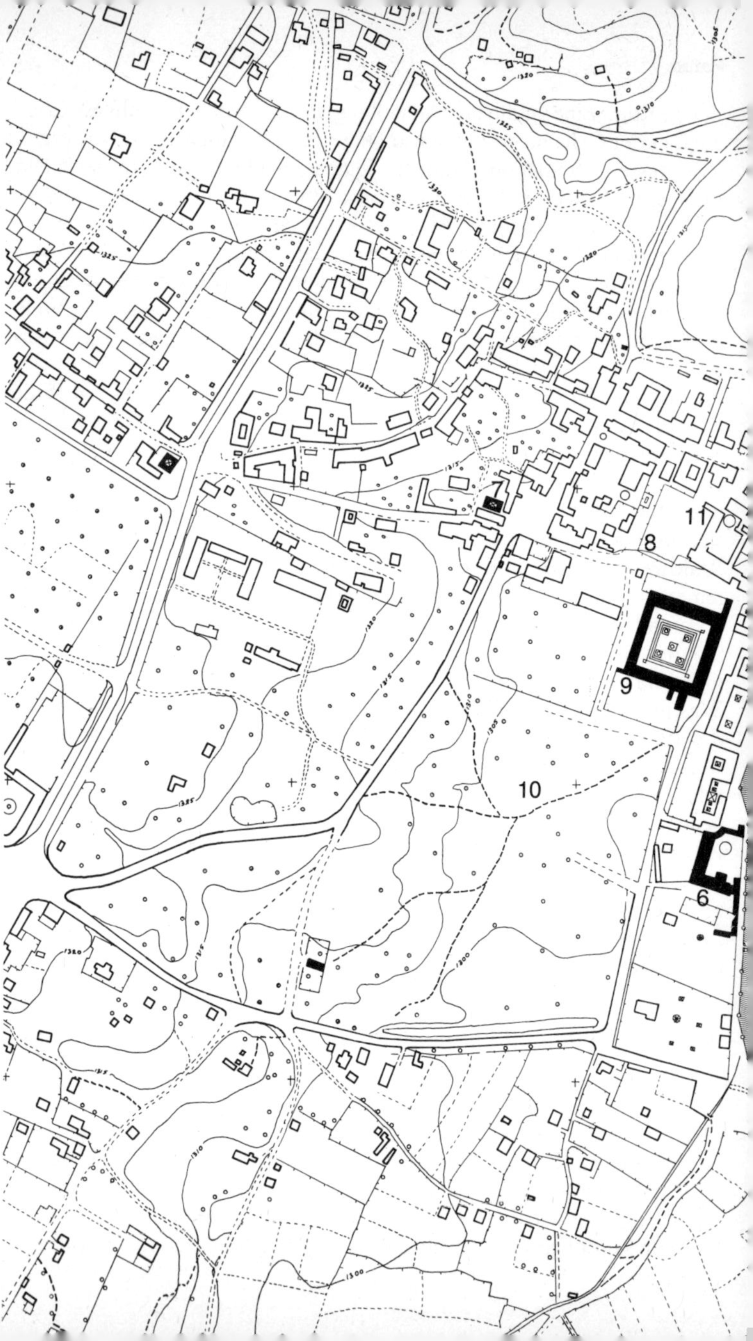
7
11
8
9
10
6

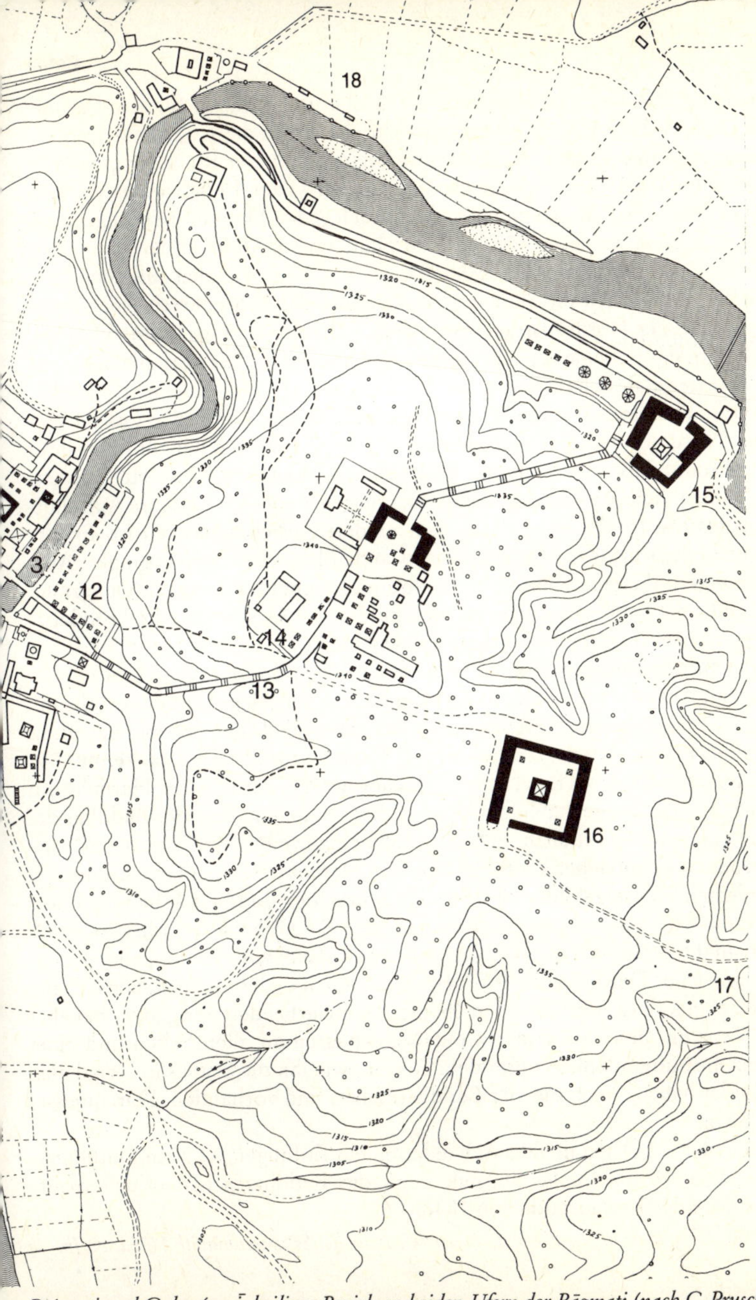

Paśupati und Guhyeśvarī, heiliger Bezirk an beiden Ufern der Bāgmati (nach C. Pruscha)

pa, dem halbkugeligen Grabmal des Buddha und Sinnbild für sein Parinirvāṇa. Die Anlage dieses Tumulus wird durch Tore in das Koordinatensystem einbezogen und so zum Weltbild ausgeweitet. In dieser Richtung ging Aśoka, wie die Legende erzählt, noch einen Schritt weiter. Er ließ aus einem zentralen Stūpa vier Stūpas hervorgehen, nach jeder Himmelsrichtung einen, und so kam er zu einem idealen Stadtplan, wo ein Stūpa in der Mitte steht und nach jeder Richtung einer den Schutz und Schirm an den äußeren Grenzen übernimmt. Für die Stadt ergibt sich damit das Achsenkreuz einer Westost- und einer Nordsüdstraße. An jedem Tor steht als Heiligtum ein Stūpa. In Pāṭan, das auf einer gleichmäßigen Hochfläche im Bāgmatiknie liegt, gab es von der Landschaft her keine Schwierigkeiten, eine solche religiös bestimmte Konzeption in die Wirklichkeit umzusetzen. Die vier Stūpas im Westen, Norden, Osten, Süden stehen noch heute, und wo der fünfte in ihrer Mitte stand, läßt sich mit hoher Wahrscheinlichkeit feststellen. Mehr als unwahrscheinlich ist es jedoch, daß Aśoka sie gegründet hat und ihre Aufschüttung bis ins dritte vorchristliche Jahrhundert zurückzudatieren ist. Es gibt dafür keinen historischen und keinen archäologischen Anhaltspunkt. Ausgrabungen, die eine Klärung herbeiführen könnten, wurden bisher vermieden. Für die Sache als solche ist auch die Person Aśokas und die Frühdatierung von sekundärer Bedeutung. Entscheidend ist, daß hier eine Stadt wie keine andere von Anbeginn an unter das Zeichen Buddhas gestellt war.

Der Stūpa im Süden, an einem Teich in Lagankhel gelegen, ist der größte mit rund vierzig Metern Durchmesser. Über einer niedrigen kreisrunden Basis (medhi) erhebt sich der Tumulus (aṇḍa) kaum gewölbt. Der ganze, nur aus Erde aufgeworfene, Hügel ist mit Gras bewachsen. Anstelle der Harmikā auf der Höhe des Hügels steht ein kleiner Mörtelstūpa mit den vier Buddhas der Weltgegenden in Nischen, er wurde 1878 eingeweiht. Der Stūpa im Westen ist ebenfalls ein flacher Erdhügel (25.00 m Durchmesser), mit einem śikharaähnlichen Mörtelgebilde auf dem Gipfel und vier Buddhanischen nach den Himmelsrichtungen. Laut Inschrift wurde er 1759 renoviert. Er liegt in Phulcok an der Stelle, wo die Westoststraße nach Pāṭan von der Umgehungsstraße abzweigt. Der Stūpa im Norden ist der einzige, der an der Oberfläche in Mörtel gefaßt ist. Der Hügel ist ebenso flach wie bei den übrigen, er hat aber im Zentrum den Turmaufsatz mit Augenpaaren an allen Seiten und einer dreizehnstufigen Spitze unter dem Schirm, wie ihn die Stūpas in Nepal ausgebildet haben. Auch die vier Buddhanischen sind vorhanden. Durchmesser 22,50 m.

Der Stūpa im Osten in Teta ist wiederum ein Erdhügel (22,50 m Durchmesser). Die würfelförmige Harmikā und die Buddhanischen erhielten ihre Form bei der Restauration von 1846.

Tārā. Vergoldete Gelbgußarbeit, an der Westseite des Svayambhūnāth Stūpa. 18. Jh. ▷

Der Mittelstūpa hat sich in dem dichtbesiedelten und vielen Umbauten unterworfenen Stadtgebiet nicht in der Art erhalten wie die vier Stūpas vor den Toren. Er lag vermutlich in dem Viertel nördlich vom Darbārplatz, wo sich bis heute ein mit, ein paar Bäumen bestandener, Erdhügel mitten unter den Häusern befindet.
Die Stūpas sind ohne Zweifel dadurch von den übrigen im Tal verschieden, daß sie flach und niedrig und – wenigstens drei von ihnen – aus Erde aufgeschüttet sind. Die Datierungsfrage wird sich aber nur durch eine wissenschaftliche Grabung lösen lassen.
Das Achsenkreuz der Stūpas, das Pāṭan zum Buddhismus prädestiniert hat, ist in der Tat das Einzige, was auf die Anfänge der Stadtanlage zurückweist. Wie sich innerhalb der damit gegebenen vier Viertel die Entwicklung im Einzelnen abgespielt hat, ist kaum noch festzustellen. Die Eroberung der Stadt durch Pṛthvinārāyaṇa Shāh im Jahre 1768, die für Kāṭhmāṇḍu so glimpflich verlief, hatte für Pāṭan verherrende Folgen, die bis heute nachwirken. Die buddhistische Newaristadt wurde von dem Eroberer zur Plünderung freigegeben. Es wurde gebrannt und gemordet. Auf den Adel war es besonders abgesehen. Es wurde geraubt und enteignet. Das betraf besonders die Klöster, die Schätze und die Besitzungen der Heiligtümer, die überwiegend buddhistisch waren. Die große Vergangenheit der Stadt wurde verwischt oder ausgelöscht. Einen Wiederaufstieg hat es unter den Verhältnissen im 19. Jh. nicht geben können. Pāṭan ist von der Hauptstadt eines eigenen Staates zum Vorort Kāṭhmāṇḍus abgesunken. Schon die Paläste der Rāṇās bevorzugten die sanften Hänge in seiner Umgebung. Heute sind dort Villensiedlungen gewachsen, die nach Norden über Kāṭhmāṇḍu zu den Bergen blicken und Pāṭan den Rücken kehren.
Am Achsenkreuz, das als Skelett wirkte, entstand neben einem altheiligen Brunnen nicht weit vom dortigen Aśokastūpa im Norden das Śivaheiligtum der Stadt, 1392 gestiftet, die jetzt fünfstöckige Kumbheśvarapagode. Es bildete sich im Süden, verbunden mit Buṅgamati, auch physisch durch die jährlichen Wagenprozessionen, der Mittelpunkt des Roten Matsyendranāthkultes. Die Gottheiten der Herrscher und ihre Paläste fanden ihre Stätte im Nordostwinkel der Kreuzung, fast in der Mitte zwischen den beiden neuen Schwerpunkten in Nord und Süd. Vergleichbare Gewichtigkeit haben Heiligtümer im Westen oder Osten nicht entwickelt. Bestenfalls zählt Bālkumārī östlich der Stadt in diesem Zusammenhang, doch fehlt das Pendant im Westen. Nicht der heutige Palast und seine Tempel im Darbārbezirk sind das älteste Zentrum der Herrschaft und Verwaltung in Pāṭan. Dieser Komplex von Bauten entwickelt sich erst um 1600 n. Chr. und wird im 17. Jh. ausgebaut. Was vorher auf diesem Boden stand, ist unbekannt. Nur im nördlichen Be-

Śivaliṅga mit vier Gesichtern (caturmukha) am Ufer der Bāgmati in Paśupatināth. Stein ◁

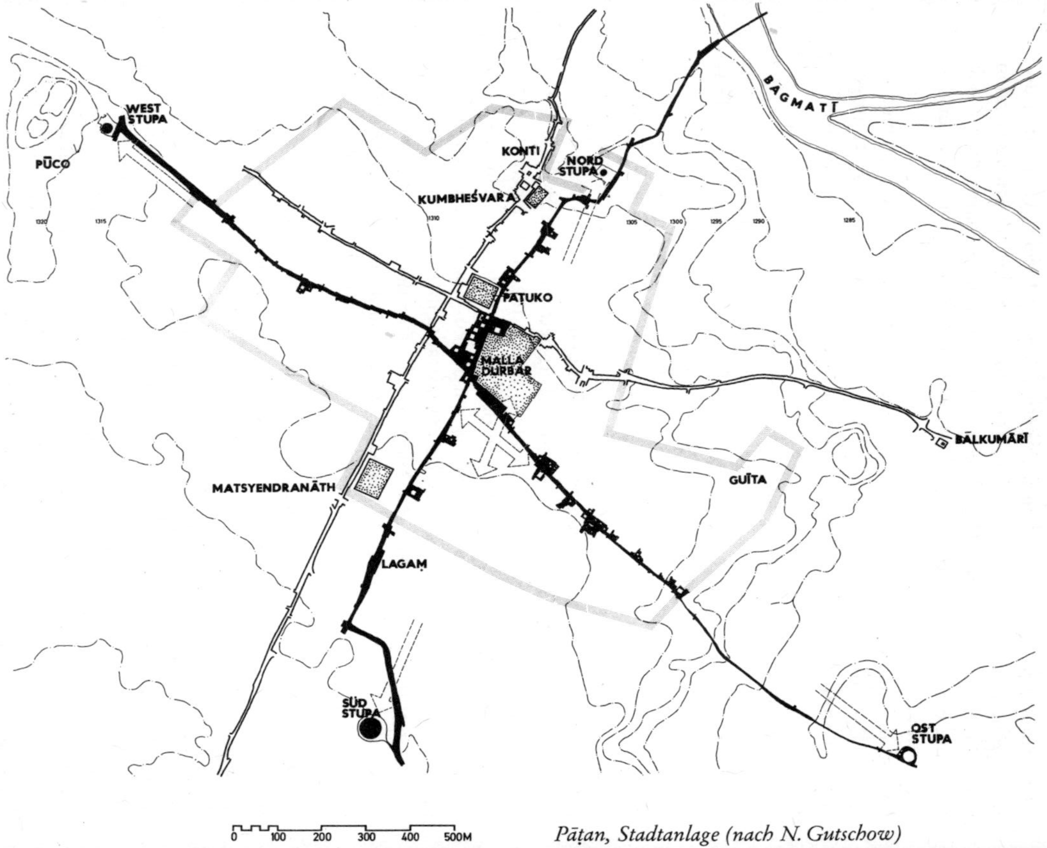

Pāṭan, Stadtanlage (nach N. Gutschow)

reich lassen sich Anzeichen für eine frühere Schicht feststellen. Eine sagenhafte Überlieferung kann auch hier als Leitfaden dienen. Am Anfang der Stadtgründung stand danach der Bau einer Zisterne und der Kanäle für den Zufluß und die Verteilung des Wassers. Mit einem Wort: Es begann mit der Wasserversorgung. Im zentralen Wasserreservoir verehrte der Herr der Stadt die Nāgas, die schlangengestaltigen Wasserwesen. Über der Zisterne wurde ein Stūpa aufgeschüttet und eine Dhārā gebaut, d.h. ein fließender Brunnen. Einen Maṇḍapa, d.h. eine Versammlungshalle für die Bürger, errichtete er und einen Palast für den König. Dieses Bündel von Baumaßnahmen charakterisiert die wirtschaftlichen, technischen, sozialen Bedürfnisse der Stadtgemeinde. Die religiösen dürfen nicht fehlen, sie stehen eher am Anfang. Als Schutzgötter wurden bestellt und durch Aufstellung von Kultobjekten seßhaft gemacht: Śiva durch ein Liṅga, Gaṇeśa und Mahākāla durch Skulpturen. Das Wichtigste an dieser zunächst sehr allgemein klingenden Gründungssage ist, daß sich wenigstens ein Teil der aufgeführten Bauten und getroffenen Einrichtungen im nördlichen Bereich des Darbārbezirkes oder anschließend an ihn lokalisieren lassen. Dort soll es acht Plätze geben, die vor dem Namen das Sanskritwort Maṇi, Perle, Edelstein, als Epitheton haben, das ihnen bei der Gründung beigelegt worden sein soll, weil der Gründer ein Verehrer der Maṇiyoginī gewesen sei. Vier davon sind nachzuweisen. An der Nordseite des großen Platzes, mit dem der Darbārbezirk im Norden endet und an dem im Westen der Bhīmasena Mandir steht, liegt der Maṇi Gaṇeśa Mandir (1), in der Reihe der Wohnhäuser und selbst wie ein Wohnhaus gebaut. Er ist vor wenigen Jahren restauriert worden, die Figuren, die das einzige vorkragende Dach tragen sind modern und grell bemalt, neben Gaṇeśa selbst Mātṛkās und Bhairavas. Hier wäre also der Platz, wenn die Sage recht hat, wo der erste Gaṇeśa in Pāṭan aufgestellt wurde. Auf dem Platz davor befindet sich die große und tiefe Brunnenanlage (14,00 × 12,00 m) die Maṇidhārā oder Maṇigalahiṭi genannt wird (2). Aus drei steinernen Makararachen sprudelt das Wasser. Wie meistens ist Lakṣmīnārāyaṇa der Schutzgott des Brunnens. Von Westen führt die Treppe hinunter, links und rechts von ihr befinden sich niedrige steinerne Pfeilerhallen, die linke trägt den Namen Maṇimaṇḍapa. Schließlich ist der Palast zu benennen, der sich südlich vom Brunnen Manidhārā befand, bevor der jetzige gebaut wurde; sein Name Maṇigala ist inschriftlich überliefert, er lebt aber auch im heutigen Palastnamen fort, der Maṇi Keśvaranārāyaṇa heißt (3), und im Namen der Straße, an der sich der ganze Palastkomplex nordsüdlich erstreckt: ›Maṇigala‹ Bazar – Mangelbazar. Das alles beweist, daß sich vor der Begründung des Malladarbārs ein älteres Stadtzentrum nördlich davon beim Brunnen befand. Beide überschneiden sich in dem Maṇigalapalast. Es war städtebaulich eine Aufgabe, die beiden zu verklammern.

Balkumari
Bālkumārī

Im Osten der Stadt steht der mächtige Bau auf freiem Feld in einem vertieften mauerumgebenen Quadrat, das nach allen vier Richtungen von großen Löwenpaaren bewacht wird. Die rechteckige Cella, 7,30 × 5,20 m, nach drei Seiten offen, an der geschlossenen Ostwand das Kultbild aus Bronze, Kumārī auf dem Pfau. Dreistöckige Ziegel-Holz-Pagode, 12,00 m hoch. Im Erdgeschoß Eingang von Westen mit drei Bögen aus Gelbguß mit Mātṛkāreliefs; im mittleren holzgeschnitztes Tympanon: Kumārī und Caṇḍa Bhairava, die beiden seitlichen ohne Tympana. Erster Stock mit Holzgittern geschlossen. Im zweiten und dritten Stock lange Stützbalken mit Mātṛkās und Bhairavas. 1622 als einstöckiger Tempel errichtet, 1697 zur jetzigen Höhe aufgestockt. Restaurationen 1799, 1835, 1935. Im Hof zahlreiche Weihgaben, besonders auffallend im Westen Säule mit Pfau und Stifterpaar.

Darbār

Auch in Pāṭan konnte der Palastbezirk nur im Zusammenwirken von Göttern und Menschen entstehen, die Herrscher wohnen mit den höheren Mächten zusammen, in deren Namen sie zu regieren vorgeben und deren Schutz und Schirm sie anrufen. Als Śivasiṃhamallā (1578–1620), König von Kāṭhmāṇḍu, seinen Sohn Hariharasiṃhamalla nach Pātan entließ, damit er dort König würde (1620–1661), gab er ihm den Kult der tantrischen Familiengöttin Degutale mit. Er gab ihm auch aus seiner Bauhütte die Meister und Gesellen mit, die ihm den Tempel für die Göttin in Pāṭan genauso errichteten, wie er in Kāṭhmāṇḍu stand. Den Ort bestimmte das Achsenkreuz. Der König zog zunächst in einen vorhandenen Nachbarbau, er ließ der Göttin den Vortritt. Die weitere Entwicklung des Darbārbezirkes erfolgte vom Degutaletempel aus axial nach Süden, eine durch die Gegebenheiten am Ort vorbestimmte Planung, die sich viel schlichter ausnimmt als die vielschichtigen Bezüge zwischen Taleju, Degutale und Palasthöfen in Kāṭhmāṇḍu.
Der mächtige Turmtempel, der das Degutale-Heiligtum (4) birgt und im Zentrum der Stadt über alle anderen Bauten emporhebt, stellt zwischen den übrigen um Höfe angeordneten Palastbauten einen Baukörper für sich dar. Den kubischen Unterbau (13,50 × 13,50 m) schließt nach oben als viertes Geschoß ein holzvergitterter Erkerumlauf ab, der an der Vorderfront ein

dreiteiliges, reichgeschnitztes Rahmenwerk für das Mittelfenster der Fassade, herunterhängen läßt. Darüber erst setzt der die Cella der Göttin bergende Pagodenaufbau mit drei Ziegeldächern an, den ein Gelbgußgajūra bekrönt. Das Schnitzwerk der Stützbalken stellt neben den Mātṛikās vor allem dar Mahiṣāmardiṇī und die Flußgöttinnen Gaṅgā und Yamunā. Das Bauwerk und die Schnitzereien stammen vom Jahre 1663, als der Tempel nach einem Brand neuerrichtet wurde, getreulich in den Formen des ersten um 1600 vollendeten Baues, wie der Vergleich mit Kāṭhmāṇḍus Degutale-Tempel zeigt. Juddha Shamsher (1932–1945) ließ eine Restauration durchführen. Nicht nur das Bauwerk als solches, auch die von Pratāpamalla davor aufgerichtete Monolith-Säule, die anstelle des bis dahin üblichen stellvertretenden → Garuḍa Vainateya die Herrscherfamilie selbst bei der Verehrung der Göttin darstellt und dieser Pūjā damit Permanenz verleiht, wurde in Pāṭan von Kāṭhmāṇḍu übernommen. Es war Yoganarendramalla (1684–1705), der sich mit seinem Sohne darauf darstellen ließ (18). Auf einem kunstvoll verkröpften Lotuskapitell sitzen die beiden vergoldeten Bronzeplastiken nebeneinander, beide von je einer Schlange beschirmt. Über dem König sitzt ein Vogel. Den frühen Tod des Sohnes und das Schicksal des Vaters hat die Legende mit dieser Säule in Zusammenhang gebracht. Angesichts dieses Meisterwerkes habe den König von Bhaktapur, Bhūpatīndramalla (1696–1722), der keine Monolithsäule dieser Art besaß und auch keine Möglichkeit sah, sich eine herstellen zu lassen, der Neid erfaßt, und ihm den Plan eingegeben, die beiden darauf Dargestellten zu vernichten. Durch magische Praktiken mit Hilfe eines Liṅga gelang es ihm, den Sohn dahinsiechen zu lassen und zu töten. Aus Gram darüber habe der Vater den Palast verlassen, um als Sādhū in die Welt zu ziehen. Zu seinen Ministern habe er beim Abschied gesagt, bei seinem Tode werde sich das Gold der Statue beschlagen und der Vogel auf der Schlangenhaube werde wegfliegen. Nach einer anderen Quelle ist er von seinem Feind bei einer Pūjā in Cāṅgunārāyaṇa vergiftet worden.
Nördlich vom Degutale-Tempel, der nach links und rechts isoliert steht und beiderseits je ein ebenerdiges Tor zur Betonung des Abstandes aufweist, stand ein alter Palast, von dessen Geschichte nur die Vernichtung durch die Feuersbrunst von 1663 bekannt ist. An seiner Stelle steht Maṇi Keśava Nārāyaṇa Cok (3) mit vier Flügeln um einen quadratischen Hof (17,00 × 17,00 m). Darin eine Inschrift des Narendradeva Licchavi von 643 n. Chr., ein Hinweis auf das hohe Alter des Platzes, der Maṇigala genannt wird. Ein Steintempel des Viṣṇu aus dem 18. Jh. steht in der Mitte (5,00 × 5,00 m), auf dem Tympanon Viṣṇu zwischen Lakṣmi und Garuḍa. Im Palast selbst ein kleines Museum von Bronzen und Schnitzereien. Ursprünglich hatte der Bau vier Ecktürme wie Vasantapur in Kāṭhmāṇḍu.

Pāṭan, Darbārplatz um 1880 (nach G. le Bon) ▷

Die Geschoßgliederung der Außenfront ist unter dem zusammenfassenden und durchgehenden Dachgeschoß dreifach. Drei Achsen sind es auch, die durch die einfachen Tore im Erdgeschoß und die reichgeschnitzten Erker im zweiten Geschoß darüber betont werden. Das mittlere Tor hat Stufen, beiderseits je einen sich emporreckenden Löwen und ein vergoldetes Bronzetympanon das Garuḍa-Nāga-Makara-Typs, das ins erste Geschoß hinaufragt. Es leitet zum vergoldeten Mittelfenster im zweiten Geschoß über. Die Brüstung ist als Löwenthron ausgestaltet, auch die Elefanten fehlen nicht, die Mitte nimmt Garuḍa, Viṣṇus Reittier, ein. Die Fensterrahmung zu beiden Seiten wird von Säulen gebildet, die ein mehrfach verkröpftes Gebälk tragen, das aber in der Mitte von einem vegetabil mit Laubwerk emporwachsenden Bogen durchbrochen wird, in dessen Geäst oben Śiva mit Pārvatī thront, flankiert von Kārttikeya auf dem Pfau und Gaṇeśa auf der Ratte. In der Bogenöffnung steht Avalokiteśvara, von Schlangen umflochten, deren Häupter sich, neun an der Zahl, oben entwirren. Wenn der König sich bei festlichen Gelgenheiten seinem Volk zeigte, dann wurde das Mittelstück herausgenommen und der Herrscher erschien anstelle des Avalokiteśvara und gleichzeitig wie Viṣṇu auf dem Garuḍa-Löwenthron. Das Ganze mutet an wie die newarische Variante der barocken Fürstenloge Europas.

Dem Fürstensitze gegenüber steht der zweigeschoßige Cārnārāyaṇa Mandir (5) in den archaisierenden gedrungenen Proportionen des Paśupatināth, auf zwei quadratischen Stufen, 13,00 m und 8,50 m, mit quadratischem Grundriß 6,55 × 6,55 m, und 9,70 m hoch. Erbaut 1565 von König Pūraṇḍārasiṃha zum Gedächtnis an seinen Vater Viṣṇusiṃha als Nachbildung des Jagannāth in Kāṭhmāṇḍu, nur drei Jahre nach dessen Fertigstellung und vermutlich von derselben Bauhütte. Die Holzstützen der beiden ziegelgedeckten Dächer geben die Avatāras Viṣṇus wieder und gehören stilistisch einer besonders qualitätvollen Werkstatt an, die als Mitbegründerin des Hofstiles der Mallas angesprochen werden kann. Als der älteste Tempel am Platz auch der ranghöchste.

Daneben steht ein Steintempel (6), einer der bedeutendsten der Mallazeit, dem Bāla Gopāla, dem Hirtenknaben Kṛṣṇa geweiht, 1637 nach einer Bauzeit von sechseinhalb Jahren von Siddhinarasiṃhamalla (1618–1658) fertiggestellt. An ihm zeigt sich der newarische Śikharastil in voller Entfaltung. Auf dem terrassenförmig hochgezogenen Sockel (13,50 × 13,50 m) steht im Erdgeschoß eine vieljochige steinerne Pfeilerhalle. Im Stockwerk darüber entfaltet sich eine zweite, und auch im dritten Stockwerk wirkt die Pfeilerhalle noch nach, indem sie die acht, den Hauptturm umgebenden Nebentürme zu offenen Pavillons umwandelt. Dann erst steigt der Śikhara, von drei Pfeilergeschoßen emporgetragen, als Bekrönung des luftigen Bauwerks in die Höhe. Der Steinturm ist dabei aller Schwere verlustig gegangen. Er wirkt kleiner und zierlicher und, gegenüber der üppigen Entfaltung der Pfeilerhallen in eine mehr dekorative Rolle gedrängt, wie ein Zierat auf dem Dach. Höhe rund 22,00 m. Der Einfluß der imperialen Reichskunst der Moghuln in Nordindien auf die Hofkunst der Mallas ist offensichtlich, auch wenn der Bau in einer Inschrift mit seinen 21 Türmen mit dem Weltenberge Meru verglichen wird. Auf den langen Steinbalken werden die großen Epen des Mahābhārata und Rāmāyaṇa lebendig erzählt und in flachem Relief flüssig und elegant dargestellt, dazu in Newari erläutert. Die Cella mit dem Kṛṣṇakultbild befindet sich im ersten Stock, wo sich auch die Musiker versammeln, um Kṛṣṇa in ihren Liedern zu preisen. Vorbild für diesen singulären Bau soll ein Kṛṣṇatempel in Mathurā gewesen sein, in dessen Umgebung der ›Hirtenknabe‹ Bāla Gopāla zuhause war. Vor dem Tempel eine Säule mit kniendem Bronzebild des Vainateya Garuḍa 1637 von Siddhinarasiṃhamalla gestiftet. Das Kultbild für diesen Tempel fand der König auf Grund eines Traumes; daß der linke große Zeh gebrochen war, sollte auf Anweisung des Gottes kein Hinderungsgrund sein, es aufzustellen. Nach der Legende ging es dennoch bei der Weihe dramatisch zu. Wieder spielt der Neid eines Nachbarfürsten dabei die auslösende Rolle. Diesmal war es Pratāpamalla aus Kāṭhmāṇḍu, der seinen Onkel in Pāṭan bei der Feier stören wollte und sich deshalb mit seinem Guru in Schlangengestalt dorthin begeben hatte. In dieser tantrisch-magischen Welt aber erwies sich der Guru des Onkels Viśvanātha Upādhyāya der Herausforderung gewachsen. Er bannte die beiden Eindringliche solange unter seinen Sitz, bis die Weihe vorüber war. Dieser Priester muß auf Siddhinarasiṃhamalla (1620–1661) und seine Regierung einen religiös und politisch unermeßlichen Einfluß besessen haben. Seine die Zukunft Pāṭans entscheidende Tat war die Gewinnung der Göttin Taleju für seine Stadt. Wieder geht es um die magische Silbe (Mantra), durch die der König mit der Göttin in Verbindung treten kann. Lakṣmīnarasiṃhamalla (1618–1658) von Kāṭhmāṇḍu war wahnsinnig, als er starb, und konnte das Mantra daher nicht an seinen Sohn weitergeben. So entschloß sich die Königinmutter, das Kultbild der Taleju, in ihrer Haarkrone versteckt, zu ihrem anderen Sohne nach Pāṭan zu bringen. Doch ohne Mantra war es bedeutungslos. Viśvanātha Upādhyāya suchte und fand es und lehrte es den König. Und als dieser damit das Kultbild zur geistigen Wirkung belebte, stieg die Kraft der Taleju als Flamme vom Himmel herab auf Pāṭan, wie sie zuvor ebenso sichtbarlich Kāṭhmāṇḍu verlassen hatte. Dieses Ereignis hatte auch weitgehende Folgen für die Bautätigkeit des Königs und die Erweiterung seines Darbārbezirkes.

Die Göttin wohnte zunächst im Degutaletempel. Dann führte der König seine Pläne zur Vergrößerung des Darbār nach Süden aus. Anstelle eines Klostervihāras, den er abbrechen ließ, errichtete er südlich an den Degutale an-

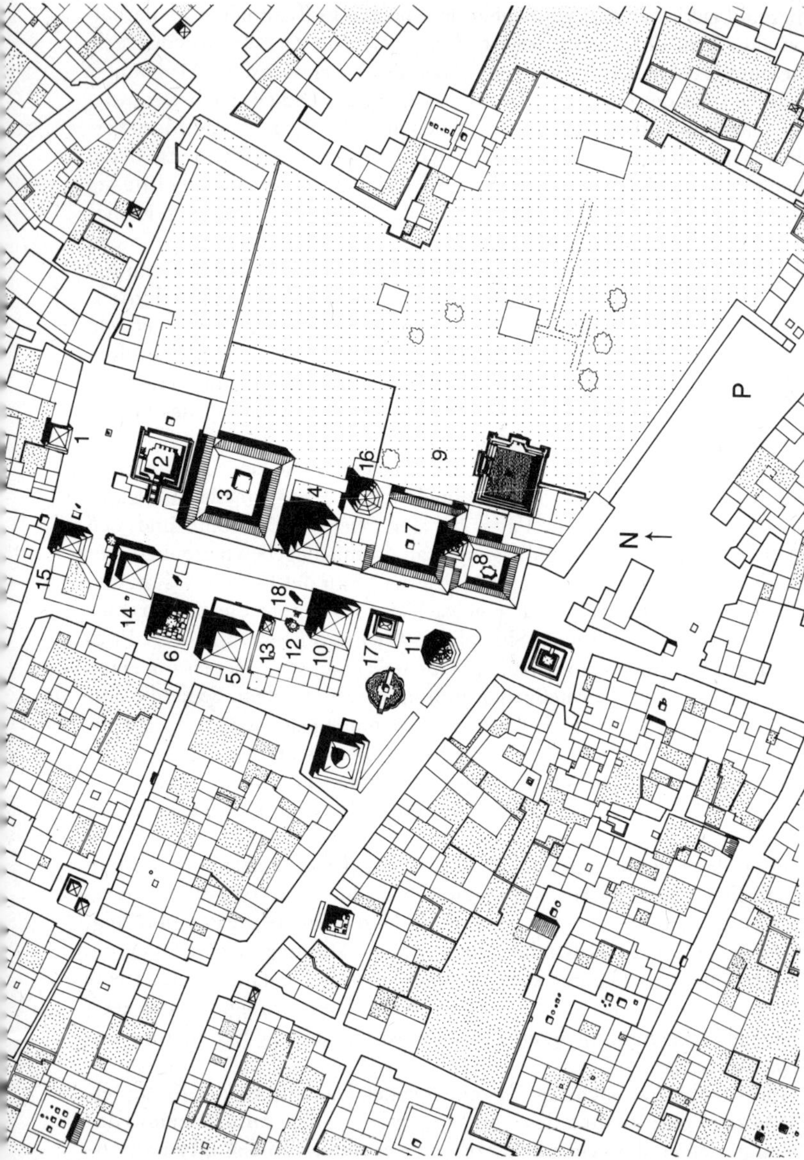

Pāṭan, Darbārbezirk (nach C. Pruscha)

schließend in derselben Achse den Mūlcok (7), wo die Göttin wie in Bhaktapur und Kāṭhmāṇḍu wohnen konnte, einen von vier Flügeln umschlossenen Hof mit der Cella im Südflügel (17,50 × 13,75 m). Bei der Feuersbrunst von 1663 fiel auch dieser Teil des Palastes den Flammen zum Opfer. Der Neuaufbau von 1666 fügte das große Westportal als Eingang von der Straße hinzu, ebenso die kleine dreistöckige Pagode über der Cella auf dem Dache des Südflügels. Śrīnivāsamalla (1661–1684) erbaute auch 1666 die achtseitige (Seitenlänge 3,50 m) Pagode in der Nordostecke (16) des Mūlcok mit drei Dächern, in der eine tantrisch-geheime Gottheit, wahrscheinlich Taleju wohnt. Vom Feuer verschont blieben die beiden Bronzen vor der Cella, Gaṅgā auf dem Makara, Yamunā auf der Schildkröte. Vielgestaltig ist das Götterpantheon auf den Holzstützen rings im Hof, die das Dach tragen, vor allem sind es die Aṣṭamātṛkās und die Aṣṭabhairavas, die dem tantrischen Charakter der Kultstätte entsprechen. Zum Mūlcok gehört die Talejuglocke (17) gegenüber dem Eingang im Westen auf der anderen Straßenseite, die 1737 von König Viṣṇumalla (1729–1745) aufgestellt wurde.

Sundhārācok (8) schließt sich im Süden an Mūlcok an. Dieser kleinere, rings umschlossene Hof (11,25 × 8,75 m) war der Wohntrakt der Könige. Siddhinarasiṃhamalla legte ihn an und fügte ihn in die gesamte Nord-Süd-Fassade ein. Aus seiner Zeit stammen die Statuen des Narasiṃha und Gaṇeśa an dem jetzt vermauerten Löwenportal. Hanumāna kam später nach dem Vorbild Kāṭhmāṇḍus dazu. Die weitere Ausstattung geht auf Śrīnivàsamalla (1660–1684) zurück. Einzigartig die kreisrunde Brunnenanlage in der Mitte, die dem König als Bad diente, in das er von Süden her hinabstieg. Das Wasser sprudelte aus einem Makararachen. Darüber Lakṣmīnārāyaṇa. Rings in zwei Rängen tantrische Gottheiten in bedrängender Fülle, die von zwei Schlangen umfaßt werden. Auch der Bāla Gopāla Mandir war hier als kleines Modell einbezogen.

Wie in Kāṭhmāṇḍu war im Osten des Palastes ein Garten angelegt (9). Von ihm ist noch ein großer, quadratisch gefaßter Teich von rund 12,00 m Seitenlänge geblieben, den Siddhinarasiṃha samt einem Blumengarten 1647 für die Göttin Taleju angelegt hatte. Das Volk glaubte, daß er auf Wasser gehen und Lotusblumen pflücken könne, so sehr stand er im Geruch der Heiligkeit. Abgesehen davon ist er durch seine Bautätigkeit als der eigentliche Schöpfer des Darbārbezirkes von Pāṭan anzusehen, wobei die Mitwirkung seines Guru Viśvanāth Upādhyāya gewiß von entscheidender Bedeutung war.

Die beiden Tempel, die gegenüber von Sundhārācok und Mūlcok die Talejuglocke im Norden und Süden flankieren, stehen unter dem Zeichen des Königs Yoganarendramalla (1684–1705) und seiner Tochter Yogamati.

Gleich nach dem Tode ihres Vaters ließ Yogamati 1706 einen Tempel zu sei-

nem Gedächtnis errichten, der dem Hariśaṅkara geweiht ist, einem Aspekt, der Viṣṇu und Śiva vereint. Im Süden neben der Säule, auf der er dargestellt ist. Die dreistöckige Ziegel-Holz-Pagode (10) steht auf einem dreistufigen Unterbau (12,50 × 12,50 m) und hat im Erdgeschoß einen Umgang von sechs Stützen an jeder Seite, der den Bau auflockert und ihn den benachbarten beiden Kṛṣṇatempeln mit ihren steinernen Pfeilerhallen angleicht. Sein unmittelbares Vorbild jedoch war der Viśvanāth Mandir, den Siddhinarasiṃha 1627 errichtet hatte und der den Vorplatz des Degutale und des Maṇi Keśvaranārayaṇa nach Norden abschließt, wie es dieser von Yogamati 1706 hinzugefügte Hariśaṅkara nach Süden tut. Die auffälligste Eigenart, die beide verbindet, sind die geschnitzten und bunt bemalten Garuḍabögen über jeder Arkadenöffnung, die als beschwingter Umlauf um das ganze Erdgeschoß wirken und nach oben zu dem geschnitzten Götterpantheon unter den Ziegeldächern hinaufweisen.
Yogamati war anfangs Regentin für ihren kleinen Sohn Lokaprakāśamalla (1705–1706), der aber nach elf Monaten starb. 1723 stiftete sie zu seinem Gedächtnis den achteckigen Steintempel, der am südlichen Ende des Darbārplatzes steht und dem jungen Kṛṣṇa und seiner Gespielin Rādhā geweiht ist. Ein eleganter Steinbau (11), der durch die einfallsreiche Verwendung von Pfeilerhalle und Pavillon den Śikharatempel verwandelt und auflöst. Sein Name Cyasilim Deval bezieht sich auf seine oktogonale Konzeption. Durchmesser mit Stufenbasis 11,00 m, nur der Cella 6,00 m, Höhe 13,00 m.
Der kleine Śikharatempel im Hintergrund hinter der Säule des Yoganarendra ist dem Narasiṃha geweiht (12). Er wurde von Pūraṇḍārasiṃha im Jahre 1590 gebaut, der als Adelsherr in Pāṭan herrschte, bevor die Mallas die Macht übernahmen. Die kleine zweigeschoßige Ziegel-Holz-Pagode daneben (13) ist dem Nārāyaṇa geweiht (2,55 × 2,55 im Grundriß, 8,50 m hoch). Mit den Schnitzereien unter den beiden ziegelgedeckten Dächern und um das Osttor gehört sie in den Zusammenhang des Hofstiles im 17. Jh. Auf den Stützen wird Viṣṇu auf Garuḍa ständig wiederholt. Tympanon und das steinerne Kultbild stellen Viṣṇu zwischen Lakṣmī und Sarasvatī dar. Der Viśvanāth Mandir, der von Siddhinarasiṃhamalla 1626 errichtet worden ist, verdient besondere Beachtung, nicht zuletzt wegen seiner städtebaulichen Funktion in der gesamten Planung des Dabārbezirkes (14). Seine Ziegel-Holz-Pagode steht auf drei Stufenquadraten von 12,40, 10,10, 8,10 m Seitenlänge. Auch die Cella ist quadratisch 4,10 × 4,10 m. Sie öffnet sich in gleichartigen Toren nach allen vier Seiten. Kultobjekt ist eine Liṅga. Von Westen führen zwölf Stufen empor, unten kniet Nandī, auf den Treppenwangen sitzen unten Löwen, oben links Bhīma, rechts Jambhala. Von Osten führen dreizehn Stufen empor, flankiert von Elefantenreitern. Der rechte tritt auf einen Menschen, der linke auf Lotusblumen. Die Cella hat einen

Umgang, sechs Holzsäulen auf jeder Seite, reich profiliert, als Basis jeweils ein steinerner Löwe und dazwischen Reliefs mit fliegenden Gandharven. Über jeder Säulenöffnung ein holzgeschnitztes, bemaltes Tympanon, in dessen Mitte ein Garuḍa, auf ihm Viṣṇu mit 16 Armen, links und rechts Göttergestalten, am Ende unten Makaras. Der Reichtum der Schnitzerei leitet nach oben über zu den Götterfiguren der Holzstützen unter den beiden ziegelgedeckten Dächern. Die farbig gefaßten Holzfiguren sind von hoher Qualität und kommen aus derselben Werkstatt wie die Schnitzereien des Jagannāth, die vom König favorisiert wurde und den Hofstil des 17. Jahrhunderts begründete. Dieser harmonische, stilbestimmende Musterbau des Siddhinarasiṃhamalla diente dem Hariśaṅkara Mandir der Yogamati von 1706 als Vorbild (10), der durch diese Angleichung die Geschlossenheit des Vorplatzes vor Palast und Degutaletempel herstellte. Die Funktion des Viśvanāth für die Gesamtkonzeption war nicht weniger wichtig. Die durch die Doppelöffnung seiner Cella und die Treppenläufe beiderseits gegebene Westostachse setzt sich in der Treppe fort, die zum Maṇidhārābrunnen hinabführt (2). Die Bauhütten der Mallas hatten sich schon in Kāṭhmāṇḍu in der Anwendung solcher Achsen geübt. Hier stieg der seine Pūjā Vollziehende nach der kultischen Waschung in den Tiefen der Maṇidhārā auf einer doppelten Stufenfolge zwischen den beiden Maṇḍapas am Brunnen zum Viśvanāth empor. Diese Achse verklammerte den Musterbau der Malla mit dem Brunnen, der als zentrale Einrichtung zu dem Stadtmittelpunkt der Vormallazeit gehörte. Die Bauten der nördlichen Zone des Darbārbezirkes, die die Mallas als neue Herren bereits vorfanden und übernahmen, werden damit in den Gesamtkomplex einbezogen, der sich seinerseits dadurch zur Einheitlichkeit abrundet.

Zum Baubestand der Vormallazeit gehörte ohne Zweifel auch der Bhīmasena Mandir (15). Zwar wurde der heutige dreigeschossige Bau im Jahre 1681 von Śrīnivāsamalla (1661–1684) gestiftet. Doch war zuvor ein eingeschossiger Tempel an dieser Stelle seit der Thākurīzeit vorhanden und als Teil des alten Stadtzentrums von Bedeutung. Bhīmasena war ein Gott, dem seit je die besondere Verehrung der Newaris gehörte. Seine Heiligtümer waren rechteckig und nicht quadratisch, bei mehreren Stockwerken rückte die Cella in den ersten Stock. So auch hier. Das Erdgeschoß, 9,20 × 8,30 m, hat drei Türen, darüber links ein Tympanon mit sechzehnarmigem Nṛteśvara Śiva, in der Mitte Śiva und Pārvatī, rechts Vārāhī zwischen Gaṇeśa und Kārttikeya. Innen geht die Treppe zum ersten Stock empor. Kultbilder in der Cella: Mahākāla, Bhīmasena und Draupadī, Bhairava. Nach außen manifestiert sich die Cella in einem vorspringenden Erker. Auf dessen Brüstung Gelbgußreliefs mit Bhīmas Heldentaten. Das Leben dieses Mahābhāratahelden wird auch an der Südseite außen an der Cellawand auf einem holzgeschnitzten

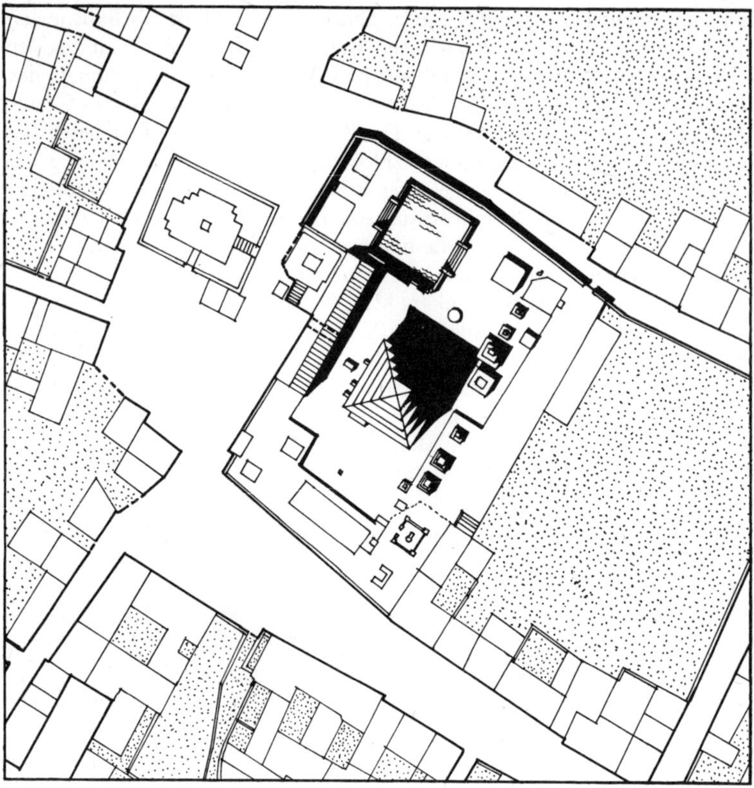

Pāṭan, Kumbheśvara Mandir (nach C. Pruscha)

Fries dargestellt. Die ersten beiden Dächer sind mit Ziegeln, das oberste mit Metallplatten gedeckt. Auf den Holzstützen dominieren die Darstellungen von Götterpaaren, nur unter dem dritten Dach sind es Einzelfiguren von Bhairavas. Restaurationen 1725, 1968. Der Bhīmasena Mandir bildet nach Norden den mächtigen Abschluß des Darbārbezirkes. Er ist ohne Gegenüber, so daß seine breite Schauseite im Osten voll zur Geltung kommt.

Kumbheswar
Kumbheśvara

Im Norden der Stadt im Viertel Konti liegt die fünfstöckige Pagode, die dem Śiva Kumbheśvara geweiht ist, nahe bei einer kleine Quelle und einem quadratisch gefaßten Teich, wo das Bad am Vollmond des Monats Śrāvana besonders glückbringend ist. In einem geräumigen Hof, der voll von Skulpturen und begrenzt von mehreren Nebentempeln ist, steht die Pagode auf einer steinernen Plinthe von 0,70 m Höhe und einem Grundriß von 10,50 × 10,50 m. Die Cella ist quadratisch (6,50 m Seitenlänge) und hat gleichartige Türen nach allen vier Seiten mit breit angelegten Toraṇas und entsprechenden Schnitzereien, die je ein Fenster an den Seiten einschließen und neben den Flußgöttinnen auch die Mātṛkās zur Darstellung bringen, im Westen (Haupteingang) rechts Vārāhī, links Indrāyaṇī; im Norden rechts Mahākālī, links Vaiṣṇavī; im Osten rechts Brahmāyaṇī, links Maheśvarī; im Süden rechts Kaumārī, links Mahālakṣmī. Die geschnitzten Tympana bringen alle Śiva im Mittelpunkt mit verschiedenen Begleitfiguren. Kultobjekt in der Cella ist ein großes Caturmukha Liṅga aus Bronze. Die Dächer sind alle mit Ziegeln gedeckt, das unterste breit ausladend über einem mit Holzgitterwerk vollständig geschlossenen Stockwerk, an den Streben Bhairavas und Mātṛkās, teils in Paaren, teils einzeln. Dieses ikonographische Programm wiederholt sich unter den oberen Dächern, die offene Stützbalken haben, mit Variationen, die auch formaler Natur sind, weil an einem solchen Heiligtum im Laufe der Jahrhunderte viele Hände mitgearbeitet, ausgebessert, kopiert und neugeschaffen haben. Als letzte Restaurationen sind datiert 1809, 1934, 1967. Dennoch blieb der archaische Charakter des ursprünglichen Baues von 1392 unter Jayasthitimalla (1372–1395) erhalten. Das zeigt sich besonders beim Vergleich mit der fünfstöckigen Nyātapola in Bhaktapur. Der älteste Tempel in Pāṭan und einer der eindrucksvollsten im Tal. Abb. Tafel 17.

Kwa Baha
Kvā Bahāl

Das als Goldener Tempel bekannte Kloster Kvā Bahāl, im Stadtviertel Kvālakhu nördlich vom Darbārbezirk zwischen Jhaṭāpol und Nāgbahāl gelegen, ist dem Gautama Buddha geweiht und eines von jenen Heiligtümern, wo das Baumaterial Ziegel und Holz fast ganz unter der Verkleidung mit Gelbguß und vergoldetem Kupfer verschwindet. In der Mitte des engen, vertieften Hofes (12,50 × 12,50 m), umgeben von Affen, Elefanten, Schildkröten, einem Vajra auf Lotus aus Gelbguß, Dīpas und Gebetsmühlen, der vergoldete

Tempel. Auf steinerner Basis (3,75 × 3,75 m) zwölf Holzstützen, je vier an jeder Seite, darüber das untere Dach aus vergoldeten Metallplatten mit acht Rippen, die in Masken enden. Auf den hochgebogenen größeren Diagonalrippen sitzen Vögel. Das obere Dach ist mit dem Gajūra zu einem Stūpa mit dreistufigem Unterbau, Tierkopffries und Eierstab in vergoldetem Gelbguß zusammengeschmolzen. Darin die vier Buddhanischen. Über der Spitze eine Tiara, die das Gajūramotiv klein wiederholt und nach allen vier Seiten Schlangen entläßt, die ihre Köpfe durch die nach allen Seiten herunterhängenden Metallbänder stecken. Die nach allen vier Seiten offene Cella unter diesem Dachaufbau ist von zwölf Gottheiten am Fuße der zwölf Holzstützen umgeben und außerdem von den vier Transszendentalen Buddhas vor den Cellatüren. Im Osten knien Stifter in Hoftracht. Kultbild: Gautama Buddha. An der Westseite des Hofes setzt sich die schimmernde Ausstattung in vergoldetem Metall fort. Wand bis 1,80 m weißgekachelt. Links und rechts der Tür zum Sanctum je ein Bodhisattva und ein Mönch aus Gelbguß. Über dem Gelbgußtoraṇa ein Tympanon mit Akṣobhya in Bhūmispharśamudrā. Darüber zweimal Siebenerfenster mit den sieben Buddhas. Beiderseits wird die goldene Bilderwand von einer Sālabhañjikā und das vorgebaute Scheingebälk mit einem Löwen und einem Bodhisattva abgeschlossen. Vordach darüber mit 20 Rippen und Masken über Erker aus vergoldetem Gitterwerk, an den Ecken Yalis, daziwschen 6 Bodhisattvas. Über dem Erker steigt die Pagode frei als Turm auf, zum Hof nach Osten Gitterwand mit Yālis und sechs Bodhisattvas, das Dach mit 16 Rippen und oben 9 Gajūras. Oberstes Stockwerk wieder durch Gitterwerk geschlossen, ohne Figuren, Dach mit 14 Rippen und 12 Gajūras. Vier Schriftbänder aus Metall hängen herunter. Durch einen Gang in der linken hinteren Ecke des Hofes gelangt man in den Ila Nani genannten großen Hof (35,00 × 41,00 m). Von hier läßt sich die Westseite der Pagode des Kvā Bahāl betrachten. Von oben bis unten ist hier alles aus Holz ohne die vergoldete Metallhülle. Unten eine Cella als Vorbau, über ihrer Tür Holztympanon, lehrender Maitreya(?) in der Mitte, links und rechts Buddha in Dhyānamudrā. Kultbild aus Stein: Gautama Buddha mit Almosenschale, darum ein Toraṇa aus Holz mit den fünf Transzendentalen Buddhas. Darüber erhebt sich die Pagode mit drei Dächern. Unter dem ersten Dach als Holzstützen 6 Avalokiteśvarabilder, achtarmig, fünfköpfig, darunter Tārās. Unter dem zweiten Dach 6 Avalokiteśvaras, sechsarmig, einköpfig, darunter Tārās. Unter dem dritten Dach geschlossenes Holzgitterwerk und keine großen Schnitzfiguren an den Streben, nur kleine Buddhas darunter. Über dem Durchgang zum Kvā Bahāl rechts unten Holztympanon mit Avalokiteśvara, achtarmig, fünfköpfig und je drei kleinen Bodhisattvas

Paśupatināth. Holz-Ziegel-Pagode mit vergoldeten Kupferdächern. Neubau von 1359 → *S. 241, 242* ▷

rechts und links im üblichen Rahmen. Der jetzige Bau steht seit 1409 laut Gajūrainschrift. Die letzte von vielen Restaurationen fand 1955 statt.

Macchendranath
Matsyendranāth

In Taṅgal im Süden der Stadt steht auf einer großen Wiese, dem sog. Tābahāl, die dreistöckige Pagode des Roten Matsyendranāth, wie Avalokiteśvara Padmapāṇi im Tale heißt, in religiöser Hinsicht der bedeutendste Tempel der Stadt, entsprechend prächtig ist die Ausstattung. Die Ziegel-Holz-Pagode steht auf einem Podest (11,30 × 11,30 m). Darauf ein Geländer mit 108 Gebetsmühlen, entsprechend den 108 Erscheinungsformen des Avalokiteśvara. Von allen vier Seiten führen fünf Stufen hinauf, von Löwen bewacht, im Norden aus Gelbguß, an den drei anderen Seiten aus Stein. Unter ihnen eine Vase mit überquellenden Lotusblumen, Symbol der Fülle und Fruchtbarkeit. An der Nordseite bekommen alle Bauornamente durch die Ausführung in Gelbguß ihren besonderen Glanz. Die Tür zur Cella hat sogar einen silbernen Toraṇa, darüber ein Gelbgußtympanon mit dem achtarmigen Avalokiteśvara Padmapāṇi. Der Toraṇa erstreckt sich über die ganze Breite der Cellawand, dreifach geteilt und mit dem üblichen Schmuck, Flußgöttinnen, Bhairavas, Glückszeichen, im Norden alles in Gelbguß, an den anderen Seiten dasselbe ikonographische Programm in bemalter Holzschnitzerei. An den wenigen Stellen, wo die Mauer zum Vorschein kommt, ist sie gekachelt. Die drei Dächer sind alle mit Gelbgußplatten gedeckt, 14 Rippen mit Metallmasken beim ersten, 12 beim zweiten, 10 beim dritten Dach. Auf den hochgebogenen Ecken sitzen Vögel. Die Holzstützen unter den Dächern stellen alle Avalokiteśvara dar, 16 unter dem ersten, 16 unter dem zweiten, 8 unter dem dritten. Unterm ersten haben die Gestalten die Darstellung von Höllenszenen unter den Füßen und Invokationen in Sanskrit, unterm zweiten hokkende Menschen, unterm dritten Szenen aus der Litanei des Avalokiteśvara, des Helfers in allen Nöten. Bekrönt wird die Pagode von einem großen Gelbgußgajūra, der von vier kleineren umgeben ist. Die Figuren sind schlank und gehören zum höfischen Stil der Mallawerkstatt in der zweiten Hälfte des 17. Jahrhunderts, wie er sich in den Tempeln und Palästen manifestiert, die nach der Feuersbrunst von 1663 neuerrichtet worden sind. Es sind die Grundlagen des Stiles, der dann bis ins Ende des 18. Jh. fortlebt. Nicht nur die Figuren auch die Pagode als Ganzes stellt in ihren harmonischen Proportionen mit den weit ausladenden Dächern ein Musterbeispiel der Architektur des 17. Jahrhunderts dar, das infolge seines vorbildlichen Erhaltungszustan-

Swayambhūnāth Stūpa, dahinter Anantapur Śikhara von 1654, davor Holz-Ziegel-Pagode der Śītala Devī von 1805 mit vergoldeten Kupferdächern, im Vordergrund zahlreiche Votivstūpas ◁ *→ S. 226–231*

des und seines Höchstmaßes an kostbarer Ausstattung seinen Eindruck nicht verfehlen kann.

Der Rote Matsyendranāth, wie das Volk den Avalokiteśvara Padmapāṇi nennt, ist zusammen mit dem Weissen Matsyendranāth von Kāṭhmāṇḍu als anderem Aspekt, die am meisten verehrte Gottheit des Tales. Entsprechend ist die Zahl der devotionalen Stiftungen. Vor der Nordfront stehen auf steingepflastertem Platz zwölf Steinstambhas, alle mit einem Schaft, der quadratisch beginnt, dann meist ins Achteck übergeht und oben in einem Lotuskelch endet. Die älteren plumper, die jüngeren eleganter. Keiner größer als ein Mensch. Acht tragen Tiere, von Osten nach Westen: Elefant, Pferd, Fisch, Pfau, Garuḍa, Schlange, Stier, Löwe. Vier haben die bekrönenden Tiere verloren. Pāṭans größtes Fest ist die Wagenproezssion des Kultbildes im Monat Vaiśākha. Die Gottheit bringt dann Regen und Fruchtbarkeit. Ursprünglich war sie identisch mit dem Būndyo, dem Regengott, von Buṅgamati. Daher verbringt sie noch immer drei Monate des Jahres dort. Eine Einrichtung, die Śrīnivāsamalla (1660–1684) getroffen haben soll, derselbe König, der die Masyendranāthpagode in ihrer jetzigen Gestalt im Jahre 1673 einweihte, wie er sie anstelle eines älteren Baues hatte errichten lassen. Die letzte umfassende Restauration erfolgte 1934 nach dem Erdbeben. Priester ist ein Shakhya.

Maha Baudha
Mahābauddha (Mahābodhi Mandir)

Im Stadtviertel Mahābauddha im Osten der Stadt liegt der Mahābodhitempel in einem engen unregelmäßigen Hof, der nicht wie ein Klosterhof aussieht. Auf einer Basis (8,50 × 8,50 m) steht der Śikharatempel in Nachahmung des Mahābodhitempels in Bodhgaya mit vier kleineren Eckśikharas auf quadratischem Grundriß (6 × 6 m). Er ist aus Terrakottaplastiken aufgebaut, die für den Bau gebrannt worden sind und alle den Buddha in einer Nische darstellen. Auf dem hohen kubischen Unterbau, in dem sich die Cella befindet, erhebt sich ein kleinerer Würfel, der an den Ecken Raum für die Nebentürme läßt. Dann erst steigt der sich verjüngende Śikharaturm empor, mit großen Buddhanischen nach allen vier Seiten versehen und bekrönt von einem mächtigen Gajūra (insgesamt 16,40 m hoch). Ein anderes Mal ist der Tempel von Bodhgaya, der dort steht, wo Buddha in seiner Meditation zur Erleuchtung gelangte, in Pagan, Birma, nachgebaut worden. Als Gründer des Mahābodhitempels in Pāṭan gilt Abhayaraja Shakhya, der von seiner Pilgerfahrt nach Bihār in Indien eine Buddhafigur mitbrachte und für sie ein Simile des Tempels von Bodhgaya errichten wollte. Wielange der Bau gedauert hat, ist unbekannt. 1601 gilt als Gründungsjahr. Nach dem Erdbeben mußte

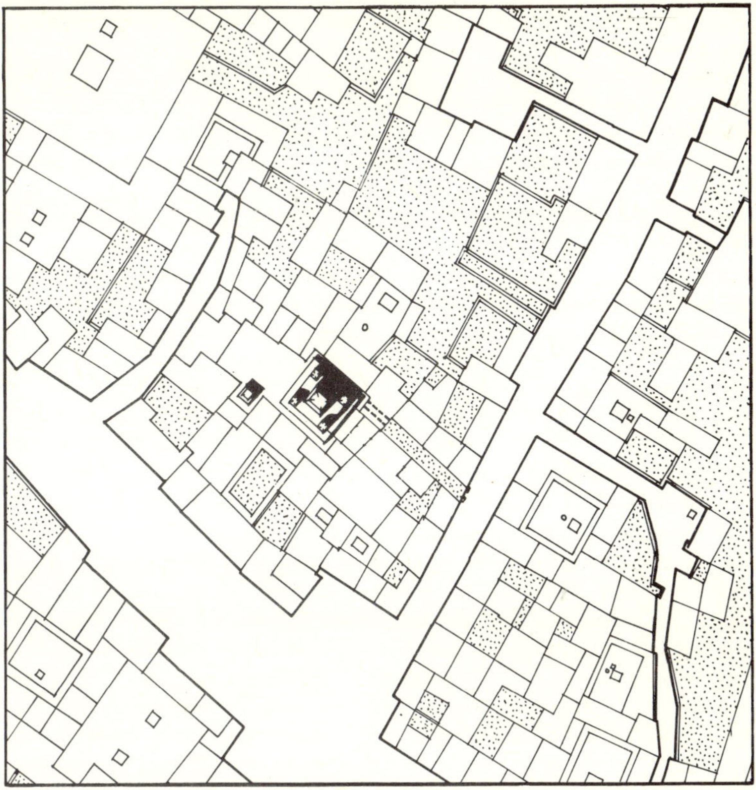

Pāṭan, Mahābodhi Mandir (nach C. Pruscha)

der Tempel 1933 wieder zusammengesetzt werden. Nach Technik und Form ist er einzigartig.

Mahadeva Mandir
Nṛteśvara Mahādeva Mandir

Der kleine Tempel mit zwei Dächern steht inmitten eines Platzes im Stadtteil Suliṃhaṭole, dessen Geschlossenheit noch kaum gestört ist. Nur an der Westseite sind Häuser erneuert, die den Gesamteindruck schädigen. Zur Ziegel-Holz-Pagode in der Mitte gehört an der Südseite das tantrische Heiligtum Jośi Agā. Beide dem Śiva Mahādeva als Herrn des Tanzes (Nṛteśvara) geweiht. Die Cella steht auf einem quadratischen Podest 3,77 × 3,77 m, einen halben Meter hoch. Sie ist quadratisch 2,48 × 2,48 m, nach allen vier Seiten offen, Haupteingang im Westen mit geschnitztem Rahmen. Darüber Tympanon aus Holz mit Nṛteśvara, achtarmig, Gaṇeśa (l.), Kārttikeya (r.), beide ebenfalls tanzend, dazu je ein tanzender Mṛdaṅgaspieler beiderseits. Kultobjekt in der Cella ein Liṅga, an den Wänden Bhagvatī, Gaṇeśa, Sūrya, Viṣṇu. Die geschnitzten Holzstützen unter beiden Dächern sind von hoher Qualität, dem weichen Stil des 15. Jh. zugehörig. Ikonographisch sind es Śālabhañjikās, Baumnymphen, die in die Zweige über sich greifen und auf kauernden Gnomen stehen. Die beiden im Westen tanzen spiegelbildlich in ausdrucksvoller lebendiger Bewegung, unter ihren Füßen Mṛdaṅgaspieler, mit reichem Schmuck als einziger Bekleidung.

Mahalakshmi
Mahālakṣmī

Im Süden vor den Toren der Stadt, nicht weit vom südlichen Aśokastūpa, in Lagaṅkhel steht der dreistöckige Mahālakṣmītempel in schöner landschaftlicher Umgebung neben einem mächtigen Pippalabaum. Cella rechteckig 5,25 × 3,75 m, nach allen Seiten offen. Kultobjekt sind Steine. Westen später zugemauert, Rahmen eines Tympanons, darin Garuḍa durch Pfau ersetzt. Im Osten Gelbgußtorana auf kleinen Steinlöwen, bekrönt von Gelbgußbogen mit Garuḍa – Nāga – Makara, darunter hängend viereckiges Gelbgußrelief der Durgā Mahiṣāmardiṇī mit Glockengehänge. Die gleiche Darstellung im ersten Stock und zum dritten Mal zwischen erstem und zweitem Stock, hier aus Holz und bunt bemalt. Erstes Stockwerk durch Holzgitter geschlossen, Wellblechdach. Zweites und drittes offen mit Holzstützen, die Mātṛkās und Bhairavas darstellen, alle acht Paare, darüber bei beiden Wellblechdach. Drei Gajūras aus Mörtel und Gelbguß. 1701 erbaut. Nach dem Erdbeben 1933 vollständig erneuert samt dem grell bemalten Figurenschmuck der Streben.

Minanath
Mīnānāth

Im Stadtviertel Taṅgal gegenüber dem Matsyendranāth auf der anderen (östlichen) Seite der Hauptstraße (Nordsüdachse) liegt hinter einem Brunnen das Kloster Taṅgabahāl oder Jeṣṭhavarṇa Mahāvihāra, darin die zweistöckige kostbar ausgestattete Pagode Mīnānāth, geweiht dem Jaṭādhāri Lokeśvara, einer Form des Avalokiteśvara, bei der er wie ein Asket mit aufgesetztem Haarknoten dargestellt wird, die eng verbunden ist mit dem

Heiligtum gegenüber, besonders bei der Wagenprozession, und ebenfalls einen Shakya als Priester hat. Haupteingang im Westen mit Gelbgußtorana, seitlich wie immer Flußgöttinnen und Bhairavas, Tympanon mit Avalokiteśvara, ebenso reich das Fenster darüber im ersten Stock. Die anderen Seiten wiederholen den Schmuck in beiden Geschossen mit bunt bemalten Holzschnitzereien. Im ersten Stock wird das ziegelgedeckte Dach von geschnitzten Stützen getragen, die Avalokiteśvara darstellen, jeweils vier an jeder Seite. Das zweite Stockwerk darüber ist durch Gelbgußgitterwerk geschlossen. Sein Dach mit Metallplatten gedeckt und von Gelbgußgajūra bekrönt. Im Hof unter den Weihgaben sieben kleine Stūpas und eine große Gebetsmühle. Erbaut im 16. Jh. und oft restauriert.

Tvaya Baha
Tvāya Bahāl

Im engen quadratischen Innenhof des Tvāya Bahāl im Stadtteil Nuga steht eine einfache zweistöckige Pagode des Matsyendranāth. Ein schlanker Steinstūpa vor dem Tor zur Cella im Westen, das von zwei Steinlöwen bewacht wird, bezeichnet das buddhistische Heiligtum. An ihn lehnt sich auch, nach dem Eingang zu, eine mittendurch gesprungene Inschriftentafel. Eine Glocke gibt es nicht. Die Cella (4,04 × 4,05 m) erhebt sich auf zwei Ziegelpodesten (7,05 × 7,05 m und 5,60 × 5,60 m). Sie hat drei Öffnungen, die durch Holzgitterwerk verschlossen sind. Dahinter eine Vorhalle, erst eine zweite Tür führt in die eigentliche Cella, die nicht zugänglich ist, außer zur Zeit des Matsyendranāthfestes. Ein Kultbild des Padmapāṇi steht darin. Ein Tympanon über der Tür ist nicht vorhanden. Beide Dächer sind mit Ziegeln gedeckt. Das obere wird von einem Gelbgußgajūra bekrönt. Unter dem ersten Dach finden sich zwischen den Eckyālis je vier Śālabhañjikās, alle braun gebeizt, unter dem zweiten Dach je zwei. Die Schnitzereien dieser Pagode liefern ein gutes Beispiel dafür, wie bei Restaurationen ein Teil belassen wird, wie er vorher war. Wenn es sich dann um zwei Wiederherstellungen handelt, wie hier, dann ergibt es eine bunte Mischung von drei verschiedenen Stilvarianten. 1529 und 1914 sind die beiden datierten Restaurationen. Als Gruppen ergeben sich einer genauen Stilanalyse: 1. Zwei Śālabhañjikās, die in die Zweige über sich greifen und auf Gnomen stehen, überaus schlank und in weichen Formen, am ersten Dach Norden Mitte links und Osten Mitte links, beide spiegelbildlich, vor 1529. 2. Vier Śālabhañjikās am ersten Dach Norden rechts, Osten rechts, Osten Mitte rechts, Osten links und zwei am oberen Dach Osten rechts und links von 1529. 3. Der Rest stammt von 1914 mit deutlichen Zeichen des Jugendstiles der Zeit.

Uku Baha
Uku Bahāl

Der stattliche Hof ist eines der bedeutendsten und ältesten Klöster in Pāṭan. Der Tradition nach war es das Heiligtum, in dem seit Śivadeva Licchavi die Herrscher von Pāṭan ihre Weihen anläßlich der Krönung empfingen. Die dort aufgefundenen Handschriften geben ebenfalls einen Hinweis auf das hohe Alter des Klosters und die Rolle, die es spielte, als Pāṭan noch als Hauptstadt des Tales galt. Auch seine Lage in unmittelbarer Nähe des Mahābodhītempels ist für seinen Rang von Gewicht. Uku Bahāl grenzt an den Yātalibi Caitya, der südwestlich von ihm auf freiem Platze steht. Im Südwestflügel des quadratischen Klosterhofes (12,50 × 12,50 m) befindet sich auch die Cella, den fünf Transzendenten Buddhas geweiht, die auf den fünf Stützbalken des vorkragenden Daches dargestellt und ins Jahr 1653 datiert sind. Dieser Flügel hat zwei Dächer, das untere mit Ziegeln gedeckt und von fünf Gajūras durchbrochen, das obere mit Metallplatten gedeckt und von 15 Gajūras bekrönt. Der Hof ist angefüllt von Weihgaben und Stiftungen aller Art. 1981 wurde das Kloster restauriert. Dabei wurden elf Schnitzereien von hoher Qualität, die ursprünglich außen unter dem ersten Dach als Stützen an der Rückseite des Südwestflügels, dem Yātalibi Caitya zugewandt, angebracht waren, in den Innenhof versetzt. Dort sind sie an der Nordost und Südwestseite des Hofes ihrer Bedeutung entsprechend angebracht. Es handelt sich um Śālabhañjikās, Baumnymphen, die über sich in die Zweige greifen und auf kauernden Gnomen stehen. Sie gehören dem weichen Stil des ausgehenden 14. Jahrhunderts an, zusammen mit ähnlichen Figuren im → Itum und → Yaṭkhā Bahāl Kāṭhmāṇḍu, und repräsentieren die ältesten nachweisbaren Holzschnitzereien im Tal.

Pharping

Das Dorf Pharping (1570 m) ist heutzutage leicht zu erreichen, da es an der Straße nach Dakṣiṇakālī liegt, am Berghang über dem Bāgmatital. Von besonderer Bedeutung sind drei Heiligtümer.

1. Vajrayoginītempel liegt auf demselben Hügel wie die Gorakhnāthhöhle. Eine steile Treppe führt vom Wege hinauf. Der rechteckige Tempelbezirk (13 zu 19 m) umfaßt einen Hof und in dessen Mitte eine dreistöckige Pagode auf quadratischem Grundriß von 5 m Seitenlänge. Links und rechts sind Dharmaśālās angebaut. Die Cella liegt im ersten Stock, der entsprechend mit schrägen Gittern zwischen den Stützbalken ausgestattet ist. Nach vorn öff-

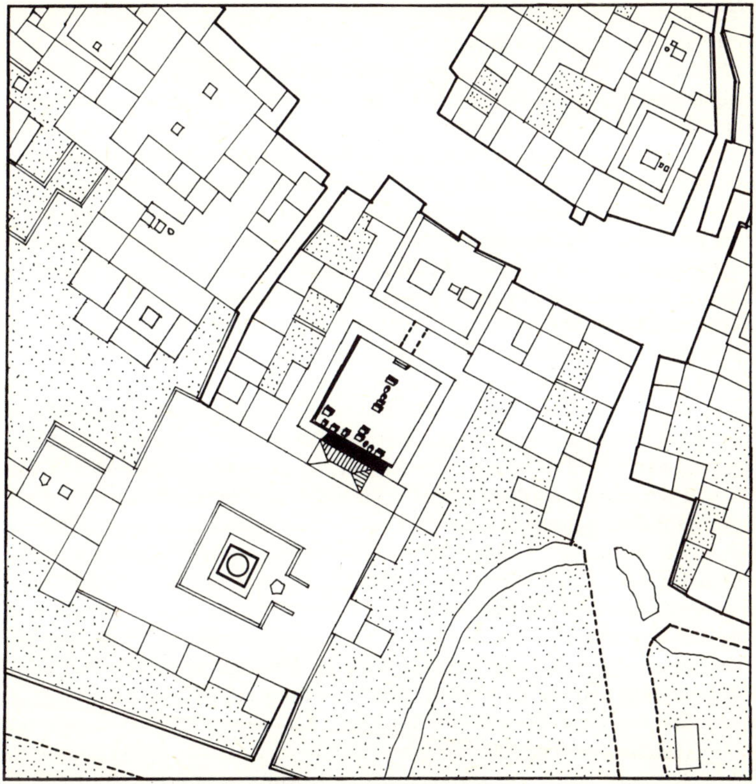

Pāṭan, Yātalibi Caitya und Uku Bahāl (nach C. Pruscha)

nen sich drei große Fenster. Die beiden oberen Stockwerke haben dagegen freiliegende Dachstützen. Sie stellen dar: Kakaṣya, Ulukaṣya, Pūjādevi. Auf dem Tympanon erscheint holzgeschnitzt Vajrasattva, im Erdgeschoß sind Vasundhārā, Avalokiteśvara, Śākyamuni und zwei Mönche abgebildet. Im Hofe stehen Gaṇeśa, Mahākāla und ein Votivstūpa. Der Baubestand des Tempels entspricht dem 17. Jh. Das hochbedeutende tantrische Heiligtum als solches geht sicher auf viel frühere Zeiten zurück. Darauf deuten auch die Legenden, die besagen, daß hier Heilige wie Odiyācārya, Tilopa, Nāropa, Phaṇpipa gelebt und durch Aṣṭasiddhi Samādhi erreicht hätten. Neben dem gepflasterten Haupthof liegt ein kleinerer offener Garten mit einem kleinen Steinstūpa und einem weiteren Dharmaśāla. Westlich vom Tempel führt ein

Pfad auf derselben Höhe durch die Reisfelder zu den Steinbildwerken einer Śarasvatī und eines Gaṇeśa.

2. Nördlich von Pharping fast auf dem Gipfel des Hügels liegt das Gorakhnāthheiligtum, eine Höhle, darin Skulpturen des 18. Jh., Padmasambhava, Vajrasattva, Vajrakīla, Hayagrīva. Auf dem langgezogenen Vorplatz steht ein kleiner Tempel mit vier Öffnungen, errichtet über den Fußspuren des Gorakhnāth, die ins Jahr 1390 inschriftlich datiert sind. Die zweistöckigen Häuschen daneben und dahinter sind im Verfall begriffen. Sie waren wohl eine Art Klause für Einsiedler. So berichtet die Legende, daß Padmasambhava hier auf seinem Wege von Indien nach Tibet verweilte und hier meditierend der Nirātmaphilosophie inne wurde. Als Erinnerungsstätte an Gorakhnāth und Padmasambhava hat der stille Platz für Hindus und Buddhisten gleichermaßen Bedeutung. Die meisten Pilger, die sie aufsuchen sind Tibeter. Ein Tamāṅg Lāmā kommt täglich zur Pūjā.

3. An der Ostseite der Pharpingstraße am Fuß des Gorakhnāthhügels liegt ein weiteres Felsenheiligtum, genannt Sekhnārāyan, Śeṣnārāyaṇa, das der Legende nach von Pradyumna, dem Sohne Kṛṣṇas gegründet worden ist. Im Vorfeld der Höhle an der Straße liegen mehrere Teiche, dazwischen zwei dem Mahādeva geweihte kleine Śikharas und am unteren Fußweg Skulpturen, Lakṣmīnārāyaṇa, Ardhanārīśvara, Viṣṇu, Kāmadeva. Halb versunken in einem der Teiche eine Sūryafigur und ein Sūryarelief (13. Jh.). An der Treppe, die zwischen den Teichen hinaufführt, steht eine Śivapārvatīskulptur und eine andere mitten in dem oberen Teich. Zum eigentlichen Tempelbezirk, 13 m höher, führen Treppenfluchten hinauf. Dort ragt eine senkrechte Felswand hunderte von Metern hoch. Am Fuße links ein lebensgroßer Garuḍa und rechts ein Viṣṇuvikranta (14. Jh.) neben dem einstöckigen Holzbau, der die Felsnische mit dem Allerheiligsten verhüllt. Er besteht aus Holzgittern, das wellblechgedeckte Dach tragen kurze geschnitzte Stützen. Im Inneren stehen als Kultbilder Lakṣmīnārāyana, Viṣṇu und Gaurī.

Pokhara
Pokharā

200 km weiter westlich und 400 m tiefer als Kāṭhmāṇḍu liegt Pokhara (900 m). Sein Talkessel birgt, was der Name anzeigt, einen See (Phewa Lake) mit dem modernen Vārāhī Mandir. Darüber steigt das Massiv der Annapurnagipfel (8091 m) unmittelbar und jäh in nur 50 km Entfernung empor. Nirgends sonst im Himālaya ist die ohne Zwischenstufen überbrückte Spanne im Höhenunterschied zwischen Standort und Gipfel so gewaltig wie beim

Macchapucchare, dem »Fischschwanz« in 30 km Entfernung (6994 m hoch). Das Panorama reicht vom Dhaulagiri (8167 m) bis Himālcūli (7893 m). Das macht den Zauber des Tales aus, und dementsprechend nehmen viele Wanderungen hier ihren Anfang. Der Ort selbst (gegen 50000 Einwohner) besteht aus einer Ansammlung bescheidener Behausungen, viele von ihnen mit Wellblech gedeckt. Bei Schlechtwetter ein trostloser Anblick. Hotels gibt es in allen Preislagen und für alle Ansprüche, von der Fishtail Lodge über das Crystal Hotel bis zu einfacheren Unterkünften. Die größeren kann man von Kāṭhmāṇḍu aus buchen. Reizvoll ist auch die Fahrt von Kāṭhmāṇḍu aus als solche. Die Straße ist gut. Höchstens behindert im Monsun der eine oder andere Erdrutsch die freie Fahrt. Sie führt durch ostwestlich streichende Längstäler, zuerst die Triśūlī abwärts, dann die Gaṇḍakī aufwärts. Ein Abstecher auf der neuen Straße nach Gorkhā läßt sich von Muging aus einplanen. Von Pokhara nach Süden führt die Straße über Tansen nach Butwal und Bhairawa und zur indischen Grenze. Von Bhairawa aus ist Lumbinī auf guter Straße zu erreichen. Die Nordsüdstraße Pokhara-Butwal schneidet die Ketten, es geht aufwärts zu den Pässen und wieder abwärts. Es gibt überraschende Fernsichten. Das Erlebnis der Landschaft ist grundverschieden von dem langsamen Wechsel der Bilder, den die Ostweststraße Kāṭhmāṇḍu-Pokhara bietet.

Sanagaon
Sānāgāoṅ

Das Dorf Sānāgāoṅ (1331 m) liegt 3,5 km südöstlich von Pāṭan und ist auf derselben unbefestigten Straße zu erreichen, die nach Lubhu führt. Der Ort hat drei Ziegel-Holz-Pagoden. Der dreistöckige Bhairava Mandir wurde 1682 erbaut. Die Dächer sind mit Ziegeln gedeckt und werden von glatten Holzbalken gestützt. Das 1887 datierte Tympanon bildet Bhairava ab. Daneben steht am Nordende des Dorfplatzes die zweistöckige Pagode, die dem Gaṇeśa geweiht ist. Auch sie hat Ziegeldächer und leere Stützenbalken. Erbaut wurde sie 1831 und das Tympanon mit Gaṇeśa 1909 gestiftet. Am Südende des Platzes vor einem Teich steht die zweistöckige Pagode der Kaumārī mit Ziegeldächern und glatten Stützbalken. Das Gelbgußtympanon über dem Eingang zur Cella bildet Kaumārī und Caṇḍa Bhairava ab. Auch dieser 1934 restaurierte Tempel ist jungen Datums. Das Fest für alle drei ist der erste Tag des Monats Vaiśākha.

Sankhu
Śāṅkhu

Im Nordosten des Tales auf dem Wege nach Tibet liegt die kleine Stadt Śāṅkhu, die im Verlaufe der Geschichte meistens zum Machtbereich Kāṭhmāṇḍus gehörte. Von dort führt nach Norden hügelaufwärts der mit Steinplatten gepflasterte Weg zum Vajrayoginī-Heiligtum. Der Weg überschreitet zunächst das Flüßchen Śālinadi und steigt dann steil an. Er führt an einem kleinen Steinstūpa und Rasthütten vorbei zu einem Bhairavaschrein mit einem großen dreieckigen Stein und einem Gaṇeśabild daneben. Von dort beginnt eine lange Flucht von Treppen zu einem Wald hinauf. Dort eröffnet sich eine schöne Aussicht über das Tal von Śāṅkhu mit dem Bergausläufer im Hintergrund, auf dessen westlichem Sporn Cāṅgunārāyaṇa (1541 m) liegt. Mitten in dem Wald findet sich der Tempelkomplex der Vajrayoginī. Sie ist eine der mächtigsten tantrischen Göttinnen. Hier auf der Höhe (1707 m) soll sie seit ältesten Zeiten ihren Sitz gehabt haben. Sie soll Mañjuśrī dazu bewogen haben, das Wasser des Sees, das im Tale stand, zum Abfluß zu bringen. Sie soll den Svayambhūnāthstūpa gebaut haben. Viele weitere Legenden knüpfen sich an diesen landschaftlich hervorragenden und seit Urzeiten heiligen Ort. Der Tempel der Vajrayoginī steht in einem ummauerten Bezirk, zu dem Nicht-Hindus keinen Zutritt haben. Er hat einen quadratischen Grundriß von 5 m Seitenlänge mit Türen nach allen vier Himmelsrichtungen. Er hat drei, mit vergoldeten Kupferplatten gedeckte Dächer, deren geschnitzte Holzstützen die Mātṛkās, Bhairavas und andere Gottheiten darstellen. Vajrayoginī wird auf den vergoldeten Tympana abgebildet. Jayapratāpamalla ließ den Tempel 1654 errichten. Eine riesige Glocke und ein Löwenpfeiler, eine Buddhaskulptur und einige Steinstūpas stehen im Freien. Kultbilder in der Cella sind neben Vajrayoginī, Siṃhinī, Vyāghrinī und Ugratārā. Neben dem Vajrayoginīmandir steht ein, dem Baubestand nach älterer (16. Jh.) zweistöckiger Tempel. Seine quadratische Cella von 6 m Seitenlänge hat nur einen Eingang und als Kultobjekt einen Svayambhūnāthstūpa. Auf dem getriebenen vergoldeten Tympanon ist Amitābha dargestellt. Die Dachstützen geben die Daśakrodhabhairava wieder. Diese zehn Bhairavas sind zehn zornige Erscheinungen Śivas die, der Gott emanierte, als er von seinem Schwiegervater Dakśa Prajāpati beleidigt wurde. Sie heißen Hemāntaka, Prajñāntaka, Padmāntaka, Vighnāntaka, Acala, Tarkirāja, Nīlakaṇṭha, Mahākāla, Uṣṇīṣcakravartī, Śumbharāja. Diese zweistöckige Pagode heißt Guṇavihāra oder Śrī Dharmadhātu Mahāvihāra. Hinter diesen beiden Tempeln führt ein Weg mit Steinstufen zum Vajrayoginī Dyochen hinauf. Rechterhand liegt ein rechteckiger Teich mit steinernem Wasserspeier, eine Anlage des 10. Jh. Nach links führen die Stufen weiter hinauf

zum Dyochen, dem Wohnhaus der Göttin, das auf älterem Grundriß erneuert worden ist. Es enthält mehrere wertvolle Bildwerke im oberen Stockwerk, einen Gelbguß der Vajrayoginī mit Siṃhinī und Vyāghrinī, eine Kupferstatue des Gautama Buddha in Bhavīṣyakāraṇamudrā aus dem 5. Jh. und einen Gelbguß der Vasundhārā, der Göttin des Überflusses. Im Erdgeschoß ist ein Agniśāla, ein riesiger Eisentopf, ein Metallstūpa und das Haupt einer großen Buddhastatue (7. Jh.) zu besichtigen. Der Priester des Heiligtums ein Bajracharya lebt hier. Der große Hof, an dem das Wohnhaus der Göttin steht, ist von einem wenig ansprechenden Wohnbau des 20. Jh. umgeben, errichtet von Chandra Shamsher. Im Zentrum befindet sich ein schöner abgetreppter Steinbrunnen.
Im Jahre 1599 stiftete Sūryamalla eine Wagenprozession von Śāṅkhu hinauf zum Tempel der Göttin. Diese Prozession wird noch heute einmal im Jahr durchgeführt. Sie dauert neun Tage von Caitrapūrṇimā an und lockt Scharen von Teilnehmern aus dem ganzen Tale an.

Sundarījal

Die der Muttergottheit Sundarī Māi geweihte natürliche Felsenhöhlung liegt am Hange des Śivapuri im Norden des Tales an dem Wanderweg, der nach Helambu führt, am Ufer der Bāgmati, die hier als Gebirgsbach herunterkommt. An diesem Ort uralter Heiligkeit sind die Kultobjekte Natursteine, so die Sundarī Māi und die Aṣṭamātṛikās. Im 13. Jh. wurde die Skulptur einer Muttergottheit hinzugefügt. Noch später wurde ein kleiner Mahādevatempel mit einem Liṅga gebaut. Die Legende berichtet, daß Śiva und Pārvatī einst in der Höhle Rast machten. Unter den Namen Sundareśvara und Sundarī Māi werden beide hier verehrt, der schöne Herr und die schöne Mutter entsprechend dem Namen des Ortes. Sundarījal heißt Schönwasser und ist bis heute ein beliebter Ausflugsort. Zum Fest Jeṣṭhaśukladaśamī kommen viele Gläubige, um hier im Bach zu baden. Man läßt den Wagen am Ende des Fahrweges stehen und hat dann noch eine halbe Stunde bergauf zu wandern.

Thaibo

Der kleine Ort liegt zwischen Harisiddhi und Bāṇḍegāoṅ an der Straße, die von Pāṭan nach Godāvari führt. Er wird überragt von einer dreistöckigen Pagode, die dem Gaṇeśa geweiht ist. Das Sanctum im Erdgeschoß ist nicht geschlossen. Die beiden unteren Dächer sind mit Ziegeln, das obere mit Metallplatten gedeckt. Die Stützbalken sind sämtlich ohne Schnitzereien. Im Hof

stehen Skulpturen von Śiva, Pārvatī, Gaṇeśa, Viṣṇu und Sarasvatī. Die ungewöhnlich schlanke Pagode wurde 1876 erbaut und 1934 restauriert. Priester ist ein Shrestha. Die Feste Phālgun-pūrṇimā und Bhādra-pūrṇimā.
Eine offene Verehrungsstätte mitten auf dem Dorfplatz ist Phulcoki Māi geweiht. Sie ist nur leicht überdacht und von hohem Alter. Ein Tympanon über dem Eingang zeigt Phulcoki und Mahākāla. 1926 wurde sie erneuert. Auf einem Hügel über dem Dorf befindet sich ein Heiligtum des Śāntaneśvara Mahādeva, in dem die Gläubigen um Fruchtbarkeit beten; der Gipfel als solcher, auf dem es liegt, wird als Liṅga angesehen.

Thankot
Ṭhānkoṭ

Der Ort Ṭhānkoṭ ist das letzte Dorf an der Straße nach Pokhara, bevor sie das Tal verläßt, und ebenso der letzte Ort an der historischen Straße nach Indien über den Candragiri-Paß. Umgekehrt machten hier die Reisenden aus Indien im Anblick der Himālayakette Halt, bevor sie ins Tal hinunterstiegen.
Der zweistöckige Mahālakṣmītempel liegt malerisch zwischen Bäumen. Sein Ziegelkern verschwindet unter der Fülle von Holzwerk. Das Erdgeschoß auf rechteckigem Grundriß (6,25 × 5 m) ist, wie bei Tempeln dieser Göttin üblich, halb offen. Drei holzgeschnitzte Bögen bilden den Eingang von Osten. Darüber erheben sich die beiden Stockwerke mit geschlossenen Holzgittern und ohne Götterbilder als Stützen für die ziegelgedeckten Dächer. Wie immer ist allerlei Küchengerät an der Front des Heiligtums als Gaben für die Göttin angenagelt. Als Stützen für den vorspringenden Erker des ersten und zweiten Stockes dienen breite Balken mit den Aṣṭamātṛkās. Im Tempel befinden sich Kultbilder der Bhagvatī, des Kumbheśvara und des Halāhala Lokeśvara, im Hofe Skulpturen von Gaṇeśa und Mahākāla. Als Gründungsdatum gilt 1690. Priester ist ein Maharjang, das Fest Kārtika-pūrṇimā.
Von einem älteren viṣṇuitischen Tempel, dessen Garuḍasäule und Steinfundament 1667 und 1780 datiert sind, steht nichts mehr aufrecht. Im 19. Jh. ist ein kleiner Kuppelbau aus Ziegeln und Mörtel auf der alten Basis errichtet worden. Hier wird Satyanārāyaṇa verehrt. Im Hof stehen u. a. Skulpturen von Varuṇa, Kumbheśvara, Mañjuśrī und Padmapāṇi. Priester ist ein Brahmane. Das Tempelfest wird an Kṛṣṇāṣṭamī gefeiert.

Thecho
Ṭheco

Ṭheco ist auf unbefestigter Straße von 5 km Länge, die von der Ring Road südlich von Pāṭan abzweigt und nach Cāpāgāoṅ einen Kilometer weitergeht, zu erreichen. Der Bālkumārī Mandir ist eine dreigeschossige Pagode auf rechteckigem Grundriß (11,25 × 7,25 m). Das Erdgeschoß öffnet sich nach Süden mit drei Holzbögen, jeder von einem Tympanon bekrönt, auf dem Bālkumārī dargestellt ist. Die ersten beiden Dächer sind mit Ziegeln gedeckt, das dritte mit Metallplatten und bekrönt von einem Gajūra. Auf den Stützbalken sind die Aṣṭamātṛkās abgebildet. Das unterste Stockwerk ist durch hölzernes Gitterwerk geschlossen. Vor dem Tempel stehen die beiden üblichen Löwen als Wächter, ein Pfauenpfeiler, ein Steinstūpa, ein Maṇḍala, ferner Skulpturen von Bālkumārī, Sukhāvatī, Lokeśvara, Gaṇeśa, Mahākāla. Der Tempel wurde 1666 erbaut und 1792 sowie 1934 restauriert. Priester ist ein Achaju, sein Fest Marga-śukla-pūrṇimā.
Das Dorf besitzt einen zweiten breitgelagerten Tempel auf rechteckigem Grundriß (10 × 7,50 m), den doppelstöckigen Brahmāyaṇī Mandir. Beide Geschosse sind mit Holzgittern geschlossen, die Stützen sind als Bilder der Aṣṭamātṛkās geschnitzt. Das Erdgeschoß hat drei Eingänge zur Cella von Süden her, ein jeder mit holzgeschnitzter Garuḍa-Lunette. Im Hof davor stehen die beiden Löwen, ein Steinpfeiler, ein Steinstūpa und Skulpturen von Viṣṇu, Gaṇeśa und Mahākāla. Der Tempel wurde im 17. Jh. gebaut und 1701 sowie 1936 restauriert. Sein Priester ist ein Maharjang oder ein Mali, sein Fest an Marga-śukla-pūrṇimā. Von denselben Priestern versorgt wird der einfache rechteckige Ziegeltempel der Navadurgā drei Häuser weiter nach Osten, erbaut im 19. Jh. und 1934 restauriert. Dasselbe gilt für den kleinen offenen Bhairavatempel am Dorfteich, der im Beginn des 20. Jh. aus Holzstützen und einem Ziegeldach gebaut worden ist.

Ṭhimi

Zwischen dem Flughafen und Bhaktapur, 8 km von Kāṭhmāṇḍu entfernt, am Arniko Highway der Chinesen und mit der Hauptstadt durch Trolleybus verbunden, liegt Ṭhimi, die Stadt der Töpfer (1325 m). Mitten in der Stadt liegt der dreigeschossige Bālkumārī Mandir, eine Ziegel-Holz-Pagode auf quadratischem Grundriß (6 m) und von rund 12 m Höhe. Alle drei Dächer sind mit Metallplatten gedeckt, die Holzbalken, die sie stützen, zeigen die Aṣṭamātṛkās. Vor dem Tempel steht ein Pfauenpfeiler (1597), ein Śivaliṅga und Skulpturen von Garuḍanārāyaṇa, Kṛṣṇa, Vaṭukabhairava, Gaṇeśa. Als einer der vier wesentlichen Kumārī-Tempel in der religiösen Landschaft des Tales blickt die heilige Stätte als solche auf ein hohes Alter zurück. Der jetzige Bau dürfte im 16. Jh. entstanden sein. 1934 wurde er restauriert. Sein Priester ist ein Achaju, sein Fest wird an den ersten beiden Tagen des Monats Vaiśākha gefeiert. An der nordsüdlich verlaufenden Hauptstraße der auf einer Bergnase langhingestreckten Stadt liegen auch die Heiligtümer aufgereiht. Die buddhistische zweistöckige Pagode des Lokeśvara von 1690, mit Ziegeldächern und Lokeśvara-Darstellungen auf den Stützbalken, die zweistöckige kleine offene Pagode des Rāj Gaṇeśa von 1873 und 1890, mit Metalldächern und Darstellungen der Aṣṭamātṛkās an den Stützbalken, restauriert 1964, der Śikharaturm des Gaurīśaṅkar Mandir von zehn Meter Höhe auf abgetreppter Basis aus dem 17. Jh., der ein Kultbild von Gaurīśaṅkar enthält und Skulpturen von Gaṇeśa und Lakṣmīnārāyaṇa, das Kloster Digu Bahāl (Guṇakirti Mahāvihāra) aus dem 16. Jh., renoviert 1687 und 1934, geweiht dem Gautama Buddha in Bhūmisparśamudrā, schließlich der Doppeltempel von Mahābhairava und Digudyo, deren Tympana 1658 gestiftet wurden und damit die Entstehung des Heiligtums im 17. Jh. wahrscheinlich machen.

Von besonderer religiöser Bedeutung ist der Dakṣiṇavārāhī Mandir. Dieser Vārāhītempel liegt bei Ṭhimi, doch auf der Südseite der Hanumāṇte. Ein Feldweg führt dorthin, der den Fluß auf einer Holz-Ziegelbrücke üblicher Art überschreitet. Die Pagode mit zwei ziegelgedeckten Dächern steht in einer rechteckigen Vertiefung. Man steigt auf einer steinernen Treppe hinab, die von zwei Steinlöwen bewacht wird. Wie es bei den tantrischen Mātṛkātempeln die Regel ist, besteht die Cella aus einer Nische von 3,50 m Breite und davor zwei Holzstützen. Sie ist also nach drei Seiten offen. Das Hauptkultobjekt ist die Gelbgußmaske einer von den Aṣṭamātṛkās. Als Eingangstor ist ein holzgeschnitztes Tympanon errichtet, das wie die ganze Tempelkonstruktion dem 19. Jh. angehört. Ein Sattal allerdings, der zum Tempelbezirk gehört, ist ins Jahr 1711 datiert. Die altertümliche Anlage ist sicherlich noch früher als dieses Datum begründet worden. Priester ist ein Bajracharya. Während des Bālkumārīfestes in Thimi besucht die Prozession den abseits gelegenen tantrischen Tempel im Vaiśākha am zweiten Tag.

Tiger Tops → Chitwan National Park

Glossar

abhayamudrā	Die mit geöffneter Handfläche erhobene Hand bedeutet: Fürchte dich nicht, ich verleihe Schutz.
acāju	Achāju. Angehöriger einer Kriegerkaste minderen Ranges.
ācārya	Baumeister, Lehrmeister, Lehrer, Familienname einer Brahmānenkaste.
āgama	Eine tantrische Familiengottheit, zu ihrem geheimen Kultraum haben nur die Eingeweihten Zutritt.
ajinayajñopavita	Heilige Schnur der beiden obersten Kasten, Brahmānen und Chetris, aus Antilopenfell.
ājyapātra	Gefäß mit geschmolzener Butter (ghī).
akṣamālā	Rosenkranz.
Akṣobhya	Der Transzendente Buddha des Ostens.
āmalaka	Schlußstein des Tempelturms (śikhara), gleicht der Myrobalan-Frucht, daher der Name.
Amitābha	Der Transzendente Buddha des Westens.
Amoghasiddhi	Der Transzendente Buddha des Nordens.
Ananda	Buddhas Lieblingsschüler.
ananta	Unendlich, Weltenschlange, auf der Viṣṇu ruht, Oberarmreif.
aṇḍa	Ei, massive Halbkugel des Stūpa.
añjalimudrā	Zusammengelegte Hände als Gruß oder Gebetshaltung.
ankuśa	Elefantenstachel.
Annapūrṇā	Göttin der Fülle, des Überflusses, Name eines Bergmassivs.
apsaras	sylphenartiges Luftwesen, schwebend im Himmelsraum.
āsana	Haltung beim Sitzen.
Aṣṭabhairava	Bhairava ist Śiva in erschreckender Gestalt, in den acht Hauptaspekten trägt er folgende Namen: Kapālīsa Westen, Unmatta Nordwesten, Saṃbāra Norden, Bhīṣaṇa Nordosten, Ruru Osten, Aṣṭāṅga Südosten, Krodha Süden, Caṇḍa Südwesten. Insgesamt gibt es 64 Aspekte (8 × 8). Die Aṣṭabhairava korrespondieren mit den Aṣṭamātṛkā.
aṣṭamangala	Acht Glückszeichen: svastika, vardhamāna (Gefäß), bhadrāsana (Sitz), kalaṣa (Krug), matsya (Fisch), darpaṇa (Spiegel) und andere wechselnde, es gibt bis zu sechzehn solche Glückszeichen (ṣoḍaśamangala).
Aṣṭāmatṛkā	Die acht Muttergottheiten, die im Tantrismus eine beherrschende Rolle spielen: Indrāyaṇī auf dem Elefanten, Vārāhī mit Eberkopf auf dem Stier, Mahālakṣmī auf dem

	Löwen, Mahākālī auf der Leiche, Maheśvarī auf dem Stier, Brahmāyaṇī auf dem Haṃsa, Vaiṣṇavī auf dem Garuḍa, Kaumārī auf dem Pfau.
āṣāḍha	3. Monat, Juni/Juli.
āśvina	6. Monat, September/Oktober.
Avalokiteśvara	Der zu dem Transzendenten Buddha Amitābha und dem als Mensch inkarnierten Gautama Buddha gehörende Bodhisattva, als Allerbarmer und Retter aus allen Nöten angerufen, in 108 Aspekten, in Nepal identisch mit Matsyendranāth (Macchendranāth).
avatāra	Das Hinabsteigen eines Gottes in irdische Gestalt.
āyāgapaṭṭa	Votivrelief.
āyāgakhambha	Votivsäule.
bahāl, newarisch bāhā, aus vihāra	in dem nach S. Lienhard die oberste buddhistische Kloster-Priesterkaste, die Bajrācārya, ihre Initiation erhält.
bahil, newarisch bahi	Kloster, in dem nach S. Lienhard die zweithöchste Priesterkaste der buddhistischen Newari, die Śākya, initiiert wird.
baiśākha	= vaiśākha, erster Monat, April/Mai.
bajrācārya	Newarischer buddhistischer Priester der obersten Kaste, Familienname.
Bajrayoginī	= Vajrayoginī, tantrische Göttin.
Balarāma	Kṛṣnas älterer Bruder, auch Baladeva.
Bālkumārī	Tantrische Göttin.
betel	Eine Arekanuß wird mit etwas Kalk in ein Betelpfefferblatt eingewickelt und so gekaut, speichelerregend (rot) und verdauungsfördernd.
bhādra	5. Monat, August/September.
Bhadrakālī	Tantrische Göttin.
Bhagavadgītā	Religiöses Lehrgedicht, eingefügt in das Epos Mahābhārata: Kṛṣṇa verkündet die Aufforderung zur Pflicht, die aus der Erfüllung des Karma in der Kette der Wiedergeburten erwächst, bis heute das wichtigste Religionsbuch im Hinduismus.
Bhagavān	Anrede mit der Bedeutung Erhabener, besonders für Viṣṇu gebräuchlich, aber auch für Buddha. Wird sie von einem Menschen beansprucht, dann zeugt das von maßloser Überheblichkeit.
Bhairava	Śiva im zornig strafenden, schrecklichen Aspekt.
Bhīma	der zweitälteste der Paṇḍu-Söhne, deren Taten im Epos Mahābhārata berichtet werden, der stärkste von ihnen, mit der Keule als Waffe.
Bhīmasena, Bhīmsen	Als starker schützender Gott verehrt, besonders von den Kaufleuten, Vergöttlichung Bhīmas.
bhakti	Religiöse Hingabe, fromme Verehrung, Gottesliebe, bhaktiyoga ist einer der Erlösungswege der Bhagavadgītā.

Bhūdevī	Göttin Erde.
bhūmisparśamudrā	Geste der Erdberührung, damit ruft Buddha die Erde als Zeugin dafür an, daß er durch viele Lebensläufe nach der höchsten Erkenntnis gestrebt habe.
bhuta	Dämon, Gespenst.
bodhi	Erleuchtung.
Bodhisattva	Einer, dessen Wesen Erkenntnis ist, der sich auf dem Wege zur Erleuchtung (bodhi) befindet. Im Mahāyāna ein göttliches Wesen als Helfer der erlösungsbedürftigen Menschheit, z. B. Avalokiteśvara der Allerbarmer.
Bon	Volkreligion in Tibet, Animismus und Schamanentum.
Brahmā	viergesichtig, auf dem Haṃsa, Priester der Götter.
brahman	Welten-Ich.
Brahmāne	Angehöriger der Priesterkaste.
brāhmaṇas	Teil der vedischen Literatur mit philosophierenden Betrachtungen über das Wesen der Welt und besonders über die Wirkung des Opfers.
Brahmeśvaraviṣṇu	Götterdreiheit Brahmā, Śiva (Iśvara), Viṣṇu.
Buddha	Der Erleuchtete. Die historische, Gautama Buddha genannte Persönlichkeit, ging 483 v. Chr. ins Nirvāṇa ein, achtzigjährig, und wurde vor der Mitte des 6. Jh. v. Chr. (563?) in Lumbinī nahe der Stadt Kapilavastu geboren, wo sein Vater Śuddhodana König war. Diese für den Buddhisten heiligen Stätten liegen heute hart an der indischen Grenze auf dem staatlichen Territorium des Königsreiches Nepal. Der Prinz Siddhārtha entstammte dem Geschlechte der Śākya, er wurde daher als Mönch auch Śākyamuni genannt. Die Mutter Māyā war eine Prinzessin aus dem Geschlecht der Koliya von Devadaha. Ihre Schwester Mahāpajāpatī übernahm die Pflege des Kindes, da Māyā eine Woche nach der Geburt starb. Im Mahāyāna tragen auch göttliche Wesen, die sich nie in menschlichen Leibern verkörpern, den Namen Buddha. Sie werden als Transzendente Buddhas bezeichnet, früher war der Ausdruck Dhyāni-Buddhas üblich. Sie stellen die geistigen Mächte dar, die die Welt regieren, Vairocana in der Mitte, Akṣobhya im Osten, Ratnasaṃbhava im Süden, Amitābha im Westen, Amogasiddhi im Norden. In Nepal zieren die Bilder dieser fünf Buddhas den Türsturz jedes buddhistischen Hauses.
buddhapāda	Fußabdrücke des Gautama Buddha, oft mit Symbolen wie dem Rad der Lehre geschmückt.
caitra	12. Monat, März/April.
caitya	Das Aufgehäufte. Grabhügel eines Heiligen, dann allgemeine Bezeichnung für ein Heiligtum.
caitya-Halle	Frühbuddhistisches Heiligtum in Form einer langgestreck-

	ten Halle mit halbrunder Apsis, darin ein Stūpa als Kultobjekt.
cakra	Rad. Im Hinduismus Wurfscheibe als Attribut Viṣṇus. Im Buddhismus Symbol der Lehre. Buddha setzt das Rad der Lehre in Bewegung (dharmacakrapravartana) und eröffnet dem Menschen dadurch die Möglichkeit, sich aus dem Kreislauf der Wiedergeburten, dem Rad des Saṃsāra, zu lösen.
cakravartī	Weltherrscher.
Cāmuṇḍā	Schreckliche Erscheinung der Devī, auf einer Leiche stehend. Eine der Aṣṭamātṛkās.
Candra	Mond, Mondgott.
Cārumatī	Tochter Aśokas. Nach der Legende kam sie mit ihrem Vater nach Nepal und gründete das Kloster Cābahil und erbaute dort den Stūpa, der noch heute zwischen Paśupatināth und Bodhnāth an der alten Pilgerstraße nach Tibet steht.
caturmukha	viergesichtig.
caurī	Yakwedel.
chatra	Schirm. Steht einem Herrscher oder einem Heiligen und auf jeden Fall den Göttern zu, bekrönt daher deren Heiligtümer als Zeichen der unmittelbaren Gegenwart der Verehrten.
chatrī	Kenotaph. Form des Grabmales bei Hindus. Eine eigentliche Beisetzung kann nicht erfolgen, da der Leichnam verbrannt und die Asche den heiligen Flüssen übergeben wird.
citrakara	Maler. Kasten- und Eigenname.
dagoba	Heiligtum mit Reliquien (sanskrit Dhātugarbha), Stūpa.
damaru	Kleine Trommel in Form eines Stundenglases. Wird u. a. von Śiva Naṭarāja als Symbol des Schöpfungsbeginnes in seiner rechten oberen Hand gehalten.
darbār	Palast.
daśaśila	Zehn Verhaltensregeln für Mönche im Buddhismus, für Laien nur fünf, pañcaśila.
daśāvatāra	Zehn Inkorporationen Viṣṇus. Als höchster Gott stieg er zur Menschheit herab, immer wenn sie in einem Weltalter von der Vernichtung durch Dämonen bedroht war. Darin läßt sich auch eine Evolutionsreihe erkennen: Matsya (Fisch), Kūrma (Schildkröte), Varāha (Eber), Narasimha (Mannlöwe), Vāmana (Zwerg), Rāma, Paraśurāma, Kṛṣṇa, Buddha, Kalki (zukünftig als Reiter).
deva, devata	Gott, Gottheit.
devaloka	Götterwelt.
Devī	Die Göttin schlechthin, Gattin Śivas. Unter vielen Namen verehrt: Bhagvatī die Erhabene, Bhavānī die Gnädige, Gaurī die Weiße, Haimavatī die Himavantochter, Jaganmātā die Weltenmutter, Pārvatī die Bergtochter, auch Umā,

	schrecklich als Bhairavī, Caṇḍī, Caṇḍilā die Grausame, Durgā die Unzugängliche, Kālī die Schwarze.
dhārā	Brunnenanlage für rituelle Waschungen, mit fließendem Wasser.
dharma	Weltengesetzlichkeit. Die Lehre Buddhas, die zu ihrer Erkenntnis führt. Im Plural im Buddhismus als Bezeichnung der Daseinsfaktoren verwendet, die den Kreislauf der Wiedergeburten regeln und in Gang halten. Beim Erlangen der höchsten Erkenntnis (bodhi), die den Kreislauf beendet, regnen sie nieder (dharma-Regen).
dharmacakra	Rad der Lehre.
dharmacakra-pravartana	Das In-Bewegung-Setzen des Rades der Lehre, d.h. Buddhas erste Predigt im Tierpark von Sārnāth. Als mudrā eine Geste, bei der sich die Finger beider Hände vor der Brust begegnen.
dharmśāstra	Lehrbuch.
dhotī	Die Dhotī, das weiße Lendentuch des Hindu.
Dhṛtarāṣṭra	Der blinde Kuru-König, Vater von hundert Söhnen im Mahābhārata.
dhyānamudrā	Geste der Meditation mit flach in den Schoß gelegten, nach oben offenen Händen.
Dhyānibuddha	Früher übliche Bezeichnung der Transzendenten Buddhas im Mahāyāna.
dikpāla	Wächter der Himmelsrichtungen. Dazu sind zehn Götter bestellt: Zenith Bṛhaspati, Nadir Viṣṇu, O Indra, SO Agni, S Yama, SW Sūrya, W Varuṇa, NW Vāyu, N Kubera, NO Soma.
dīvālī	Lichterfest der Hindu im Spätherbst.
Draupadī	Tochter des Königs Drupada, Gattin der fünf Pāṇḍavabrüder.
Durgā	Die Unzugängliche. Als Besiegerin des Dämonen Mahiṣa sechzehnarmig mit den Waffen, d.h. Kräften, aller Götter begabt. In diesem Aspekt ist ihr Name Mahiṣāśuramardiṇī. In Nepal unter dem Namen Bhagvatī verehrt.
Duryodhana	Ältester der hundert Söhne des blinden Kuru-Königs Dhṛtarāṣṭra im Mahābhārata.
dvārapāla	Torhüter an der Schwelle eines Heiligtums.
dvārapālikā	Torhüterin an der Schwelle eines Heiligtums.
gadā	Keule, Waffe des Viṣṇu, Waffe des Bhīma.
gaja	Elefant
Gajalakṣmī	Göttin Lakṣmī, Spenderin von Wohlstand und Überfluß, mit Elefanten, die sie von beiden Seiten mit Wasser übergießen.
gaṇa	Zwergenhafter, dickbäuchiger Elementargeist. Herr und Meister der gaṇas ist Gaṇeśa.

gandharva	Elementargeist der Luft, schlank und langgliederig, vermählt mit den apsaras, himmlischer Musikant.
Gaṇeśa	Herr der gaṇas, Sohn von Śiva und Pārvatī, dickbäuchig mit Elefantenkopf. Er liebt Süßigkeiten, ist meistens gutmütig und räumt Hindernisse aus dem Wege. In Nepal besonders als Gottheit des Schwellen-Überganges verehrt. Sein vāhana ist die Ratte.
Gaṅgā	Flußgöttin, steht auf dem makara wie Yamunā auf der Schildkröte. Beide werden oft zu Seiten eines Tores dargestellt.
Gaṅgādhara	Aspekt des Śiva, wie er die Gaṅgā in seinem Haupthaar auffängt, als sie vom Himmel niederstürzte.
gaṇṭhā	Glocke. Symbolisiert im Tantrismus im Gegensatz zum männlichen vajra den weiblichen Aspekt.
garbhagṛha	Mutterschoß, Allerheiligstes im Hindutempel.
Garuḍa	Mischwesen aus Vogel und Mensch, Feind der Schlangen, vāhana des Viṣṇu und der Mātṛikā Vaiṣṇavī. Wird in anbetender Haltung vor den Viṣṇutempeln dargestellt.
ghāṭ	Treppe an einem Badeplatz, Flußufer, sofern es für rituelle Zwecke genutzt wird, vor allem zur Verbrennung der Toten.
ghī	Flüssiges Butterschmalz, mit dem z. B. der Leichnam vor der Verbrennung beträufelt wird.
gopā, gopāla	Kuhhirt, Fürst, Beiname Kṛṣṇas, Eigenname.
gopi	Kuhhirtin, Gespielin Kṛṣṇas.
Guhyeśvarī	Göttin, eine tantrische Form der Devī. Ihr an der Bāgmati oberhalb von Paśupatināth gelegenes Heiligtum von hohem Alter. Für Nicht-Hindus unzugänglich.
guru	Lehrer, Meister.
Gurkha	Abzuleiten von Gorkhā, Festung und Fürstentum eines aus Indien vor den Moslems geflüchteten Rājputen, halbwegs zwischen Kāṭhmāṇḍu und Pokharā. Gurkha ist kein Stammesname, sondern bezeichnet erstens das Heer, mit dem Pṛthvinārāyaṇa Shāh von Gorkha auszog, um die drei Mallastädte im Kāṭhmāṇḍutal zu erobern, zweitens die Söldner, die in britischen Heeren bis heute dienen und aus den verschiedensten Stämmen außer den Newars angeworben werden. Sie kämpften auch in beiden Weltkriegen an allen Fronten auf Seiten der Alliierten.
guṭhī	Abzuleiten von sanskrit goṣṭhī, bedeutet eine Stiftung als Trägerverein für die Unterhaltung eines Heiligtums oder einer anderen Institution.
haṃsa	Ganter. Schwan, vāhana des Gottes Brahmā und der Mātṛkā Brahmāyaṇī.
Hanumāna	Minister des Affenkönigs Sugrīva. Eine der Hauptgestalten

	des Rāmāyaṇa, gilt er als das vorbildliche Beispiel des ergebenen Gottesdieners. Im Epos hilft er Rāma, die geraubte Gattin Sītā aus der Gewalt des zehnköpfigen und zwanzigarmigen Dämonenkönigs Rāvaṇa zu befreien. Nimmt auch in Nepal eine zentrale Stellung im Kult ein, als Diener der Könige, die als Inkorporationen von Viṣṇu gelten wie Rāma. Seine Statue steht am Eingang zum Königspalast in Kāṭhmāṇḍu, der nach ihm benannt wird.
Hanumānḍokhā	Name des Königspalastes in Kāṭhmāṇḍu.
Harihara	Die beiden höchsten Götter Viṣṇu (Hari) und Śiva (Hara) in einer Gestalt.
Hārītī	Eine Kinder fressende Dämonin, die sich zu Buddha bekehrte und von Stund an zur Schutzgöttin der Kinder verwandelte. Als solche wird sie mit einer Unzahl von kleinen Kindern in buddhistischen Tempeln dargestellt. Sie gilt auch als Schützerin vor Pocken und anderen Kinderkrankheiten und wird noch heute in dem kleinen Pagodentempel hinter dem Svayambhūnāthstūpa tagtäglich verehrt, in dem sie den Platz einer alten Muttergottheit eingenommen hat, deren synkretistische Ambivalenz in den zusätzlichen Namen Śītalā und Ājimā auftaucht.
harmikā	Würfelförmiger Steinkasten auf der massiven Halbkugel des Stūpa (aṇḍa), bei der nepalischen Sonderform durch einen kubischen Turm ersetzt, auf dem an allen vier Seiten Augenpaare des alles wahrnehmenden Avalokiteśvara aufgemalt sind.
Himālaya	Bedeutet Schneestätte. Vater der Pārvatī (Bergtochter), Gattin des Śiva. Name des Gebirges.
Hīnayāna	Das kleine Fahrzeug des Buddhismus im Gegensatz zum großen Fahrzeug, dem Mahāyāna. Ein meditativer Erkenntnisweg, der nur im Schoße der Mönchsgemeinde möglich ist.
Hinduismus	Sozialordnung auf religiöser und philosophischer Grundlage, die den südasiatischen Subkontinent beherrscht, ohne Stifterpersönlichkeit. Siehe S. 53–62.
Hindi	Aus dem Sanskrit hervorgegangene moderne Sprache Nordindiens. Als Staatssprache der Indischen Union hat sie ihren Anspruch auf Ausschließlichkeit, die ursprünglich in der Verfassung geplant war, gegenüber dem Englischen als Verkehrs- und Bildungssprache nicht durchsetzen können.
Hindu	Ein innerhalb der Sozialordnung des Hinduismus als Angehöriger einer Kaste geborener Südasiate. Ein Glaubensbekenntnis ist nicht vonnöten.
Indra	Vedischer Kriegs- und Gewittergott reitet auf dem Elefanten Airāvata und gilt im Pantheon der Hindus als prachtlie-

	bender Götterfürst, dem einer der unteren Himmel eingeräumt wird.
Indrayāṇī, Indrāṇī	Mātṛkā, dem Indra zugeordnet, ihr vāhana der Elefant.
Jambhala	Gott des Reichtums.
Jami-Masjid	Volksmoschee.
jātaka	Erzählung aus einer früheren Inkarnation des Buddha. Ob in Tier- oder Menschengestalt, immer erweist er sich als selbstlos und opferbereit zum Wohl anderer Wesen.
jaṭāmukuṭa	Geflochtene und mit Juwelen geschmückte Haarkrone.
Jaṭāyu	Geierkönig, der den Raub der Sītā durch Rāvaṇa beobachtet und mit dem Räuber kämpft, um sie zu retten. Dabei wird er tödlich verletzt, kann aber vor seinem Tode noch Rāma berichten, was geschehen war. Eine sehr populäre Gestalt des Rāmāyaṇa, die in keiner Darstellung des Heldenepos fehlt.
jaya	Sieg.
Jyāpu	Angehöriger der Bauernkaste.
jñānayoga	Erkenntnisweg der Meditation in Abgrenzung zum bhaktiyoga, der gläubigen Gottesliebe, und zum karmayoga, dem Erlösungsweg durch selbstloses Handeln. So unterschieden in der Bhagavadgītā.
jeṣṭha	2. Monat, Mai/Juni.
Kailāsa	Berg im Himālaya, der als Wohnsitz Śivas gilt.
Kāla	Die alles verschlingende Zeit. Anderer Name für den Todesgott Yama.
Kālī, Kālikā, Kālikamātā	Die Schwarze. Schreckliche Form der Devī, die tötet, um neues Leben zu gebären. Mātṛkā, unter ihren Füßen eine Leiche.
kaliyuga	Das vierte, dunkle und gottferne, Weltenzeitalter.
kalpavṛkṣa	Wunschbaum.
Kāma	Liebesgott, Gott der Begierde. Wird von Śiva zu Asche verbrannt, lebt aber körperlos (anaṅga) weiter. Die beiden Gattinnen heißen Priti, Freude, und Rati, Lust. Sein Bogen aus Zuckerrohr hat eine Sehne aus Bienen und versendet Blumen als Pfeile.
Kāma-Sūtra	Die indische ars amandi.
karma	Tatenfolge. Wirkung der guten und bösen Taten des Menschen als Schicksal von einer Inkarnation zur anderen.
karmayoga	Nach der Bhagavadgītā Erlösungsweg des selbstlosen Handelns, in Abgrenzung vom jñānayoga dem meditativen Erkenntnisweg und dem bhaktiyoga der gläubigen Hingabe.
Kārttikeya	Kriegsgott. Sohn von Śiva und Pārvatī. Sein vāhana ist der Pfau. Andere Namen: Skanda, Subrahmaṇya oder einfach Kumāra (Sohn, Knabe, Jüngling).

Kāśyapa	Eigenname. Für einen Buddha eines früheren Weltalters und für einen Jünger des Gautama Buddha.
Kasten	Untrennbarer Bestanteil der Sozialordnung des Hinduismus. Nicht eigentlich die vier Stände Brahmānen (Priester), Kṣatriya (Krieger), Vaiśya (Bauern, Handwerker, Händler), Śudra (Tagelöhner), sondern deren hundert- und tausendfache Unterteilung. Die frühe Geschichte Nepāls läßt Stämme, aber keine rigorose Kastenordnung erkennen. Erst die Hinduisierung und Straffung von Verwaltung und Jurisdiktion unter König Jayasthitimalla (1382–1395) schrieb die indische Kastenordnung fest, die zu den Lebensformen der Newars und der anderen Stämme nicht paßte, da dergleichen dort nicht vorgesehen war, und daher zu seltsamen Mischungen führte.
Kaumārī	Mātṛkā, dem Kriegsgott Kumāra zuzuordnen, daher mit dem Pfau als vāhana begabt.
Kauravas	Die hundert Söhne des blinden Königs Dhṛtarāṣṭra, Gegner der Pāṇḍavas, ihrer Vettern, im Mahābhārata.
kinnara, kinnarī	Vogelmenschen, himmlische Musikanten, den griechischen Sirenen zu vergleichen.
kīrtimukha	Ruhmesgesicht. Ornamentaler Bauschmuck mit apotropäischer Bedeutung.
Kṛṣṇa	Achter Avatāra des Viṣṇu. Sohn des Vasudeva und der Devakī, Pflegemutter Yaśodā. Rettung vor dem bösen König Kaṃsa, der ihm nach dem Leben trachtet. Kindheit und Jugend in Vṛndāvana (Bṛndāban) an der Yamunā bei Mathurā. Das Liebesspiel mit den Gopīs wird mystisch als Gottesliebe (bhakti) gedeutet. Später tritt er als Wagenlenker des Arjuna in der Schlacht von Kurukṣetra auf, wo er seine göttliche Herrlichkeit und Weisheit in der Bhagavadgītā offenbart.
Kṛṣṇalīlā	Erzählung oder dramatische Darstellung von Kṛṣṇas Leben.
kṣatriya	Kriegerstand im hinduistischen Kastenwesen. Ihm gehören Adel und Fürsten an. Obwohl zweiter Stand gilt er dem ersten der Brahmānen als ebenbürtig. In Nepal chetri genannt.
Kubera	Gott des Reichtums. Als einem von den zehn Weltenhütern (dikpāla) ist ihm der Norden zugeordnet. Der Blütenwagen puṣpaka ist sein Gefährt.
kūḍū	Hufeisenbogen in der Architektur.
Kumāra	Kriegsgott. Anderer Name für Kārttikeya.
Kumārī	Jungfrau, Mädchen. Anrede der Durgā. Bezeichnung für ein Mädchen, in dem sich die Göttin bis zum Eintritt der Geschlechtsreife verkörpert und das als sog. lebende Göttin verehrt wird. Am bekanntesten ist die Kumārī von Kāṭhmāṇḍu, die, aus einer buddhistischen Familie (sakya) ausgewählt, im Kumārīcok gegenüber dem Hanumāṇḍhokā lebt

	und verehrt wird. Zum Indrajātrāfest verläßt sie ihren Palast und wird auf einem bestimmten Prozessionsweg durch die Stadt gefahren. Dem König ist dabei Gelegenheit gegeben, sich gleichsam in seinem Amte bestätigen zu lassen. Bei Eintritt der Pubertät wird die Kumārī ihrer Familie zurückgegeben, zugleich mit einem ansehnlichen Geldgeschenk. Normalerweise bleibt das Mädchen, in dem die Göttin gewohnt hat, unverheiratet.
kūrma	Schildkröte, zweiter Avatāra des Viṣṇu. Als vāhana dient sie der Flußgöttin Yamunā.
Kurukṣetra	Universitätsstadt nördlich von Delhi. Schlachtfeld des Entscheidungskampfes zwischen den Pāṇḍavas und Kauravas im Mahābhārata, bei dem sich Kṛṣṇa in der Bhagavadgītā dem Arujuna in seiner göttlichen Allgestalt offenbart. Nach nepalischer Überlieferung eilte auch der Kirātiherrscher Yalambar herbei, um den Kauravas Hilfe zu bringen. Kṛṣṇa selbst soll ihm das Haupt abgeschlagen haben, um ihn daran zu hindern. Auch später blieb die Stätte als Schauplatz von Kämpfen bedeutsam, immer wenn sich ein Eroberervolk den Zugang zu Indien erzwang.
Kurus	Kauravas, die hundert Söhne des blinden Königs Dhṛtarāṣṭra im Mahābhārata.
lakṣaṇas	Besondere körperliche Merkmale eines Buddha, die auf seine höheren geistigen Fähigkeiten hinweisen, z. B. → ūrṇā, → uṣṇīṣa.
Lakṣmaṇa	Rāmas Halbbruder und unzertrennlicher Begleiter.
Lakṣmī	Gattin Viṣṇus. Die Lotusblume ist ihr Symbol, ihr Fest das Lichterfest dīvālī, das im Spätherbst gefeiert wird. Sie spendet Glück und Wohlstand.
Lakulīśa, Lakulīśvara	Aspekt des Śiva als Keulenträger.
Lāmā	Priester im tibetischen buddhistischen Tantrismus.
Lāmāismus	Name des buddhistischen Tantrismus in Tibet.
liṅga	Phallus. Sinnbild für Śiva.
lokapāla	Welthüter.
Lokeśvara	Herr der Welt. Form des Avalokiteśvara.
Lumbinī	Ort, wo Gautama, der künftige Buddha, von seiner Mutter → Māyā geboren wurde.
Mahābhārata	Größtes Epos in Sanskrit, spiegelt die indoarische Einwanderung und Landnahme in mythischer Form. Der Kampf zwischen den Pāndavas und den Kauravas gipfelt in der Entscheidungsschlacht von Kurukṣetra. In den Schlachtbericht ist das Lehrgedicht der Bhagavadgītā eingeschoben. Die in nepalischer Überlieferung erwähnte Episode, daß der

	Kirātikönig Yalambar auf dem Schlachtfeld erschienen und von Kṛṣṇa enthauptet worden sei, wird im Epos nicht geschildert.
Mahādeva, Mahādeo	Großer Gott, Śiva.
Mahākāla	Großer Schwarzer, die alles verschlingende Zeit als Zerstörer des Kosmos. Verwandelt sich im Buddhismus in einen Verteidiger des Glaubens. Verschwimmt in Nepal mit Bhairava als schrecklicher Form des Śiva.
Mahākālī	Große Kālī.
Mahālakṣmī	Große Lakṣmī.
Mahārāja	Großkönig. Diesen Titel beanspruchten die Adelsherren der Rāṇāfamilie, die von 1846 bis 1951 neben den Schattenkönigen der Shāhdynastie im tatsächlichen Besitze absoluter Machtvollkommenheit waren.
Mahāyāna	Großes Fahrzeug. Weiterentwicklung der ursprünglichen philosophisch-meditativen Mönchsreligion des Hīnayāna zu einer Erlösungsreligion mit einem Gnadenhimmel voller Gottheiten. In Nepal tritt der Buddhismus in seiner Form als Mahāyāna und dessen vom Tantra beeinflußten Weiterentwicklung im sog. Vajrayāna auf.
Maheśa, Maheśvara	Großer Herr, Śiva.
Maheśvarī	Die dem Śiva zugeordnete Mātṛkā, mit dem Stier als vāhana.
Mahiṣa	Dämon, der von der Göttin Durgā getötet wird.
Mahiṣamardinī, Mahiṣāsuramārdiṇī	Beiname der Durgā, die, versehen mit den Waffen aller Götter, den Dämon Mahiṣa besiegt. In Nepal, wo ihre Gestalt als achte Mātṛkā mit der Mahālakṣmī verfließt, wird sie häufig schlicht Bhagvatī genannt.
Maitreya	Der Gütige. Der in menschlicher Inkarnation in der Zukunft erwartete Mānuṣi Buddha, der dem Transzendenten Buddha des Nordens Amoghasiddhi zugeordnet ist, und dessen Geburt 5000 Jahre nach Gautama Buddha († 483 v. Chr.), von heute an also in 2500 Jahren erwartet wird.
makara	Krokodilgestaltiges Mischwesen, verkörpert das Element des Wassers und die Fülle der Lebenskräfte. vāhana der Flußgöttin Gaṅgā.
Malla	Sanskrit: Ringer. Stammesname in Nordindien, dem die Bewohner von Kuśinagara angehören, wo Buddhas Parinirvāṇa vor sich ging. In Nepal Familienname, insbesondere der Newaridynastie, die wie keine andere die Kultur des Landes geprägt und mit Reichen verschiedener Ausdehnung von 1200 bis 1768 n. Chr. im Tale von Kāṭhmāṇḍu regiert hat.
maṇḍala	Symbolische Darstellung der Welt und der geistigen Wesen, die sie ordnen, in einem Diagramm als Meditationsvorlage und wirksame Hilfe (yantra), um Samādhi zu erreichen.

	Bauwerke wie der Stūpa und der Hindutempel sind ebenfalls maṇḍalas, und sie besitzen auch deren magische Wirkungskraft. Im Tal von Kāṭhmāṇḍu werden auch Städte in Form eines maṇḍala angelegt, am deutlichsten Pāṭan. Dort sind auch die maṇḍalas verschiedener Gottheiten als magisch wirkende Netze über das Tal und um die Städte herum gelegt, indem etwa die bedeutendsten Viṣṇuheiligtümer oder die Tempel der Astamātṛkās untereinander in Beziehung gesetzt werden. Dies sind nur Beispiele eines umfassenden Systems, das von B. Kölver und N. Gutschow eingehend untersucht worden ist, siehe Literaturverzeichnis.
maṇḍapa	Halle.
mandira	Tempel.
Mañjuśrī	Der von lieblicher Schönheit. Transzendenter Bodhisattva, Herr des Wissens, worauf seine Symbole, das Schwert, das zugleich Fackel ist, und das Buch (Prajñāpāramitā), hinweisen. Im Svayambhūpurāṇa wird berichtet, wie er durch einen Schwertstreich das Tal von Nepal von den Wassern befreite, die es bedeckten. So wird er dort von den Buddhisten als Bringer der Kultur verehrt.
mantra	Silbe oder Silben, die als Meditationsinhalt geistige Wirkungen hervorrufen, als Mittel der Magie angewendet auch physische. Im mantrayoga beruht der Schulungsweg auf ihrer Anwendung. Weithin bekannt sind die sechs Silben des Avalokiteśvaramantra: oṃ maṇi padme hūṃ, die den Buddhisten in Nepal buchstäblich auf Weg und Steg begleiten.
Mānuṣi Buddha	Nach der Anschauung des Mahāyāna ein im Menschenleibe verkörperter Buddha, zugehörig zu einem Transzendenten Buddha und einem Transzendenten Bodhisattva. So der Mānuṣi Buddha Gautama zum Transzendenten Buddha Amitābha und zum Transzendenten Bodhisattva Avalokiteśvara, und so der zukünftige Mānuṣi Buddha Maitreya zum Transzendenten Buddha Amoghasiddhi und dem Transzendenten Bodhisattva Viśvapāṇi.
Māra	Vertreter des Bösen im Buddhismus.
masjid	Moschee.
Mātṛkā	Muttergottheit, jeweils zu den Hauptgöttern zugehörig. In Indien werden im Allgemeinen Sieben Muttergottheiten (Saptamātṛkās) verehrt, in Nepal dagegen Acht (Aṣṭamātṛkās) unter Hinzufügung von Mahālakṣmī. Ihre Namen und vāhanas sind: Indrāyanī auf dem Elefanten, Vārāhī mit Eberkopf auf dem Stier, Mahālakṣmī auf dem Löwen, Mahākālī auf der Leiche, Maheśvarī auf dem Stier, Brahmāyaṇī auf dem Haṃsa, Vaiṣṇavī auf dem Garuḍa, Kaumārī auf dem Pfau.
matsya	Fisch, erster avatāra Viṣṇus.

Matsyendranāth	In der üblichen Form der Volkssprache Macchendranāth, bezeichnet in Nepal den Bodhisattva Avalokiteśvara. Vielleicht ist der Name von einer historischen Persönlichkeit abgeleitet. In Buṅgamati und Pāṭan wird der Rote Matsyendranāth, in Kāṭhmāṇḍu der Weiße verehrt. Mit ihren Festen sind weite und lange Wagenprozessionen verknüpft.
māyā	Scheincharakter der irdischen Sinneswelt.
Māyā, Māyādevī	Name der Mutter des Prinzen Siddhārtha, Gemahlin des Königs Śuddhodana von Kapilavastu. Auf dem Wege zu ihrem mütterlichen Haus bei den Koliyas von Devadaha bringt sie ihren Sohn im Lumbinīhain unter einem Śālabaum zur Welt. Der Ort, identifiziert durch eine von Aśoka errichtete Säule, liegt heute auf nepalischem Boden hart an der indischen Grenze.
medhi	Zylinderförmige Basis des Stūpa, über der sich die Halbkugel des aṇḍa erhebt.
meru	Weltberg, Wohnort der Götter und Achse des Makrokosmos, von der vier Kontinente nach den Himmelsrichtungen ausgehen, im Süden Jambudvīpa = Südasien. Der Weltberg wird sanduhrförmig vorgestellt und dargestellt.
miḥrāb	Gebetsnische in der Moschee, ausgerichtet auf Mekka.
mimbar	Kanzel des Vorbeters in der Moschee.
Mithra	Gott der Verträge in den Veden.
mithuna	Liebespaar. Auch als Bezeichnung für erotische Darstellungen an den Tempeln verwendet.
mokṣa	Befreiung, Erlösung.
Mucilinda	Schlangenkönig, der dem Gautama Buddha Schutz unter seiner Haube anbot.
mudrā	Geste, Haltung von Hand oder Händen in bestimmter Bedeutung, bei Kultbildern, Darstellungen und beim Tanz.
nāga	Elementarwegen, halb Mensch, halb Schlange, wohnt im Wasser wie die Nixen und verleiht Fruchtbarkeit und Lebenskraft in seinem freundlichen Aspekt, kann aber auch wie ein Drache feindlich auftreten, Verheerungen anrichten und mit Vernichtung drohen.
Nālandā	Buddhistische Hochschule in Bihār, von größtem Einfluß auf Nepal, → Pāla.
Nandī	Stier, Śivas vāhana. Wird auch als dienende Gottheit verehrt.
Narasiṃha	Mannlöwe, vierter avatāra des Viṣṇu.
Nārasiṃhī	Weiblicher, als Muttergöttin aufgefaßter Aspekt des Narasiṃha.
Nārāyaṇa	Viṣṇu in seinem Aspekt als all umfassende göttliche Zuflucht für den Gläubigen. Bevorzugte Anrede und Benennung seiner Heiligtümer in Nepal. Als Kultbild vierarmig

	mit cakra (Diskus), gadā (Keule), padma (Lotus), śaṅkha (Muschel).
Naṭarāja	Aspekt Śivas als kosmischer Tänzer, der Werden, Vergehen und Neuwerden der Welt bewirkt.
Newar (Newār)	Tibetisch-birmanischer Stamm mit eigener Sprache und reicher Literatur. Die eigentliche Einwohnerschaft des Kāṭhmāṇḍutales: Bauern, Handwerker, Kaufleute, Baumeister, Holzschnitzer, Steinbildhauer, Kupferschmiede, Maler, kurz die Kulturträger der Geschichte, ursprünglich und immer noch vorwiegend Bekenner des Buddhismus, der sich über die uralte, unvergessene Stammesreligion legt.
nirvāṇa	Zustand jenseits von Sinneswahrnehmung und irdischem Bewußtsein im absoluten Sein. Im Buddhismus Ziel des Befreiungsstrebens nach Lösung aus dem Rade der Wiedergeburten (saṃsāra). Bei Buddha bedeutet der Tod das Eingehen ins Nirvāṇa und wird daher als Parinirvāṇa bezeichnet.
Padmapāṇi	Der den Lotus in der Hand hält, ein Aspekt des Transzendenten Bodhisattva Avalokiteśvara.
padmāsana	Lotussitz, Meditationssitz, die Fußsohlen nach oben gekehrt.
Pagode	Bedeutung und Herkunft des Wortes ungeklärt. Bezeichnet einen mehrstöckigen, turmartigen Tempel, in Nepal wie im gesamten Himālayagebiet als typischer Holzbau heimisch. Neben dem Holz Verwendung von Ziegeln und für die Ausstattung Kupfer und Gelbguß. Mehrere (zwei bis fünf) sich verjüngende Dächer übereinander, das Kultbild im Untergeschoß, bei Bhīmsen- und Bhairavatempeln im ersten Stock. Diese newarische Pagode bildet neben dem allein aus Ziegeln oder Stein errichteten Śikharatempel die Leitgestalt im Bauen, profan wie sakral. Siehe Einleitung S. 75–80.
Pāla-Dynastie	(765–1206 mit der Sena-Dynastie), von großem Einfluß auf die Kunst und Kultur Nepals und Tibets, der besonders von der hochberühmten buddhistischen Hochschule in Nālandā ausging. Das Kloster liegt in Bihār an der alten Handels- und Pilgerstraße von Indien nach Nepal und Tibet.
pañcamukha	Fünfgesichtig.
Pancatantra	Fabelbuch, dessen Geschichten über die ganze Welt in Ost und West Verbreitung fanden und die auch häufig dargestellt wurden.
Pañcayāt	Fünf-Räte-System der Verfassung Nepals, siehe S. 37–39.
Pāṇḍava	Die fünf Söhne des Paṇḍu, Yudhiṣṭhira, Bhīma, Arjuna, die Zwillinge Nakula und Sahadeva, gemeinsam vermählt mit Draupadī, sind die Haupthelden des Mahābhārata. Ihre Darstellungen in charakteristischen Typen finden sich an einer Reihe von Tempeln im Kāṭhmāṇḍutal.

pandita	Gelehrter, Meister, Lehrer, ein begehrter Titel.
Pārvatī	Gattin Śivas, die Bergtochter, einer der zahlreichen Namen für die Devī.
pāśa	Schlinge.
Paśupati	Herr der Tiere, ein für Nepal besonders bedeutsamer Aspekt Śivas. Sein Heiligtum an der Bāgmati gilt den Hindus als nationaler Mittelpunkt. Dort sind auch die Verbrennungsstätten für die Könige. Historisch gesehen ist dieses Zentrum des Śivaismus jünger als das des Viṣṇuismus in Cāṅgunārāyaṇa und des Buddhismus in Bodhnāth und Svayambhūnāth.
Pati	Herr, auch Adipati.
paṭī	Rast- und Unterkunftsstätte für Pilger.
Pippala-Baum	Baum der Erleuchtung im Buddhismus, daher auch Bodhi-Baum genannt, charakteristisch durch seine herzförmigen, langstieligen Blätter, aśvattha (ficus religiosa). Bezeichnet noch heute in Nepal den Ort vieler buddhistischer und hinduistischer Heiligtümer, die durch seine mächtige Krone weithin in der Landschaft sichtbar und lokalisierbar sind.
pradakṣiṇa	Umwandlung. Uralte Form der Verehrung (pūjā) eines Heiligen, z. B. des Buddha, eines Kultbildes, eines Tempels, eines Stūpas, indem der Verehrende die Person oder den Gegenstand der Verehrung im Sinne des Sonnenlaufes umwandelt und ihm dabei seine rechte Seite zukehrt.
prasād	Im Tempel geweihte Speise, die der Priester dem Gläubigen reicht, um die Kommunion mit dem Gott zu vollziehen.
prāṇa	Atemluft, draußen und drinnen, das Vehikel für den mit Hilfe einer Atemregulierung Meditierenden, Vorstellungen und Gedanken zwischen Außen- und Innenwelt fluten zu lassen.
pūjā	Religiöse Verehrung jeder Art, die jemand mit oder ohne Priester einer Gottheit oder etwas Göttlichem darbringt. In Nepal noch heute von Männern und Frauen am frühen Morgen praktiziert: Man bringt der Gottheit etwas von der Speise, die man selbst genießt, Blumen und Puder in der heiligen roten Farbe, umwandelt Kultbild und Tempel und empfängt vom Priester, wenn er zugegen ist, → prasād und den tika auf der Stirn. Den roten Fleck auf der Stirn, mit dem der pūjārī dann zu seinem Tagewerk geht, bringt er oft selbst an, indem er mit dem Finger zuerst das überpuderte Kultbild und dann die eigene Stirn berührt. Bei großen Festen steigert sich die pūjā bei den Hindus zu blutigen Opfern von Hühnern, Ziegen und Büffeln. Die Buddhisten lehnen blutige Opfer ab.
pūjārī	Einer, der die pūjā vollzieht, nicht unbedingt ein Priester.
Purāṇa	Dichtung aus alter Zeit, wichtigster Träger mythologischer

	und geschichtlich-sagenhafter Überlieferung im Hinduismus. Es werden achtzehn Hauptpurāṇas gezählt. Doch ist die Überlieferung keineswegs abgeschlossen.
pūrṇaghata, pūrṇakumbha	Volles Gefäß, Glückszeichen des Überflusses. Auch als Sinnbild für die Göttin Annapurṇā anstelle eines Kultbildes verwendet, wie überhaupt für tantrische Gottheiten, die sich der Darstellbarkeit entziehen.
Rāhu	Dämon, der Sonnen- und Mondfinsternisse verursacht, indem er die Gestirne verschlingt. Da er aber nur einen Kopf und keinen Leib hat, treten sie unten unversehrt aus der Kehle wieder hervor.
Rāhula	Sohn des Gautama Buddha und der Prinzessin Yasodharā.
Rāma	König von Ayodhyā, Sohn des Daśaratha und der Kauśalyā Siebenter Avatāra des Viṣṇu. Leben und Taten berichtet das Epos Rāmāyaṇa des Vālmīki. In Indien wurde es Ende des 16. Jahrhunderts von Tulsīdās in Hindi nachgedichtet und dadurch unter dem Namen Rāmacāritamānasa, Meer der Taten Rāmas, zur religiösen Volksdichtung im Sinne des Bhaktiyoga. So lebt es auch in Nepal bis heute fort. Darstellungen mit Sītā, Hanumāna finden sich an einer Reihe von Tempeln und Palästen.
Rāṇā	Eine der großen Adelsfamilien Nepals, regierte das Land von 1846 bis 1951 absolutistisch, auch der König hatte sich ihrer Diktatur zu fügen. Die große Zahl der Kinder machte die Gliederung in A-, B-, C-Rāṇās notwendig, die bis heute nachwirkt. Noch immer übt die Familie durch ihre wirtschaftliche Machtposition und ihre politischen und militärischen Schlüsselstellungen beträchtlichen Einfluß auf die Geschicke des Landes aus. Im Palast ist ihre Mitsprache durch die Frauen gewährleistet, die Königinmutter und die Gattinnen des Königs und seiner Brüder, die aus hochrangigen und einflußreichen Rāṇāfamilien stammen.
ratna	Edelstein, Juwel.
Ratnasaṃbhava	Transzendenter Buddha des Südens in varadamudrā.
Rāvaṇa	Dämonenkönig von Laṅkā, mit zehn Köpfen und zwanzig Armen, unverwundbar. Im Rāmāyaṇa wird erzählt, wie er Sītā, die Gattin Rāmas, raubt und wie dieser sie mit Hilfe Hanumānas wiedergewinnt.
Ṛṣi	Weiser. Sieben Ṛṣis werden als die Stammväter der indischen Kultur verehrt.
Rudra	Vedischer Gott. Paśupati, Herr der Tiere und der Wildnis, und Mahādeva mit gnädigen und schrecklichen Aspekten wie Śiva.
śakti	Göttliche Energie und Schöpferkraft. Sie stellt sich in weib-

	licher Gestalt dar. Der Gott selbst und seine Śakti werden im Tantra in geschlechtlicher Vereinigung dargestellt. Damit wird die Polarität aufgehoben. In esoterischen orgiastischen Kulten wird die Erlösung im Nachvollzug dieses göttlichen Vorbildes gesucht.
Śaktismus	Für den Tantrismus charakteristischer Glaube, daß die Aufhebung der Polarität von Männlichem und Weiblichem auf rituellen Wege zur Erlösung führe. Spätform, besser Archaismus, im Hinduismus und Buddhismus, zurückgreifend auf die frühen orgiastischen Muttergottheitskulte vor der Etablierung der Hochreligionen.
Śākyamuni	Mönch aus dem Śākyageschlecht, Beiname Gautama Buddhas.
śālabhañjikā	Śāl-Besiegerin, Baumnymphe. Eine seit den Anfängen indischer Kunst herrschende Darstellung an Stūpas und Tempeln. Auch in der newarischen Holzschnitzerei Trägerin des frühen weichen Stiles.
saṃsāra	Rad des Weltenlaufes und der menschlichen Wiedergeburten. Ziel der Erlösung ist es im Hinduismus und Buddhismus, sich aus dem unaufhörlichen Kreislauf zu befreien (mokṣa).
śaṅkha	Muschel, ein Attribut Viṣṇus.
śānti	Friede.
Sarasvatī	Göttin der Gelehrsamkeit und der Künste mit Buch und Laute (vīṇā) als Attributen. Gattin des viergesichtigen Brahmā. Die dritte Flußgöttin neben Gaṅgā und Yamunā; doch ihr Fluß versiegte in der Wüste Thar.
Satī	Tochter des Dakṣa Prajāpati und Gattin Śivas. Sie verbrannte sich selbst aus eigener Kraft, weil ihr Vater es versäumt hatte, ihren Gatten einzuladen. Sie wurde zum Vorbild für ungezählte Frauen im Hinduismus, die nach dem Tode des Gatten sich verbrennen ließen und so eine Satī wurden.
Śeṣa, Śeṣanāga	Weltenschlange, auf der Viṣṇu zwischen zwei Schöpfungszyklen ruht. Als Bildwerk, umgeben von Wasser, ausgeführt in Buḍhanīlkaṇṭha, Bālāju und im Bhaṇḍārkhāla beim Hanumānḍokhā (Jalāśayānārāyaṇa).
Shāh	Iranischer Königstitel. Eigenname der in Nepal regierenden königlichen Familie.
Shakya (Śākya)	Newarische buddhistische Priesterkaste, im Rang nach den Bajrācārya eingeordnet. Familienname. Die sog. »lebende Göttin«, die Kumārī, ist stets ein Śākya-Mädchen. Siehe auch unter → Buddha.
Sherpa (Śerpā)	Tibetisch-birmanischer Stamm von Viehhirten, heute Fremdenführer.
Siddhārtha	Sohn des Königs Śuddhodana und der Māyā, verließ das Elternhaus, um Buddha zu werden.

śikhara	Gipfel. Tempelturm im nordindischen Stil, Leitgestalt der religiösen Architektur im Tal von Kāṭhmāṇḍu neben der → Pagode.
śilpaśāstra	Lehrbuch der Baukunst.
Sītā	Tochter des Janaka, der sie aus der Erde gepflügt haben soll. Der Name bedeutet Furche. Gattin des Rāma, von Rāvaṇa geraubt, mit Hanumānas Hilfe wieder gewonnen. Vorbild der Treue für die Hindufrau.
Śiva	Mahādeva, der Große Gott, der im Stirb-und-Werde des Weltenlaufes wirkt. Er zerstört, um eine neue Schöpfung zu erzeugen, in ewigem Wechsel. Er wird in vielen Aspekten, gnädigen und schrecklichen, und unter vielen Namen angerufen. Sein vāhana ist der Stier Nandī, zugleich sein treuester Diener.
Śivaliṅga	Śivas göttliche Schöpferkraft wird durch das phallusförmige liṅga symbolisiert.
Skanda	Name für den Kriegsgott Kārttikeya, auch Subrahmaṇya
soma, Soma	Rauschtrank der vedischen Götter. Pflanze und Saft. Mond. Mondengott.
Śrāvana	4. Monat, Juli/August.
Śrī	Beiname der Glücksgöttin Lakṣmī. Kann vor jeden Hindu-Namen gesetzt werden, wie bei uns Herr.
stūpa	Halbkugeliger, massiver Grabhügel aus Erde, Steinen, Ziegeln. Als Sinnbild für Buddhas Parinirvāṇa die Urform des buddhistischen Heiligtums. Verehrung durch Umwandelung (pradakṣiṇa).
Subrahmaṇya	Name für den Kriegsgott Kārttikeya, auch Skanda.
śudra	Angehöriger des vierten Standes im Kastensystem der Hindus, des besitzlosen Standes der Tagelöhner.
Sugrīva	König der Affen. Sein Minister ist Hanumāna. Beide helfen Rāma, Sītā wiederzugewinnen.
Sūrya	Sonne, Sonnengott, auf einem Wagen mit sieben Pferden.
Sūtra	Religiöse Dichtung, Lehrgedicht. Wörtlich Faden.
Tantra	Gewebe. Eine unüberschaubare Zahl von Texten esoterischer Natur und oft schwer verständlich, nur zu einem kleinen Teil erschlossen. Spätform innerhalb des Hinduismus und des Mahāyānabuddhismus, die gerade in Nepal das Leben und die religiösen Formen durchdringt, weil sie animistische und magische Elemente der Frühzeit, die bis heute unvergessen sind, aufnimmt und mit der Hochreligion verschmilzt. Daher blühen die Kulte der Mātṛkās und Bhairavas und zahlreicher anderer dem hinduistischen und buddhistischen Pantheon einverleibter Lokalgottheiten.
Tārā	Göttin im Mahāyānabuddhismus.
toraṇa	Tor. Als Architekturbezeichnung die gesamte Tür mit ihrer

	Umrahmung durch figürlichem und ornamentalen Schmuck an Tempeln, Pagoden, Palästen.
triratna	Dreierjuwel, buddhistisches Symbol für die Dreiheit von Buddha, Lehre, Gemeinde, besonders im Hīnayāna.
triśūla	Dreizack, Attribut Śivas.
Tympanon	Die Lünette über der Tür am newarischen sakralen und profanen Bauwerk. Innerhalb eines stetig wiederkehrenden Rahmens, gebildet aus Makaras, Nāgas und oben einem Garuḍa, Darstellung der Gottheiten, die im Inneren verehrt werden. Oberer Teil des toraṇa.
Umā	Name für Pārvatī, Tochter des Himālaya und der Menā. Gattin Śivas.
Umāmaheśvara	Aspekt des Śiva in der Vereinigung mit Umā.
ūrṇā	Andeutung eines höheren Wahrnehmungsorganes zwischen den Augenbrauen bei Buddha und anderen Heiligen oder Göttern.
uṣnīṣa	Andeutung eines übersinnlichen Organes bei Buddha durch einen Knoten auf dem Scheitel.
Uṣas	Göttin der Morgenröte in den Veden.
vāhana	Reittier, Fahrzeug einer Gottheit. Überbleibsel aus der Frühzeit theriomorpher Götterbilder.
Vaikuṇṭha	Viṣṇu mit Menschenhaupt, das von einem Löwen- und einem Eberkopf eingefaßt wird, entsprechend den avatāras Narasiṃha und Varāha.
Vainateya	Garuḍa in Menschengestalt vor Viṣṇutempeln, oft mit den Gesichtszügen des Stifters.
Vairocana	Transzendenter Buddha der Mitte in dharmacakramudrā.
Vaiśākha	1. Monat, April/Mai.
Vaiṣṇavī	Mātṛkā auf dem Garuḍa, die zu Viṣṇu gehört.
vaiśya	Angehöriger des dritten Standes im hinduistischen Kastensystem, des Standes der Bauern, Handwerker, Kaufleute.
vajra	Donnerkeil. Diamant, Blitz und Geisterkraft. Attribut des Indra. Im Buddhismus vielschichtig verwendet, besonders in dem nach ihm benannten tantrischen Vajrayāna. Die männlich-weibliche Polarität wird im Gegensatz von vajra und ghaṇṭā (Glocke) symbolisiert.
Vajrapāṇi	Der den Donnerkeil in der Hand hält. Transzendenter Bodhisattva, der zu dem Transzendenten Buddha des Ostens Akṣobhya und dem Mānuṣi Buddha Kanakamuni gehört.
vajrāsana	Diamantsitz, Beine gekreuzt mit Fußsohlen nach oben.
Vajrayāna	Weiterentwicklung des Mahāyānabuddhismus durch Aufnahme śivaitischer und tantrischer Elemente, besonders verbreitet in Nepal und Tibet. → Tantra.
varadamudrā	Geste des Schenkens mit nach unten und vorn geöffneter rechter Handfläche.

Varāha	Eber, dritter avatāra des Viṣṇu.
Vārāhī	Mātṛkā mit Eberkopf auf dem Stier, dem Viṣṇu als Varāha zugehörig.
varna	Farbe. Bezeichnung der Stände im Hinduismus.
Vāyu	Windgott.
vihāra	Buddhistisches Kloster, meist rechteckig im Grundriß. Der umbaute Hof wird heutzutage von jedermann bewohnt, nicht mehr von Mönchen. Dem Eingang gegenüber liegt der Kultraum, im Zentrum des Hofes meist noch ein Stūpa → bahāl.
Viṣṇu	Verkörpert im Hinduismus das Absolute Sein, das Bleibende in der Erscheinungen Flucht, wie Śiva das dynamische Stirb-und-Werde. In Nepal gilt der König als eine Incorporation Viṣṇus.
viśvarūpa	Viṣṇu in seiner göttlichen, das gesamte All mit allen seinen Wesen, umfassenden Gestalt, wie er sich dem Arjuna in der Bhagavadgītā offenbart.
Yama	Todesgott.
Yamunā	Flußgöttin auf der Schildkröte (kūrma) meist mit Gaṅgā zusammen, ein Tor flankierend, dargestellt.
yakṣa, yakṣī	Elementarwesen. Fruchtbarkeitsdämonen, die Wachstum und Reichtum verheißen.
yoga	Anschirrung. Schulungs- und Übungsweg, um durch Konzentration und Meditation zur samādhi zu gelangen. Siehe S. 57–59.
Yogīśvara	Aspekt des Śiva als Asket, als Herr der Yogīs.
yoni	Mutterschoß, meist als, um das liṅga gelegter, Ring dargestellt.

Bücherkunde

Literaturhinweise zur Geschichte, Kunst und Kultur Nepals

Allen, M., The Cult of Kumari-Virgin Worship in Nepal, Kathmandu 1975

Anderson, M. M., The Festivals of Nepal, London 1971

Auer, G., Gutschow, N., Bhaktapur – Gestalt, Funktionen und religiöse Symbolik einer nepalischen Stadt im vorindustriellen Entwicklungsstadium, Technische Hochschule Darmstadt 1974

Baidya, K., Teach yourself Nepali, Kathmandu 1982

Bajracharya, M. L., A Catalogue on Nepal, Kathmandu 1973

Banerjee, N. R., Nepalese Architecture, Delhi 1980

Bangdel, L. S., Early Sculptures of Nepal, New Delhi 1982

Bernier, R. M., The Temples of Nepal, Kathmandu 1970

Bernier, R. M., The Nepalese Pagoda – Origins and Style, New Delhi 1979

Bhāsā Vaṃśāvalī, Kathmandu 1964

Blofeld, J., The Way of Power – a Practical Guide to the Tantric Mysticism of Tibet, London 1970

Boulnois, L./Millot, H., Bibliographie du Népal, vol. 1, Paris 1969

Brown, P., Picturesque Nepal, London 1912

Chandra, J., Bibliography of Nepalese Art, Kathmandu 1980

Das, G./Shashi, B., An Introduction to Tantric Buddhism, Berkeley – London 1974.

Davies, E. P., Kirtipur – A Newar Community in Nepal – Development in Debate, Bristol 1981

Deo, S. B., Archaeological Excavations in Kathmandu, Kathmandu 1968

Donner, W., Nepal. Raum, Mensch und Wirtschaft, Wiesbaden 1972

Fisher, M. W., The Political History of Nepal, Berkeley 1960

Fuerer-Haimendorf, C. v., The Interrelation of Caste and Ethnic Groups in Nepal, London 1957

Fuerer-Haimendorf, C. v., The Sherpas of Nepal: Buddhist Highlanders, Berkeley-Los Angeles 1964

Fuerer-Haimendorf, C. v., Himalayan Traders, London 1975

Gail, A., Tempel in Nepal, Graz 1983

Goetz, H., Early Indian Sculptures from Nepal, in: Artibus Asiae XVIII, 1955

Govinda, L. A., Psycho-cosmic Symbolism of the Buddhist Stūpa, Emeville 1976

Gupte, R. S., The Iconography of the Hindus, Buddhists and Jains, Bombay 1972

Gutschow, N., Stadtraum und Ritual der newarischen Städte im Kathmandu-Tal, Stuttgart 1982, darin S. 202 f. Nachweis zahlreicher Spezialuntersuchungen des Autors

Gutschow, N., and Kölver, B., Ordered Space Concepts and Functions in a Town of Nepal, Wiesbaden 1975

Hagen, T., Nepal, Königreich im Himalaya, Bern 1975^3

Hamilton, F., An Account of the Kingdom of Nepal, and of the Territories Annexed to this Dominion by the House of Gurkha, Edingburgh 1819

Hasrat, B. J., History of Nepal, as told by its own and Contemporary Chroniclers, Hoshiarpur 1970

Heine-Geldern, R., Weltbild und Bauform in Südostasien, in: Wiener Beiträge zur Kunst und Kultur Asiens, IV, 1930, 28–78

Herdick, R., Kirtipur – Stadtgestalt, Prinzipien der Raumordnung und gesellschaftlichen Funktionen einer Newar-Stadt, Aachen 1982 (Dissertation)
Hodgson, B. H., Essays on the Languages, Literature, and Religion of Nepal and Tibet, together with further Papers on the Geography, Ethnology and Commerce of those Countries. London 1974
Hooker, J. D., Himalayan Journals, London 1891
Hosken, F. P., The Kathmandu Valley Towns, a Record of Life and Change in Nepal, New York 1974
Hoefer, A., The Caste Hierarchy and the State in Nepal – a Study of the Muluki Ain of 1854, Khumbu Himal, Band 13/2, Innsbruck 1979
Indra, Joys of Nepalese Cooking, New Delhi 1982
Jerstadt, L. G., Mani-Rimdu, Sherpa Dance Drama, Calcutta 1969
Jest, C., Monuments of Northern Nepal, Paris 1981
Joseph, M. B., The Viharas of the Kathmandu Valley, Reliquaries of Buddhist Culture, in: Oriental Art XVII, 1971, 121–141
Kirfel, W., Symbolik des Hinduismus und des Jainismus, Stuttgart 1959
Kirfel, W., Die Kosmographie der Inder, nach Quellen dargestellt, Bonn/Leipzig 1920, Neudruck Hildesheim 1967
Kirkpatrick, C., An Account of the Kingdom of Nepal, being the Substance of Observations made during a Mission to the Country in the year 1793, London 1811, Neudrucke 1969, 1975
Kölver, B., Hinduistische Ritualwege als Ordnungssystem, in: Stadt und Ritual – Beiträge eines internationalen Symposiums zur Stadtbaugeschichte Süd- und Ostasiens, Darmstadt 1977, 51–57
Kölver, B., Aspects of Nepalese Culture, Ancient Inscriptions and Modern Yatras, in: Proceedings of the First Symposium of Nepali and German Sanskritists 1978, Kathmandu 1980, 157–172
Korn, W., The Traditional Architecture of the Kathmandu Valley, Kathmandu 1977
Kramrisch, S., The Art of Nepal, New York 1964
Lall, K., Lore and Legend of Nepal, Kathmandu 1976
Lall, K., Nepalese Customs and Manners, Kathmandu 1976
Landon, P., Nepal, 2 vols., London 1928, Nachdruck Kathmandu 1976
Lauf, D. L., Das Bild als Symbol im Tantrismus, München 1973
Lévi, S., Le Népal, 3 vols., Paris 1905–1908
Locke, J. K., Rato Matsyendranath of Patan and Bungamati, Kathmandu 1973
Lienhard, S., Religionssynkrestismus in Nepal, Stockholm (Manuskript)
MacDonald, A. W./Vergati-Stahl, A., Newar Art, Nepalese Art during the Malla Period, New Delhi 1979
Mackay, P. L., Guide to Bhaktapur, Kathmandu 1962
Müller, U., Thimi – Social and Economic Studies on a Newar Settlement in the Kathmandu Valley, Giessen 1981
McDougal, C., The Kulunge Rai, A Study in Kinship and Marriage Exchange Kathmandu 1979
Nepali, G. S., The Newars, Bombay 1965
Oldfield, H. A., Views of Nepal 1851–1864, Kathmandu 1975
Oldfield, H. A., Sketches from Nepal, Historical and Descriptive, with Anecdotes of the Court Life and Wild Sports of the Country in the Time of Maharaja Jang Bahadur …, 2 Vols., London 1880, Neudruck New Delhi 1974
Pal, P., The Arts of Nepal, Part I, Sculpture, Leiden 1974
Pal, P., The Arts of Nepal, Part II, Painting, Leiden 1978
Pant, M. R./Sharma, A. D., The Two Earliest Copper-Plate Inscriptions from Nepal, Kathmandu 1977

Petech, L., Medieval History of Nepal (c. 750–1480), Roma 1958
Pruscha, C., Kathmandu Valley, The Preservation of Physical Environment and Cultural Heritage, a Protective Inventory, 2 vols., Wien 1975
Raj, P. A., Nepal on § 4 a Day, Kathmandu 1975
Rana, Pudma Jung Bahadur, Life of Maharaja Sir Jung Bahadur of Nepal, Allahabad 1909
Rau, H., Reflections on Indian Art, Bombay 1976, darin: Temple Towers of Nepal, Restauration of the Pujari Math of the Dattreya Temple in Bhaktapur 116–137
Regmi, D. R., Ancient Nepal, Calcutta 1969[3]
Regmi, D. R., Medieval Nepal, Part I: Early Medieval Period 750–1530, Part II: History of the three Kingdoms 1520–1768, 3 vols. Calcutta 1969
Regmi, D. R., Modern Nepal, Rise and Growth in the 18 th Century, Calcutta 1961
Regmi, J. C., Temples of Kathmandu, Kathmandu 1972
Regmi, M. Ch., A Study in Nepali Economic History 1768–1846, New Delhi 1971
Rubel, M., The Gods of Nepal, Kathmandu 1971
Sanday, J., Monuments of Kathmandu Valley, Paris 1979
Sekler, E. F., Use of Collective Space in Patan and Other Historic Towns of the Kathmandu Valley, Nepal. In: Monumentum, Vol. 18–19, 1979, 97–107
Seemann, H., Nepal 2029. Gestern noch verbotenes Land, Stuttgart 1973
Singh, M., Himalayan Arts, London 1968
Slusser, M. S., Indresvara Mahadeva, a Thirteenth-Century Nepalese Shrine, in: Artibus Asiae, vol. 41, Ascona 1979, 185–225
Slusser, M. S.,/Vajracharya, G., Two Medieval Nepalese Buildings, in: Artibus Asiae XXXVI, Ascona 1974
Snellgrove, D. L., Buddhist Himalaya, Oxford 1957
Snellgrove, D. L., Shrines and Temples of Nepal, in: Arts Asiatiques, VIII, 1 Paris 1961, 3–10, 93–120
Stiller, L. F., The Rise of the House of Gorkha, New Delhi 1973
Stürzbacher, K., Bhaktapur – Architektur- und Stadtentwicklung im Kathmandutal, Aachen 1980 (Dissertation)
Stürzbacher, K.,/Aresin, C. D., Integrated Urban Development: The Example of Bhaktapur, Saarbrücken 1981
Stupa, The – its religious, historical and architectural significance, Wiesbaden 1980, darin: Gutschow, N., The Urban Context of the Stupa in Bhaktapur 137–145, Slusser, M. S., Nepalese Caityas as Mirrors of Medieval Architecture 147–156
Thapa, R. J.,Kāṣṭhāmaṇḍapa, in: Ancient Nepal 3, Kathmandu 1968, 33–39, 41–43
Toffin, G., Pyangaon – une communauté Newar de la valée de Kathmandou – la vie matérielle, Paris 1977
Tucci, G., Geheimnis des Mandala – Theorie und Praxis, Weilheim 1972
Tüting, L., Nepal für Globetrotter, Berlin 1982
Uebach, S. H., Das Nepālamahātmyaṃ des Skandapurāṇam, München 1970
Wadell, L. A., The Buddhism of Tibet or Lamaism, Cambridge 1958
Waldschmidt, E. und R. L., Nepal, Kunst aus dem Königreich im Himalaya, Recklinghausen 1967
Wayman, A., The Buddhist Tantras – Light on Indo-Tibetan Esoterism, New York 1973
Wienand, P. (ed.), Twentyfive Years of Nepal-German Diplomatic Relations, Kathmandu 1983
Wiesner, U., Nepal – Königreich im Himalaya – Geschichte, Kunst und Kultur im Kathmandu-Tal, Köln 1976
Wiesner, U., Nepalesischer Tempelbau und seine Beziehungen zur indischen Architektur – aufgezeigt am Paśupati-Typus, Leiden 1978
Wright, D., History of Nepal, translated from the Parbatiya, Cambridge 1877, Neudruck Kathmandu 1972

Register

Abhayamalla † 1255 24, 49
abhayamudrā 64, 71, 228
Abhayaraja Shakya 266
Acala Bhairava 274
Achaju (acāju) 154, 160, 162, 164, 165, 192, 239, 277, 278
Ādi Buddha 20
Ādināth 162
Ādināthalokeśvara 162
Ādityamalla Khasiya 25
Aḍko Nārāyaṇa Mandir **178**, 224
AFP 39
Āgama-Haus 153, 236, 240
Agni 54, 167
Agnipura 20, 230
Agniśāla 275
airāvata 54
Ajimā 230
Ākāśabhairava 171, 177
Akbar (1556–1605) 50, 73
Akṣaya Tṛtīyā 67
Akṣobhya Buddha 22, 64, 65, 71, 166, 172, 226, 228, 229, 264
Alpen 9, 10, 106
Altharvaveda 54
āmalaka 139, 218
Amaramalla (1520–1560) 28, 29, 50, 174
Amarāvatī 76, 153
Amitābha Buddha 64, 65, 66, 71, 93, 154, 166, 226, 228, 274
Amoghapāśa 216
Amoghasiddhi Buddha 64, 65, 71, 166, 226, 228, 229
Aṃśuvarma Thākurī († 616 n. Chr.) **22, 23**, 48, 162
Analphabeten 42
Ananda, Lieblingsschüler Buddhas 24
Anantapura 230
Anantamalla (1274–1310) 25, 49, 130
Anantanārāyaṇa 243
Anantapriyā Devī 190
Añcalasabhā 37
aṇḍa 70, 75, 149, 153, 226, 228, 233, 248
androgyn 55
Angkor 57
anikonisch 61
Animismus 60
añjali 137
Annapūrṇā (Göttin) 120, 130, 167, **178**, 242
Annapūrṇā (8091) m 9, 10, **120**, 164, 272
AP 39
Araurakoṭ 238
archaisch 85, 86, 89, 91
Ardhanārīśvara 55, 194, 245, 272
Arimalla, Aridevamalla 24, 49
Arjuna 54, 56, 58, 179, 181, 191, 232, 240
Army Headquarter 233
Arniko (1260 n. Chr.) 24, 49
Arniko Highway 164, 277
Aruṇ (Fluß) 9
Ārya Ghāt 242, 244
Āryatārā 216, 228
Arzt 97
Āṣāḍha, 3. Monat 67, 201
āsana 58
Asaṇṭole 178, 199
Ashram (aśrama) 59
Aśoka (263–233) 21, 48, 64, 70, 71, 154, 173, 237, 238, 242, 245, 248, 249, 268
Assaṇ Māju Ajimā 178
Aṣṭabhairavas 61, 160, 161, 186, 203, 243, 259, 263
Aṣṭadeva Nāyaka 153
Aṣṭadikpālas 185
aṣṭamaṅgalas 89
Aṣṭamātṛkās 28, 61, 132, 136, 143, 154, 160, 161, 166, 171, 172, 174, 178, 179, 181, 185, 186, 203, 207, 234, 236, 237, 241, 243, 245, 259, 263, 275, 277, 278
Aṣṭāriga Bhairava 61, 203
Aṣṭasiddhi Samādhi 271
aśvamedha 56
aśvamedhanāṭaka 27, 56
Āśvina, 6. Monat 67, 153, 163, 165, 235
Atri 144
Aurangzeb (1658–1707) 50
Aurobindo (1872–1950) 59
Auroville 59
autogenes Training 58
Avadha 56
Avalokiteśvara 65, 66, 92, 154, 159, 203, 205, 214, 226, 228, 256, 266, 268, 269, 271
Avatāra 54, 56, 138, 163, 256
Ayodhya 56
Āyurveda 41

Bābur (1526–1530) 49
Bacchareśvarī 243

Baden-Württemberg 9
Badrināth 242
Bāgh Darbār 82
Bāgmati (Fluß) 20, 45, 87, 139, 152, 153, 156, 161, 162, 163, 167, 174, 176, 200, 219, 221, 226, 231, 241, 242, 245, 248, 270, 275
Bahādur Bhavan 182, 183
Bahāl 195, 235
Baiṭhak 224
Bajracharya (Bajrācārya) 21, 179, 214, 216, 235, 236, 275, 278
Bajravarahi (Vajravārāhī) 160
Bāku Nani 203
Bālā Caturdaśī 67, 177
Bāla Gopāla 139, 256, 257, 259
Bālāju 45, 86, **125,** 151, 194 238
Balkumari (Bālkumārī) 248, **252,** 277, 278
Bambus 10
Bānagaṅgā 173
Bandegaon (Bāṇḍegāoṅ) **125,** 148, 275
Baṇḍejātra 141
Banepā 10, 25, 30, 98, **127,** 130, 172, 203, 205, 209, 239
Banesvar Hights 183
Bangdel, G. 86
Bāṅgemuḍhā 201
Bansi Nārāyaṇa 138, 139
Banyanbaum 40
Barock 85, 88, 89, 90, 91, 92
Basantapur 138
Basnyāt, Adelsfamilie 33
Battisputali 183
Bauddha → Bodnāth
Bayern 9
Belaiti 224
Bengalen 16, 25, 49, 68, 192
Bergsteigen **106–124**
Bhādgāoṅ → Bhaktapur
Bhādra, 5. Monat 67, 164, 207, 239, 276
Bhadrakālī 177, 179, 233
Bhagavadgītā 54, 56, 58, 159, 191
Bhagīratha Bhaiyā, Minister des Yoganarendramalla (1684–1705) 28
Bhagvan Bahāl 176, 180
Bhagvatī 137, 139, 142, 165, 167, 171, 180, 198, 236, 239, 243, 244, 245, 268, 276
Bhairava 30, 89, 90, 127, 136, 137, 142, 143, 144, 153, 159, 163, 166, 168, 170, 171, 173, 177, 178, 180, 181, 185, 195, 204, 206, 207, 217, 219, 232, 237, 239, 244, 245, 251, 261, 262, 265, 268, 269, 273, 274, 277
Bhairavajātrā 27
Bhairawa (18 000 E.) 12, 61, 273
Bhajana 42, 210
Bhaktapur 12, 25, 26, 27, 28, 29, 30, 31, 32, 45, 46, 49, 50, 68, 72, 73, 78, 79, 80, 81, 84, 91, 92, 93, **127–148,** 156, 157, 184, 185, 190, 192, 200, 213, 259, 263, 277
bhaktiyoga 56, 58
Bhaṇḍārakhāla 86, 138, 193, 194
Bharata 56
Bhāśávaṃsāvalī 21
Bhāskaradevavarma Thākurī (1043–1082) 23, 49
Bhasmāsura 148
Bhaṭṭabrahmanen 26
Bhaṭṭa, Dev Rāj 243
Bhavanalakṣmī 157, 158
Bhavāniśaṅkara 234
bhavīṣyakāraṇamudrā 275
Bhīma 56, 179, 181
Bhim Shamsher (Bhīma Śamśer) (1929–1932) 36, 51, 56, 232, 240, 260
Bhīmamalla, Minister des Lakṣminarasiṃhamalla (1618–1641) 29
Bhīmasena, Bhīmsen 27, 70, 92, 143, 164, 166, 170, 172, 176, 177, 181, 182, 237, 251, 261
Bhīmsen Thāpā 82, 182, 219, 222, 223, 244
Bhīśaṇa Bhairava 61, 203
Bhote (Stamm) 12
Bhṛkutī (Bribsun), Tochter des Aṃśuvarma Thākurī 22
Bhṛṅgi 158, 167
bhūmīsparsámudrā 64, 71, 228, 235, 236, 264, 278
Bhūpālendramalla (1687–1700) 157, 158, 195, 206, 242
Bhūpatīndramalla (1696–1722) **27,** 50, 80, 81, 134, 136, 137, 138, 142, 143, 200, 253
Bhutan 66, 86, 98
Bhūvaneśvarī 244
biblia pauperum 92
Bihār 22, 87, 266
Bīlabhairava 243
Biratnagar (45 000 E) 12
Bir Bhadra Kumar Rana 171
Birendra 27, 38, 52, 133, 191
Birganj (13 000 E) 12
Bir Hospital 176
Birma 60, 266
Bir Shamsher (1885–1901) 34, 51, 182, 183
Biṣālnagar 165
Biśaṅkhu 127, **148, 149,** 173, 194, 218
Britisch-Ostindische Kompanie 31, 32
Bodensee 12
Bodhgaya 63, 266
Bodhi 63
Bodhibaum (ficus religiosa) 10
Bodhisattva 20, 63, 65, 66, 92, 264
Bodhnāth (Bauddha) 71, 72, **149–151,** 156, 167, 185, 218, 245
Bodo (Stamm) 15
Bonpo (Religion) 15, 66
Boris Lissanevitch 46, **182, 183,**
Borobudur 65, 71, 149, 185

Botanischer Garten 166
Bombay Cok 218
Botschaften **104, 105**
Brahmā 55, 144, 167, 187, 232
Brahmācārya Bhikśu 153
Brahmādeva Thākurī 23, 42
Brahmane, Brahmin 13, 15, 16, 17, 21, 27, 29, 54, 62, 142, 156, 173, 201, 207, 236, 241, 276
Brahmāyāṇī 181, 184, 185, 202, 203, 241, 263, 277
Buddha 54, 63, 65, 71, 87, 125, 154, 164, 168, 173, 179, 194, 195, 214, 229, 230, 233, 238, 248
Buddha-Dharma-Saṅgha 235
Buddha Jayanti 67
Buddhismus 14, 17, 19, 21, 22, 23, 24, 26, 27, 30, 53, 54, 61, **62–66,** 70, 72, 90, 92, 93, 127, 130, 132, 133, 141, 160, 178, 180, 209, 214, 235, 249, 272
Buḍhanilkaṇṭha 30, 86, 125, **151, 152,** 194
Budhavadyo 127
Bundyo 266
Buṅga Bahil 153
Buṅgamati 28, 72, 73, **152, 153,** 174, 214, 249, 266
Butwal (Dorf) 237, 273
Byaghrinī 142

Café Nyātapola 144
Caitra, 12. Monat 67, 160, 162, 198, 215, 275
Caitya 75
Caityaraṅgavihāra 235
cakra 61, 157
Cakrapūjā 60
Cakravartīndramalla 223
Calcutta 82, 98
Cāḷukyadynastie (624–1061) 24, 86
Campakabaum 156
Cāmuṇḍā 137, 163, 179, 184, 202, 207, 217
Caṇḍa Bhairava 61, 203, 252, 273
Caṇḍeśvara 162, 242
Caṇḍeśvarī 130
Candra 54, 167
Candragiripaß 276
Candragupta I. (320–330) 72
Changu Narayan (Cāṅgunārāyaṇa) 22, 28, 72, 87, 91, 127, 130, 149, **154–159,** 173, 194, 199, 218, 253, 274
Cār Burja 182
Cārnārāyaṇa 91, 138, 256
Cārumatī, Tochter Aśokas (263–293) 21, 153, 154, 245
Casīdega 190
Caturvarnamahāvihāra 141
CEDA 41
Central Jail 205
Chabahil (Cābahil) 21, 71, **153, 154,** 165

Chandra Shamsher (Candra Sámśer) (1901–1929) 34, 36, 51, 83, 84, 195, 207, 275
Chaṅg (Getränk) 14
Chapagaon **160,** 277
Chatra 149
Chatracaṇḍeśvara 242
Chauni 219, 230
Chetri (Kṣatriya) 13, 15, 16, 17
Chikanmugal 178
Chilanchuvihar (Cilañcuvihāra) 71, 235
China 14, 20, 23, 25, 30, 31, 34, 35, 36, 37, 39, 43, 45, 48, 49, 51, 52, 80, 130, 164, 277
Chini Lama (Cīnī Lāmā) 149
Chitubahil (Cituvihāra) 236
Chitwan (National Park) 96, 98, **160–161**
Chobhar (Cobhār) 20, 71, **161–163,** 167, 226, 241
Cho Oyu (8153 m) 10
Chorten (Corten) 72
Chvebaha (Harṣakirtivihāra) 236
Cintāmaṇilokeśvara 235
College 41
Cooch Bihar (Stadt) 30
Cottage Industry 45
Curzon, Lord 35
Cysilim Deval 260

Dakśa Prajāpati 274
Dakshinkali (Dakṣiṇakālī) **163,** 222, 270
Dakṣiṇamūrti 244
Dakṣiṇavārāhī 278
Dalai Lāmā 66, 149, 151
Damayantī 56
Danuwār (Stamm) 15
Darbār 27, 72, 84, 91, 130, 183, 249, 251
Darbār Bhaktapur **133–141**
Darbār Kāṭhmāṇḍu **184–198**
Darbār Pāṭan **252–263**
Darjeeling 32
Dasaiṃ (Herbstfest) 13, 177, 192, 220, 236
Daśakrodhabhairava 274
Daśāvatāra 54, 178, 179
Dattātreya 27, 78, 132, 133, 142, 144, 213
Degutale 27, 170, 190, 194, 196, 252, 253, 257, 260, 261
Dekkhan 24, 29
Demai (Stamm) 15
Deobhuri (Fluß) 15
Deopāṭan 134, 139, 164
Devadaha 238
Devānapiya Piyadasi (Aśoka) 238
deutsch, Deutschland 35, 46, 47, 104, 105, 147
deutsche Schwestern 41, 173
Deutsche Welle 39
Deutsche Zeitungen 40

Devapāla, Schwiegersohn Aśokas (263–233) 21
Devapāṭan, Deopāṭan 21, 25, 134, 139, 164
Devī 159, 191
Devisen 99
Dev Shamsher (Deva Śamśer) 1901 n. Chr. 34, 51
Dhanavantari 167
Dhaneśvara 242
Dhaṅkal Siṅgh Basnyat 218
Dhārā 251
Dhārāhara 82
Dharan (21000 E.) 12
dhāranā 58
Dharan-Jlam 123
Dhārāpāni 170
dharmacakra 63
Dharmacakramañjuśri 215
dharmacakramudrā 64, 71, 125, 228
dharmacakrapravartana 63
Dharmadeva 218
Dharmadhātu 236, 274
Dharmakāra 20
Dharmapāla 20
Dharmarāja 162
Dharmaśālā 171, 172, 270, 271
Dharmasvāmi 228
Dhātuṭole 165
Dhaulagiri (8172) m 9, 10, 70, 173, 273
Dhimal 15
Dhir Shamsher 34
Dhobi Kholā → Rudramati
Dhoka Baha (Ḍhokā Bahāl) 199
Dhṛtarāṣṭra 56
Dhruvadeva Licchavi 23
Dhulikhel 130, **164, 165**
Dhumvārāhī 86, **165**
dhyāna 58, 264
dhyānamudrā 64, 71, 228
Dhyāni-Buddha 65
Dighur 15
Digu Bahāl 278
Digudyo 278
Dikpāla 244
Dilli Jang Thapa 84, 182
Dipa 263
Dipāṅkara Buddha 141, 203, 205
Draupadī 56, 179, 181, 224, 232, 240, 261
Drupada 56
Dūn (Hügelland) 9, 13
Durgā 55, 88, 136, 138, 139, 142, 151, 159, 167, 181, 184, 209, 232, 239, 244, 268
Duṭole 164
Dvārapāla 137
Dvārikanāth Mandir 138
Dyochen 154, 171, 274, 275

England 32, 33, 34, 36, 51
Entwicklungsdienst 47
Entwicklungshilfe 46
Erosion **9–11**
Etacok 136
Europa 176, 211, 212
Everest 113–115, 239

Fatehpur Sikri 73
Fauna 160
Festkalender 67
Film 42
Flora 160
Florida 10
Frankreich 33
Fremdenverkehr 45, 46
Fresko 92
Führer, A. 237

gadā 54
Gaḍḍi Baiṭhak 194
Gagan Siṇgh 33
Gajadhāra Nārāyaṇa 167
Gajūra 71, 77, 136, 139, 143, 149, 152, 153, 154, 157, 164, 165, 205, 206, 213, 215, 216, 220, 221, 222, 223, 232, 234, 239, 240, 253, 265, 268, 269, 270, 277
Gandhi, Mahātma 37
Gaṇeśa 17, 55, 125, 127, 136, 137, 151, 152, 153, 154, 159, 160, 162, 163, 164, 167, 170, 171, 172, 177, 194, 195, 200, 207, 216, 217, 219, 224, 232, 236, 237, 241, 243, 244, 251, 256, 261, 268, 271, 272, 273, 274, 275, 276, 277, 278
Ganeśa Caturthī 67
Gaṅgā 9, 20, 32, 56, 59, 72, 88, 137, 143, 151, 156, 167, 226, 243, 253, 259
Gaṅgādevī 242
Gaṅgāmahārāni 157
Gāoṅpañcāyata 37
Garuḍa 22, 64, 87, 89, 137, 138, 144, 154, 156, 157, 163, 178, 180, 181, 186, 194, 195, 200, 201, 202, 206, 216, 217, 218, 221, 222, 229, 233, 253, 256, 260, 261, 266, 268, 272, 276, 277
Garuḍanārāyana 125, 158, 159, 167, 172, 182, 217, 242, 243, 278
Garuḍāsana 87, 157, 158
Garuḍa Vainateya 87, 137, 158, 163, 199, 200, 253, 257
Gaur (Stadt) 20
Gaurī 125, 167, 224, 242, 272
Gaurī Ghāt 245
Gaurīśaṅkar (7145 m) 164, 239
Gaurīśaṅkar (Tempel) 278
Gautama Buddha (563–483) 10, 19, 20, 21, 24, 48, 63, 65, 162, 180, 199, 205, 233, 235, 237, 243, 263, 264, 266, 274, 275, 278

Gelbe Kirche 66
Gelbmützen 66
General Post Office 232
Georg V. 35
Gesundheitsvorsorge **95–97**
Ghanpokhara **122, 123**
ghaṇṭā 229
Ghaṇṭākarnajātrā 67
Ghāṭ 18, 152, 162, 242, 244
ghī 18
Ghiyās-ud-dīn Tughluq (1320–1325) 25, 134
Gnom 89, 90, 233, 240
Godāvari 125, 148, **166,** 171, 275
Goethe Institut 40
Gokarna 21, 22, 151, **167, 168,** 241
Gopāladynastie **21,** 48
Gopālarājavaṃśāvalī 21
Gopāl Kṛṣna Tempel 92
Gopi 54, 187, 241
Gopirana Bharo 167
Gorakhnāth 170, 244, 245, 270, 272
Gorejātrā (Goḍejātrā) 180, 209
Gorakṣanātha 210, 212
Gorkhā 27, **168, 170,** 273
Gorkhā Darbār 1380 m 170
Gorkhapatra (Zeitung) 38, 40
Gorkhavaṃśāvalī 21
Gosainkund **111**
Grüber, Johannes, Jesuitenpater 28
Gubhaju Samantabhadra 226
Gūhapura 231
Guhya 244
Guhyeśvarī 20, 195, 226, 231, 241, 244, 245
Gumtī (Fluß) 82
Gunajyoti Shakya 235
Guṇakāmadeva Licchavi 22, 48, 49, 174, 176, 179, 203, 207, 214, 215, 217, 222
Guṇakāmadeva Thākurī 24
Guṇakirti Mahāvihāra 278
Guṇavihāra 274
Gupta 320–455 48, 72, 86, 156
Gurkha 13, 14, 21, 28, 30, 31, 32, 33, 35, 36, 68, 234
Guru 57, 58, 245
Gurumapa 203
Guruṅg 12, **13,** 16
Guthī 138
Gutschow, N. 7, 299
Gyāneśvara 194, 200

Haḍigāon → Hārigāon
Hakuja Shakya 235, 236
Halāhala Lokeśvara 276
Halcok **171,** 172
Haṃsa 61, 241
Hanumāna 30, 56, 138, 152, 167, 170, 172, 191, 194, 218, 232, 236, 242, 245, 259
Hanumānḍhokā 30, 79, 86, 151, 177, 191, 194, 219, 240
Hanumānte (Fluß) 130, 278
Haragaurī 167
Haragaurīvivāha 27
Harasiddhi 164
Hari Bhavan 82
Haridatta 156
Haridvāra 59
Hārigāoṅ 180, 199
Harihara 125, 206
Harihariharivāhanalokeśvara 158
Hariharasiṃhamalla 252
Harikṛṣna 240
Hariśaṅkar 91, 260
Harisiddhi **171, 172,** 275
Harisiddhijātrā 28, 29
Hari Shamsher Rana (Hari Śamśer Rāṇā) 82
Harisiṃhadeva 132, 134
Harisiṃha von Tirhut 25, 49
Hārītī Ajimā 125, 226
harmika 70, 71, 228, 232, 248
Harṣavardhana (606–647) 22, 23, 48
Hastinapur 56
Hatapa (Stadt) 190
hathayoga 58
Hayagrīva Bhairava 152, 153, 272
Helambu **109, 110,** 275
Hema Nārāyaṇa 206, 221, 223
Hemāntaka Bhairava 274
Hepatitis 96
Hera 55
Himālchuli (7864 m) 164, 273
Himālaya **9–11, 13–15,** 21, 42, 47, 55, 59, 63, 66, 68, 72, 76, 80, 106, 164, 166, 173, 241, 272, 276
Hīnayāna **62–65**
Hindi (Sprache) 16, 56
Hindu, Hinduismus 14, 15, 16, 17, 19, 23, 39, **53–62,** 66, 130, 132, 133, 136, 142, 151, 160, 180, 209, 241, 272, 274
Hiranyakasipu 159
Hitaura (17000 E.) 12
Hodgson, H. Brian 32
Holi 67
Hotels **100, 102**
Höhenkrankheit 96
Hsüan Tsang (600–664) 22, 48, 237
Hyumata 176
Hyumata Nārāyaṇa 200, 201, 202, 232

Ichangu (Īcaṅgu) 127, 149, 171, **172, 173,** 194, 218
Ikhānārāyaṇa 200, 201
ikonisch 61
Ila Nani 264
Immigration Office 98, 106
Impfungen 96, 97

Indien 11, 12, 13, 14, 16, 22, 23, 24, 26, 28, 29, 30, 33, 35, 36, 37, 39, 42, 43, 44, 46, 48, 51, 66, 68, 71, 72, 80, 82, 83, 88, 90, 98, 173, 176, 181, 209, 266, 272, 273, 276
indoislamisch 82
Indochina 80
Indonesien 57
Indra 54, 167, 168
Indracok 175, 177, 203
Indrāyaṇī Lhutiājimā 61, 163, 181, 184, 185, **202, 203,** 204, 222, 234, 236
Indrajātrā 24, 30, 31, 67, 171, 177, 195, 198, 217
Indraprasṭha 56
Indreśvaraghāt 240
Indreśvara Mahādeva 240
Indreśvarī Mandir 89, 242
Islam 176
Itum Baha (Ītum Bahāl) 90, 176, **203–205,** 215, 233, 270
iugum 57

Jagannāth 91, 138, 186, 193, 205, 220, 223, 256, 261
Jagatjyotirmalla (c. 1613–1637) 27, 50, 136
Jagatpāl Varma 235
Jagatpālvihāra 235
Jagatprakāśamalla (1644–1673) 134, 138, 141, 239
Jahangir (1605–1627) 50
Jaisi Deval 91, 142, 175, 176, 195, 201, 206, 232
Jalaśāyana Nārāyaṇa 86, 125, 151, 193, 194, 242, 243
Jāmācok 125, 172, 238
Jamana, buddhistischer Priester 29
Jambhala 260
Jamo Bahāl 215
Jangampriester 240
Jang Bahadur Rana (Jaṅg Bahādur Rāṇā) (1846–1877) **31, 33, 34,** 51, 83, 209, 218, 222, 223
Jangdohoj Kumar Rana 171
Jatādhāri Lokeśvara 268
Jhatapol 263
Jaulākhel 27, 41, **173**
Java 57, 71, 149, 185
Jayabhīmadevamalla **seit 1258** 24, 25, 49
Jagadeva II. Licchavi († 740) 23, 48
Jayamalla 142
Jayaprakāśamalla (1734–1768) 30, 31, 32, 51, 137, 195
Jayapratāpamalla → Pratāpamalla
Jayārimalla † 1344 24, 25, 49
Jayārjunadeva (1361–1382) 25, 49, 50
Jayarūdramalla (1295–1326) 25
Jayasthitimalla (1372–1395) **24, 25, 26,** 49, 50, 88, 132, 144, 212, 243, 263
Jayatāri Khasiya 25
Jayavāgeśvarī, Name der Sarasvatī 243
Jayayakṣamalla (1428–1482) **26,** 28, 49, 50, 215
Jayajyotimalla 242
Jeṣṭha, 2. Monat 67, 177, 240, 241, 275
Jeṣṭhavarna Mahāvihāra 268
Jesuiten 173
Jhankri 15
Jhapa 15
Jitajaṅgapraśeśvara 243
Jitamitramalla (c. 1673–1696) 27, 28, 50, 134, 136, 138, 139
Jitpal Shakya 153
Jit Shamsher Rana (Jita Śamśer Rāṇā) 207
jñāna 58, 200
Jñānānanda, Svamī 29
jñānayoga 58
Jñaneśvarī 178
Jomosom 14, **118, 119**
jonisch 82, 83
Joreśvara 167
Jośī Āga 198, 267
Juddha Shamsher Rana (Juddha Śamśer Rāṇā) (1932–1945) **36,** 52, 183, 218, 253
Jumla-Rara-See **122, 123**
Jung, C. G. 58
Jvālā Māi 206
Jayā 152
Jureśvara 242
Jyāpu 41, 220, 234

Kailāsa 55, 161, 241, 243
Kailāsakūṭa Bhavana, Residenz des Śivadeva Licchavi 22
Kailāsaparivāra 242, 243
Kaisher Mahal (Keśar Mahal) 207
Kālabhairava 190, 194
Kalamocan 221
kalaśa 139, 154, 161, 243, 244
Kālī 55, **163, 164, 179, 180, 217, 222**
Kālī Gaṇḍakī (Fluß) 9, 13, 14, 22, 24, 273
Kālikā 170, 186
Kāliyādamana Kṛṣṇa 54, 194
Kalimpong 35
Kalki 54, 164, 179
Kāmadeva 54, 167, 243, 272
Kāmadhenu 168
Kanakamuni Buddha 20
Kanauj (Stadt) 22
Kanchanjunga (8598 m) 10
Kaṅgeśvara 187
Kāṅgratal 32, 85
Kaniṣka 76
Kaṅkeśvarī 88, 207, 223
Kaṅkeśvarījātrā 29
Kantipath 182, 215, 219, 223
Kāntipur 24, 174, 176, 206

Kāpālika 212
Kapālīsa Bhairava 61, 203, 204
Kaphyi Kāntipuramahāvihāra 236
Kapilavastu (Stadt) 21, 63, **173, 174,** 238
Kapuziner 32
Karmachaju (Karmācāju) 240, 241
Karṇāṭaka 24
karma 64
karmayoga 58
Kārtika, 7. Monat 67, 127, 149, 152, 154, 173, 201, 218, 276
Kārttikeya 55, 127, 177, 184, 200, 237, 256, 268
Karunāmaya 152, 239
Kārya Vināyaka 153
Kāśi Viśvanāth 143, 235
Kāski 34
Kaśmīr 32, 85
Kāṣṭhamaṇḍapa 73, 78, 176, 185, 195, **209–213**
Kāthaka-Upaniṣad 57
Kathesimbhū 226
Kāṭhmāṇḍu 9, 10, 11, 12, 13, 14, 15, 18, 19, 20, 21, 24, 26, 27, 28, 29, 30, 31, 32, 34, 35, 36, 39, 42, 44, 45, 46, 49, 50, 68, 70, 71, 72, 73, 77, 78, 79, 82, 84, 90, 91, 92, 95, 97, 98, 100, 101, 106, 107, **117,** 125, 126, 127, 130, 133, 134, 136, 137, 138, 141, 142, 148, 151, 153, 157, 158, 161, 163, 164, 166, 168, 170, 171, **174–233,** 234, 237, 239, 245, 249, 252, 253, 257, 259, 266, 272, 273, 274, 277
Kaumārī 61, 137, 163, 181, 185, 203, 204, 206, 216, 237, 273
Kaurava 21, 56, 58, 177
Kavīndra Jayapratāpamalla 172
Kavīndrapur 30, 209, 213
Kelṭole 214
Khas (Stamm) 28
Khokanā 153, **174**
Kilagal 203
Kileśvaramahādeva 159
Khopi Dhārā 170
Kirātidynastie **21,** 48, 86, 177
Kīrtimukha 233
Kirtipur 31, 41, 71, 162, 192, **234–236**
Kishor Narshing 83, 183, 207, 224
Kodāri 30, 98, 209
Kölver, B. 7, 299, 300
Koirala, B. P. († 1982) 37, 38, 39, 52
Konsulate **104**
Konti 263
korinthische Säulen 82, 83
Kośī (Fluß) 22
Kosiya 238
Koṭ 33
Koteśvara Mahādeva 236
Kotkhu Kholā 127
Krankenhaus 97
Krakucchanda Buddha 20, 238
Krimkrieg 34
Krishna Shamsher (Kṛṣṇa Śamśer) 84
Krodha Bhairava 61, 203, 204
Kṛṣṇa 21, 27, 42, 54, 56, 58, 72, 138, 163, 170, 177, 179, 187, 191, 210, 232, 239, 240, 241, 242, 243, 245, 256, 257, 260, 272, 278
Kṛṣṇa Aṣṭamī 67, 164, 220, 241, 276
Kṛṣṇajātrā 24
Kṛṣṇamandir 73
Kṣatriya (nepalisch Chetri) 13, 15, 16, 21, 32
Kubera 54, 167
Kulavanta Siṃha Tūladhāra 93
Kulekhani 45
Kulturinstitute 105
Kulu 85, 92
Kumāra 55, 83, 160, 163, 167, 171
Kumārī 72, 141, 195, 252, 278
Kumārīcok 136
Kumar Nashing 84, 218, 224
Kumbheśvara 80, 89, 142, 249, **262–263,** 276
Kumrāhār 76
Kunwār, Adelsfamilie 33
kūrma 54, 179
Kurukṣetra 21, 48, 56, 58, 177
Kusāṇā 75
Kuśinagara (Stadt) 24, 63
Kuṭībahāl 154
Kuwait 10
Kvālakhu 263
Kvāthalāyaku 236
Kwa Baha (Kvā Bahāl) 213, **263, 264**
Kyapu 234

Ladakh 66
Lagankhel 248, 268
Lainchaur 29, 194
Lākhejātrā 24
Lakṣmaṇa 240, 245
Lakṣmī Caturdaśī 67
Lakśmī Devī 33, 54, 144, 158, 168, 172, 178, 201, 202, 240, 253, 260
Lakṣmīnarasiṃhamalla (1618–1641) 29, 50, 186, 213
Lakṣmīnārāyaṇa
78, 151, 152, 159, 161, 194, 201, 209, 236, 242, 251, 259, 272, 278
Lakṣmīnārāyana Jośi 195, 206
Lakṣmī Nivās 84
Lakṣmīśvara Mahādeva 221
Lāl Darbār 183
Lālamatī, Mutter des Siddhinarasiṃha (c. 1618–1658) 27
Lalitapaṭṭana, alter Name für Pāṭan 24, 245
Lalitpur Bhavan 193
Lalitpur → Pāṭan
Lāmā 14, 15, 65, 66
Lamaismus 65, 66

Lamba Karṇa Bhaṭṭa 29
Lamjung 34
Langtang (7240 m) **112,** 164
Lapidarium 159
layayoga 58
Lebende Göttin 195
Lévi, S. 68
Lhāsā 29, 30, 34, 35, 93
Lhoñcok 192
Lhotse 8571 m 10, 164
Licchavidynastie (464–740) **21–23,** 48, 68, 72, 85, 158, 159, 165, 166, 175, 194, 200, 230
Limbu (Stamm) 12, 13, 21
liṅga 125, 141, 152, 167, 187, 224, 230, 243, 232, 244, 251, 253, 260, 268, 275, 276
Locanā 228
Lodī-Dynastie (1450–1526) 49
Lokaprakāśamalla (1705–1706) 260
Lokeśvara 141, 180, 216, 235, 277, 278
London 35, 52
Lubhu **237,** 273
Lucknow 82
Luftlinien **103**
Lumbini 21, 63, 70, 151, 173, **237, 238,** 273

Macchapucchare 273
Macchendranath (Matsyendranāth) 25, 27, 28, 72, 73, 92, 215, 269
Weißer Macchendranath Kāṭhmāṇḍu **214, 215**
Roter Macchendranath Pāṭan **265, 266**
Mādana Rāma Bardhaṇa 203, 205
mada 60
Maḍu Hiṭi 223
Maḍutole 78, 209, 211, 223
Magadha 64
Magar (Stamm) 12, **13,** 16, 28
Māgha, 10. Monat 67, 162, 234, 236
Magna Mater 55, 217
Maha Bauddha Patan (Mahābodhi Pāṭan) **266, 267,** 270
Mahābhārata (Epos) 21, 54, **56,** 93, 177, 224, 232, 240, 257, 261
Mahābhārata Lekh (Gebirge) 10, 58
Mahābhairava 278
Mahādeva (Śiva) 167, 187, 241, 272, 275
Mahādeva Licchavi 48
Mahādeva Nārāyaṇa 159
Mahāgaurī 125, 167, 243, 245
Mahākālā 215, 236, 251, 261, 271, 274, 276, 277
Mahākāli 61, 137, 180, 181, 184, 185, 199, 202, 203, 206, 263
Mahālakṣmī 61, 172, 174, 181, 184, 185, 202, 203, 204, 206, 216, 237, 263, 276
Mahālakṣmī Pāṭan **268**
Mahanta 164
Mahānirvāna Tantra 60
Mahāpuṭra Jagatpāl Varma 235
Mahārājganj 41, 84
Mahārāṣṭra 29
Maharjan 172, 276, 277
Mahāśivaśakti 245
Mahāvairocana Buddha 203
Mahāviṣṇu 245
Mahāyānabuddhismus **64–66**
Mahendra (1955–1972) 37, 38, 52, 83, 168, 182, 200, 218, 242
Mahendramalla (1560–1579) 29, 79, 185, 186
Mahendramalli, Münzen 29, 31, 186
Mahendrasiṃhamalla (1717–1722) 28, 50
Maheśvari 61, 163, 181, 184, 185, 186, 202, 203, 236, 263
Mahīdeva Licchavi 22
Mahiṣamardiṇī 139, 142, 171, 192, 253
maithuna 60
Maitī Devī **216, 217**
Maitreya Bodhisattra 22, 65
Maitripuramahāvihāra 213
Māju Dega 91, 142, 195, 198
Makālu (8481 m) 10, 164
Makara 54, 60, 88, 89, 137, 154, 178, 180, 181, 182, 186, 200, 201, 202, 206, 216, 217, 218, 233, 251, 256, 259, 261, 268
Malaria 9, 96
Mali 277
Malladarbār 251
Malladynastie, Mallas (1200–1768) 14, 16, 21, 22, 24, **25–32,** 49, 50, 68, 72, 79, 80, 85, 88, 90, 127, 132, 134, 170, 176, 178, 186, 187, 190, 192, 193, 206, 256, 257, 260, 261, 265
Mallapuri (Stadt) 24
Māmakī Tārā 228
Mānadeva Licchavi (464–491) 22, 48, 151, 156, 158, 168, 228
Mānagṛha, Residenz des Mānadeva Licchavi (464–491) 22, 151
Manāslu (8156 m) 10
Māneśvarī 26
Maṇḍala 171, 181, 185, 186, 203
Maṇḍapa 261
Mangalāgaurī 243
Maṇi 251
Manidhara (Maṇidhārā) 251, 261
Manierismus 91
Maṇigala 251, 253
Maṇigala Bazar 251
Maṇigalahiṭi 251
Maṇi Gaṇeśa 251
Maṇi Keśvaranārāyaṇa 251, 253, 260
Maṇimaṇḍapa 28, 251
Maṇiyoginī 251
Mañjupaṭṭana 20, 228

Mañjuśrī 20, 153, 161, 166, 167, 205, 226, 235, 274, 276
Mañjuvajra 215
Mañjuvihāra 71
Manoharā 156
mānsa 60
Mansira, 8. Monat 67, 163, 172
Mantra 59, 60, 61, 215, 257
Mao 36
Marga 277
Marpha (Dorf) 14
Martyrś Memorial 233
Matbar Singh Thapa 33
Mathura 76, 87, 257
Mātṛkā 61, 90, 163, 181, 187, 206, 216, 217, 220, 232, 239, 244, 251, 252, 253, 268, 274, 278
matsya 54, 60, 179
Matsyendranāth → Macchendranath
Matsyendranāthjātrā 24, 67, 152, 228, 248
Maṭu Ajimā Bahāl 220
Maudgalyāyana 199, 214, 235
Maurya 75
Māyā 70, 87, 173, 238
medhi 70, 149, 153, 226, 248
Medizinische Fakultät 41
melā 180
Meru 257
Military Hospital 215
Minanath (Mīnānāth) **268, 269**
Minarett 182
mithuna 89, 179
Moets Gaylord 183
Moghul 29, 31, 49, 73, 82, 92, 205, 221, 257
Mohancok 30, 187, 193, 194
Mohan Shamsher Rana (Mohan Śamśer Rāṇā) (1948–1951) 36, 52, 84
Monsun 10, 75, 92
Morang (Dorf) 15
Moslem 25, 205
Motherland (Zeitung) 40
mṛdaṅga 268
mudrā 60
Muging (Dorf) 168, 273
Mukti Maṇḍapa 242
Muktināth 14
Mukhtiyar 33
Mūlcok 91, 132, 186
Mūlcok Bhaktapur **134, 136**
Mūlcok Kāṭhmāṇḍu **192**
Mūlcok Pāṭan **259**
Münzkabinett 191
Mustaṅg 14
Mukundasena 24
Muzaffarpur (Stadt) 22
NAFA (Nepal Artist Federation) 42, 94
Nāga 89, 137, 154, 165, 178, 180, 186, 200, 201, 202, 206, 216, 217, 228, 229, 233, 242, 251, 256, 268
Nāgbahāl 263
Nāgahrada 20, 226
Nāgakanyā 242
Nāga Pañcamī 67
Nāgapokhari 136
Nāgapura 20, 231
Nāgārjuna Forest **125,** 168, **238, 239**
Nagarkoṭ (2168 m) 156, **239**
nagarpañcāyata 37
Naghal 225
Nakula 56, 179, 181, 232, 240
Nala (Nālā) 56, 130, 172, **239**
Nālandā 71, 93
Nanādeva 24
Nandī 125, 152, 158, 167, 200, 231, 240, 241, 242, 243, 244, 260
Nārada 167
Naradevī 217
Narasiṃha 54, 138, 159, 163, 168, 179, 192, 201, 245, 260
Narasiṃha Thākura 29, 167
Narasiṃheśvara 242
Nārāyaṇa (Viṣṇu) 17, 27, 138, 172, 218, 221, 245, 260
Narayan Hiti (Nārāyaṇahiṭi) 151, 177, 183, 194, 195, 199, **217, 218**
Nārāyaṇamandir 236
Narendradeva Licchavi (643–690) **22, 23,** 48, 253
Nareśamalla (1637–1644) 136
Nāsalcok 30, 191, 192, 193
Nāsa Sattal 209
Naṭarāja 55
National Art Gallery 93
Nationalmuseum 83, 86, 87, 219, 230
National Stadion 233
Naudhārā 166
Nava Durgās (Neun Durgas) 130, 132, 136, 243, 277
Navanāga 231
Navarātrī 217
Nava Yoginī 195
Nawāb 82
Nepalära beginnt 879 n. Chr. 23
Nepalganj (24 000 E) 12
Nepāli (Sprache) **16,** 21, 42
Nepālmahātmya 20
Newar, (Newāri) 12, 13, **16–19,** 21, 23, 26, 30, 31, 42, 73, 75, 76, 77, 78, 79, 80, 81, 82, 83, 85, 86, 87, 88, 90, 91, 137, 138, 164, 170, 178, 181, 190, 193, 195, 205, 209, 211, 217, 219, 220, 222, 234, 249, 256, 261
New Delhi 10, 36, 49, 56, 98
New Road 177, 219

Newsweek 40
Nīlakaṇṭha Bhairava 274
Nirātma 272
Nirvāṇa 63
Nityānanda 29
niyama 57
Nordrhein-Westfalen 9
Norwegen 212
Nṛteśvara Mahādeva 93, 158, 187, 191, 192, 209, 220, 261, **267, 268**
Nṛtyanāth 30
Nuga 269
Nuvakoṭ (Stadt) 23, 25, 28, 31, 32, 51, 198, 209
Nyātapolapagode 27, 80, 91, 132, **141–144,** 263

oṃ maṇi padme huṃ 65, 228
Orville, Albert d', Jesuitenpater 28
Oudh 82

Pādeli Dhārā 170
Padma Kaṣṭhagiri 234
Padmāntaka Bhairava 274
Padmapāṇi 127, 199, 201, 214, 235, 239, 244, 266, 269, 276
Padmasambhava 66, 272
Padma Shamsher Rana (Padma Śamśer Rāṇā) (1945–1948) 36, 52
Pachali (Pacali) Bhairava 219–222
Pagan (Birma) 266
Pahārzone (pahāḍ = Berg) 10, 13, 14
Paketpost 100
Pāla-Sena-Dynastie (765–1206) 87, 92
Pallavadynastie (325–897) 24, 86
Palpa (Stadt) 24
Panauti 89, 130, 179, 224, **239–241**
Pañcadeva 244, 245
Pañcaliṅga Bhairava 200
Pañcamukhi Hanumāna 192
Pañcamukhi Lakṣmīnārāyaṇa 187, 192
Pañcatattva 60
Pañcayana 242
Pañcen Lāmā 66, 149
Pañchala 56
Panchayat (pañcāyata) 37, 38, 39, 52
Pañcmahal 73
Pāndarā 228
Pāṇḍava 21, 56, 58, 177, 179, 181, 232
Pānde, Adelsfamilie 33
Pandu 56
Paraśurāma 54, 164, 179
Parijatbaum 159
Parinirvāṇa 63, 64, 248
Paris 42
Parthivendramalla (1680–1687) 195, 218
Pārvatī 27, 55, 127, 203, 224, 240, 256, 261, 275, 276
pāśa 54
Paß 98, 99
Paśupatināth 20, 22, 25, 27, 28, 29, 78, 79, 87, 91, 138, 139, 152, 153, 154, 156, 157, 164, 167, 170, 185, 186, 200, 226, 240, **241–245**
Pāṭaliputra (Stadt) 23, 72, 75, 76, 156
Pāṭan 12, 21, 24, 25 **27, 28,** 29, 30, 31, 32, 41, 49, 50, 68, 70, 71, 72, 73, 80, 91, 92, 130, 133, 134, 136, 137, 139, 142, 152, 171, 173, 184, 190, 192, 200, 214, 219, 221, 231, 233, 237, **245–253,** 273, 275, 277
Patañjali 57, 58
pāti 154, 161, 165, 212
paubhā 93, 177
Pauśa, 9. Monat 67
Peace Corps 47
Peking (Beijing) 32, 35
Peshawar 76
Petrofakt 61
Phālgun, 11. Monat 67, 166, 172, 177, 180, 245, 276
Phaplu (Dorf) 14
Pharping 25, 127, 149, 163, 173, **270–272**
Phatta 142
Phulcok 166, 248
Phulcoki Māi 166, 276
Phewa Lake 272
Pippala (ficus religiosa) 10, 53, 61, 63, 165, 207, 209, 220, 232, 235, 268
Piprāvā (Stadt) 173, 238
Piśāca Caturdasī 67, 217
pītha 160, 163, 220
Pokhara (Pokharā) 10, 12, 13, 98, 100, 107, **117,** 168, 237, **272, 273,** 276
Pokhari Dhārā 170
Polizei 104
Pondicherry 59
Prabhāvatīdevī 190
Pracaṇḍadeva 20
pradakṣiṇa 70
Pradhān 180
Pradyumna 272
Prajñāntaka Bhairava 274
Prajñāpāṇi 235
Prajñāpāramitā 199
Prambanan 57
prāṇāyāma 58
Pratāpamalla (1641–1674) **29, 30,** 50, 93, 163, 181, 186, 187, 190, 191, 192, 193, 194, 199, 200, 209, 218, 223, 226, 229, 230, 231, 242, 245, 253, 257, 274
pratyāhāra 58
Prithvi Narayan Shah (Pṛthvinārāyaṇa Shāh) (1768–1775) 13, 16, 30, 31, 32, 51, 79, 136, 170, 192, 193, 198, 248
Prithvi Path 232
Pruscha, Carl 7, 41

Pūjā 61, 81, 130, 139, 151, 162, 171, 191, 253, 261, 272
Pujari Math (Pūjāhārīmāṭha) des Dattātreyatempels in Bhaktapur 27, 133
Punyamātā Kholā 239, 240, 241
Purāṇa Qila 56
Pūraṇḍārasiṃha 256, 260
pūrṇakalaśa 178

Qutb-ud-dīn Aibak 49

Radha Krishna (Rādhākṛṣṇa) 220, 232, 241, 260
Radio Nepal 39, 40
Rāghavadeva Thākurī (879 Beginn der Nepalära) 24, 49
Rāi (Stamm) 12, 13, 21
Rājarājeśvarī 243
Rājasabhā Bhavan 183
Rājasthān 170
rājayoga 58
Rājendra 33, 178
Rājpute 16, 23, 31, 82, 170
Rājyabatī, Mutter des Mānadeva Licchavi (464–491) 22, 157
Rājyaprakāśamalla (1745–1758) 28, 51
Rāma 54, 56, 164, 179, 201, 232, 240, 245
Rāmacāritamānasa 56
Ramakrishna 59
Rāma Navamī 67
Rāmāyaṇa (Epos) 21, 54, **56,** 139, 179, 232, 240, 241, 257
Rāmeśvara Mahādeva 168
Rām-Līlā 57
Rana (Rāṇā), Adelsfamilie 31, **33–36,** 44, 81, 82, 83, 84, 85, 134, 137, 161, 178, 182, 183, 192, 201, 205, 218, 223, 224, 249
Rana Bahadur Shah (Rāṇā Bahādur Shāh) (1777–1779) 32, 51, 191, 205, 223, 230
Ranjit Malla (Rāṇājitamalla) (1722–1768) 31, 51, 134, 136, 137, 138, 141
Ranjit Singh (Rāṇājita Siṅgh) (1763–1805) 32
Rāṇamukteśvara 206, 222
Rānīpokhari 30, 42, 215, 223, 232
Rānīvana 29, 194
Rāṇodip 83, 218
Rapti (Fluß) 160, 161
rāṣṭriyapañcāyata 39
Rāṣṭriya Sāmācār Samiti 39
Ratnakumārīśvara 242
Ratnamalla (1484–1520) 28, 50, 79, 184
Ratna Park 232
Ratnasambhava Buddha 64, 65, 71, 166, 226, 228
Rāvaṇa 55, 56, 167
Rayamalla (1482–1505) 141
Reisebüro **103**
Ṛgveda 54
Rhododendron 11
Riddhilakṣmī 157, 195
Riksha 101
Rimpoce 66
Ring Road 153
Ripumalla Khasiya 25
Rising Nepal (Zeitung) 38, 99
Rolwalingtal **116**
Ropiṇī 91, 134
Rosi Kholā 239
Rotmützen 66
Royal, Hotel 46, 183
Royal Nepal Academy 42, 94
Royal Nepal Airlines 160
Royal Palace 223
Ṛṣikeśa 59
Ṛṣis 151
ṛta 54
Rudramati 153, 165, 180, 199, 200, 216
Rudrāyaṇī 174
Rukmiṇī 191
Rummindei 173, 237
Ruru Bhairava 61, 203
Rußland 39

Sādhū 253
Saḍakṣaryalokeśvara 127
Sadāśivacok 29, 136
Sadāśivamalla (1580–1589) 29, 50, 136
Sāgarmātha (Everest) (8848 m) 10, 14, **113**
Saghah Bahāl 225
Sahadeva 56, 179, 181, 224, 232, 240
Śakti 60, 93, 171, 228
Śākya (Shakya) 21, 62, 127, 141, 226, 235, 237, 238
Śākyamuni 235, 236, 271
Śāla (shorea robusta) 10, 87, 173, 238
Śālabhañjikā 90, 91, 152, 179, 201, 202, 204, 205, 220, 233, 240, 264, 268, 269, 270
Sālinadī (Fluß) 274
samādhi 58
Samantabhadra 236
Sāmaveda 54
Sambāra Bhairava 61, 203, 235, 237
Sambhārocayadaśamī 235
Saṃsāra 62
Sanagaon (Sānāgāoṅ) 273
Shankaracharya (Śaṅkarācārya) 23, 49, 216
Śaṅkasyanagarī 194
śaṅkha 157
Sankhu (Sāṅkhu) 29, 156, 167, **274, 275**
Sanskritcollege 41
Śāntaneśvara 223, 276
Śantaśrī 231
Śāntipura 20, 30, 230, 231

Sarasvatī 55, 152, 163, 165, 168, 178, 201, 205, 216, 224, 243, 260, 272
Śāriputra 199, 203, 235
Sārnāth 63, 87, 229
SATA 173
Satar (Stamm) 15
Sātavāhana-Dynastie (2. Jh. v. Chr.–2. Jh. n. Chr.) 75
Satī 22, 28, 157, 244
Satyabhāmā 191
Satya Nārāyaṇa 199, 276
Satyayuga 20
Sāvitrī 56
Schamane 15, 60
Schneider, Erwin 7, 142
School of International Languages 41
Schultz, J. H. 58
Schweiz 46
Schwester, Krankenschwester 97
Segauli 32, 35, 51
Sekhnarayan → Séṣnārāyaṇa
Sepoyaufstand 1857 34, 51
Śernarasiṃheśvara 242
Śeṣa 54
Śeṣnārāyaṇa 127, 149, 164, 173, 194, 218, **272**
Shāhdynastie 1768 bis heute 14, 31, 32, 50, 51, 85, 178, 186, 219
Shāhjahān 1628–1666 (1658) 50, 82
Shah-ji-ki-Dheri 76
Shakya → Śākya
Shams-ud-dīn Ilyās 1349/1350 25, 49, 88, 229
Shanghai 45, 130
Sherpa (Śerpā) 11, 12, **14,** 16
Shigatse 32
Shrestha 234, 276
Sīddha 93
Siddhārtha 62, 63, 70, 237
Siddheśvaramahādeva 245
Siddhigaṇeśa 170
Siddhikālī 174
Siddhilakṣmī 27, 139
Siddhinarasiṃhamalla (ca. 1618–1658) 27, 50, 73, 256, 259, 260
Sikh 32
Śikhara 70, 72, 73, 74, 81, 138, 139, 152, 187, 218, 220, 221, 230, 235, 244, 248, 256, 260, 266, 272, 278
Sikkim 32, 35, 66, 86
Silkhānā 83, 219
Silya Sattal 209, 210
Siṃha Sattal 209
Siṃhinī 142, 160, 274, 275
Śimla (Stadt) 35
Siṃraongarh (Stadt) 25, 134
Singapati Gonapati Shakya 153
Siṅgha Darbār 39, 82, 84, 179, 207, **224, 225,** 233
Siṅghadhvaja 165
Siṅgha Pratāpa Shāh (1775–1777) 32, 51
Siṅghsaṅkrantī 234
Sinhua News Agency (Beijing) 39
Sītā 201, 232, 240, 245
Śītala Māi 125, 154, 166, 226, 242, 243
Śital Nivās 84
Ṣiṭīnakaḥaṣṭamī 207
Śiva 22, 26, 28, 54, 55, 88, 89, 91, 93, 127, 139, 141, 142, 144, 148, 156, 158, 166, 167, 181, 186, 187, 191, 192, 195, 198, 200, 201, 206, 221, 223, 224, 231, 240, 241, 242, 243, 244, 245, 251, 256, 260, 261, 263, 274, 275, 276
Śivadeva I. Licchavi **22, 23,** 48, 270
Śivadeva II. Licchavi 23, 48
Śivalikberge 9, 10
Śivaliṅga 151, 154, 159, 163, 165, 194, 241, 242, 277
Śivānanda Rajupadhyāya 172
Śivapārvati 125, 161, 172, 196, 242, 244, 245, 272
Śivapuri (2563 m) 151, 275
Śivarātrī Caturdaśī 67, 177, 200, 245
Śivasiṃhamalla (1589–1618) 29, 59, 157, 190, 252
Śivpuribābā 245
Skanda 55
Sklaven, Sklaverei 34, 44
Soma 54
Somaliṅgeśvara 159
Somaśekharānanda, Svamī 28
Someśvaradeva Thākurī († 1182 n. Chr.) 24, 49
Somavaṃśirājputen 166
Speise-Eis 96
Śrāvana, 4. Monat 67, 127, 180, 263
Śrīdhara Viṣṇu 202
Śrīghabahāl 71, 176, **225, 226**
Śrīghaṭamahāvihāra 225
Śrīkaṇṭhadaśiva 243
Śrinivāsamalla (1660–1684) 27, 50, 160, 259, 261, 266
Śrīpañcami 236
Śrīvidyā 170
Śrīyantra 171
Srong-btsan-Sgam-po († 650) **22, 23,** 48
Sthuṅko Kirāti 21, 48
St. Mary 173
ṣṭrīyapañcāyata 38
Stūpa 7, 21, 69, 70, 75, 89, 90, 125, 149, 153, 154, 165, 226, 228, 229, 230, 232, 235, 236, 238, 239, 242, 244, 248, 249, 251, 268, 269, 271, 274, 275, 277
St. Xavier 41, 166, 173
Subrahmaṇija 55
Śuddhodana 21, 237, 238
Sugan Ram Bharo 235

Sukhāvatī 93, 277
Sukhāvatilokeśvara 162
Sulimhaṭole 267
Sulṭāṇpur 92
Sulṭāṇ Shams-ud-dīn Ilyās 68
Śumbharāja Bhairava 274
Sundareśvara 275
Sundarīcok 30, 193, 194, 259
Sundarījal 167, **275**
Sundarī Māi 275
Sundhārā 182, 187
Suṇḍhokā 134, 136
Śuṅga-Dynastie (185–72) 75
Sunuwār (Stamm) 13
Sung Yün 76
Sūrendra 33
Sūrya 54, 125, 151, 159, 161, 167, 232, 236, 243, 240, 241, 242, 244, 268, 272
Sūryamalla (1520–1560) 28, 29, 50, 275
Svayambhūnāth 20, 25, 30, 71, 72, 149, 156, 162, 171, 172, 202, 217, 219, **226–231,** 233, 235, 274
Svayambhūpurāṇa 20
Śvetabhairava 191
Śvetakālī 217

Ta Baha (Tā Bahāl) 152, 265
Tacapāla Ṭole 132, 133, 142, 144
Tache Bahāl 226
Tadhū Che Bahāl 141
Thaibo **275, 276**
Tāj Hau, Kaiserin von China 76
Taipingaufstand 34
Tāj Mahal 82, 182
Taleju (Tulajā) 26, 28, 29, 49, 79, 80, 87, 91, 132, 134, 136, 137, 142, 143, 158, 170, 184, 185, 186, 190, 192, 193, 195, 199, 232, 252, 257, 259
Tallo Darbār 168
Tamāṅg (Stamm) **15** 272
Taṇḍava-Tanz 55
Taṅgabahāl 268
Tangal 265, 268
T'angdynastie (618–907) 23
taṅkā 93
Tansen (Dorf) 273
Tansing 237
Tantra 15, 23, 24, 30, **59, 60, 61,** 66, 90, 93, 132, 134, 136, 137, 142, 160, 163, 166, 170, 172, 207, 179, 215, 229, 231, 245, 252, 259, 267, 274, 275, 278
Tārā 22, 162, 166
Tārā Nani 202, 205
Taraṇī Devī 184, 185, 201
Tarkirāja Bhairava 274
TASS 39
Taumādhī Ṭole 132, 133, 134, 141, 142, 144
Taxi 101
Tejanarasimhamalla 1765–1768 31, 51
Ṭeku 219
Telia 69
Ṭeṅgāl 222
Terai **9–11,** 12, 13, 15, 35, 44, 96, 160, 173, 237
Teta 248
Thakālī (Stamm) 12, **14, 15**
Thākurī (Stamm) 22, 28, 174
Thākurīdynastie (602–1182) 23, 24, 48, 49, 184, 261
Thamel 100, 180
Thankoṭ 30, **276**
Thāpā, Adelsfamilie 33
Tharu (Stamm) **15**
Thecho **277**
Thimi 27, **277, 278**
Tibet 11, 14, 22, 23, 24, 25, 27, 28, 29, 30, 31, 34, 35, 36, 48, 49, 51, 52, 60, 65, 66, 71, 72, 93, 127, 130, 142, 143, 144, 149, 153, 173, 176, 180, 209, 228, 272, 284,274
tibeto-birmanisch 12, 13, 15, 60
Tiger Tops 96, 161
tilak 228
Tila Mādhava Nārāyaṇa 144
Tilaurakoṭ 173, 174, 238
Tīn Dhārā 170
Tirhut (Stadt) 25, 29
Toraṇa 89, 137, 139, 144
Tourismus 45, 46
Trailokyamalla 29
Trailokya Mohan 91, 142, 195, 199
Transzendenter Buddha 65, 66, 93, 153, 162, 166, 226, 228, 232, 233, 235, 264, 270
Trekking **103, 104, 106–124**
Trekking Permit **98**
Tretāyuga 20
tribhaṅga 90
Tribhuvan (1951–1955) 31, 36, 37, 52, 207, 224
Tribhuvan University 41, 42, 234
Trichandra College 223
Tripurasundarī 182, 221, **231, 232**
Tripureśvara 221, 231
triratna 236
triśūla 231, 232
Triśūli (Fluß) 168, 273
Triśūlijātrā 29, 31, 209
Trivikramaviṣṇu 159
Tropeninstitut 96
Tsioh-li 76
Tsong-kha-pa 66
Tuberkulose 96
Tughluq-Dynastie (1320–1388) 49
Tuka Baha (Tukā Baḥāl) 176, 232
Tulajā → Taleju
Tulanārāyana 240
Tulsīdās 56

Ṭūṇḍikhel 164, 168, 170, 176, 177, 182, **198, 199**, 203, 205, 215, 223, **232**, 233
Tüting, L. 7, 108, 301
Tyauḍa 199, 206
Tvaya Baha (Tvaya Bahāl) **269, 270**
Tympanon **89**

Udaipur 31
Udayadeva Licchavi 22, 48
Udayadeva II Licchavi 23, 48
Udip Siṅgh Rana (Udipa Siṅgh Rāṇā) (1877–1885) 34
Ugracaṇḍra 138
Ugratārā 274
Uhrenturm 223
Ujjain (Stadt) 23
Uku Baha (Uku Bahāl) 90, 205, 233, **270, 271**
Umāmaheśvara 181, 236
Universität 41, 42
Unmatta Bhairava 61, 203, 242
Unterkunft **100, 101**
Upallokoṭ 170
Upaniṣad 57
Ūrdhvakesī Kālī 170
Uruṣṛṅga 73
Uruvelā 63
UṢA 59
Uṣṇīṣcakravartī Bhairava 274

Vacchala Māi 242
vāhana 54, 61, 199, 216, 229
Vaikuntha 152, 187
Vainateya → Garuḍa
Vairocana Buddha 64, 65, 71, 153, 226, 228
Vaisākha, 1. Monat 67, 237, 266, 273, 278
Vaiśālī (Stadt) 22
Vaiṣṇavī 61, 163, 181, 185, 202, 203, 204, 243, 263
Vaiśya-Thākurī-Dynastie (1043–1082) 23, 49
Vajra 54, 127, 154, 170, 229, 263
Vajrakīla 272
Vajrapāṇi 235
Vajrasattva 154, 271, 272
Vajrayoginī 270, **274, 275**
Vajrayoginījātrā 29
Vākavajra 214
Vālmīki 56
Vāmana 54, 159, 179
Vāṃśagopāla 191
Vaṃśāvalī 21, 23
Vānakālī 244
Vāna Vikteśvara Mahādeva 221
varadamudrā 64, 71, 228
Varāha 54, 151, 165, 179
Vārāhi 61, 163, 181, 185, 202, 203, 206, 261, 263, 272
Varaṇāsi 63, 143, 178, 214, 226, 242
Varuna 54, 162, 276
Vasantadeva Licchavi 22, 48, 206
Vasantapur 192, 193, 253
Vasantapurbhavan 79
Vāsukī 127, 154, 167, 242, 245
Vasundhārādevī 166, 216, 271, 275
Vāsupura 20, 231
Vatsalādevī 72, 138, 139, 243
Vaṭuka Bhairava 278
Vāyu 54
Vāyudeva 167
Vāyupura 20, 231
Video 46
Vighnāntaka Bhairava 274
Vijayā 152, 239
Vijayā Daśamī Dasaiṃ 67, 241
Vikramaśīla Mahāvihāra 180
Vilāsa 193
Vīṇā 178
Vināyakagaṇeśa 161
Vindhyavāsini 170
Vīṛabhadra 216, 217
Virupākṣa 243
Viṣṇu 22, 26, 30, 39, 54, 55, 86, 88, 125, 127, 130, 138, 142, 144, 148, 149, 151, 156, 157, 159, 161, 164, 165, 166, 167, 172, 181, 184, 185, 186, 187, 191, 192, 193, 194, 195, 199, 201, 202, 218, 221, 223, 224, 232, 236, 240, 241, 242, 243, 244, 245, 253, 256, 260, 261, 268, 272, 276, 277
Viṣṇudevī 162, 163
Viṣṇu Gupta 23, 48
Viṣṇumalla (1729–1745) 28, 50, 259
Viṣṇumati (Fluß) 156, 172, 174, 176, 202, 207, 209, 222, 226, 229
Viṣṇusiṃha 256
Visum **98, 99**
Viśvamalla (ca. 1547–1560) 26, 27, 50
Viṣvanāth 91, 260, 261
Viśvanātha Upādhyāya 257, 259
Viśvarūpa 93, 159, 191, 201, 245
Viśvarūpakāma Kāmeśvara 245
Viśveśvara 168, 240, 242
Viṣṇuvikranta 272
vitarkamudrā 204, 233
Vivekananda 59
Vṛṣṭicintāmaṇīstotra 30
Vyāghreśvara Bhairava 234, 235
Vyāghrinī 160, 274, 275
Vyāsa 56

Waldschmidt, Ernst 73
Wandern **106–124**
Wei-Dynastie (385–550) 76
Wen-ch'ong, Gattin Sgampos 22

Yajurveda 54
Yak 11
Yakha (Stamm) 13
Yakṣamalla (1428–1482) 88, 91, 132, 134, 139, 144, 184
Yakṣeśvara Mandir 91, 134, 138, 139
Yalambar Kirāti 21, 48, 177
Yāli 177, 185, 232, 264
Yama 54, 57
Yamadhātu 166
Yamala 215
Yamarāja 243
Yamunā 54, 56, 88, 137, 151, 253, 259
Yātalibicaitya 71, 270
Yatkha Baha (Yaṭkhābahāl) 71, 90, 205, 233, 270
Yen 209
Yoga **57–59**, 60
Yogamati 259, 260
Yogāmbara 178
Yoganarendramalla (1684–1705) 28, 253, 259
Yogaprakāśamalla (1722–1729) 28, 50
Yogasūtra 59
Yogendramalla 200
Yogī 55, 57, 224
Yogīśvara 55
Yudhiṣṭhira 56, 179, 181, 224, 232, 240

Zeus 55
Zīlāpañcāyata 37
Zoll **99, 100**
Zoologischer Garten 173
Zygon 57

1 2 3 4 5 6 7 8
A B C D E F G H I J K L
zur
Ringroad
Svayambhunāth
1407
Bhancā Khusi
Ḍallu
Sobhā
Bhagvati
Bijeśvari
Inctrāni
Lhutiajimā
Kāldhārā
1323
Kimḍol
Dhobicaur
Nardevi
Kankeśvari
Yatkhā
Pyāphal
National
Museum
Chāuni
Bisnamati
Maḍutol
Bhimsenthān
Tāhācal
Jaisideva
Hotel
Soaltu
Kālimaṭi
Hyumata
Bramhaṭol
Tribeni Khola
Teku
Kālimati
Darbār
nach
Thānkoṭ
Rabi Bhavan
Ministry
Tourism
Lincoln School
Teku Masān
Bāgmati
1 2 3 4 5 6 7 8